Faut-il en finir avec l'école ?

Guillaume Durieux

Faut-il en finir avec l'école ?

Autonomie et justice scolaire

éliott

« La part des choses »
collection animée par Antoine Dang Van,
Mathieu Mulcey & Sébastien Réhault

Ouvrage publié avec l'aide de l'Institut national supérieur du professorat et de l'éducation (INSPÉ) de l'académie de Créteil

ILLUSTRATION DE COUVERTURE
Crédit photographique © Denis Jacquier, Septembre 2022

ISBN 978-2-49-3117-36-6
Dépôt légal, 1re édition : © Avril 2024
Éliott Éditions
www.eliotteditions.fr

SOMMAIRE

INTRODUCTION

1. POURQUOI ENCORE UN LIVRE SUR L'ÉCOLE ?

Ce livre est un essai sur la justice scolaire. On ne peut pas dire que cet enjeu soit absent du débat public français. Au contraire, on ne compte plus, dans les rayonnages des librairies et des bibliothèques, les ouvrages portant sur la reproduction des inégalités sociales à l'école, sur l'idéologie du mérite, sur la question du niveau, sur les pédagogies efficaces, etc. Toutefois, qu'il s'agisse d'études universitaires, de livres de vulgarisation ou d'essais engagés, ces ouvrages ne relèvent pas de la philosophie normative. Le plus souvent, ils mènent une analyse critique, plus ou moins informée, de l'état du système scolaire français et il arrive qu'ils formulent quelques recommandations. Bien sûr, ces analyses critiques sont adossées à des engagements normatifs plus ou moins clairs. Mais il est rare que ces engagements fassent pour eux-mêmes l'objet d'une discussion argumentée.

C'est à cette sorte de discussion qu'est consacré *Faut-il en finir avec l'école ?* Plutôt que de prendre l'école telle qu'elle existe et de me demander quelles transformations pourraient la rendre plus juste, j'essaie d'identifier les conditions d'une école juste. Pour cela, je cherche à produire une justification de l'école et, plus précisément, de l'obligation scolaire. En effet, il ne va pas de soi que l'école *doive* exister, c'est-à-dire qu'elle soit une institution nécessaire dans une société libre et juste. Après tout, est-il moralement acceptable, voire requis, d'obliger nos enfants à rester plusieurs heures par jour les fesses vissées à une chaise pour apprendre des choses qui pour beaucoup ne leur serviront pas ? Si l'école est une institution nécessaire dans toute société juste, comme je le défends dans cet essai, il faut expliciter les raisons qui soutiennent cette affirmation.

Ce n'est pas une gymnastique intellectuelle gratuite. Je suis convaincu qu'un examen attentif de ces raisons peut nous conduire à réviser, parfois profondément, nos convictions sur l'école. Selon moi, cette démarche est mieux à même de clarifier nos intuitions sur les questions de justice – ici de justice scolaire – qu'une approche ancrée dans les problèmes concrets que rencontrent les institutions au quotidien. Plus encore, je suis persuadé que, trop souvent, nous sommes inconséquents. Nous adhérons (ou croyons adhérer) à certains principes de justice, mais nous n'en tirons pas toujours les conséquences normatives et pratiques qui s'imposent. J'essaie donc, autant que possible, de clarifier les conséquences des arguments que je développe. Cette démarche se distingue suffisamment, je crois, de la plupart des publications qui portent sur l'école pour justifier d'écrire encore un livre sur cette question.

Faut-il en finir avec l'école ? est un essai. On n'y trouvera pas une présentation équilibrée des thèses et des arguments du champ, mais bien un engagement en faveur d'une certaine conception de la justice scolaire. Une présentation plus neutre aurait offert moins de prise pour saisir l'importance des arguments mobilisés et des problèmes soulevés. Sur les questions normatives, mieux vaut le désaccord que l'indifférence.

S'il ne s'agit pas d'une introduction à proprement parler, j'ai toutefois essayé de ne pas présupposer du lecteur ou de la lectrice une connaissance des arguments et des thèses que je discute. Le texte s'adresse d'abord à des personnes curieuses d'approfondir leur réflexion sur la question de la justice scolaire et non à un public de spécialistes. J'ai donc souvent privilégié la mobilisation d'une pluralité d'arguments au développement étendu d'un seul ou d'un ensemble restreint. J'espère que les personnes qui liront ce livre sans bien connaître les problèmes relatifs à la justice scolaire prendront ainsi conscience de leur complexité et de la diversité des enjeux à prendre en considération[1].

1. Ce parti pris rend parfois certains de mes arguments un peu elliptiques. Certaines prémisses appelleraient une justification plus poussée et certaines objections requerraient une discussion plus précise. Celles et ceux qui voudront approfondir ces questions pourront se reporter aux sources sur lesquelles je me suis appuyé.

2. UNE CONCEPTION LIBÉRALE DE LA JUSTICE SCOLAIRE

Dans cet essai, je m'occuperai uniquement des questions de justice scolaire appliquées à la scolarité obligatoire, donc à l'enseignement primaire et secondaire. Il ne sera pas question de l'enseignement supérieur. En effet, je crois que les problèmes de justice se posent tout autrement quand la scolarisation fait l'objet d'une *obligation*. Ce qui m'intéresse, c'est de savoir à quelles conditions l'obligation scolaire peut être moralement légitime, c'est-à-dire à quelles conditions les contraintes qu'elle impose sont justifiées.

Pour le dire rapidement, je défends dans cet essai une conception *libérale* de la justice scolaire. Cette formule appelle quelques clarifications. L'idéal de l'éducation libérale qualifie les conceptions qui accordent à l'éducation une finalité morale spécifique, notamment l'éducation de la liberté individuelle. L'idéal libéral s'oppose à des conceptions qui privilégient d'autres finalités, comme la production de compétences permettant de satisfaire les besoins économiques de la société, de maximiser le capital humain ou d'exercer certaines fonctions très spécifiques. L'idéal libéral accorde une place importante à l'intuition suivante : l'éducation authentique ne doit pas consister à préparer les êtres humains à occuper telle ou telle fonction sociale. Autrement dit, l'éducation ne doit pas être « utilitaire » ou « instrumentale ». Elle doit viser un bien moral intrinsèque : la capacité à exercer convenablement sa liberté[2].

En ce sens, la première et la plus influente théorie de l'éducation libérale est proposée par Platon dans la *République*. Selon Platon, la bonne éducation est une éducation à la vertu. Elle est longue et progressive. Elle implique la formation du caractère, l'accès aux connaissances mathématiques et à la dialectique. Dans la perspective platonicienne, l'éducation ne vise pas directement l'utilité sociale. Ces connaissances acquises n'ont pas seulement une valeur instrumentale, par exemple comme moyen d'accéder à l'exercice d'une profession. Elles sont dotées d'une valeur objective et intrinsèque qui doit être reconnue. Il se trouve, par ailleurs, que ces connaissances sont utiles et que les posséder au degré qui convient rend

---

2. Russell [2019, p. 161] donne une formulation synthétique de cet idéal libéral en éducation : « Personne n'est apte à être éducateur s'il ne comprend pas que l'élève est un but en lui-même, qui a ses droits à lui et sa personnalité à lui, qui n'est pas simplement une pièce d'un casse-tête chinois, ou un soldat dans un régiment, ou un citoyen dans un État. »

apte à gouverner la cité. Mais leur valeur ne tient pas à cela. C'est parce qu'elles sont bonnes qu'elles rendent celui qui les possède apte à gouverner et non parce qu'elles le rendent apte à gouverner qu'elles sont bonnes. L'idéal libéral se caractérise donc d'abord par un engagement en faveur d'une éducation désintéressée. Il n'entretient pas de lien particulier avec ce qu'on entend classiquement par libéralisme politique ou économique. Platon est tout sauf un libéral au sens politique ou économique.

La conception de la justice scolaire que je défends dans cet essai s'inscrit dans l'héritage de cet idéal. En particulier, je rejette fermement la légitimité de toute orientation professionnalisante de l'éducation obligatoire. Pour cette raison, la conception que je soutiens est libérale en un second sens. Elle est libérale aussi parce qu'elle s'inscrit dans l'héritage de la tradition du libéralisme politique. La définition de cette tradition est controversée. Relativement à ces débats, je m'en tiendrai à une caractérisation sans doute trop accueillante, mais néanmoins suffisante pour mon projet. Telle que je la comprends, cette tradition se distingue par la priorité qu'elle accorde, dans l'ordre de la justification, à la garantie de la liberté individuelle. La priorité accordée à d'autres fins, comme la réalisation du bien commun ou l'auto-détermination collective, est constitutive d'autres traditions philosophico-politiques. Pour ma part, j'interprète cette priorité de la liberté individuelle dans le sens, assez exigeant, d'une priorité de l'autonomie personnelle. Je soutiens que seul un engagement en faveur de la formation de l'autonomie de toutes et tous est à même de justifier l'autorité éducative et donc l'obligation scolaire.

Il me semble important de prévenir un malentendu fréquent. Le libéralisme politique est une tradition hétérogène. Le libéralisme peut pencher ou bien du côté d'un conservatisme assez marqué, ou bien du côté de mesures économiques et sociales très « à gauche ». Mon libéralisme est radicalement réformiste. Une école juste serait significativement différente, dans son organisation et son fonctionnement, de celle qui existe aujourd'hui. En particulier, même si cela peut surprendre dans le cadre d'un engagement libéral, je soutiens qu'elle serait fondamentalement *non compétitive*.

Mon engagement libéral tient donc à la priorité que j'accorde à la valeur d'autonomie. Je plaide dans cet essai pour une conception *négative* de l'autonomie. Selon cette conception, ce qui importe n'est pas que les personnes agissent *effectivement* de façon autonome. Ce qui importe, c'est qu'elles soient *aptes* à le faire. Cette distinction, qui peut sembler excessivement subtile, est essentielle. Une personne agit de façon autonome lorsqu'elle se décide sur la base de raisons *personnelles*. Cela signifie que les raisons qui justifient ses choix et ses décisions font l'objet d'une évaluation et d'une assomption personnelles. Quand ce n'est pas le cas, cette personne n'agit pas de façon autonome – par exemple lorsque ces raisons sont l'autorité de la tradition ou du groupe, le conformisme, l'habitude, etc. Exiger des personnes qu'elles agissent toujours (ou même souvent) de façon autonome serait toutefois excessif. D'une part, cela imposerait pour chacun et chacune un fardeau délibératif démesuré. Il y a bien des décisions que nous pouvons légitimement prendre sans devoir mener un processus de délibération qui aboutisse à l'adoption de raisons personnelles. Aller voir ce film parce que tout le monde va le voir n'est pas une décision autonome au sens strict, mais elle ne semble pas illégitime pour autant. D'autre part, une telle exigence ferait peser un fardeau exorbitant sur certaines formes de vie raisonnables comme celles qui reposent sur l'autorité du groupe. Accomplir un rite uniquement parce que c'est ce que l'autorité religieuse exige de nous n'est pas une action autonome. Nous n'avons pourtant aucune raison de rejeter cette pratique. Elle est parfaitement raisonnable. Pour une conception négative de l'autonomie, ce qui importe n'est pas que les personnes fassent preuve d'autonomie dans chacune de leurs décisions. Ce qui importe, c'est qu'elles soient toujours aptes à le faire, de sorte qu'elles ne soient pas soumises à des autorités qui s'imposent à elles à leur insu. La personne qui accomplit ce rituel doit être capable de mener une délibération rationnelle sur cette pratique et, au terme de cette délibération, de l'assumer plus personnellement ou de l'abandonner si aucune raison valable ne lui donne sens. Du point de vue d'une conception négative de l'autonomie, il importe que personne ne subisse sa vie comme un destin[3]. Toute personne doit disposer à tout moment de la possibilité de faire des choix véritables.

3. Je privilégie la formule négative « ne pas subir sa vie comme un destin » à une formule positive plus exigeante comme celle de Van Parijs [1995] qui défend qu'une société juste doit maximiser la liberté réelle de toutes et tous. Ce choix est commandé par des raisons d'ordre stratégique. D'une part, si je reconnais être influencé par certains arguments typiques du libertarisme d'extrême-gauche que promeut Van Parijs, mes arguments sont compatibles avec un engagement normatif moins exigeant qui privilégie l'absence de dépendance contrainte et évitable à la maximisation de la liberté réelle. D'autre part, dans la mesure où cet essai porte sur la justice scolaire et non sur la justice sociale dans son ensemble, il serait hors de propos de développer une théorie de la justice sociale complète ou d'en présupposer une trop exigeante ou marginale. J'espère qu'en privilégiant une formule négative, moins exigeante et intuitivement plausible, suivant laquelle une société juste garantit, autant que faire se

Cette conception de l'autonomie est au croisement de trois influences principales. La première est celle d'un perfectionnisme libéral modéré, inspiré de Joseph Raz [1986]. Celui-ci insiste sur le fait que les institutions politiques sont justifiées par leur contribution à l'aptitude des personnes à poursuivre des fins personnelles. Le perfectionnisme libéral s'inscrit dans l'héritage critique du libéralisme politique de Rawls. Une thèse importante de Rawls [2009] est qu'une théorie de la justice doit accorder une priorité au juste sur le bien. Cela signifie que les personnes doivent pouvoir s'accorder sur des principes de justice communs compatibles avec une pluralité de conceptions raisonnables du bien incompatibles entre elles. Il faut qu'un athée, une musulmane, un gauchiste, une agricultrice, un artiste, etc., puissent s'accorder sur des principes de justice compatibles avec les conceptions très différentes du bien qu'ils endossent. Les perfectionnistes libéraux considèrent que cette thèse doit être révisée et qu'il convient plutôt d'assumer que le libéralisme est solidaire d'une conception du bien particulière. Par exemple, Raz (que je suis sur ce point) défend que le libéralisme bien compris est engagé à promouvoir ce bien qu'est l'autonomie. D'autres conceptions raisonnables du bien n'accordent pas de place à l'autonomie, comme c'est le cas de certaines conceptions traditionnalistes. L'autonomie est une conception *fine* et *étroite* du bien. La valeur de l'autonomie réside dans le fait qu'elle rend les personnes autonomes aptes à adopter des conceptions plus épaisses ou englobantes du bien *sur la base de raisons personnelles*. Par exemple, elle rend les personnes aptes à s'engager dans une pratique religieuse ou artistique, dans le militantisme, à faire des choix de vie significatifs, etc., sur la base de raisons personnelles. En d'autres termes, la valeur de l'autonomie tient à ce qu'elle rend les personnes autonomes capables de choisir et d'endosser des fins personnelles dignes d'être poursuivies[4]. La promotion de l'autonomie est compatible avec le

---

peut, qu'aucune personne ne subisse sa vie comme un destin, un lecteur ou une lectrice qui ne partage pas mes propres engagements normatifs sera à même de prendre au sérieux les arguments que je propose.

4. Cette formule semble solidaire d'une conception objectiviste du bien, c'est-à-dire de la thèse selon laquelle il existe certaines fins objectivement bonnes que les agents pourraient découvrir. En fait, ma position est plus modeste. Je soutiens que la valeur que nous reconnaissons à certains engagements profonds (comme ceux relatifs à notre manière de vivre, à la sorte de relations que nous privilégions avec les autres, etc.) tient en partie au fait que nous pensons pour de bonnes raisons avoir endossé librement ces engagements. D'autres engagements auraient été possibles et accessibles, mais nous avons *préféré* ceux-ci pour de bonnes raisons. Cet argument n'implique donc pas une conception fortement objectiviste du bien.

pluralisme des conceptions du bien et, en ce sens, elle est une conception libérale du bien. L'école doit s'assurer que toutes et tous développent les attitudes et acquièrent les connaissances et les compétences impliquées dans l'agentivité autonome[5].

La seconde influence est celle du républicanisme inspiré de Philip Pettit [2004]. Ce dernier défend une théorie de la liberté comme non-domination. J'en retiens surtout qu'il ne suffit pas de pouvoir agir sans rencontrer d'interférences pour pouvoir être qualifié de libre. Il faut encore être à l'abri de toute interférence *arbitraire*. Ainsi, si son maître est permissif et qu'il ne donne aucun ordre ni n'impose aucune interdiction particulière, on peut dire qu'un esclave n'est soumis à aucune interférence. Il fait, pour ainsi dire, ce qu'il veut. Toutefois, son maître *peut* à tout moment interférer. Il peut lui ordonner ou lui interdire telle ou telle action. En ce sens, il n'est pas à l'abri d'interférence arbitraire et, donc, n'est pas libre. Ainsi, être libre, ce n'est pas seulement avoir accès à un ensemble d'opportunités dignes d'être poursuivies. Il faut encore que cet accès soit à l'abri de toute interférence arbitraire. Un choix n'est pas véritable s'il ne bénéficie pas d'une telle immunité. Une théorie de la justice scolaire doit prendre au sérieux cette idée. L'asymétrie entre les élèves et les enseignantes et enseignants est importante. Ces derniers disposent donc d'un pouvoir d'interférence importante (choix de l'emploi du temps, des règles de classe, des sanctions éventuelles, etc.). Une école juste doit prévenir toute forme d'interférence arbitraire : elle doit garantir certaines immunités aux élèves face aux adultes. Je parlerai de l'importance de développer une *culture des droits* à l'école.

Enfin, la dernière influence est celle de la théorie des capabilités, notamment dans la version qu'en propose Martha Nussbaum [2012]. Nussbaum accorde une importance toute particulière à l'idée qu'il ne suffit pas que les personnes disposent de ressources pour pouvoir être dites libres. Il faut également qu'elles soient à même de convertir ces ressources en pratiques effectives. L'émancipation des femmes, dans certains pays comme l'Inde, dépend de leur accès à une éducation de qualité. Aller à l'école leur permettrait de développer des compétences et d'acquérir des connaissances qui leur permettront de mener des vies indépendantes. Mais ce n'est pas suffisant. Il faut aussi qu'elles disposent des moyens

5. L'agentivité désigne le pouvoir d'agir dont dispose une personne, ce qui fait d'elle un agent.

institutionnels et juridiques de se servir de ces compétences et de ces connaissances. La théorie des capabilités de Nussbaum est particulièrement attentive à l'interdépendance entre les capacités effectives des personnes et l'agencement institutionnel de la société. Être libre, ce n'est pas seulement disposer des capacités subjectives de faire *X*. C'est aussi vivre dans une société qui rend réellement possible de le faire.

Si mon ambition était de développer une théorie complète de l'autonomie, il me faudrait certainement clarifier les relations entre ces trois influences et lever les tensions éventuelles. Pour ce qui concerne le projet de cet essai, je crois qu'il me suffit d'indiquer ces influences. Elles permettent de saisir les principales caractéristiques de la conception de l'autonomie que j'adopte ici. L'autonomie consiste dans l'aptitude à choisir et à endosser des fins personnelles dignes d'être poursuivies. Cette aptitude doit être protégée des interférences arbitraires. De plus, il faut que les agents disposent de moyens effectifs de poursuivre leurs fins personnelles. Dans une société juste, il importe que les personnes soient capables d'autonomie ainsi comprise[6]. Or, comme je l'ai indiqué, adopter cette conception implique de faire jouer à l'école un rôle essentiel. J'espère montrer que prendre au sérieux cet engagement en faveur de l'autonomie implique des contraintes normatives importantes sur le fonctionnement et l'organisation du système scolaire.

En somme, la thèse que je défends dans cet essai est relativement classique tant qu'on s'en tient à une formulation générale. L'obligation scolaire est justifiée à condition de contribuer fondamentalement à la formation de l'autonomie de toutes et tous. Dans ce cas, elle est une contrainte au service de la liberté bien comprise des personnes. Cette thèse est libérale dans les deux sens que je viens d'indiquer. Son originalité tient au fait que j'en tire des implications normatives radicales. En somme, le propos de cet essai peut se ramener à l'alternative suivante : ou bien l'on rejette la conception de l'autonomie que je défends ici, ou bien l'on se montre inconséquent quand on ne soutient pas les réformes radicales qu'elle implique en termes de justice scolaire.

---

6. Je propose quelques clarifications complémentaires sur cette conception de l'autonomie dans la conclusion de cet essai. J'y présente aussi une justification plus complète de la démarche adoptée.

3. PLAN DE CET ESSAI

L'argumentation que je développerai dans cet essai suit deux mouvements successifs. D'abord, dans le premier chapitre, je proposerai une justification négative de l'école obligatoire. Elle est négative en ce sens qu'elle consistera essentiellement à répondre aux objections qu'on peut formuler à son encontre. Je me contenterai de montrer que les arguments les plus puissants qu'on peut lui adresser échouent à en montrer le caractère injuste ou nocif. Je discuterai en particulier la critique qu'Ivan Illich fait de la scolarisation de l'éducation.

Le second mouvement, correspondant aux quatre chapitres suivants, consistera dans une justification positive de l'école obligatoire. Il ne s'agira pas seulement de montrer qu'il y a des raisons de rendre l'école obligatoire. J'indiquerai à quelles conditions, normativement exigeantes, un système scolaire obligatoire peut être qualifié de juste.

Le deuxième chapitre sera consacré à défendre une conception instrumentaliste de l'autorité éducative et scolaire. J'y montrerai que seule sa contribution nécessaire à la formation de l'autonomie des enfants est à même de justifier l'autorité éducative. Dans le troisième chapitre, je clarifierai les implications pratiques de cette conception concernant la configuration de la relation pédagogique. J'insisterai sur les contraintes qui s'imposent à elle dès lors qu'elle vise effectivement la formation de l'autonomie des enfants. Le quatrième chapitre abordera la question du curriculum, à savoir les connaissances que les élèves doivent acquérir afin de devenir aptes à l'exercice de l'autonomie. Je défendrai l'importance des connaissances désintéressées et rejetterai toute orientation professionnalisante du curriculum. Enfin, dans le dernier chapitre, j'expliciterai les principes qui doivent gouverner l'organisation du système scolaire, en particulier la conception de l'égalité qui doit y prévaloir. Je soutiendrai une conception relationnelle de l'égalité scolaire insistant sur l'importance que tous les élèves puissent accéder, au terme de leur scolarité obligatoire, à des options et opportunités équivalentes.

Au terme de ce parcours, nous disposerons d'une justification complète de l'obligation scolaire. Les raisons qui justifient moralement l'obligation scolaire seront suffisamment évidentes pour mesurer l'écart qui existe entre le système scolaire tel qu'il existe aujourd'hui et une école véritablement juste.

I

FAUT-IL EN FINIR AVEC L'ÉCOLE ?

INTRODUCTION

Dans ce chapitre, je propose une justification indirecte de l'institution scolaire. Cette justification est indirecte car elle ne consiste pas à formuler des arguments en faveur de la légitimité de l'institution scolaire, mais à répondre aux objections qui lui sont adressées. Une justification indirecte est moins puissante qu'une justification directe. Elle a cependant l'avantage de prendre au sérieux les critiques radicales à l'encontre de l'institution scolaire. Je présenterai dans les prochains chapitres une justification directe de l'institution scolaire et des principes de justice qui doivent la régir.

Je me concentrerai sur la critique du système scolaire formulée par Ivan Illich, dans *Une société sans école* [1980]. C'est une des critiques les plus puissantes et originales de l'institution scolaire. Elle prend pour cible certains des aspects les plus caractéristiques des systèmes scolaires modernes comme l'obligation scolaire, l'engagement en faveur de l'égalité des chances, l'allongement de la durée des études ou l'existence de diplômes. Elle est formulée du point de vue d'un idéal de « déscolarisation de la société ». Une société déscolarisée ne serait pas une société dans laquelle l'éducation aurait disparu, mais une société dans laquelle la distribution des biens éducatifs[1] ne serait plus monopolisée par une unique

1. Les « biens éducatifs » désignent, de manière générique, l'ensemble des biens dont jouit une personne par le biais de l'éducation qu'elle reçoit. Ces biens sont extrêmement divers puisqu'il peut s'agit aussi bien de savoirs, de savoir-faire, de savoir-être, des dispositions

institution, l'école. Corrélativement, il n'y aurait plus d'obligation scolaire. Aucune institution ne pouvant se prévaloir d'une compétence exclusive en matière d'éducation, il n'y aurait pas lieu d'imposer à une classe d'âge donnée la fréquentation d'une institution en particulier. Dans une telle société, il n'y aurait donc plus de système scolaire unifié par lequel tous les individus devraient obligatoirement « passer ». Il existerait en revanche un ensemble d'opportunités éducatives plus ou moins décentralisées, accessibles à toutes et à tous, qui permettraient de s'instruire et se former tout au long de la vie.

Si cette critique mérite d'être prise au sérieux, c'est qu'elle représente un défi à toute entreprise qui s'efforce de formuler des principes de justice *scolaire*. Si cette critique est correcte, alors l'entreprise consistant à expliciter et clarifier les principes devant régir un système scolaire juste et à en tirer des conclusions pour guider nos pratiques est vouée à l'échec, car c'est l'institution scolaire en tant que telle qui est intrinsèquement injuste et non pas telle ou telle organisation défectueuse de celle-ci. La justice requerrait donc de concevoir l'éducation sans l'école et non de réformer l'école.

Dans la mesure où je plaide, dans cet essai, en faveur d'une conception libérale de la justice scolaire, je ne crois évidemment pas que cette entreprise soit vouée à l'échec. Cependant, plutôt que de présupposer, comme c'est souvent le cas, que le cadre scolaire va de soi et n'appelle pas de justification spécifique, je voudrais montrer que cette critique radicale est digne d'intérêt. En effet, les objections formulées par Illich à l'encontre de la société scolarisée sont solidaires d'une valorisation de l'indépendance et de l'autonomie individuelles qui sont au cœur de toute conception libérale de la justice. Par conséquent, si le projet d'une société déscolarisée esquissé par Illich me semble devoir être rejeté, il nous faut prendre au sérieux les valeurs sur lesquelles repose sa justification.

Dans ce chapitre, j'examinerai et évaluerai les trois arguments principaux mobilisés par Illich : l'argument de l'injustice scolaire, celui de l'hétéronomie scolaire et celui de la marchandisation du savoir. Ces trois arguments visent à établir qu'un système scolaire installe et maintient les individus dans une situation de dépendance. Ces arguments ne sont pas

---

intellectuelles, esthétiques, morales, etc., mais aussi, s'agissant des biens éducatifs scolaires, des diplômes, qualifications, etc.

indépendants mais, dans la mesure où ils portent sur différents aspects du système scolaire, ils appellent un examen séparé. Pour finir, j'indiquerai les deux points de la critique d'Illich qui méritent d'être retenus, à savoir l'ambivalence des biens que distribue le système scolaire et l'engagement en faveur de l'autonomie[2].

1. L'ÉCOLE EST-ELLE VRAIMENT DANS L'INTÉRÊT DE TOUS?

Nous avons tendance à considérer que l'obligation scolaire sert l'intérêt de toutes et tous. Si une partie de la population est exclue de l'accès au système scolaire, elle se trouve privée de certains biens désirables en eux-mêmes ou en vue d'autres biens auxquels ils donnent accès. Une telle situation est manifestement nuisible à celles et ceux qui n'accèdent pas à ces biens. Réaliser l'égalité d'accès au système scolaire améliore donc la situation de celles et ceux qui n'y avaient pas accès auparavant. L'obligation scolaire[3] est le moyen par lequel l'égalité d'accès au système scolaire est assurée. L'obligation scolaire possède au moins deux dimensions.

D'une part, elle impose aux familles d'envoyer leurs enfants à l'école. Elle est corrélative du droit des enfants à recevoir une instruction.

D'autre part, elle impose à la puissance publique d'assurer l'accessibilité et la qualité de l'école. Lorsqu'elle est respectée, l'obligation scolaire garantit donc à tout enfant l'accès à l'école et aux biens qu'elle distribue. L'idée que l'obligation scolaire pourrait être contraire à l'intérêt de toutes

2. Ce chapitre n'a pas vocation à proposer une discussion critique de l'ensemble de la conception de l'éducation – et encore moins de la société – défendue par Illich. De plus, si son style est vif et suggestif, il n'est pas toujours aisé d'expliciter et de reformuler ses arguments. Les principaux arguments sont mobilisés plusieurs fois dans différents contextes et sous des formulations différentes si bien qu'il est difficile d'identifier une formulation de référence pour chacun. J'essaierai de reconstruire au mieux ces arguments, mais certains aspects resteront certainement dans l'ombre. Enfin, la critique illichienne de l'institution scolaire s'inscrit dans le cadre d'une critique plus générale des sociétés industrielles modernes et s'articule à un plaidoyer en faveur d'une société conviviale [ILLICH, 1973] sur lesquels je ne dirai presque rien.

3. En France, c'est l'instruction et non la scolarisation qui est obligatoire. Cependant, l'instruction à domicile reste soumise aux exigences du socle commun de connaissances, de compétences et de culture qui est établi au niveau ministériel. Pour ne pas compliquer inutilement le propos, je ne ferai pas de distinction entre obligation d'instruction et obligation scolaire.

et tous, et notamment de celles et ceux qui sont le plus défavorisés, semble donc contre-intuitive[4].

C'est pourtant bien la thèse que défend Illich. Il affirme que l'école n'est qu'à l'avantage des plus favorisés et qu'elle est au contraire nuisible aux plus défavorisés. L'école est structurellement inégalitaire. « Loin d'égaliser les chances, [l'école] en assure la répartition » [Illich, 1980, p. 30]. Ce n'est pas un accident ou une imperfection qu'il serait possible de corriger mais un effet de structure. Elle n'est pas seulement inégalitaire : elle est aussi contre-productive dans la mesure où elle produit de l'échec et de l'exclusion. Dès lors, s'il y a lieu d'envisager que certaines inégalités puissent être justes à condition d'être à l'avantage des plus défavorisés [Rawls, 2009], ce n'est pas le cas des inégalités dont le système scolaire est la cause. Celles et ceux qui échouent et sont exclus au terme de leur scolarité se trouvent dans une situation plus mauvaise que s'ils n'avaient pas du tout été *obligés* de fréquenter l'école. Cette affirmation est audacieuse et doit être justifiée.

À un premier niveau, cette critique ne nous paraît pas tout à fait inouïe. En effet, une partie significative de la sociologie de l'éducation est consacrée à l'analyse des mécanismes et processus par lesquels l'école produit et reproduit des inégalités sociales [Duru-Bellat & Van Zanten, 2012]. Cependant, l'argumentation d'Illich ne s'appuie pas sur la littérature sociologique et la description du système scolaire qu'il propose reste relativement grossière. Il n'accorde aucun intérêt à des problèmes centraux du point de vue des sociologues comme celui des différences de performance entre les systèmes scolaires ou celui des facteurs expliquant la réussite ou, au contraire, l'échec scolaire. C'est l'école en tant qu'institution qui est structurellement inégalitaire et nuisible. Les différences de performance entre telle et telle organisation de l'institution scolaire sont négligeables relativement à cet effet de structure.

Si tout système scolaire est structurellement inégalitaire et nuisible, c'est avant tout parce qu'il n'est pas organisé en vue de distribuer des connaissances intrinsèquement désirables. Il est organisé en vue des

4. Illich systématisera son analyse des institutions en termes de contre-productivité dans ses œuvres ultérieures. La contre-productivité désigne la manière dont les institutions planifiées dans le but de produire certains biens ou services censés augmenter le bien-être humain tendent paradoxalement à produire des effets inverses. Ainsi, de même que l'école tue le désir d'apprendre, l'hôpital rend malade [Illich, 1981].

positions sociales auxquelles il donne accès, positions elles-mêmes inégales. Illich souscrirait sans doute à la manière dont Boudon [2011] modélise le fonctionnement d'un système scolaire moderne. Selon lui, on peut le représenter comme une série de points de bifurcation entre des parcours de valeur inégale ou entre la continuation ou l'arrêt du parcours scolaire. Un tel système n'a évidemment pas pour but de distribuer un bien éducatif identique à toutes et tous. Au contraire, il organise une série de tris et de filtres successifs de sorte que seul un nombre restreint de personnes peuvent accéder aux biens scolaires les plus valorisés. Dans la mesure où les biens auxquels le système scolaire donne accès sont d'inégale valeur, les élèves sont nécessairement en concurrence les uns avec les autres pour accéder aux biens les plus rentables. Comme toutes et tous ne peuvent pas accéder à ceux-ci, le système scolaire produit nécessairement de l'échec. Nombreux sont les appelés, rares sont les élus.

Illich affirme donc qu'il est vain d'espérer que l'école puisse jouer un rôle égalisateur dès lors qu'elle a nécessairement pour but de donner accès à des positions sociales inégales. On peut investir des sommes considérables afin de permettre une meilleure réussite scolaire des élèves issus des milieux les plus défavorisés, il est structurellement impossible que toutes et tous réussissent puisque le système scolaire est organisé de manière que seuls certains élèves réussissent. C'est pourquoi Illich ironise devant l'accroissement énorme des dépenses scolaires, justifié au nom de l'idéal d'égalité des chances, idéal que le fonctionnement *normal* d'un système scolaire rend impossible à réaliser[5]. Il existe une sorte de loi des rendements décroissants des investissements éducatifs : il faut investir des sommes de plus en plus importantes pour produire des effets de moins en moins significatifs sur la réduction des inégalités à l'école. Celle-ci ne peut pas à la fois produire et lutter contre l'échec scolaire.

En quel sens peut-on dire que l'école produit de l'échec scolaire et plus largement qu'elle est *nuisible* et pas seulement inégalitaire ? Les acquis des élèves, à la fin de leur scolarité, ne pourraient-ils pas être inégaux sans qu'il y ait lieu de parler d'échec scolaire ou d'exclusion ? Pourquoi

---

5. Illich admet, sans vraiment le démontrer, qu'il est vain d'espérer réaliser l'égalité des chances au sein d'un système dont la fonction est de distribuer des biens de valeur inégale. Celles et ceux qui sont le mieux pourvus en ressources sociales diverses seront toujours avantagés dans la concurrence pour l'accès aux biens les plus prestigieux et rentables. Cette idée est corroborée par les résultats convergents de nombreuses études de sociologie de l'éducation.

Illich affirme-t-il alors que l'obligation scolaire produit nécessairement de l'exclusion ? Illich paraît anticiper ici des analyses qui seront formulées et systématisées plus tard par des sociologues [Dubet, 2010] et des philosophes [Sandel, 2021 ; Savidan, 2015]. Selon ces analyses, l'idéal d'égalité méritocratique des chances[6] selon lequel toutes et tous, quel que soit leur statut social d'origine, leur genre, leur religion, leur lieu d'habitation, etc., doivent disposer de chances équitables d'accéder aux *meilleures* positions, est caractérisé par un tropisme élitiste à l'origine d'effets socialement et politiquement délétères. Cet idéal postule en effet que tous les individus doivent désirer accéder aux meilleures positions et aux meilleurs parcours. Il est donc solidaire d'une conception verticale, hiérarchique et compétitive du système scolaire et, plus largement, de la société : certains parcours scolaires et certaines positions sociales sont meilleurs ou plus désirables que d'autres ; l'incapacité à y accéder ne peut être perçue que comme un échec ou une injustice. Un système scolaire régi par l'idéal d'égalité méritocratique des chances ne peut que produire de l'échec scolaire dans la mesure où celles et ceux qui ne parviennent pas aux meilleures positions et aux meilleurs parcours échouent nécessairement au regard de la norme immanente de ce système. En ce sens, l'échec scolaire n'est pas un accident ou un dysfonctionnement du système scolaire. Il en est un effet structurel. Un tel système ne se contente pas de récompenser celles et ceux qui accèdent aux meilleures positions. Il stigmatise corrélativement celles et ceux qui échouent à y parvenir. Un parcours scolaire court ou caractérisé par la fréquentation de filières perçues comme « de relégation » devient la marque d'une insuffisance personnelle et cause d'exclusion sociale. Celui ou celle qui échoue à l'école est définitivement exclu des emplois stables et protégés et voit son estime de soi dégradée.

Résumons. Selon Illich, un système scolaire n'est pas la sorte d'institution susceptible de servir l'intérêt de toutes et tous[7]. Un tel système est

6. L'ajout de cet adjectif est nécessaire pour rendre l'argument correct. Il existe plusieurs conceptions de l'égalité des chances et l'égalité méritocratique des chances n'est que l'une d'entre elles. Illich ne distingue pas entre ces différentes conceptions. Je discuterai ce point dans le chapitre V.

7. Illich propose une « analyse spectrale des institutions » originale consistant à répartir celles-ci sur un axe droite-gauche. Les institutions de gauche sont « ouvertes » en ce sens qu'elles facilitent l'action humaine sans la contraindre ou y opposer un coût prohibitif. Illich prend l'exemple du téléphone. Les institutions de droite sont « manipulatrices » en ce sens

structurellement inégalitaire. La plus grande partie de celles et ceux qui passent par ce système échouent nécessairement à accéder aux meilleurs parcours et aux meilleures positions sociales. Du fait de la solidarité entre système scolaire et structure sociale inégalitaire, l'échec à l'école produit un stigmate social qui pèse comme un destin sur la vie des plus défavorisés. Il y a donc lieu de croire non seulement que l'école n'est à l'avantage que des plus favorisés, mais aussi qu'elle est directement nuisible aux autres. A contrario, nous avons des raisons de croire qu'une société déscolarisée serait plus égalitaire et permettrait une meilleure réalisation des intérêts de toutes et tous qu'une société scolarisée.

Que penser d'un tel argument ? Tel que je le comprends, cet argument est classiquement fonctionnaliste[8]. Il affirme que l'école est une sorte de système d'allocation des positions sociales : elle distribue des diplômes et d'autres biens scolaires permettant d'accéder à certaines positions plus ou moins convoitées. Dans la mesure où les positions sociales accessibles à la sortie du système sont inégales entre elles, l'école remplit un rôle essentiel dans la reproduction de l'inégalité sociale.

Comme tous les arguments fonctionnalistes, il manque de finesse. Il affirme que, quelle que soit l'organisation institutionnelle du système scolaire, la même fonction est remplie à l'identique puisque celle-ci est constitutive de ce qu'est un système scolaire. On peut toutefois se demander si Illich ne commet pas ici une pétition de principe. Il est indéniable que l'école joue un rôle causal important dans la production et la reproduction des inégalités sociales dans les sociétés modernes. Cependant, il y a un hiatus entre ce constat et l'affirmation que c'est là sa fonction. Illich semble penser que les différences d'organisation entre les systèmes scolaires sont négligeables relativement aux effets de structure caractérisant nécessairement tous les systèmes scolaires en tant que tels. Mais ces différences ne peuvent être jugées négligeables que si l'on a

---

qu'elles doivent persuader les clientes et les clients qu'ils ont besoin de les utiliser et les contraindre à continuer à les utiliser malgré l'évidence de leur caractère contre-productif. L'école est le paradigme des institutions de droite selon Illich.

8. Le fonctionnalisme est une approche philosophique et scientifique consistant à expliquer un phénomène à partir de l'identification de sa fonction, c'est-à-dire du rôle causal qu'il remplit dans la production d'un phénomène plus global. Pour Durkheim [2013], par exemple, expliquer un phénomène comme le crime consiste à rechercher le rôle que ce phénomène remplit dans le maintien ou le renforcement de la cohésion sociale. C'est en ce sens qu'il qualifie de crime de « phénomène normal ».

établi la nécessité et même la fatalité de tels effets de structure. Or Illich semble davantage les postuler que les établir. Son argument dépend en fait de l'acceptation de la prémisse selon laquelle tout système scolaire est *strictement dépendant*, quant à son organisation et son fonctionnement, de la structure des positions sociales auxquelles il donne accès. Ce faisant, Illich paraît nier la possibilité d'une autonomie relative du système scolaire vis-à-vis de la structure des positions sociales. C'est pourquoi il préconise la déscolarisation de la société comme seul moyen de défaire cette dépendance stricte.

Mais y a-t-il des raisons de croire que l'organisation d'un système scolaire est systématiquement dépendante de la structure des positions sociales ? Il existe très certainement des pressions diverses exercées sur le système scolaire pour qu'il « s'adapte » à la société [Laval, Vergne, *et al.*, 2012]. Mais il n'y a pas de raison d'en conclure à une dépendance stricte et nécessaire. Au contraire, de nombreuses études sociologiques établissent des différences significatives entre les systèmes scolaires en termes d'égalité des chances, de cohésion sociale et d'emprise du diplôme sur le destin social des personnes [Dubet, Duru-Bellat & Vérétout, 2015]. Ces études établissent qu'il n'y a pas d'homologie stricte entre les inégalités scolaires et les inégalités sociales et qu'en ce sens, il y a bien une autonomie relative du système scolaire vis-à-vis de la structure sociale. S'il n'y a pas de raison de croire à une dépendance stricte de l'école vis-à-vis de la structure de positions sociales, on est fondé à espérer qu'il est possible de corriger certains des effets les plus nuisibles de celle-ci au moyen d'une réforme de son organisation sans avoir pour autant à déscolariser la société.

Illich semble soutenir qu'un système scolaire juste est impossible dans une société inégalitaire. C'est très certainement correct. Mais la conséquence devrait être de rendre la société plus égalitaire et non de la déscolariser. Pour justifier la nécessité de la déscolarisation, il faudrait prouver *en plus* qu'un système scolaire, quelle que soit son organisation, ne peut pas ne pas produire des inégalités. Illich l'affirme, mais ne l'établit pas. S'il met en évidence certains effets délétères liés à la dépendance entre système scolaire et structure sociale inégalitaire, il échoue à prouver que ces effets sont intrinsèquement liés à la nature de tout système scolaire. Cet argument ne suffit donc pas à justifier le rejet de tout système imposant l'obligation scolaire.

2. QU'APPREND-ON VRAIMENT À L'ÉCOLE ?

Illich prolonge sa critique du caractère contre-productif du système scolaire avec un deuxième argument. L'argument examiné dans la section précédente laisse ouverte la possibilité que toutes et tous puissent profiter, en un certain sens au moins, de la scolarité obligatoire. En effet, malgré le caractère inégalitaire du système scolaire et sa tendance à produire de l'échec et de l'exclusion, celui-ci pourrait réussir néanmoins à distribuer à tous les élèves certains biens, en particulier des savoirs intrinsèquement désirables. Cette idée semble plausible. On apprend plus en allant à l'école qu'en n'y allant pas et, de ce fait, l'obligation scolaire paraît favorable aux apprentissages de toutes et tous. Et on peut penser qu'au moins certains savoirs transmis par le système scolaire sont des biens pour celles et ceux à qui ils sont transmis.

Pourtant, là encore, Illich rejette cette idée. Il affirme que la fascination qu'exerce sur nous l'idée d'obligation scolaire repose sur la croyance fausse selon laquelle « l'éducation se fonde en grande partie sur l'enseignement » [Illich, 1980, p. 30]. La plus grande partie des savoirs et, en particulier, les savoirs auxquels nous attribuons le plus de valeur sont acquis *hors* de l'école. Nous n'avons pas besoin d'aller à l'école pour apprendre à parler notre langue maternelle et même s'agissant de l'apprentissage d'une deuxième langue, celui-ci est bien plus efficace, profond et durable lorsqu'il répond à un besoin réellement éprouvé dans l'expérience quotidienne, par exemple suite à un déménagement dans un pays étranger ou pour répondre à des besoins professionnels, que lorsqu'il consiste à apprendre laborieusement des listes de vocabulaire et de verbes irréguliers qu'il faut réinvestir dans des contextes scolaires artificiels et dépourvus de sens. Illich en appelle à l'expérience commune : en réfléchissant sur les découvertes auxquelles nous attachons le plus de valeur, nous reconnaîtrons que l'école n'en a été ni le cadre, ni la cause. Il faut donc bien distinguer l'éducation, c'est-à-dire le processus par lequel les êtres humains acquièrent des savoirs utiles et désirables, et la scolarité, c'est-à-dire l'existence d'une institution dédiée spécifiquement à la distribution des biens éducatifs. L'école est avant tout « un lieu où l'on rassemble des êtres humains d'un âge donné autour d'enseignants » [Illich, 1980, p. 52].

L'argument d'Illich emprunte deux directions. D'une part, il cherche à revaloriser les apprentissages qui sont réalisés hors de l'école. D'autre part, il cherche à dévaloriser les apprentissages réalisés au sein de l'école. Ces deux aspects appellent un développement et un jugement différents.

La revalorisation des apprentissages non scolaires paraît assez attrayante. Illich insiste à juste titre sur le fait qu'il existe un grand nombre d'opportunités éducatives diffuses que nous avons tendance à négliger. Ma voisine est une grande lectrice de littérature russe et je désire justement découvrir Tolstoï sans avoir jamais osé me lancer. Je ne sais pas par où commencer, je crains d'être perdu parmi la multitude des noms et des personnages, le contexte culturel et historique me paraît trop peu familier, etc. Sans doute ma voisine serait-elle heureuse de m'en parler. Pourtant, des opportunités éducatives potentielles de ce genre sont très rarement actualisées. Dans notre société scolarisée, je n'adresse tout simplement pas la parole à ma voisine, j'ignore même probablement tout de sa passion pour la littérature russe et je n'envisage pas d'autre moyen de satisfaire ma curiosité que de suivre un cours à l'université ou lire un manuel sur la littérature russe, perspectives nettement moins attrayantes et efficaces qu'une bonne discussion avec une passionnée. Et il y a fort à parier que, dans la société scolarisée qui est la nôtre, je ne prenne jamais l'initiative de m'inscrire à l'université ou de lire un manuel de littérature russe...

Ma tendance à négliger les opportunités éducatives hors du système scolaire ne doit pas être comprise comme un trait de personnalité contingent. On pourrait dire, en paraphrasant Max Weber, qu'elle est la conséquence de l'existence d'une institution scolaire revendiquant avec succès le monopole de la distribution des biens éducatifs sur un territoire donné. Seules les opportunités éducatives distribuées ou garanties par l'institution scolaire me paraissent authentiques, sérieuses et légitimes. Il est possible qu'à la lecture de l'exemple du paragraphe précédent, votre réaction spontanée ait été d'objecter qu'il y a pourtant bien une différence de nature entre une discussion, même passionnante, avec une amatrice et un cours professé par un spécialiste et explicitement construit en vue d'objectifs d'apprentissage précis. Mais ne serait-ce pas là le signe de votre difficulté à envisager qu'un apprentissage authentique puisse se faire en-dehors de tout cadre scolaire ? Sur quel fondement établissez-vous cette différence de nature ? La quantité et la qualité des informations mémorisées ? Leur vérité ? Leur présentation didactique ? Ou le fait qu'un professeur faisant cours ou rédigeant un manuel est une sorte de professionnel attitré de l'éducation ? Si cette dernière raison vous paraît compter, c'est peut-être que vous êtes plus sensible que vous ne le pensez aux charmes du monopole scolaire sur l'éducation. Pour lever complètement ce doute, il faudrait en fait proposer une élucidation des concepts d'apprentissage, d'éducation et d'enseignement – ce que ne fait pas Illich. Il insiste en revanche sur la dimension expérientielle du savoir. Un savoir n'a de valeur intrinsèque et donc n'est digne d'être appris pour lui-même qu'à la condition d'entrer en résonance avec l'expérience de l'apprenante ou de l'apprenant. Cette dimension semble primer à ses yeux sur la formalisation et la didactisation de ce savoir. Or, si la priorité va à cette dimension expérientielle, il n'est pas sûr que la comparaison tourne à l'avantage de l'école.

Je ne prolonge pas ici la critique illichienne des effets pervers du monopole scolaire sur les savoirs. Elle sera reprise et approfondie dans la section suivante. La revalorisation des apprentissages réalisés hors de l'école est décisive pour le plaidoyer en faveur de la déscolarisation de la société. Il faut qu'il soit possible d'apprendre et d'apprendre bien hors de l'école pour que tombe l'une des principales justifications de l'obligation scolaire.

Mais il ne suffit pas qu'on puisse apprendre bien hors de l'école. Celle-ci pourrait être néanmoins elle aussi un lieu d'apprentissage. La solution ne serait pas alors de déscolariser la société, mais de trouver un moyen d'actualiser les opportunités éducatives hors de l'école sans forcément toucher à l'école elle-même. Après tout, je pourrais bien entrer en relation avec ma voisine amatrice de littérature russe sans qu'il soit nécessaire de supprimer les titres universitaires. Ce n'est pas ce que propose Illich. Il soutient au contraire que l'école n'est pas du tout – ou très peu – un lieu d'apprentissages authentiques. Les apprentissages scolaires sont coupés de toute dimension expérientielle. Il y a sans aucun doute bien des choses que nous retenons de notre passage à l'école, par exemple « 1515, Marignan ». Mais ces bribes restent trop souvent éparses et sans rapport avec nos intérêts personnels profonds. Illich généralise ce genre de constat. L'existence de programmes obligatoires est incompatible avec l'investissement motivé et efficace dans le processus d'apprentissage. Nous sommes d'autant plus motivés et apprenons d'autant mieux que nous trouvons un intérêt cognitif substantiel à l'activité dans laquelle nous sommes investis. Mais cela suppose que cette activité prolonge des intérêts déjà présents. Comme ces intérêts varient en fonction des enfants, des situations et du temps, un programme obligatoire commun ne saurait produire un investissement motivé et efficace dans les apprentissages de toutes et tous. En ce sens, l'école obligatoire est loin de favoriser l'acquisition de connaissances intrinsèquement désirables[9].

Mais il ne faudrait pas croire que l'école n'apprend *rien du tout* aux écoliers. Elle réussit parfaitement à apprendre aux enfants que leur salut dépend d'elle seule. Leur salut social dépend significativement du diplôme qu'ils obtiendront au terme de leur scolarité[10]. À l'école, les élèves apprennent essentiellement qu'ils *dépendent* de l'école. Il y a en fait une contradiction insurmontable entre valorisation de l'autonomie individuelle et obligation scolaire. On a tendance à penser que l'obligation scolaire est une condition nécessaire pour l'épanouissement personnel, la formation de l'autonomie et de la citoyenneté. Mais cette présomption est aveugle aux nombreux effets pervers de l'institution scolaire. En imposant à toutes les personnes de passer par l'école et en faisant dépendre leur destin social du niveau de diplôme obtenu, elle contribue au contraire à les installer et à les maintenir dans une situation de dépendance contrainte. L'obligation scolaire mine les capacités d'initiative et d'apprentissage des personnes, atrophie leur curiosité intellectuelle, empêche l'actualisation sociale d'opportunités éducatives indépendantes de l'école et dégrade l'estime de soi des personnes qui voient leur vie échapper à leur contrôle. En principe, rien ne s'oppose à ce qu'une personne qui n'a pas de diplôme d'ingénieur se forme et acquière les connaissances et les compétences nécessaires, pour peu qu'elle soit réellement motivée et intéressée. Mais dans une société scolarisée, les diplômes constituent une barrière d'accès quasi-insurmontable, si bien qu'elle n'a presque plus aucune chance de devenir ingénieure une fois ses études terminées. Pire encore, il est peu

---

9. Illich paraît retrouver des intuitions de réformateurs pédagogiques comme Dewey et Freinet qui insistent, chacun à leur manière, sur l'importance de prendre au sérieux les intérêts de l'enfant dans les processus d'apprentissage, ce qui implique entre autres de rompre avec la séparation de l'école et de l'environnement social dont les élèves font l'expérience dans leur vie quotidienne.

10. Illich [1980, p. 69] suggère qu'il existe une analogie structurelle entre l'école et les églises des siècles passés. L'école se présente, comme les églises, comme dispensatrice des biens de salut. Si le salut que promet l'école est séculier, l'analogie n'en reste pas moins significative : « Le système scolaire assume de nos jours cette triple fonction qui fut, au cours de l'histoire, l'apanage des églises dominatrices. Gardien du mythe de la société, il en institutionnalise les contradictions et il est le siège du rite qui, à la fois, reproduit et assourdit les dissonances entre ce mythe et la réalité. »

probable qu'elle cherche réellement à acquérir ces connaissances et ces compétences qu'elle désire pourtant posséder, certaine qu'elle est de la faible probabilité qu'elles puissent lui être de la moindre utilité sans diplôme. Ce faisant, le désir d'apprendre de cette personne s'éteint peu à peu. Dans le même temps, sa dépendance vis-à-vis de l'institution scolaire est maintenue bien après la fin de sa scolarité. En somme, un système imposant l'obligation scolaire prévient et inhibe le développement de certaines des vertus constitutives de l'autonomie. Or, l'autonomie étant un bien intrinsèquement désirable, l'obligation scolaire est clairement néfaste. Dans une société scolarisée, les personnes ne sont pas incitées à prendre des initiatives et à se considérer comme des agents, capables d'un contrôle sur leur vie. Elles se conçoivent comme des personnes dont le destin est gouverné pour une institution sur laquelle elles n'ont pas de prise. C'est une raison supplémentaire qui plaide en faveur de la déscolarisation de la société.

Que penser d'un tel argument ? Sa faiblesse la plus évidente est qu'il repose sur une prémisse très fragile. L'affirmation selon laquelle l'école obligatoire est incompatible ou difficilement compatible avec l'acquisition de savoirs intrinsèquement désirables est peu étayée. L'insistance sur la place de la motivation et de l'initiative personnelles dans les processus d'apprentissage est juste, mais ne suffit pas à justifier une déscolarisation de la société. On la retrouve d'ailleurs, selon des formulations proches, chez différents pédagogues et réformateurs scolaires plus ou moins radicaux qui n'envisagent pas du tout la nécessité d'une déscolarisation[11]. En dernière analyse, l'argument d'Illich s'appuie sur l'expérience supposément commune selon laquelle nous reconnaîtrons toutes et tous que ce n'est pas à l'école que nous avons appris les savoirs auxquels nous attachons le plus de valeur. Mais cette prémisse est manifestement douteuse. D'une part, il est loin d'être évident que cette expérience commune soit aussi univoque qu'il le pense. D'autre part, il se pourrait très bien que l'école nous ait justement permis de développer les dispositions et les aptitudes grâce auxquelles nous avons pu acquérir, hors de l'école, les savoirs auxquels nous attachons le plus de valeur. Quand bien même l'expérience commune serait aussi univoque que le pense

11. On pourra consulter, en guise d'introduction, Houssaye [2006].

Illich, il ne serait pas pour autant justifié à en inférer que l'acquisition des savoirs auxquels nous sommes attachés pourrait se passer tout à fait de l'école. Il faudrait montrer en plus que l'école ne joue aucun rôle ou joue un rôle négatif dans l'acquisition de ces dispositions et attitudes.

Existe-t-il des études empiriques permettant de corroborer cette prémisse ? Elles sont évidemment rares. Il serait moralement inacceptable de priver de scolarité un échantillon d'enfants afin de comparer la quantité et la qualité de leurs apprentissages avec un autre échantillon scolarisé. Une étude ancienne fournit néanmoins des éléments intéressants [Green & Morgan, 1969]. Au début des années 1960, dans le comté de Prince Edward, en Virginie, les écoles publiques, essentiellement fréquentées par des enfants noirs, ont été fermées plusieurs années. Alors que la plupart des familles blanches avaient la possibilité d'envoyer leurs enfants dans des écoles privées soumises au régime de ségrégation, les familles noires ne disposaient pas de cette opportunité. En conséquence, près de 1700 enfants noirs ont été privés de scolarité pendant plusieurs années. Les enquêteurs ont fait passer des tests de connaissance et de compétence à certains de ces enfants en âge de fréquenter l'école primaire. Les résultats étaient bien plus faibles que ceux d'enfants noirs de comtés voisins vivant dans des conditions socio-économiques proches, mais qui fréquentaient l'école normalement. La plupart des enfants privés de scolarité n'avaient pas appris à lire et leur quotient intellectuel était très inférieur à celui des enfants du groupe témoin.

Illich pourrait répondre à ce genre d'objection qu'il n'y a qu'une ressemblance trompeuse entre la société déscolarisée qu'il appelle de ses vœux et le fait d'être privé de scolarité dans une société scolarisée. Il n'y a rien de très surprenant à ce que des enfants subissent des torts importants lorsqu'ils sont exclus d'une institution qui pèse si lourdement sur le destin social de toutes et tous. Dans une société déscolarisée, les opportunités éducatives seraient plus décentralisées et actualisées et les enfants auraient d'autres occasions d'apprendre à lire. Cette réponse paraît cependant très optimiste. S'agissant de la lecture et de l'écriture, c'est typiquement un apprentissage qui est long et difficile, dont les bénéfices attendus ne sont pas immédiatement clairs pour l'apprenant et pour lequel on sait qu'une expertise de la part de l'enseignant est requise [Krick, Reichstadt & Terrail, 2007]. Évidemment, certains enfants peuvent apprendre à lire par eux-mêmes, parce qu'ils le désirent, avec l'accompagnement d'un adulte bienveillant.

Mais ces cas ne sauraient être généralisés. Si nous avons raison de penser qu'il est important que toutes et tous aient la chance d'apprendre à lire et à écrire, cet apprentissage paraît difficilement dissociable d'un certain degré de contrainte. Plus largement, il semble essentiel de distinguer entre des savoirs qui peuvent se transmettre et s'acquérir de manière informelle et d'autres dont l'acquisition dépend d'une étude systématique et, parfois, de dispositifs institutionnels spécifiques [Joshua, 1998]. Quoi qu'il en soit, cette étude suffit à répondre au scepticisme radical concernant l'efficacité de l'école. Un système scolaire, malgré tous ses défauts, est plus efficace en termes d'apprentissage que ne le suggère Illich.

Il y a lieu aussi de discuter la conception que se fait Illich des opportunités éducatives hors de l'école. Il n'est pas difficile de voir comment on peut apprendre une langue étrangère ou prendre goût à la lecture d'un roman hors de l'école. Mais il est moins facile de voir comment on pourrait développer certaines compétences intellectuelles fondamentales et certaines connaissances abstraites dont on sait que l'apprentissage et la bonne maîtrise dépendent étroitement d'un enseignement explicite et formalisé d'un point de vue didactique[12]. J'ai évoqué la lecture : le même argument vaudrait pour l'apprentissage du calcul et des opérations arithmétiques fondamentales. Plus généralement, si l'insistance sur la dimension expérientielle des apprentissages et des savoirs est légitime, Illich paraît sous-estimer l'importance du travail de formalisation et de transposition didactique de ces savoirs. Ce faisant, il semble privilégier sans justification suffisante une conception « concrète » du savoir, pris dans des pratiques et des formes de vie éprouvées, et dévaloriser les savoirs plus « abstraits » et disciplinaires qui n'entrent pas en résonance immédiate avec l'expérience vécue de la personne. S'il y a sans doute

12. Sur l'importance de la mise en forme didactique des savoirs, on consultera Chevallard [1991]. On parle de transposition didactique pour désigner l'ensemble des transformations qui permettent de rendre un savoir « savant » enseignable. Cette transposition requiert en particulier de formuler des objectifs d'apprentissage, d'articuler différents éléments selon une structure intentionnelle, de sélectionner les éléments pertinents, etc., en vue de permettre les apprentissages. À titre d'exemple, la grammaire scolaire n'a rien à voir avec la grammaire des linguistes : elle est une production purement scolaire visant à permettre l'alphabétisation et l'apprentissage de l'orthographe par les élèves. Plus généralement, l'accession à des savoirs abstraits et résistants dépend fortement de leur didactisation : c'est en organisant des apprentissages progressifs, orientés vers des objectifs justifiés et en ménageant des obstacles ajustés, que les élèves peuvent accéder à ces savoirs.

de bonnes raisons de critiquer l'opposition trop étanche entre théorie et pratique ou la compartimentation disciplinaire des enseignements [Dewey, 2018], Illich n'en dit pas suffisamment pour qu'on voie comment l'éducation déscolarisée qu'il appelle de ses vœux pourrait échapper au soupçon de mener à une forme d'anti-intellectualisme.

En somme, s'il insiste à juste titre sur l'existence d'opportunités éducatives non scolaires et s'il a peut-être raison d'envisager que l'existence de l'institution scolaire a tendance à nous conduire à les négliger, Illich fait preuve d'un scepticisme trop radical quant à l'efficacité d'un système scolaire en termes d'apprentissages. Et s'il insiste à juste titre sur l'importance de la motivation et de la prise en compte des intérêts et de l'expérience des élèves dans le processus d'apprentissage, il échoue à montrer que l'obligation scolaire et l'existence de programmes obligatoires sont incompatibles avec elles. Il existe d'ailleurs une riche littérature visant à clarifier la manière dont la motivation peut être mise au cœur des apprentissages scolaires [Viau, 2009]. Plus généralement, la conception du processus d'apprentissage et d'acquisition des savoirs d'Illich est trop elliptique pour que son argumentation soit pleinement convaincante. Il est vrai que l'analyse des processus d'apprentissage n'est pas centrale dans son argumentation. Elle n'est qu'un élément servant à étayer la thèse plus générale selon laquelle il existe une contradiction insurmontable entre valorisation de l'autonomie individuelle et l'existence d'une institution scolaire obligatoire. Il s'agit d'établir que l'obligation scolaire a pour effet d'installer et de maintenir les personnes dans la dépendance de l'école. Celle-ci assèche les opportunités éducatives non scolaires et inhibe la curiosité et la volonté de s'instruire par soi-même en faisant dépendre le destin social de la nature du diplôme obtenu.

3. L'OBLIGATION SCOLAIRE AUGMENTE-T-ELLE LE SAVOIR SOCIAL?

Illich ajoute un troisième argument. En effet, pourrait-on objecter, même si elle n'est qu'à l'avantage de quelques-uns et même si elle sape l'estime d'elles-mêmes des personnes et nuit à la qualité de leurs apprentissages, l'institution scolaire reste néanmoins efficace s'agissant de la transmission et de la production du savoir socialement utile. Ce serait une sorte d'objection utilitariste adossée à l'objectif de maximiser le savoir social utile[13]. Et en effet, il semble y avoir des raisons de croire qu'une situation dans laquelle existe une institution spécifiquement dédiée à la production et à la transmission de connaissances est « meilleure » qu'une situation dans laquelle aucune institution de ce genre n'existe.

Là encore, Illich écarte cette thèse. L'existence d'un système scolaire entraîne une raréfaction et la dégradation du savoir en empêchant sa diffusion. À nouveau, c'est l'aspect contre-productif du système scolaire en tant qu'institution qui est visé : celui-ci produit l'exact inverse de ce à quoi il est dédié. Visant la production et la diffusion du savoir, il entraîne sa raréfaction et son appropriation exclusive par une minorité. C'est en particulier la fonction ambiguë des diplômes qui est l'objet de la critique d'Illich.

Un système scolaire alloue des positions sociales par l'intermédiaire de la distribution de diplômes, lesquels sanctionnent l'accomplissement de certains parcours scolaires. Cependant, ces diplômes ne se contentent pas de certifier la maîtrise de certaines connaissances et compétences. Ils fonctionnent essentiellement comme des droits d'accès à certaines positions sociales. Plus exactement, ils servent à exclure de ces positions celles et ceux qui ne disposent pas du diplôme adéquat. Pour exercer la médecine, il faut impérativement avoir obtenu un diplôme d'État de docteur en médecine. Il en va de même pour un grand nombre de professions prestigieuses à l'accès desquelles le diplôme constitue une barrière d'entrée formelle. Nous avons tendance à considérer que ce genre de disposition est tout à fait légitime dans la mesure où elle permet de certifier la compétence professionnelle de la personne diplômée. Nous ne voudrions pas nous faire opérer par un chirurgien si nous ne pouvions avoir raisonnablement confiance en sa compétence. Cependant, Illich souligne que les diplômes permettent en même temps d'établir et de protéger une rente de situation. Ils sont fondamentalement des dispositifs anti-concurrentiels. Illich affirme qu'il existe une véritable ségrégation sociale sur la base du diplôme. Celles et ceux qui ne possèdent pas les bons diplômes sont littéralement exclus de certaines positions et de certaines professions. De ce fait, un système

13. L'utilitarisme est une doctrine morale. Classiquement, elle soutient que nous avons l'obligation de maximiser un certain bien, l'utilité, qui peut être défini comme le bonheur du plus grand nombre ou la satisfaction des préférences. Pour une introduction à l'utilitarisme, on pourra lire Lazari-Radek & Singer [2022].

imposant l'obligation scolaire met tous les individus en concurrence pour l'obtention de diplômes rares. Et comme la plupart des individus sont privés de la possession de ces diplômes, ils se trouvent exclus de ces positions sociales. Le système scolaire produit nécessairement de l'exclusion et même de la ségrégation. C'est un système d'allocation de privilèges.

Évidemment, l'affirmation selon laquelle un système scolaire ne peut distribuer que des diplômes rares est discutable. Elle revient à assimiler les diplômes, certifiant la maîtrise de certains savoirs, en droit accessibles à toutes et tous, aux concours pour lesquels le nombre de lauréats est limité par définition. Cette assimilation n'est toutefois pas tout à fait arbitraire. Elle repose sur l'idée selon laquelle, dans une société inégalitaire et différenciée, les diplômes jouent un rôle prépondérant dans l'accession à certaines positions sociales convoitées. En cela, ils sont l'objet de luttes constantes afin d'en préserver la valeur et la rareté (examen d'entrée, allongement de la durée des études, augmentation des frais d'inscription, etc.).

Quoi qu'il en soit, les systèmes scolaires modernes défendent jalousement le monopole qu'ils ont sur la distribution des diplômes. Il est par exemple impossible pour un médecin de former une personne souhaitant devenir elle-même médecin en lui proposant de l'accompagner lors de ses consultations, en s'entretenant avec elle, en lui indiquant des ressources utiles, etc. Nul ne saurait devenir médecin à moins d'obtenir un diplôme adéquat dont le système scolaire a le monopole. En ce sens, les diplômes font « du droit de partager ses connaissances un privilège réservé aux employés des écoles » [Illich, 1980, p. 151]. Les systèmes scolaires sont contraires à la libre diffusion des connaissances. Seuls les professeurs – qui disposent eux-mêmes d'un diplôme protégeant leur monopole – sont habilités à transmettre des connaissances et à en certifier la maîtrise. C'est pour cette raison que l'obligation scolaire prévient l'actualisation des opportunités éducatives diffuses dans la société. Autrement dit, les systèmes scolaires modernes empêchent une grande partie des savoirs sociaux de se diffuser.

On peut formuler l'argument dans le vocabulaire économique. Un système scolaire distribuant des diplômes transforme le savoir en un bien rival et exclusif. Un bien est dit rival lorsque sa consommation par un agent réduit la quantité de ce bien disponible pour les autres agents. Un bien est dit exclusif quand il est possible, pour un agent, de se l'accaparer en excluant ainsi les autres agents. On a tendance à penser que le savoir est typiquement un bien non rival et non exclusif. Ainsi, ma connaissance de l'histoire chinoise ne diminue pas les chances pour les autres agents de découvrir cette histoire. Et je ne peux pas exclure ces agents de cette connaissance. Pourtant, c'est ainsi que fonctionnent les diplômes : mon diplôme de chirurgie diminue les chances pour les autres de devenir chirurgien (le nombre de places est limité) et me permet d'exclure de cette profession toute personne n'ayant pas le diplôme, me réservant ainsi le savoir-faire et les rentes qu'il m'assure[14]. Certes, tous les diplômes ne sont pas soumis à une règle aussi formelle qu'un *numerus clausus*. Mais c'est une différence de degré et non de nature. Le nombre de doctorats de philosophie distribué par le système scolaire n'est pas limité en droit, mais il y a fort à parier que si le nombre de docteurs augmentait trop fortement, la possession du seul doctorat ne serait plus considérée comme une condition suffisante pour déposer une candidature pour devenir maître de conférences. En somme, les diplômes, selon Illich, ne sont pas fondamentalement différents des brevets. Ils induisent une conception marchande du savoir.

Il n'est pas même certain que les diplômes, lorsqu'ils sont obtenus au terme d'une scolarité réussie, certifient vraiment la possession de savoirs et de connaissances désirables. Les diplômes constituent avant tout des ressources sociales stratégiques. Par conséquent, la concurrence pour les acquérir ne peut qu'être intense. D'où une augmentation de la « demande scolaire » qui entraîne presque mécaniquement l'inflation des diplômes et l'allongement de la durée des études : il faut avoir fait de plus en plus d'années d'étude pour se distinguer et l'emporter dans la course. Mais cet allongement – très coûteux socialement – est déconnecté de la nature et de la valeur des savoirs transmis. Le diplôme est bien plutôt le signe de la quantité de programme ingéré que celui de la qualité des connaissances

14. Cet argument est avancé, presque à l'identique, par Milton Friedman. Conditionner l'exercice de la médecine à la possession d'une licence ou d'un diplôme crée une situation de rareté qui maintient artificiellement haut le prix des prestations médicales et exclut donc les populations les plus défavorisées des services de santé. À l'inverse, si l'exercice de la médecine était ouvert à toutes et tous, des prestations à bas coût seraient accessibles pour les plus démunis. La possession d'un diplôme pourrait alors fonctionner seulement comme un signal de compétence particulière justifiant des prestations plus coûteuses [Friedman, 2018]. Certains arguments d'Illich sont en fait très similaires à ceux des libertariens de droite. Il n'en demeure pas moins que le convivialisme d'Illich n'a pas grand-chose à voir avec l'anarcho-capitalisme que ceux-ci promeuvent.

maîtrisées. Corrélativement, ce n'est pas l'amour du savoir et la curiosité intellectuelle qui commandent les choix scolaires des personnes. La scolarité est avant tout un investissement social rationnel. Les personnes attendent de l'école des diplômes garantissant une position sociale enviable et non des connaissances intrinsèquement désirables.

L'argument d'Illich aboutit donc à la conclusion que tout système imposant l'obligation scolaire entraîne le développement d'une conception marchande du savoir. Le savoir des personnes n'est socialement reconnu qu'à la condition d'être sanctionné par un diplôme pour la distribution duquel l'école possède le monopole. Et ce monopole mène vers un assèchement des savoirs sociaux. D'une part, les personnes sont incitées à poursuivre des diplômes uniquement en vue des bénéfices sociaux qu'elles sont en droit d'en attendre et non du fait de la valeur des savoirs dont ces diplômes sont censés certifier la maîtrise. D'autre part, les opportunités d'acquérir des connaissances intrinsèquement désirables hors de l'école sont dévalorisées, invisibilisées et privées de débouchés sociaux et professionnels. En somme, le monopole scolaire sur les diplômes installe et maintient les personnes dans une étroite dépendance vis-à-vis de l'école et assèche le potentiel éducatif de la société. L'école obligatoire prive les personnes de tout contrôle sur leur propre vie en leur imposant la poursuite d'objectifs dénués de valeur intrinsèque et nuisibles au développement des dispositions et capacités requises pour mener une vie autonome.

Illich identifie un effet de renforcement réciproque entre inégalités sociales et système scolaire. L'école dépend étroitement, quant à son organisation et son fonctionnement, de la structure sociale inégalitaire, puisqu'elle a pour fonction de permettre l'allocation des positions sociales les plus convoitées aux individus sur la base de leurs performances scolaires. En retour, ces positions sociales sont « solidifiées » et protégées au moyen de diplômes scolaires fonctionnant comme des barrières d'accès. L'école installe et maintient les personnes dans une situation de dépendance et empêche la diffusion du savoir social. On est donc justifié à envisager une déscolarisation de la société.

Que penser de cet argument? Illich paraît retrouver ou anticiper des conclusions que des sociologues tireront à partir d'analyses empiriquement plus informées. En particulier, il identifie l'un des mécanismes explicatifs de ce qui sera qualifié, plus tard, d'inflation scolaire [Duru-Bellat, 2006]. Les diplômes étant une ressource rare socialement utile, la concurrence pour se les approprier est forte, ce qui tend mécaniquement à allonger la durée des études et à abaisser le rendement social des diplômes de rang inférieur. Plus fondamentalement, Illich affirme à juste titre que les diplômes ne sont pas des signes fiables des connaissances et compétences des diplômés, dans la mesure où leur durée et leur programme dépendent davantage des luttes sociales pour l'appropriation de ces capitaux scolaires que de la nature de la formation elle-même. De plus, il semble percevoir l'importance de l'emprise du diplôme pour expliquer les parcours sociaux des personnes, thème qui sera étudié précisément bien plus tard [Dubet, Duru-Bellat & Vérétout, 2015].

Cependant, l'argument souffre de sa formulation trop générale. En particulier, si l'idée selon laquelle un système scolaire monopolisant la distribution des diplômes a tendance à dévaloriser et invisibiliser les opportunités éducatives non scolaires mérite d'être prise au sérieux, l'argument ne permet pas d'établir la nécessité de ce phénomène. Il en va de même s'agissant de la communication du savoir social. On peut se demander si Illich ne prend pas pour un effet de structure ce qui n'est qu'un aspect contingent de la société de son temps. Il n'est pas évident que la manière dont il décrit les diplômes comme assurant un droit d'accès exclusif à certaines professions soit encore pertinente aujourd'hui. Elle semble liée à une configuration sociale où l'organisation du travail est largement commandée par une logique de la qualification, fondée effectivement en partie sur la reconnaissance sociale et professionnelle du diplôme, qui est fragilisée et contestée aujourd'hui [Lattes, Lemistre & Roussel, 2007]. Plus largement, si la possession de diplômes reste encore aujourd'hui un atout précieux pour les personnes, surtout lorsqu'elles sont issues d'un milieu défavorisé [Poullaouec, 2010], il ne semble pas que l'articulation entre système scolaire et marché de l'emploi s'opère selon une logique aussi simple et mécanique que le suggère Illich. Il y a donc lieu de considérer avec précaution son affirmation selon laquelle les diplômes constituent des barrières infranchissables garantissant des rentes de situation et disqualifiant tout savoir qui ne serait pas acquis au sein du système scolaire. Illich paraît postuler la nécessité des effets qu'il dénonce sans l'établir véritablement.

Au terme de l'examen critique des trois principaux arguments développés par Illich pour contester la société scolarisée, il semble que nous ne soyons pas contraints d'accepter les conclusions radicales qu'il en tire.

Le premier argument vise à établir que l'école produit nécessairement de l'échec et de l'exclusion et qu'en cela elle est nécessairement nuisible à la plupart des élèves, lesquels seraient dans une meilleure situation dans une société déscolarisée. Le deuxième argument affirme que l'école ne favorise pas les apprentissages de toutes et tous et qu'au contraire la plupart des savoirs que nous tenons pour réellement importants ont été acquis hors de l'école. En fait, l'école est avant tout le lieu d'apprentissage de l'hétéronomie et de la dépendance. Le troisième argument soutient qu'un système scolaire conduit nécessairement à l'adoption d'une conception marchande du savoir et, dès lors, à un assèchement des opportunités éducatives non scolaires. Une société scolarisée est moins favorable à la production et à la diffusion de savoirs qu'une société déscolarisée.

Pris ensemble, ces arguments visent à établir qu'un système imposant l'obligation scolaire installe et maintient nécessairement les personnes dans une situation de dépendance vis-à-vis de l'institution scolaire qui leur est nuisible. L'école est incompatible avec l'autonomie des personnes dans la mesure où elle entraîne mécaniquement que leur destin échappe à leur contrôle.

Ces arguments sont formulés de manière trop générale et la base empirique sur laquelle ils reposent reste trop fragile pour autoriser à tirer des conclusions aussi radicales que prétend le faire Illich. Toutefois, cela ne signifie pas qu'ils sont dénués de pertinence. Dans les deux sections suivantes, je montrerai ce qu'il convient de retenir de ces arguments.

4. QUELLE VALEUR POUR LES SAVOIRS SCOLAIRES?

Je me suis efforcé de reconstruire et discuter les principaux arguments qui fondent la critique que fait Illich de la société scolarisée. J'ai utilisé une terminologie assez différente de celle qu'il emploie, mais la teneur de mon propos lui est restée, je l'espère, assez fidèle. Je voudrais à présent prendre un peu de distance afin de dégager ce qui, au-delà des limites indiquées, me semble justifié dans sa critique de la société scolarisée.

Illich insiste tout particulièrement sur la façon dont un système scolaire entraîne le développement d'une conception marchande du savoir et d'un rapport purement instrumental à la scolarité. Pourtant, en un certain sens, on ne voit pas bien pourquoi il serait problématique d'espérer et d'attendre des savoirs transmis à l'école qu'ils soient utiles aux individus. La scolarité n'est pas une fin en soi. Elle doit être transitoire et elle est justifiée dans la mesure où elle permet le développement de dispositions et d'attitudes requises pour mener une existence épanouie, indépendante et autonome. Une justification instrumentale de la scolarité et du curriculum[15] ne semble donc pas incongrue. La valeur *instrumentale* des biens scolaires est patente. Les diplômes et autres titres scolaires peuvent être compris comme des formes de capital culturel institutionnalisé [Bourdieu, 1979], c'est-à-dire comme des ressources inégalement réparties dans la société pour l'appropriation desquelles les personnes sont en concurrence et qu'elles peuvent mobiliser afin de promouvoir ou protéger leurs intérêts sociaux. Le diplôme en tant que tel a une valeur instrumentale en ce sens qu'il donne accès à différents avantages sociaux.

Bien sûr, nous avons tendance à considérer que les savoirs enseignés ont aussi une valeur *intrinsèque*, c'est-à-dire qu'ils sont désirables en eux-mêmes. Ainsi, l'apprentissage de la lecture, la maîtrise des opérations mathématiques de base et, plus généralement, le développement de capacités cognitives, affectives et relationnelles sont intrinsèquement désirables. Ces connaissances, une fois acquises, nous permettent d'accéder à d'autres biens que nous désirons. Savoir lire nous permet de réaliser de nombreuses actions chaque jour comme lire le nom d'une rue sur un panneau ou échanger un SMS avec un ami. Mais la valeur de ce savoir ne dépend pas de celle d'objectifs indépendants dont l'atteinte serait visée à travers son acquisition. Je n'apprends pas à lire *pour* déchiffrer les panneaux ou envoyer des SMS au sens où je prends le métro *pour* aller au travail. Sa valeur est intrinsèque en ce sens que nous avons des raisons de vouloir savoir lire *pour* pouvoir lire tout simplement. On a même des raisons de penser que la maîtrise de la lecture et de l'écriture affecte significativement notre manière de penser [Goody, 1979] et qu'elle est un élément constitutif de la manière d'être et de penser que nous estimons désirable. Savoir lire est une compétence fondamentale qui permet la réalisation de performances très diverses. Mais c'est bien cette capacité qui est valorisée directement et pas seulement telle ou telle performance qu'elle permet de réaliser. En ce sens, savoir lire

15. En sociologie et en philosophie de l'éducation, on parle de *curricula* plutôt que de *programmes* pour désigner l'ensemble des savoirs qui sont mobilisés, requis, enseignés, etc., à l'école. Voir Forquin [2008]. La question de la justice curriculaire sera abordée au chapitre IV.

a bien une valeur intrinsèque et pas seulement instrumentale. Le même argument vaut pour des savoirs moins fondamentaux. On peut considérer qu'il est intrinsèquement désirable de connaître et apprécier les œuvres et l'histoire de notre communauté et d'autres communautés humaines. Cela ne signifie évidemment pas que nous désirons toutes et tous apprendre des choses sur l'histoire chinoise antique, par exemple. Mais cela signifie que l'intérêt que nous accordons à cette histoire, quand nous lui en accordons, s'explique avant tout par l'intérêt intrinsèque de cette connaissance et non par l'utilité que nous estimons pouvoir retirer de cette connaissance.

Idéalement, un système scolaire devrait distribuer ces deux types de biens, instrumentaux et intrinsèques. Il devrait à la fois transmettre des connaissances et des compétences intrinsèquement désirables et des diplômes et ressources utiles à une existence sociale réussie. Mais Illich se montre sceptique concernant cette possibilité. Il affirme que la valeur instrumentale des biens scolaires a nécessairement un effet pervers rétroactif sur leur valeur intrinsèque. Plus précisément, un système scolaire ne peut distribuer des biens instrumentaux et typiquement des diplômes qu'au prix du sacrifice de la valeur intrinsèque des savoirs transmis. Il n'existe aucun moyen d'articuler convenablement ces deux dimensions. C'est pourquoi les systèmes scolaires ne peuvent qu'être contre-productifs du point de vue de la valeur intrinsèque des savoirs.

Même si ses arguments ne sont pas pleinement convaincants, il me semble qu'Illich identifie une difficulté réelle. Il insiste sur le fait que les systèmes scolaires mettent nécessairement en concurrence les élèves pour l'accession aux meilleurs diplômes, c'est-à-dire pour des biens hautement instrumentaux et positionnels[16]. Mais la concurrence nuit nécessairement à la curiosité, à l'exploration, au tâtonnement, à l'enquête et, plus largement, au développement des attitudes qui permettent de découvrir et d'apprécier la valeur intrinsèque des savoirs. Des sociologues ont d'ailleurs souligné depuis longtemps l'importance du développement

---

16. On dit qu'un bien est positionnel quand sa valeur, pour l'individu, tient à l'avantage relatif (positionnel) qu'il lui donne par rapport aux autres individus qui n'en jouissent pas (ou moins). La valeur d'un diplôme tient essentiellement à son effet de *distinction* et, en ce sens, est clairement positionnelle. En revanche, un bien intrinsèque (savoir lire pour pouvoir lire) n'est pas positionnel, puisque sa valeur ne tient pas à la manière dont il affecte les positions relatives des uns et des autres.

d'une attitude « utilitariste » vis-à-vis de l'école de la part des familles comme des élèves [Dubet, 1996]. On sait d'ailleurs que cette incapacité de l'école à répondre correctement aux attentes des élèves, tout en les mettant en compétition les uns avec les autres, joue un rôle majeur dans le phénomène du « décrochage scolaire » [Bernard, 2013]. Illich n'a donc pas complètement tort de soupçonner le système scolaire de jouer un rôle actif dans l'échec et l'exclusion sociale. La mise en concurrence des élèves et l'imposition de programmes obligatoires n'ont pas que des effets pervers superficiels comme un accroissement du stress, une surcharge de travail ou des difficultés à identifier les enjeux des savoirs au-delà de leur dimension instrumentale. Elles ont des effets pervers profonds sur l'estime de soi des élèves, les inégalités sociales, les dynamiques d'exclusion et la qualité des apprentissages réalisés. Elles tendent à inhiber ou prévenir le développement de vertus intellectuelles comme la curiosité ou l'esprit de recherche qui supposent un rapport désintéressé au savoir. En somme, selon Illich, loin de permettre l'articulation espérée de la valeur intrinsèque et de la valeur instrumentale des savoirs transmis, l'école entraîne une préemption de sa valeur intrinsèque par sa valeur instrumentale ; restaurer sa valeur intrinsèque impliquerait en conséquence de renoncer à l'école.

C'est un premier élément sur lequel il nous faudra rester vigilant. Si, contrairement à ce que pense Illich, une école juste et efficace est possible, il convient de montrer comment elle peut articuler harmonieusement ces deux types de biens. Plus précisément, il faudra montrer comment un système scolaire peut 1) transmettre à tous les élèves un ensemble de savoirs intrinsèquement désirables ; 2) leur fournir des savoirs utiles en vue d'une existence sociale et civique accomplie ; 3) en respectant des principes justes. Il est loin d'être aisé de satisfaire un tel cahier des charges. Cela supposera de comprendre comment mettre fin ou, au moins, diminuer significativement la concurrence scolaire entre les élèves.

5. L'ÉCOLE EST-ELLE MAUVAISE POUR L'AUTONOMIE ?

Un autre point remarquable de l'argument d'Illich est son insistance sur l'idéal d'indépendance ou d'autonomie. Comme je l'ai dit, les trois arguments examinés plus haut servent ensemble à établir que les systèmes scolaires modernes sont incompatibles avec la valorisation de l'autonomie individuelle. Au contraire, ils installent et maintiennent les personnes dans une situation de dépendance à la fois durant leur scolarité et après. Durant leur scolarité, elles en sont réduites à ingurgiter passivement des programmes sur le contenu desquels elles n'ont pas leur mot à dire. Les élèves ne peuvent pas faire de choix authentiques, seul l'enseignant ou l'enseignante décide souverainement de ce qui est dans leur intérêt. Même les aides et dispositifs à destination des élèves issus de milieux défavorisés ne font que renforcer chez eux l'idée qu'ils dépendent fondamentalement de l'institution scolaire, ce qui sape leur capacité à s'organiser collectivement afin de prendre leur destin en main. Après leur scolarité, l'emprise du diplôme sur leur destin social réduit significativement les possibilités d'apprendre des choses nouvelles et d'évoluer en cours de vie en changeant de voie ou de profession. L'école rigidifie la structure sociale en empêchant que se développe une mobilité qui n'est pas fondée sur l'obtention de diplômes scolaires.

Même si tous les arguments d'Illich ne sont pas pleinement convaincants, l'importance qu'il accorde à la valeur d'autonomie doit être prise au sérieux. En effet, on peut soutenir que l'engagement en faveur de l'autonomie individuelle est constitutif de la tradition libérale [Raz, 1986]. Dans la mesure où les partisans du libéralisme politique sont favorables à l'existence d'un système scolaire juste, il serait problématique pour eux qu'un tel système soit incompatible avec la valorisation de l'autonomie individuelle.

Je développerai dans les chapitres suivants la manière dont un système scolaire peut et doit prendre au sérieux la valeur d'autonomie. Je voudrais simplement revenir ici sur certaines limites de la conception de l'autonomie que défend Illich. Il semble qu'Illich considère qu'un individu est d'autant plus autonome qu'il est en état de contrôler plus de variables affectant sa vie. Si l'école est accusée d'être incompatible avec l'autonomie individuelle, c'est qu'elle soustrait au contrôle des individus certaines des variables affectant le plus significativement leur vie. Déscolariser la société consiste à supprimer l'institution scolaire et donc à rendre aux individus le contrôle sur leur propre vie.

La critique d'Illich n'est pas sans pertinence. Toutefois, sa conception de l'autonomie semble trop grossière. La capacité à faire des choix authentiques, à contrôler sa vie, suppose la possession de certaines vertus intellectuelles et morales, de dispositions ou de capabilités de base [Nussbaum, 2008, 2012]. En particulier, il semble que l'école puisse contribuer à l'acquisition et au développement des capacités à faire preuve d'esprit critique, à évaluer les preuves et à raisonner correctement ainsi qu'à recueillir des informations fiables et appartenant à des domaines pertinents. En tout cas, Illich n'est pas suffisamment précis sur ce point. Il ne montre pas comment une société déscolarisée permettrait le développement chez toutes et tous de ces dispositions.

Illich affirme que l'institution scolaire est structurellement incompatible avec l'autonomie individuelle. Ce faisant, il attire à juste titre notre attention sur l'existence d'effets pervers potentiels qu'il faut prendre au sérieux. Mais il en offre sans doute une caractérisation trop unilatérale. Il existe une solide tradition philosophique et sociologique qui insiste au contraire sur les effets émancipateurs de l'institution scolaire. Ainsi Durkheim affirme-t-il, dans *L'éducation morale*[17], que l'école est particulièrement destinée à développer l'esprit de discipline, l'attachement aux groupes et l'autonomie de la volonté. Sans entrer dans les détails, l'esprit de discipline consiste dans la reconnaissance de la validité de normes devant régler le comportement. L'attachement aux groupes a trait au développement des facultés requises pour la coopération sociale. L'autonomie de la volonté renvoie à la capacité à mener sa vie de manière raisonnable, c'est-à-dire au moyen de délibérations qui reconnaissent la nécessité des normes de conduite et de coopération sociale sans se contenter de les reproduire mécaniquement. Il existe d'autres manières de rendre compte des effets potentiellement émancipateurs de l'institution scolaire qui insistent par exemple sur l'importance d'offrir aux enfants un cadre d'apprentissages et de socialisation intermédiaire entre la famille et la société civile [Hegel, 1990]. Quoi qu'il en soit, Illich paraît sous-estimer la contribution potentielle de l'institution scolaire à la formation des dispositions requises à une autonomie véritable.

Un autre point doit être relevé. Illich se montre très critique vis-à-vis des effets aliénants de l'institution scolaire. Il paraît au contraire très optimiste concernant les relations sociales et économiques. Par exemple, il considère que dans une société déscolarisée, il suffirait à un individu qui veut apprendre un métier spécifique d'entrer en contact avec des professionnels

17. Durkheim [2012]. Voir aussi Durkheim [2014].

souhaitant partager leurs compétences. Les individus seraient à l'abri de toute dépendance vis-à-vis du système scolaire et les relations sociales seraient beaucoup plus fluides. Elles reposeraient fondamentalement sur des rencontres librement recherchées et consenties. Il est difficile de ne pas considérer qu'une telle conception des relations sociales est quelque peu naïve. Une telle conception de la formation ne revient-elle pas à substituer une forme de dépendance à une autre ? Ne risque-t-on pas de supprimer l'emprise de l'école au profit de celle du milieu social et familial ? Car où les enfants pourraient-ils avoir l'occasion de concevoir et d'imaginer d'autres opportunités et formes de vie que celles qu'ils expérimentent s'il n'y a plus d'institution scolaire œuvrant à la mixité et à l'intégration sociale[18] ? Il ne faut certainement pas idéaliser les résultats des systèmes scolaires sur ces questions mais, ici encore, Illich ne montre pas que la responsabilité des effets pervers qu'il dénonce incombe à l'institution scolaire comme telle plutôt qu'à une organisation déficiente mais perfectible de celle-ci. Surtout, son propos reste trop elliptique pour répondre aux doutes que soulève son plaidoyer en faveur d'une société déscolarisée[19].

En somme, si l'on ne peut que souscrire à l'engagement d'Illich en faveur de l'autonomie individuelle, il semble bien qu'il ne propose pas une explication convaincante de ses conditions de possibilité et de la manière dont les relations sociales peuvent contribuer ou, au contraire, contrarier son développement et son exercice. Les arguments d'Illich sont loin d'être dénués d'intérêt. Ils attirent l'attention sur la difficulté à articuler l'engagement en faveur de l'autonomie de chacune et chacun et la défense de l'obligation scolaire. Les personnes ne sont pas laissées libres de fréquenter ou non l'école. De plus, la relation pédagogique et la forme scolaire[20] dominante semblent installer et maintenir les personnes dans

---

18. Comme me le fait remarquer Stéphane Dunand, il existe des entreprises qui assument cette fonction de formation, par exemple sous forme de compagnonnage. Une généralisation de ce type d'organisation n'est pas inconcevable et serait caractéristique d'une société conviviale. Il n'en reste pas moins que, dans une telle société, le destin social des personnes dépendrait significativement de facteurs moralement arbitraires comme le hasard des naissances et des rencontres.

19. Trop elliptique mais pas complètement muet. Illich avance quelques suggestions concernant le développement de « réseaux du savoir » qui pourraient se substituer à l'institution scolaire. Ces considérations sont intéressantes mais, en tout état de cause, trop rapides et suggestives pour lever tout scepticisme.

20. Le concept de forme scolaire désigne une forme sociale de transmission des savoirs. Le concept est popularisé par Guy VINCENT [1980] selon qui la forme scolaire moderne

une position de dépendance et de passivité. Ces conditions semblent au moins entrer en tension avec l'importance accordée à l'autonomie. C'est un deuxième point important sur lequel il faudra rester vigilant. Il n'est pas si évident de savoir comment un système scolaire peut prendre au sérieux la valeur de l'autonomie. Mais aucun système scolaire ne saurait être juste à moins d'y parvenir.

CONCLUSION

Dans ce chapitre, je me suis livré à un examen critique des principaux arguments formulés par Illich dans sa critique de la société scolarisée. J'ai proposé une justification indirecte du système scolaire. Elle est indirecte en ce sens que je n'ai pour l'heure formulé aucun argument positif plaidant en faveur de l'obligation scolaire. Notamment, je n'ai rien dit de ce à quoi pourrait ressembler un système scolaire juste. Je me suis contenté de montrer que les principaux arguments avancés à l'encontre de l'existence de l'institution scolaire ne sont pas probants et ne constituent donc pas une objection dirimante au projet d'expliciter et de justifier les principes d'un système scolaire juste. Ils doivent cependant être pris au sérieux. En particulier, ils permettent de dégager deux conditions cruciales : un système scolaire juste doit 1) articuler correctement transmission de savoirs intrinsèquement désirables et formation utile en vue d'une vie sociale épanouie après la scolarité et 2) prendre au sérieux la valeur de l'autonomie individuelle. Les prochains chapitres seront consacrés à ces questions.

J'ajouterai une dernière remarque. Je me suis concentré dans ce chapitre sur la discussion des seuls arguments d'Illich. Divers auteurs ont formulé d'autres arguments à l'encontre du système scolaire. Mais Illich est probablement le plus brillant des critiques de l'école. Du reste, ces autres

---

émerge en Occident entre le XVIe et le XVIIIe siècle. Une forme scolaire spécifique se caractérise par la conjonction de certaines propriétés comme la constitution d'un univers séparé pour l'enfance, l'institutionnalisation de certaines formes d'apprentissage et la structuration du temps scolaire. La forme scolaire moderne rompt avec la forme antérieure qui reposait essentiellement sur l'oralité, l'observation et la pratique accompagnée. La forme scolaire moderne accorde au contraire une centralité à l'écrit, sépare l'écolier de l'adulte et oppose la théorie à la pratique. Elle accorde aussi un primat à la discipline réglée. Je discute la théorie de la forme scolaire dans le chapitre III.

arguments ne sont pas toujours originaux. Certains me semblent parfois n'être que des sophistications brillantes et empiriquement mieux informées d'arguments qu'on trouve déjà dans *Une société sans école*. À titre d'exemple, Bryan Caplan [2018] a publié récemment un livre au titre sans ambiguïté : *The Case Against Education*. Son argument principal vise à établir que le système scolaire (et notamment l'enseignement supérieur) est à la fois coûteux et inefficace. Si Caplan ne cite pas Illich, son argument ressemble parfois fortement à la critique que fait ce dernier de l'effet nécessairement contre-productif de l'école[21].

Il reste donc à proposer une justification positive du système scolaire et des principes de justice qui doivent gouverner son organisation.

21. Caplan est un économiste libertarien. Ici encore, on constate que certains arguments d'Illich, qu'on classe volontiers à l'extrême-gauche, peuvent se retrouver dans des termes presque identiques chez des autrices et des auteurs de droite. En somme, Caplan, c'est Illich moins le convivialisme.

II

AUTORITÉ ÉDUCATIVE ET AUTORITÉ SCOLAIRE

INTRODUCTION

J'ai répondu aux principales critiques adressées à l'institution scolaire en tant que telle. Il convient désormais d'élucider et d'expliciter les principes normatifs que doit respecter cette institution afin d'être juste. La question de la justice du système scolaire se décline selon plusieurs dimensions. Ce chapitre sera consacré à l'autorité éducative et, plus spécifiquement, scolaire.

Il est essentiel de proposer une justification satisfaisante de l'autorité scolaire. Pour y parvenir, on doit démontrer que l'État est légitime à imposer des objectifs et des contraintes en termes d'éducation *via* l'institution scolaire[1]. La relation d'autorité n'est pas une simple relation de coercition, de persuasion ou de séduction. Elle doit être justifiée par des raisons. Lorsqu'elle est justifiée par des raisons appropriées, elle fonde une obligation scolaire. Celle-ci désigne l'obligation morale et juridique faite aux parents et à l'État de s'assurer que les enfants reçoivent une instruction minimale dont le système scolaire est la norme. Elle signifie donc qu'une

1. En tout état de cause, on pourrait proposer une justification de l'autorité scolaire qui ne conclut pas au droit de *l'État* d'imposer des objectifs substantiels en termes d'enseignement en dehors de la contrainte formelle de l'obligation de fréquenter une école durant une période donnée. La question de la justification des objectifs substantiels que peut fixer l'État sera abordée dans les sections 5, 6 et 7 de ce chapitre et dans le chapitre IV, consacré à la justice curriculaire.

certaine institution, l'école, a autorité pour imposer des objectifs et des contraintes concernant la bonne manière d'éduquer les enfants.

Cette idée ne va pas de soi. On peut avoir des doutes sur la légitimité de l'obligation scolaire. En France, le premier texte officiel imposant cette obligation date de 1698[2]. Il s'agissait alors explicitement de s'assurer que les enfants protestants reçoivent une éducation catholique. Cet exemple suffit à montrer les inquiétudes que l'idée d'obligation scolaire peut soulever. Cette obligation ne risque-t-elle pas d'entraîner un paternalisme intrusif de la part de l'État ? L'école n'est-elle pas un exemple paradigmatique d'appareil idéologique d'État [Althusser, 1976] ? Plus simplement, sauf à considérer que les parents sont tout à fait dépourvus d'autorité éducative ou que l'autorité dont ils jouissent leur est seulement déléguée par l'État (perspectives qui semblent peu prometteuses), l'autorité scolaire ne risque-t-elle pas d'entrer en concurrence avec l'autorité parentale ?

Une justification satisfaisante de l'autorité scolaire doit pouvoir lever ces inquiétudes. Je montrerai que cette autorité n'est pas absolue. Elle implique des limites qui doivent être clarifiées. En outre, contrairement à l'autorité politique, l'autorité éducative est limitée dans le temps. On ne passe pas toute sa vie à l'école. Il faut donc se demander ce que cette caractéristique temporelle implique concernant son exercice. Dans la mesure où cette forme d'autorité a vocation à cesser, il semble raisonnable de s'attendre à ce qu'elle évolue à travers le temps, notamment en fonction de l'âge des élèves. Enfin, la question se pose de savoir quelles sont les obligations auxquelles sont soumis les enseignantes et les enseignants investis de cette autorité.

1. QU'EST-CE QUE L'AUTORITÉ EN GÉNÉRAL ?

Avant de développer une justification de l'autorité scolaire, je commencerai par procéder à quelques clarifications conceptuelles de la notion d'autorité en général. Il ne s'agit pas de développer une analyse originale de cette

2. Pour un exposé rapide de l'histoire de l'obligation scolaire et des dilemmes contemporains qu'elle pose, on pourra consulter Peyronie [2014].

notion, ni d'entrer dans toutes les subtilités des conceptions concurrentes[3]. Je souhaite simplement dégager un certain nombre de distinctions afin d'éclairer les problèmes que pose l'autorité scolaire.

Autorité au sens descriptif et autorité au sens normatif

Une première distinction importante est celle entre l'autorité au sens *descriptif* et l'autorité au sens *normatif*. Il s'agit de deux manières différentes de poser la question de l'autorité. Si l'on s'intéresse au sens descriptif, on dira qu'une personne (ou une institution) a de l'autorité si les ordres ou les règles qu'elle formule sont effectivement respectés par un nombre significatif des personnes concernées, sans qu'il soit nécessaire pour cela de faire preuve de coercition ou de menace[4]. Cette autorité demande à être expliquée. On peut se demander ce qui pousse les gens à reconnaître telle ou telle instance comme dotée d'autorité et donc à lui obéir. On peut ainsi analyser les mécanismes de légitimation, de renégociation ou de contestation de l'autorité. Au sens descriptif, l'autorité est conçue comme une relation de commandement et d'obéissance qui peut être observée empiriquement.

La philosophie a tendance à privilégier une approche normative de l'autorité. On se demande alors quelles sont les conditions et les critères que *doit* satisfaire une autorité pour être légitime au sens normatif. Une instance peut être une autorité au sens descriptif (être globalement respectée) sans en être une au sens normatif. Un tyran peut se faire obéir effectivement de ses sujets sans être légitime à se faire obéir pour autant, c'est-à-dire sans que ses sujets soient moralement *obligés* de lui obéir. En d'autres termes, une autorité de fait peut être considérée par les sujets qui y sont soumis comme légitime sans l'être en un sens normativement pertinent (on dira alors que les sujets se trompent si et quand ils jugent que cette instance est authentiquement pourvue d'autorité au sens normatif). Poser la question de l'autorité au sens normatif, c'est donc se demander *à qui* on *doit* reconnaître de l'autorité et *pourquoi*. C'est aussi poser la question de l'*extension* et des *limites* de l'autorité légitime. L'autorité au sens normatif

3. Pour une introduction à ces questions (dont je m'inspire largement dans cette section), on pourra consulter CHRISTIANO [2020].

4. Selon WEBER [1971], qui a une conception descriptive de l'autorité et de la domination, la légitimité se réduit à la chance pour un commandement d'être effectivement obéi. En ce sens, le concept de légitimité est vidé de toute portée normative.

désigne une *relation normative* entre différentes parties (individus ou institutions). Si *X* est une autorité au sens normatif pour *Y*, *Y* a le devoir moral d'obéir à *X* (dans certaines circonstances et pour autant que l'ordre respecte certaines contraintes qu'une théorie normative de l'autorité doit clarifier). La relation d'autorité modifie donc la situation morale des personnes concernées : elle crée des droits et des devoirs. C'est pourquoi la relation d'autorité requiert une justification spécifique.

La distinction entre l'autorité au sens descriptif et au sens normatif est importante. S'agissant du système scolaire, on peut dire que son autorité au sens descriptif est globalement reconnue en France dans la mesure où il n'existe quasiment pas de mouvements de contestation ou d'évitement de l'obligation scolaire comme telle. Toutefois, il n'est pas impossible d'analyser les « chahuts anomiques[5] » comme une forme de contestation de basse intensité de l'autorité scolaire. En revanche, ce constat ne dit rien de l'autorité scolaire au sens normatif. Qu'est-ce qui justifie l'obligation scolaire d'un point de vue normatif ? Quelle est la finalité de l'école ? Quelles sont les limites de son autorité ? Dans la suite de ce chapitre, je m'en tiendrai au sens normatif de l'autorité.

Autorité pratique et théorique

Il est en outre important de distinguer autorité pratique et autorité théorique. Une autorité est pratique si elle donne à celles et ceux qui y sont soumis des *raisons d'agir* conformément aux ordres, recommandations et règles qu'elle a émis. Par exemple, si un État légitime édicte certaines règles contraignantes pour lutter contre une épidémie (port d'un masque dans les espaces publics, limitation des distances de déplacement et du nombre de personnes pouvant se réunir dans un espace clos, etc.), j'ai une raison de respecter ces contraintes parce qu'elles sont émises par une autorité légitime. J'ai le droit de *croire* que ces contraintes sont inutiles ou même nuisibles. Si l'État est légitime, je n'en ai pas moins une raison de les respecter.

5. L'expression « chahut anomique » est forgée par TESTANIÈRE [1967] qui l'oppose au « chahut traditionnel » afin de mettre en évidence l'originalité des formes de contestation de l'ordre scolaire induites par la massification scolaire. Cette expression se révèle peu satisfaisante à l'analyse. LAPASSADE [1993] propose par exemple de lui préférer celle de « chahut polémique » qui a l'avantage d'insister sur la dimension proprement contestataire de ces formes de chahut qui ne s'expliquent pas par une absence de normes sociales régulatrices, mais par la contestation des normes en vigueur. C'est cependant l'expression « chahut anomique » qui est passée à la postérité.

L'autorité pratique porte sur ce que nous devons faire, non sur ce que nous devons croire. L'autorité politique est en général considérée comme une autorité pratique.

Une autorité est théorique si elle donne à celles et ceux qui y sont soumis des *raisons de croire* à la vérité des propositions et théories qu'elle formule. Par exemple, si un physicien reconnu dans la communauté scientifique affirme qu'une nouvelle découverte ne remet pas en cause nos meilleures théories disponibles, contrairement à ce que certains journalistes scientifiques ont laissé entendre, alors j'ai une raison de croire que ces théories n'ont pas été remises en cause par cette découverte. Si je ne suis pas physicien spécialiste du champ, je suis certainement incapable d'évaluer convenablement la valeur des arguments en présence. Cette incapacité ne justifie pas pour autant que je suspende mon jugement. S'il y a un consensus scientifique sur une question, alors j'ai une raison de m'en remettre à l'autorité des spécialistes de cette question, même si je n'ai aucun moyen d'évaluer convenablement les raisons qui sous-tendent ce consensus. En revanche, ce physicien ne jouit d'aucune autorité pratique : il n'est en aucun cas justifié à me demander d'agir d'une certaine manière sur le seul fondement de son expertise théorique. L'autorité théorique porte sur ce que nous devons croire, non sur ce que nous devons faire.

Cette distinction interroge la nature de l'autorité scolaire. En effet, il semble bien que celle-ci soit à la fois pratique et théorique. Les élèves doivent avoir des raisons d'agir conformément au règlement intérieur des établissements et aux consignes du personnel éducatif. Ils doivent aussi avoir des raisons de croire que les savoirs enseignés à l'école sont vrais. Il faudra rendre compte de ces deux dimensions de l'autorité scolaire.

Autorité dépendante du contenu et autorité dépendante de la source

Une troisième question importante est celle de la nature du devoir d'obéissance qu'une relation d'autorité légitime impose. Il y a deux manières de rendre compte de ce devoir. D'abord, le devoir d'obéir aux ordres formulés par une autorité légitime peut être justifié par le contenu de ces ordres. C'est parce que ces ordres sont justes que c'est un devoir d'y obéir. Ainsi, l'État a édicté des lois proscrivant différentes atteintes aux biens et à la personne d'autrui. Il est juste de respecter ces lois parce qu'il est juste de ne pas attenter aux biens et à la personne d'autrui. On dira, en ce sens, que le devoir d'obéissance est *dépendant du contenu* de l'ordre émis par l'autorité. En revanche, il n'existe aucun devoir d'obéissance pour les ordres manifestement injustes. Cette conception de l'autorité est séduisante parce qu'elle indique clairement quelles sont les limites à l'exercice légitime de l'autorité. Cependant, elle est peut-être trop instable en ce sens qu'elle semble exposée à des contestations incessantes. La question de savoir si un ordre est juste ou non reste en effet éminemment controversée.

Une autre manière de rendre compte du devoir d'obéissance dû à l'autorité légitime consiste alors à soutenir qu'il est indépendant du contenu, mais *dépendant de la source*. Un ordre doit être suivi s'il est émis de la bonne manière par la bonne personne ou la bonne institution. Ainsi, si l'État est minimalement juste et, de ce fait, légitime, j'ai le devoir d'obéir aux lois qu'il édicte, quand bien même ces lois seraient injustes (sauf, peut-être, si elles sont extrêmement injustes – par exemple si elles impliquent une violation majeure et manifeste des droits humains). Cette approche évite l'instabilité d'une conception qui conditionne le devoir d'obéissance à la légitimité du contenu des ordres émis par l'autorité. Mais, à l'inverse, elle pose de manière plus aiguë la question des limites de l'autorité. Si l'on a le devoir d'obéir à des ordres injustes pourvu qu'ils soient émis par une autorité légitime, la question se pose de savoir comment limiter cette autorité et quels peuvent être les recours et garanties.

Cette distinction aussi est importante du point de vue de l'autorité scolaire. Dans la mesure où l'obligation scolaire n'implique pas seulement l'obligation, pour les parents, d'assurer à leurs enfants une instruction dont l'école fournit la norme, mais implique aussi pour les élèves les devoirs de respecter le cadre scolaire, d'adopter certaines attitudes contraignantes, de se livrer à certaines tâches fastidieuses, etc., la question se pose de savoir ce qui justifie ces devoirs. Est-ce parce que les règles imposées sont intrinsèquement justes ou parce que l'institution scolaire en elle-même est légitime à imposer ces règles ?

Tableau récapitulatif

Les distinctions techniques que je viens de présenter seront importantes dans la suite de ce chapitre. Je propose donc de les récapituler dans un tableau synthétique (les distinctions sont présentées horizontalement).

Autorité au sens descriptif vs. Autorité au sens normatif	Lorsqu'on s'intéresse à l'autorité au sens *descriptif*, on s'intéresse à la façon dont une personne ou une institution revendique avec succès l'autorité et se fait obéir.	Lorsqu'on s'intéresse à l'autorité au sens *normatif*, on s'intéresse aux conditions que doit satisfaire une autorité pour être légitime, c'est-à-dire pour imposer un devoir moral d'obéissance.
Autorité pratique vs. Autorité théorique	L'autorité *pratique* fournit aux personnes qui y sont soumises des raisons d'agir conformément aux directives de l'autorité.	L'autorité *théorique* fournit aux personnes qui y sont soumises des raisons de croire à la vérité des propos tenus par l'autorité.
Autorité dépendante du contenu vs. Autorité dépendante de la source	L'autorité est *dépendante du contenu* (et indépendante de la source) quand l'obéissance est due à l'autorité en vertu du contenu de ses directives.	L'autorité est *dépendante de la source* (et indépendante du contenu) quand l'obéissance est due à l'autorité en vertu de l'identité de la personne ou de l'institution qui en est investie.

Le défi anarchiste

Une dernière question à propos du concept d'autorité mérite d'être abordée. Toute justification de l'autorité se heurte à une sorte de défi anarchiste. L'autorité n'est-elle pas, par principe, incompatible avec l'autonomie ? Si être autonome consiste, pour une personne, à agir sur la base de sa propre évaluation de la situation, celle-ci semble incompatible avec le fait de se conformer dans son action à des ordres édictés par une autorité indépendamment de leur contenu. Comme nous avons un attachement justifié à l'autonomie, cela rend l'autorité difficilement justifiable.

Ce problème général concerne également l'autorité scolaire. Mais il appelle alors un traitement original. En effet, l'exigence d'autonomie prend un sens singulier dès lors qu'il s'agit d'enfants. Ceux-ci ne peuvent pas être présumés autonomes comme les adultes auxquels s'applique classiquement l'autorité politique. L'une des justifications traditionnelles de l'autorité scolaire (que je reprendrai à mon compte) est qu'elle contribue à l'acquisition et au développement des connaissances, compétences et dispositions sans lesquelles l'exercice de l'autonomie est impossible. L'autonomie est donc une *finalité* de l'institution scolaire. Il ne va donc pas de soi qu'on doive conférer aux élèves le statut de personne autonome (comme on le fait pour les adultes). Pour autant, il paraîtrait moralement inacceptable de ne pas leur reconnaître un certain degré d'agentivité. L'articulation entre autonomie et autorité scolaire doit donc être clarifiée.

Au terme de cette section, le programme qu'une théorie de l'autorité scolaire doit remplir est clair. Elle doit être une théorie normative. Elle doit rendre compte du fait que l'autorité scolaire est à la fois théorique et pratique. De plus, elle doit être mesure d'expliquer la nature du devoir d'obéissance que l'autorité scolaire impose. Enfin, elle doit répondre de manière satisfaisante au défi anarchiste, c'est-à-dire montrer en quoi elle n'est pas incompatible avec l'autonomie bien comprise des personnes, en particulier des élèves.

2. QUELQUES INQUIÉTUDES S'AGISSANT DE L'AUTORITÉ ÉDUCATIVE

Avant de proposer une justification de l'autorité éducative, je voudrais consacrer cette section à exposer quelques inquiétudes que l'idée même d'autorité éducative peut soulever. Pour ce faire, j'examinerai trois arguments que l'on peut tirer de travaux critiques de la domination adulte [Delphy, 1995; Bonnardel, 2020] : celui du *biais adultocentrique*, celui du *sophisme naturaliste* et celui de *la construction sociale de l'enfance*. Je ne présenterai pas la théorie de la domination adulte en tant que telle, car elle m'éloignerait trop de mon sujet. Je me contenterai de reformuler ces arguments en mettant l'accent sur les difficultés qu'ils soulèvent pour la justification de l'autorité éducative.

L'argument du biais adultocentrique affirme que la justification traditionnelle de l'autorité éducative est dépendante d'une conception arbitraire de l'enfance. Elle appréhende l'enfant non pas à partir de ce qu'il est effectivement capable de faire, mais à partir de ce qu'il doit devenir capable de faire une fois devenu adulte et qu'il n'est pas encore capable de faire. Ce faisant, l'enfant est appréhendé comme un adulte inaccompli à qui manquerait le plein développement de ses capacités, notamment celle de la délibération rationnelle.

Mais la justification traditionnelle commet une pétition de principe : érigeant arbitrairement l'adulte en norme de la capacité, elle fait de l'enfant un incapable par définition. Ce faisant, elle néglige les capacités réelles des enfants qui devraient être évaluées à partir de ce qu'ils peuvent effectivement faire (et non à partir de ce qu'ils ne peuvent pas encore faire). Si les enfants n'ont pas les mêmes capacités que les adultes, il ne s'ensuit pas qu'ils soient incapables. L'incapacité des enfants serait donc la conséquence d'un biais de comparaison arbitraire.

Cet argument ne signifie pas que les capacités des adultes et des enfants sont identiques, mais que nous avons tendance à *juger* les enfants moins capables qu'ils ne le sont effectivement, parce que nous évaluons leurs capacités à l'aune d'une norme arbitraire qui n'est pas pertinente. Cet argument fragilise la justification traditionnelle de l'autorité éducative dans la mesure où celle-ci repose sur l'incapacité supposée des enfants.

L'argument du sophisme naturaliste affirme que la justification traditionnelle de l'autorité éducative mêle de manière confuse deux concepts de norme très différents. D'une part, les capacités de l'adulte servent de référence pour comprendre et évaluer le développement *normal* des capacités des enfants. D'autre part, l'insuffisant développement des capacités de l'enfant justifie l'imposition d'une relation *normative* d'autorité. Il justifie de soumettre les enfants aux directives des adultes et de les priver de droits que les adultes peuvent exercer du fait de leurs capacités développées (on peut penser au droit de se déplacer librement, de voter, de manger ce qu'on désire, etc.).

Mais, on ne voit pas en quoi une différence *factuelle* de capacité justifierait une différence *morale* entre adultes et enfants. La justification traditionnelle de l'autorité éducative commet un sophisme naturaliste en concluant d'un état de fait (la différence supposée de capacité) à un état de droit (la soumission légitime des enfants à l'autorité des adultes). Du fait au droit, la conclusion est mauvaise.

L'argument de la construction sociale de l'enfance radicalise en quelque sorte l'argument du biais adultocentrique. Il affirme que l'enfance, loin d'être une catégorie naturelle, est une construction sociale. La justification traditionnelle de l'autorité éducative soutient que c'est *parce que* l'enfant est naturellement vulnérable et incapable qu'il doit être protégé et que l'autorité éducative est justifiée. Mais il faut renverser l'ordre de l'explication. Les enfants sont vulnérables et incapables *parce qu'*une certaine organisation politique de la société les rend tels en les dépossédant de droits, d'opportunités de choisir et de protections dont jouissent les adultes. La vulnérabilité n'est pas une catégorie naturelle, mais une catégorie sociale. La référence à la nature masque et légitime un rapport politique de domination. Il n'existe pas de lieu en-dehors du social permettant de forger des concepts de vulnérabilité et d'incapacité naturelles. La vulnérabilité et l'incapacité sont toujours les produits de certaines structures sociales de domination.

Cet argument peut être étayé par de nombreux exemples historiques. Ses partisans insistent en particulier sur le fait que, dans d'autres sociétés ou à d'autres époques, les enfants sont responsabilisés plus tôt. Ils font aussi remarquer que l'enfance, conçue comme un âge à part entière, constitue une découverte historique [Ariès, 2014]. L'argument peut être renforcé au moyen d'une analogie rappelant la manière dont la domination masculine a longtemps été justifiée par la naturalisation de l'infériorité présumée des femmes. La dépendance et la vulnérabilité ne sont pas des données naturelles justifiant l'exercice d'une autorité éducative bienveillante et protectrice. Elles sont le produit de rapports sociaux de domination et l'autorité éducative est une structure institutionnalisant cette domination. En privant les enfants de droits, d'opportunités et de protections, on produit des individus dépendants et vulnérables dont on a beau jeu, ensuite, de dire qu'ils doivent être protégés.

Ces arguments ne sont pas nécessairement solidaires et appellent un examen séparé. La critique du biais adultocentrique attire à juste titre notre attention sur le risque qu'il y aurait à sous-estimer ou négliger les capacités et l'agentivité des enfants. En particulier, elle nous incite à ne pas adopter, vis-à-vis des enfants, une présomption d'incapacité. Au contraire, toute autorité éducative se référant à la moindre capacité des enfants sur lesquels elle doit s'exercer doit s'efforcer de prendre au sérieux les capacités réelles des enfants et leur agentivité. Cet argument, on le voit, n'implique pas d'abandonner l'espoir de justifier l'autorité éducative. Il nous invite en revanche à faire preuve de prudence. La moindre capacité des enfants ne doit pas être présumée, mais dûment établie.

L'argument du sophisme naturaliste est valide. Il est effectivement incorrect de prétendre inférer une proposition normative à partir d'une proposition factuelle. En ce sens, il ne suffit pas d'établir, même correctement, la moindre capacité des enfants pour justifier l'autorité éducative. Cette justification doit s'appuyer sur d'autres bases. C'est ce que j'essaierai de faire dans les sections suivantes.

L'argument de la construction sociale de l'enfance est le plus radical. Il vise à établir que la dépendance et la vulnérabilité des enfants au nom desquelles l'autorité éducative est justifiée classiquement sont en fait le produit même de l'exercice de cette autorité. Dans sa forme la plus extrême, cet argument est exposé à l'objection selon laquelle certaines différences en termes de capacités paraissent difficilement discutables, notamment pour les plus jeunes enfants. Il paraît difficile de nier que ces derniers sont particulièrement vulnérables[6].

Certes, cette vulnérabilité s'inscrit nécessairement dans un contexte social spécifique. Le concept de vulnérabilité est un concept social. Les risques auxquels sont exposés les individus (et typiquement les jeunes enfants) sont essentiellement sociaux. La vulnérabilité désigne l'amplitude d'effets prévisibles d'un aléa environnemental sur un enjeu[7]. La vulnérabilité dépend donc à la fois de la nature de l'aléa et des caractéristiques intrinsèques de l'enjeu (une économie spécialisée est plus vulnérable à une crise sectorielle qu'une économie diversifiée qui permet des reconversions plus rapides). C'est donc un concept relationnel.

Pour les enfants et les êtres humains en général, l'environnement étant social, il n'y a rien de surprenant à ce que leur vulnérabilité dépende d'un certain agencement social qui, s'il était différent, modifierait en retour le niveau et la nature de leur vulnérabilité. Mais cela ne suffit pas à établir que la vulnérabilité est une construction sociale si on entend par là qu'il serait possible de concevoir un agencement social alternatif dans lequel une telle vulnérabilité n'existerait pas ou dans laquelle les enfants ne seraient pas l'objet d'une vulnérabilité spécifique liée à leurs caractéristiques intrinsèques. La vulnérabilité des enfants dépend à la fois des aléas environnementaux (qui peuvent être, au moins en partie, significativement modifiés) et des caractéristiques intrinsèques des enfants (qui ne peuvent pas être modifiées).

La formulation radicale de l'argument de la construction sociale de l'enfance souffre d'une ambiguïté. Soit l'argument est essentiellement *sémantique* et vise à rappeler que le concept de vulnérabilité est relationnel. En d'autres termes, il s'agit de dénoncer la tendance à *naturaliser* la vulnérabilité en en faisant une caractéristique seulement intrinsèque. Il faut alors rappeler qu'elle est une relation entre certaines caractéristiques intrinsèques et un environnement social. Mais il n'y a rien de très troublant à accepter que la signification de l'enfance dépende d'une organisation

6. Lahire [2023] soutient que l'altricialité secondaire, soit la grande prématurité du petit humain qui implique une longue phase de développement extra-utérin et donc de dépendance à l'égard d'adultes, est un des faits biologiques conditionnant le plus profondément les sociétés humaines.

7. J'emprunte cette définition au lexique géographique. Un enjeu désigne un objet, au sens large (ce peut être une personne, une institution, un écosystème, etc.), auquel les personnes accordent une valeur.

sociale contingente. Et ce rappel est sans conséquence sur la possibilité de justifier l'autorité éducative.

Soit l'argument est censé avoir aussi une portée *ontologique* et conduit à nier l'existence de caractéristiques intrinsèques des enfants au fondement de leur vulnérabilité. Mais il paraît alors intenable. À titre d'exemple, Bonnardel [2020, p. 238] affirme que « des enfants auxquels on n'a pas mis la pression pour apprendre à lire, et qu'on n'a donc ni dégoûtés ni découragés, apprendront [...] d'eux-mêmes, sans effort, i-né-vi-ta-ble-ment ». Cela le conduit à nier la légitimité de toute autorité éducative. Cette affirmation est plus que discutable. J'ai indiqué au chapitre précédent qu'on a de bonnes raisons de croire qu'elle est tout simplement fausse. Dénonçant à juste titre les abus de la domination adulte et sa dimension structurelle, il paraît ici « jeter le bébé avec l'eau du bain ». Le risque est alors de souscrire à une sorte de spontanéisme de l'autonomie qui paraît peu plausible.

J'ai tendance à penser que cet argument vise une position intermédiaire consistant à soutenir que les caractéristiques intrinsèques des enfants sous-déterminent la signification sociale de l'enfance et ne suffisent pas à justifier la domination exercée sur eux par les adultes. Mais, si c'est le cas, la conclusion est moins radicale qu'il n'y paraît. En particulier, elle n'exclut pas qu'une justification de l'autorité éducative soit possible, même si celle-ci doit être attentive à ne pas reconduire une structure de domination arbitraire.

Le problème soulevé par cet argument est en effet important. L'autorité éducative pourrait effectivement conduire à un paternalisme intrusif. En présumant *a priori* l'incapacité des enfants et des jeunes à faire des choix informés et délibérés, on les prive *réellement* de l'occasion de faire des choix. Mais rien n'assure qu'ils n'auraient pas été en mesure de choisir convenablement, seuls ou avec un accompagnement adéquat. Ce faisant, l'argument selon lequel l'autorité éducative risque de produire la dépendance à laquelle elle est justement censée répondre doit être pris au sérieux. Si l'autorité éducative doit être justifiée, elle ne doit pas contribuer à produire une situation de domination arbitraire.

En somme, les trois arguments qu'on peut tirer des théories de la domination adulte constituent un sérieux défi au projet de justifier l'autorité scolaire. Ils tendent à la présenter comme « un rapport hiérarchique et inégalitaire, négation en acte des droits fondamentaux censés être octroyés à l'ensemble des humains » [Bonnardel, 2020, p. 236]. Cependant, si l'engagement en faveur de l'égalité des droits est essentiel, il n'est pas évident que toutes les conclusions normatives radicales qu'on tire parfois de ces théories soient acceptables. Quoi qu'il en soit, l'examen de ces arguments a permis de dégager des éléments importants que toute justification satisfaisante de l'autorité éducative doit prendre au sérieux.

3. UNE CONCEPTION INSTRUMENTALISTE DE L'AUTORITÉ ÉDUCATIVE

Pour répondre aux inquiétudes soulevées dans la section précédente, il faut proposer une conception convaincante de l'autorité éducative. En particulier, celle-ci doit être à même de montrer pourquoi cette autorité n'est pas assimilable à une forme de domination arbitraire mais qu'elle est, au contraire, légitime du point de vue même de l'enfant sur lequel elle s'exerce. Je présenterai dans cette section la conception de l'autorité éducative que j'entends défendre. Il s'agit d'une conception instrumentaliste. Avant d'expliquer ce que signifie exactement cette expression, il nous faut clarifier le concept d'éducation.

De manière opératoire, le concept d'éducation implique de remplir les trois conditions suivantes : (1) la personne éduquée connaît un changement pour le mieux ; (2) ce changement passe à la fois par l'acquisition de connaissances et de compétences, et par le développement de la faculté de compréhension ; (3) la personne éduquée prend un intérêt ou est engagée dans les domaines pour lesquels elle a reçu une éducation [Peters, 1973]. Cette définition permet de distinguer utilement l'éducation de l'instruction, si on désigne par cette dernière la « simple » acquisition de connaissances. Le degré d'instruction ne fait pas de différence moralement pertinente entre deux personnes. Ne dit-on pas, avec Rabelais, que « science sans conscience n'est que ruine de l'âme » ? L'instruction en tant que telle n'a pas de valeur morale intrinsèque. Au contraire, l'éducation a une valeur morale intrinsèque en ce sens qu'elle est le processus par lequel nous acquérons les connaissances, compétences et dispositions grâce auxquelles nous pouvons mener une vie bonne. Il est probable qu'éduquer implique aussi d'instruire mais l'instruction, si on la considère isolément, n'a pas de valeur morale intrinsèque. Si l'éducation est bien dotée de valeur intrinsèque, la question est alors de savoir comment l'éducation est possible.

Justifier l'autorité éducative suppose de montrer que ce processus d'éducation n'est possible qu'à la condition de se soumettre à une ou plusieurs autorités. Si l'éducation est un bien moral pour l'individu, alors l'autorité *éducative* est légitime pour autant qu'elle est une condition nécessaire pour réaliser ou pour atteindre ce bien. Dire que l'éducation est un bien moral, c'est dire que l'individu a des raisons *morales* de vouloir être éduqué. L'autorité éducative n'est légitime que dans la mesure où elle reflète adéquatement ces raisons.

Le caractère moral des raisons en question est essentiel. Les êtres humains sont sensibles à une grande diversité de raisons. Sans entrer dans les débats techniques sur la nature des raisons [Lemaire, 2008; Skorupski, 2010], on peut accepter la paraphrase selon laquelle une raison est une considération qui plaide pour *X*, où *X* est une action, une croyance ou un sentiment. Les raisons peuvent être de nature différente. Je suis seul près du rivage et la mer est très agitée. Un enfant se débat dans l'eau au loin. J'ai une raison morale d'essayer de le sauver, car sa vie possède une valeur morale. Mais j'ai aussi une raison prudentielle de ne pas me jeter à l'eau, car la mer est agitée et je ne suis pas certain de ne pas être moi-même pris dans la tourmente. La délibération consiste alors dans l'appréciation et la pondération appropriée des différentes raisons pertinentes.

Une raison morale est une raison particulièrement importante. Ainsi, le simple fait de considérer sérieusement les raisons qui plaident pour que j'abuse de la confiance de ma voisine âgée et riche (j'ai plus besoin de cet argent qu'elle, elle n'a pas d'héritiers connus qui seraient spoliés, etc.) atteste que j'échoue à délibérer convenablement, c'est-à-dire à apprécier correctement le poids des raisons morales qui excluent cette possibilité d'action. Il n'entre pas dans mon projet de clarifier plus précisément la nature des raisons morales[8].

Dire qu'un individu a des raisons morales de vouloir être éduqué, c'est donc dire qu'il a des raisons particulièrement importantes de vouloir l'être, qui excluent ou du moins l'emportent sur d'autres raisons moins fortes. Bien sûr, il faudra clarifier la teneur morale de ces raisons. Ce sera l'objet de la section suivante.

---

8. La question de savoir s'il existe une continuité ou une discontinuité entre les raisons *morales* et les autres raisons n'est peut-être pas sans conséquence sur la manière dont on comprend la valeur morale de l'éducation. Cependant, dans le cadre limité de cet essai, je crois qu'il est possible de laisser ce problème de côté.

Quoi qu'il en soit, l'affirmation selon laquelle l'autorité éducative n'est légitime qu'à la condition de refléter adéquatement les raisons morales de la personne à éduquer est moins triviale qu'il n'y paraît. Elle implique que les *seules* raisons susceptibles de justifier l'autorité éducative sont celles de la personne à éduquer. Ces raisons l'emportent sur toutes les autres, c'est-à-dire qu'elles remplacent les autres raisons en présence et priment sur elles. Les raisons de l'État ou des familles ne sont donc pas pertinentes si elles ne reflètent pas celles de la personne à éduquer. Par exemple, l'État peut avoir des raisons de vouloir que les citoyennes et les citoyens aient une maîtrise de la littératie étendue ou élargie[9] [Goody, 2007], afin qu'ils soient plus productifs et que la croissance économique soit plus forte. Mais ces raisons ne constituent pas une justification suffisante. L'État ne dispose pas, sur cette base, d'une autorité légitime pour faire en sorte que les enfants acquièrent une littératie étendue. Il faut encore prouver que ceux-ci ont une raison morale de vouloir l'acquérir. Ce point sera plus clair avec un autre exemple. Un État autoritaire peut avoir des raisons de vouloir que ses citoyens développent un caractère obéissant et conformiste et soient dépourvus d'esprit critique. Pour autant, on ne dira évidemment pas que les personnes ont des raisons morales de vouloir développer de tels traits de caractère. Par conséquent, on ne peut pas dire que cet État dispose du droit moral d'éduquer les enfants de façon qu'ils développent de tels traits. L'argument est le même pour les familles. Des parents peuvent avoir des raisons de vouloir que leur enfant endosse les valeurs culturelles et religieuses de la communauté dont ils sont membres. Mais cela ne suffit pas à justifier leur droit moral à imposer ces valeurs à leur enfant. Il faut encore prouver que l'enfant a lui-même des raisons morales de vouloir être sensibilisé à ces valeurs[10].

---

9. La notion de « littératie étendue » a été élaborée pour désigner le fait que la maîtrise de la lecture et de l'écriture ne repose pas seulement sur la maîtrise des formes écrites du système linguistique. Elle suppose aussi la mobilisation simultanée de connaissances, de dispositions et de procédures cognitives qui ne s'acquièrent et ne se développent que par la fréquentation régulière de l'écrit. J'en dirai un peu plus sur cette question dans le chapitre IV.

10. Ce qui est loin d'être impossible. Il est plausible que l'enfant ait des raisons morales de vouloir être sensibilisé à des valeurs raisonnables, quelles qu'elles soient. En effet, il doit acquérir une conception du monde cohérente. Les facultés de délibération et de discernement moral ne peuvent pas se développer dans une sorte de vide axiologique. Elles requièrent au contraire une familiarité suffisante avec les valeurs qui seront progressivement soumises à l'examen. C'est cependant le point de vue de l'enfant qui est décisif s'agissant de la justification et non le droit des parents.

Cette conception de l'autorité éducative s'inspire de la conception instrumentaliste de l'autorité politique que développe Raz [1986]. Selon cette conception, l'autorité légitime est *instrumentale*. Elle doit permettre aux personnes qui y sont soumise d'agir selon des raisons morales qui s'imposent à elles de toute façon.

Soit une personne *Y*. Il existe de nombreuses raisons qui sont pertinentes pour *Y*. Elle a des raisons de vouloir aller se promener, de tenir parole, de se reposer, de faire attention à ne pas manger trop sucré, etc. Parmi ces raisons, certaines sont des raisons morales. On peut dire que ces raisons s'imposent à *Y*. *Y* est moralement engagé à agir sur la base de ces raisons. Selon la conception instrumentaliste de l'autorité, *Y* est soumis à l'autorité légitime de *X*, si accepter les directives de *X* et y obéir permet à *Y* de mieux se conformer aux raisons morales qui s'imposent à elle qu'en essayant d'agir directement sur la base de ses raisons morales sans se soumettre à l'autorité. En somme, la relation d'autorité est légitime si elle permet à la personne qui y est soumise de mieux se conformer à des raisons morales qui s'imposent de toute façon à elle. Ce qui importe, c'est que *Y*, la personne soumise à la relation d'autorité, ait des raisons indépendantes de vouloir agir d'une certaine façon.

Si l'on reprend l'exemple paradigmatique de l'état de nature, tous les individus dans cette situation ont des raisons morales de coopérer[11]. Mais ces raisons ne suffisent pas à motiver des comportements effectivement coopératifs. En effet, ces individus ont aussi des raisons prudentielles très fortes de craindre que les autres ne soient pas des coopérateurs fiables. Dans une telle situation, l'institution d'une autorité permet d'annuler ces craintes et donc de garantir les conditions d'une coopération effective que tous les individus ont des raisons morales indépendantes de soutenir. C'est bien parce que les individus ont des raisons morales indépendantes de coopérer que l'autorité est justifiée à mettre en place certaines contraintes (en punissant les coopérateurs non fiables, par exemple).

Cette conception instrumentaliste de l'autorité a (au moins) deux implications remarquables. D'une part, le devoir d'obéissance ne s'étend pas à

11. On pourrait se demander si ces raisons sont vraiment morales ou seulement prudentielles. J'ai tendance à penser qu'un compte rendu seulement prudentiel des raisons qui s'appliquent aux individus à l'état de nature n'est pas plausible, mais cette discussion est de peu d'importance s'agissant de l'autorité éducative.

tous les commandements que pourrait émettre l'autorité, mais seulement à ceux qui permettent à l'individu de mieux se conformer aux raisons morales qui s'imposent à lui de toute façon. D'autre part, ce devoir d'obéissance n'est pas dû à l'autorité elle-même. Celle-ci n'a qu'une fonction instrumentale : elle nous permet d'agir sur la base de raisons d'agir qui s'imposent à nous indépendamment de cette autorité, mais qui pourraient échouer à nous motiver convenablement ou qui seraient annulées par d'autres raisons en son absence. Ce sont donc bien ces raisons qui sont au fondement de notre devoir d'obéissance et non l'autorité elle-même. Pour autant, on est bien dans une situation où l'obéissance est dépendante de la source (et non du contenu) au sens où l'institution de l'autorité permet de décharger les individus de l'examen de la pertinence de chacun des ordres édictés. En revanche, la légitimité de l'autorité elle-même dépend bien du contenu des ordres qu'elle a le droit d'édicter. Si l'autorité me permet effectivement de suivre des raisons morales qui s'imposent à moi de façon indépendante, alors je n'ai pas à examiner au cas par cas le contenu des ordres qu'elle édicte. L'autorité me fournit une raison *préemptive* de lui obéir, c'est-à-dire une raison qui s'impose à moi de toute façon, indépendamment de toute délibération portant sur le contenu des ordres édictés[12].

Cela signifie qu'il doit exister de bonnes raisons de penser que l'autorité cherche effectivement à faire en sorte que toutes et tous suivent des raisons morales qui s'imposent à eux de façon indépendante. Sans présenter de manière systématique ces raisons, j'en indique quelques-unes qui sont particulièrement importantes. Certaines seront développées dans la suite de cet essai. S'agissant de l'autorité éducative, il faut que les enfants aient des raisons de penser que les personnes à l'autorité de qui ils sont soumis sont compétentes (pour les enseignantes et les enseignants, cette autorité peut être attestée par un diplôme ou un concours, par exemple). Il faut aussi qu'ils aient des raisons de penser que ces personnes dotées d'autorité adoptent des attitudes et une posture compatibles avec leurs

12. La conception instrumentaliste de l'autorité éducative soutient donc qu'une instance est dotée d'autorité si elle est nécessaire à l'éducation des personnes. Ce sont les raisons morales qu'ont les personnes de vouloir être éduquées qui délimitent le domaine de compétence de cette autorité. En ce sens, cette autorité est dépendante du contenu (des raisons morales de vouloir être éduqué). Toutefois, à l'intérieur de ce domaine, l'obéissance est due à l'instance dotée d'autorité elle-même sans que ses directives doivent faire l'objet d'une délibération et d'une approbation explicites. En ce sens, le devoir d'obéissance est dépendant de la source.

propres raisons. Il faut que ces enfants aient des raisons de penser que le contenu des enseignements qui leur sont transmis sont dans leur intérêt bien compris. Il faut enfin qu'ils aient des raisons de penser que personne ne sera injustement lésé par la manière dont est exercée l'autorité.

Un exemple emprunté à un autre domaine que l'éducation pourra clarifier cette conception instrumentaliste de l'autorité. Dans le cas de l'imposition, les personnes ont des raisons morales de contribuer chacune équitablement au bien commun. Toutefois, il peut être particulièrement difficile de déterminer avec exactitude ce à quoi correspond une contribution équitable. De plus, même si je considérais qu'une juste contribution s'élève, par exemple, à 40 % de mon revenu brut, cette croyance peut échouer à me motiver convenablement. D'autres raisons peuvent venir la compenser ou l'annuler. Par exemple, je peux être réticent à contribuer dès lors que je n'ai pas la certitude que les autres contribueront aussi sincèrement et équitablement. L'autorité légitime peut éviter ces difficultés en imposant des règles publiques et communes de contribution. Dans une telle situation, l'obéissance est due à l'autorité parce que les personnes ont des raisons morales indépendantes de contribuer au bien commun. L'autorité est un instrument qui permet à ces raisons d'être effectives. L'obéissance est alors due à l'autorité et non au contenu spécifique de la directive. Je peux d'ailleurs être en désaccord avec le contenu de cette directive (je peux trouver que le taux d'imposition juste devrait être plus ou moins élevé que celui qu'elle impose). Malgré ce désaccord, pour autant que la règle n'est pas extrêmement injuste (par exemple, tant que le taux fixé ne me prive pas du nécessaire pour vivre décemment), je dois m'y soumettre. Le devoir d'obéissance dépend de la source et non du contenu spécifique de chaque directive. Toutefois, la légitimité de l'autorité dépend bien du contenu des ordres qu'elle est en droit d'édicter : si ces ordres ne reflètent pas des raisons morales qui s'imposent aux personnes de façon indépendante, ils ne sont pas légitimes.

D'une manière générale, on peut opposer à la conception instrumentaliste de l'autorité d'autres conceptions plus ambitieuses. Une conception concurrente de l'autorité prétend justifier celle-ci non à partir des raisons morales qui s'imposent aux individus, mais de leur consentement. Dans ce cas, le fait que le commandement reflète convenablement les raisons morales qui s'imposent aux individus ne permet pas de rendre compte de l'autorité de celui-ci. En effet, pour que le commandement soit doté d'autorité, il faut que je consente à cette autorité. La clause de consentement est importante, parce qu'elle autorise que je ne consente pas à un ordre même s'il reflète adéquatement des raisons morales qui s'imposent à moi de toute façon. Ce qui est décisif pour cette conception, ce ne sont pas les raisons morales qui s'imposent aux individus, mais le consentement, explicite ou tacite, à l'autorité. La conception qui fait dépendre la légitimité de l'autorité du consentement est plus sensible que la conception instrumentaliste aux raisons *personnelles* de soutenir ou non l'autorité.

Quels que soient les mérites de cette conception s'agissant de l'autorité politique, elle échoue à rendre compte de l'autorité éducative. Ce n'est pas parce qu'il est un acte de volonté que le consentement a de la valeur. C'est parce qu'il exprime adéquatement le résultat d'une délibération personnelle. Or, c'est ce dont les enfants ne sont pas pleinement capables. Ils n'ont pas encore suffisamment développé les capacités de discernement et de délibération qui sont requises pour rendre compte de la teneur normative du consentement[13]. C'est pourquoi l'autorité éducative est requise. Si la personne a la capacité de consentir de manière éclairée à l'autorité, alors le problème se pose différemment. En particulier, cette capacité semble exclure la prolongation de l'obligation scolaire. C'est une manière d'interpréter la transition entre l'enseignement secondaire et l'enseignement supérieur.

Une autre conception concurrente pourrait chercher à justifier l'autorité éducative par la participation égale des enfants à leur éducation. Cette conception affirme que l'approche instrumentaliste est vouée à l'échec. D'une part, nous accordons une importance légitime à la participation aux décisions qui nous affectent. Il ne suffit pas que les commandements reflètent convenablement des raisons morales qui s'imposent à nous de toute façon, il faut encore et surtout que nous ayons été impliqués (ou du moins que nous n'ayons pas été exclus) de cette décision. D'autre part, il n'est pas évident que l'on puisse identifier des raisons morales communes à toutes et tous. Par conséquent, la seule manière de justifier l'autorité est que tout le monde dispose de chances équitables d'influencer la décision collective.

Là encore, quels que soient les mérites de cette conception de l'autorité en général, elle paraît impropre à rendre compte convenablement

13. Cela ne signifie évidemment pas que le consentement des enfants peut ou doit être négligé. Au contraire, ce consentement étant menacé d'être biaisé, influencé, voire bafoué, il doit faire l'objet d'une protection particulière. Seulement, il n'est pas possible de justifier l'autorité éducative sur un tel fondement.

de l'autorité éducative. Elle rencontre en réalité les mêmes limites que la conception de l'autorité fondée sur le consentement. Si les enfants avaient la capacité de choisir de manière éclairée et démocratique la façon dont ils devraient être éduqués, l'autorité éducative proprement dite deviendrait inutile. Par ailleurs, il n'est pas possible de justifier l'autorité éducative sur ce fondement, puisque les enfants n'ont pas encore acquis ou développé toutes les capacités requises pour une agentivité autonome.

Une conception instrumentaliste de l'autorité éducative est plus modeste quant aux capacités et compétences qu'elle postule chez les enfants. C'est ce qui la rend plus plausible. Les enfants ont une raison morale de vouloir être éduqués parce que l'éducation est pour eux un bien moral. Cependant, ils n'ont pas encore suffisamment acquis et développé les compétences qui leur permettraient de viser et de réaliser seuls ce bien. L'autorité éducative est donc justifiée dans la mesure où elle contribue à les y aider.

Tout en étant modeste, cette conception n'en reste pas moins exigeante, puisqu'elle fixe des limites claires à l'exercice légitime de l'autorité éducative. Justifier cette autorité suppose de montrer que les enfants sont susceptibles de mieux se conformer aux raisons morales qui s'imposent indépendamment à eux lorsqu'ils obéissent aux commandements d'une instance ayant autorité que lorsqu'ils essaient d'agir directement sur la base de ces raisons. La conception instrumentaliste évite ainsi le sophisme naturaliste. Ce sont des raisons normatives qui s'imposent à l'enfant, et non son incapacité naturelle, qui justifient l'autorité.

Toutefois, prétendre justifier l'autorité éducative à partir des raisons morales qui s'imposent aux enfants soulève une inquiétude concernant les implications paternalistes de cette approche. Est paternaliste toute intervention d'une personne ou d'une institution dans la vie d'une autre personne, sans son consentement préalable, au nom de l'intérêt ou du bien-être de cette personne. Le paternalisme est en général justifié dans les situations où certaines personnes sont dans l'incapacité, durable ou momentanée, de prendre rationnellement soin d'elles-mêmes. Plusieurs questions se posent. Comment juger de l'état et du degré d'incapacité des personnes ? Comment s'assurer de ce qui est dans leur intérêt ? Les critiques inspirées de la théorie de la domination adulte expriment justement ces inquiétudes. Le risque est d'imposer aux enfants des conceptions inappropriées de leurs intérêts ou de leur bien-être, tout en négligeant leurs capacités à juger et décider eux-mêmes de leurs propres intérêts.

Il sera donc essentiel de spécifier les raisons morales des enfants dont il est question et de s'assurer qu'elles sont bien les leurs (et non des raisons que nous leur prêtons pour d'autres motifs). Plus largement, il importe que les enfants puissent reconnaître les raisons qui justifient l'autorité qui est exercée sur eux, ce qui ne peut se faire sans un travail d'explicitation et de justification de ces raisons par l'instance dotée d'autorité.

De plus, concernant la justification instrumentaliste, Raz maintient la possibilité pour les individus de s'exempter de l'obéissance à l'autorité lorsque les règles et commandements qu'elle émet sont incompatibles avec les raisons qui s'imposent à eux. Il ne s'agit pas seulement des cas où les règles sont clairement injustes. Une autorité n'est jamais justifiée à formuler de telles règles et il n'existe donc pas d'obligation morale d'y obéir. Mais il peut arriver qu'une règle qui est juste en général ne reflète pas convenablement les raisons qui s'imposent à un individu dans une situation particulière qui n'a pas été prise en compte par l'autorité. Raz prend l'exemple d'un gouvernement qui promulguerait une législation contraignante relativement aux précautions que les parents doivent prendre concernant la sécurité de leurs enfants. Cette législation peut être globalement juste et donc, en ce sens, dotée d'autorité pour la plupart des parents. Mais si une famille habite dans un contexte géographique très spécifique que la législation, du fait de sa généralité, n'a pas pris en compte, cette famille a le droit de se soustraire à son devoir d'obéissance[14]. Dans ce cas, l'autorité échoue à permettre que ces individus agissent sur la base de raisons morales qui s'imposent à eux indépendamment. L'autorité légitime est donc doublement limitée, d'une part par son domaine de compétence et d'autre part par la possibilité d'échecs à refléter correctement les raisons qui s'imposent aux individus dans certaines circonstances.

14. Imaginons que le gouvernement impose la vaccination obligatoire de tous les enfants contre une pathologie très contagieuse et virulente qui se diffuse rapidement. Cette vaccination est justifiée par une raison morale qui s'impose aux parents de toute façon, à savoir la sauvegarde de la santé de leurs enfants. Supposons que cette vaccination, sans faire courir un risque important à la plupart des enfants, expose certains (mettons de l'ordre d'un cas sur 1000) à un risque de complications importantes. Ajoutons que le virus vecteur de cette maladie survive mal et ne se diffuse pas ou peu dans certaines conditions écologiques spécifiques. Imaginons enfin que la famille en question habite justement dans un environnement correspondant à ces conditions écologiques. On considérera alors que l'obligation de vaccination, tout en étant justifiée en général, échoue à refléter les raisons qui s'imposent aux personnes habitant dans cet environnement spécifique. Du fait des conditions écologiques particulières de leur lieu d'habitation, l'obligation vaccinale de devrait pas s'imposer à ces parents.

Cette possibilité d'exemption semble en revanche plus difficile à justifier s'agissant de l'autorité éducative. En effet, c'est la capacité à juger avec discernement des raisons qui s'appliquent à lui dans cette circonstance précise qui justifie une personne à s'exempter de l'obéissance à l'autorité légitime. Mais, en l'espèce, c'est justement le développement insuffisant des capacités de discernement des enfants qui justifie l'imposition d'une relation d'autorité éducative. Il semble donc que cette clause d'exemption n'est pas valide s'agissant de l'autorité éducative. Mais cette conséquence peut être suspecte puisqu'elle paraît saper la légitimité des revendications éventuelles des enfants s'agissant de la manière dont ils sont éduqués. Je reviendrai sur ce point dans la section 7.

Pour conclure, une conception instrumentaliste de l'autorité éducative semble plus satisfaisante que d'autres conceptions fondées sur le consentement ou la participation. Ces autres conceptions ont des mérites s'agissant de comprendre la nature de l'autorité en général. Mais comme elles se fondent sur l'importance d'un assentiment rationnel ou d'une participation active, elles supposent un niveau de développement des capacités individuelles qu'il est déraisonnable d'attendre des enfants, surtout des plus jeunes. Au contraire, la conception instrumentaliste est plus modeste, ce qui la rend plus plausible. Cependant, les capacités des enfants évoluant avec l'âge, il est raisonnable de s'attendre à ce que la nature de l'autorité légitime le fasse aussi, notamment en accordant une place de plus en plus grande aux questions du choix et de la participation.

4. L'AUTONOMIE COMME FINALITÉ PRINCIPALE DE L'AUTORITÉ ÉDUCATIVE

Dans la section précédente, j'ai défendu une conception instrumentaliste de l'autorité éducative selon laquelle celle-ci ne peut être justifiée qu'à la condition de permettre à celles et ceux sur qui elle s'exerce d'être plus susceptibles d'agir sur la base des raisons morales qui s'imposent à eux de façon indépendante. Seulement, pour que cette conception soit plausible, il faut clarifier les raisons morales dont il est question.

On peut raisonnablement soutenir que l'engagement en faveur de l'autonomie est constitutif de la tradition libérale [Raz, 1986]. Au sein de cette tradition, le développement de l'autonomie apparaît donc comme la finalité principale de l'éducation. Les sociétés libérales se caractérisent par le fait du pluralisme raisonnable [Rawls, 2001], c'est-à-dire par la coexistence d'un grand nombre de formes de vie qui sont toutes estimables mais sont incompatibles entre elles. Dans une telle configuration, mener une vie bonne implique nécessairement de devoir arbitrer entre ces différentes conceptions de la vie bonne socialement disponibles (voire d'en élaborer une nouvelle). Cet arbitrage ne peut évidemment pas être laissé au hasard ou au caprice. Il doit idéalement être le produit d'une délibération libre et informée[15]. Délibérer, c'est apprécier et pondérer convenablement les raisons qui comptent en faveur des options disponibles. Cette faculté d'opter pour des options qui nous paraissent les meilleures au terme d'une délibération rationnelle est un des traits constitutifs de l'autonomie. Dans la mesure où la possibilité de mener une vie bonne en dépend, l'autonomie est un bien moral particulièrement important.

L'importance qu'il convient d'accorder à la valeur d'autonomie est toutefois soumise à discussion. Galston [1991] considère par exemple que la promotion de l'autonomie est excessivement exigeante. En particulier, elle impliquerait de faire peser une pression insupportable sur certaines formes de vie traditionnelles qui sont pleinement dignes d'être vécues, mais qui ne sauraient être qualifiées d'autonomes au sens strict. Certaines communautés accordent davantage d'importance aux idéaux de dépendance et de solidarité communautaires. Une vie conforme à ces idéaux paraît difficilement conciliable avec l'autonomie, c'est-à-dire avec le fait d'agir sur la base d'évaluations morales *personnelles* plutôt que traditionnelles ou communautaires. La promotion de l'autonomie conduirait à une réduction arbitraire et moralement injustifiable de la diversité des formes de vie et des valeurs socialement disponibles. En conséquence, il faudrait promouvoir un libéralisme de la diversité plutôt qu'un libéralisme de l'autonomie.

Cependant, s'il veut éviter de tolérer des formes de vie oppressives, le libéralisme de la diversité doit s'assurer que certaines conditions à la fois subjectives et objectives sont réunies, sans quoi toutes les personnes

15. Il s'agit bien d'un *idéal*. Il est impossible d'évaluer correctement toutes les formes de vie socialement disponibles, ne serait-ce que parce que toute délibération se fait nécessairement à partir d'une socialisation initiale qui n'est pas axiologiquement neutre et dont il paraît peu plausible qu'on puisse la mettre entre parenthèses le temps de la délibération. Il n'en demeure pas moins que nous avons la conviction que la valeur d'une forme de vie dépend de la possibilité d'identifier de bonnes raisons de l'endosser.

ne pourront jouir de droits de sortie suffisamment robustes[16]. De ce point de vue, la différence entre les deux formes de libéralisme ne paraît pas si grande. Il se peut que la discussion dépende *in fine* du choix entre un concept plus ou moins exigeant d'autonomie. Si c'est le cas, l'objection est sans conséquence concernant mon affirmation selon laquelle, dans toute société libérale, l'autonomie est la finalité de l'éducation.

Il serait hors de propos de développer une théorie complète de l'autonomie. Du point de vue de la question de l'éducation, qui seule m'occupe ici, il me semble donc qu'une conception « négative » de l'autonomie est largement suffisante. Celle-ci est centrée sur les connaissances et les compétences que doit posséder un agent pour pouvoir être *capable* d'exercer son autonomie. Une conception négative de l'autonomie reste agnostique concernant la question de savoir ce que serait une existence pleinement autonome ou si une telle existence a plus de valeur que d'autres formes de vie envisageables. Elle se contente de stipuler que toutes les personnes doivent avoir acquis et développé certaines compétences leur permettant de *pouvoir* faire des choix significatifs de manière délibérée. Qu'elles en fassent ou non, et lesquels, est une autre question. En somme, elle stipule qu'il est moralement important que les personnes soient capables de ne pas subir leur vie comme un destin[17]. Cet agnosticisme ne signifie pas qu'il n'y a pas de bonnes raisons de défendre une conception « positive » plus substantielle de l'autonomie, laquelle chercherait, par exemple, à défendre un devoir moral de mener une existence autonome. Il implique seulement qu'il n'est pas nécessaire de s'engager sur un tel terrain pour justifier l'autorité éducative.

16. On parle de droits de sortie pour désigner les possibilités effectives dont disposent les personnes de quitter la communauté ou la forme de vie qui est la leur. Par exemple, si l'abandon de certaines pratiques traditionnelles aboutit pour une personne à son ostracisation sociale sans qu'elle dispose de ressources (économiques, sociales, culturelles, etc.) lui permettant de mener une autre forme d'existence valable, on peut dire que les droits de sortie dont elle dispose ne sont pas suffisamment robustes. Les conditions assurant la robustesse de ces droits sont objectives (juridiques, économiques, etc.), mais aussi subjectives. Il faut que les personnes aient acquis certaines connaissances et certaines dispositions, à la fois intellectuelles et éthiques, pour pouvoir envisager sérieusement de quitter leur groupe communautaire.

17. Dans la mesure où je m'intéresse ici à la question de la justice éducative, je me concentre davantage sur les conditions subjectives (connaissances, compétences, etc.) de l'autonomie. Cependant, pour que les personnes ne subissent pas leur vie comme un destin, certaines conditions objectives doivent aussi être réunies. On pourrait penser à une institution comme le revenu de base inconditionnel, qui permet à chacune et chacun de jouir d'un pouvoir de négociation renforcé sur le marché du travail et garantit dans le même temps des ressources favorisant les initiatives individuelles [Van Parijs & Vanderborght, 2019].

Telle que je la conçois, cette conception négative de l'autonomie a des affinités avec la théorie républicaniste de la liberté comme non-domination [Pettit, 2001; Laborde, 2010]. La théorie de la liberté comme non-domination affirme qu'on ne peut pas concevoir la liberté seulement de façon négative comme l'absence d'interférence arbitraire. Elle suppose aussi que, pour être libre, il faut être plus ou moins *immunisé* contre de telles interférences. Ainsi, un esclave que son maître laisse vaquer comme bon lui semble n'est pas libre pour autant, puisque son maître pourrait tout aussi bien lui interdire de faire ce qu'il veut ou lui ordonner de faire quelque chose qu'il ne veut pas faire. Il n'est pas immunisé contre les interférences de son maître. Cette conception entraîne évidemment des conséquences politiques importantes concernant l'organisation des institutions justes [Pettit, 2004]. Il me semble qu'elle entraîne aussi des conséquences importantes en termes d'éducation. Il ne suffit pas que les personnes soient mises à l'abri d'interférences arbitraires au moyen de protections juridiques et de garanties institutionnelles. Il faut encore qu'elles soient effectivement capables de délibérer convenablement, d'apprécier correctement les différentes informations à leur disposition, de savoir comment en acquérir de nouvelles, etc. En somme, il faut qu'elles aient développé certaines compétences et acquis certaines connaissances leur permettant de délibérer effectivement et convenablement. En l'absence de ces compétences et de ces connaissances, elles seraient excessivement influençables par exemple.

Parler de *compétences* plutôt que de *vertus* n'est pas tout à fait indifférent du point de vue d'une conception « négative » de l'autonomie. Classiquement, la vertu est définie comme un trait de caractère qui dispose une personne à agir selon le bien. Le courage ou la générosité sont des vertus en ce sens. Être généreux, ce n'est pas seulement être capable de faire preuve de générosité. C'est faire effectivement preuve de générosité de manière habituelle. Une personne généreuse possède une *tendance* à la générosité. Une tendance oriente et détermine la façon d'agir. Une éducation qui se donnerait pour objectif que les enfants acquièrent et cultivent certaines vertus spécifiques serait exposée au soupçon d'être solidaire d'un perfectionnisme trop fort. Le perfectionnisme consiste à promouvoir certaines manières spécifiques d'être et d'agir qui sont impliquées par une certaine conception de la vie bonne. Mais cette conception est sujette à controverse. Pourquoi promouvoir ces manières d'être et d'agir précisément ? Pourquoi pas d'autres ? Pour quelles raisons affirmer que ces autres manières d'être et d'agir sont moins bonnes ?

Si l'on affirme que ce qui importe, du point de vue de l'autonomie, ce n'est pas que les personnes soient *capables* de délibérer mais qu'elles délibèrent *effectivement* de telle sorte que tous leurs choix (ou les plus significatifs d'entre eux) reflètent des raisons personnelles (et non des raisons traditionnelles ou communautaires), il est probable que l'on fasse courir un risque important à ces formes de vie traditionnelles. Ce serait là, en fait, défendre une conception *positive* de l'autonomie[18].

À l'inverse, avoir développé une compétence n'implique pas de l'exercer régulièrement ou habituellement mais seulement d'en être *capable*. Une personne peut avoir acquis les compétences lui permettant de délibérer individuellement et préférer s'en remettre à l'avis de sa communauté. Avoir une compétence n'implique aucune tendance à agir d'une manière spécifique. Je dispose des compétences nécessaires pour élaborer du poison. Cela ne signifie heureusement pas que j'ai l'habitude d'en élaborer. Viser le développement de compétences plutôt que de vertus permet d'éviter certaines implications potentiellement controversées d'un perfectionnisme trop fort[19]. Cela ne signifie cependant pas qu'une conception satisfaisante de l'autorité éducative puisse faire l'économie d'une réflexion sur les vertus[20].

Pour justifier l'autonomie éducative, il faut donc montrer qu'elle est nécessaire pour que les personnes deviennent aptes à l'exercice de l'autonomie. Mais cette affirmation paraît soulever un paradoxe. N'y a-t-il pas une contradiction à prétendre développer l'autonomie par l'autorité, la liberté par l'obéissance ? Ce paradoxe serait la version éducative du défi

---

18. La situation est en fait différente s'agissant de l'autorité parentale et de l'autorité scolaire. Les parents sont certainement justifiés à promouvoir auprès de leur enfant certaines vertus spécifiques. Mais l'école ne l'est pas. J'explicite cette conception distribuée de l'autorité éducative dans la section suivante.

19. Nussbaum propose un argument similaire pour justifier l'attention qu'elle accorde aux *capabilités* plutôt qu'aux *fonctionnements* du point de vue de la justice. Il importe de garantir que chaque personne possède un ensemble suffisant de capabilités permettant des fonctionnements et non qu'elle mette effectivement en œuvre ces fonctionnements. L'ascétisme, le jeûne ou la grève de la faim n'ont pas la même signification morale que la famine [Nussbaum, 2008].

20. Il ne faut pas exagérer la portée de la distinction entre compétences et vertus. Les compétences se développent par un entrainement répété et progressif, comme les vertus. Il est probable qu'une éducation prenant au sérieux les compétences délibératives favorise effectivement le développement de certaines vertus chez les élèves [Bourdieu, 1998]. En ce sens, on ne peut pas espérer que l'école puisse être neutre quant aux effets de ses enseignements sur les formes de vie socialement disponibles. Je développerai ce point dans la section 6 et j'évoquerai les vertus enseignantes dans la section 7 du prochain chapitre.

anarchiste adressé à toutes les tentatives de justifier l'autorité. Et en effet, on a pu défendre que toute tentative de concevoir la relation éducative en postulant une inégalité de départ que l'éducation aurait justement la charge d'abolir est vouée à l'échec. Faute de postuler l'égalité dès le départ, on ne saurait la trouver à l'arrivée [Rancière, 2004].

Il convient de prendre au sérieux cette objection. Tout apprentissage ne repose pas nécessairement sur un enseignement explicite. Il n'est pas nécessaire d'enseigner explicitement à marcher à un enfant pour qu'il apprenne à le faire. Mais on ne saurait généraliser à partir d'un tel exemple. L'apprentissage de la lecture par exemple et, plus largement, de certaines compétences intellectuelles fondamentales, paraît difficilement pouvoir se passer d'un enseignement explicite et intentionnel[21]. Si l'autorité éducative doit être justifiée, il doit être possible de montrer comment elle peut effectivement favoriser le développement de ces compétences et l'exercice de l'agentivité des enfants.

On peut parler à ce propos d'*agentivité dépendante*. J'emprunte cette expression à Donaldson et Kymlicka [2016] qui l'appliquent à la question de l'agentivité animale. Ils l'empruntent eux-mêmes à des philosophes qui cherchent à promouvoir l'agentivité des personnes en situation de handicap. Il s'agit pour eux de prendre au sérieux l'agentivité de personnes sans la faire dépendre seulement de la possession de capacités réflexives supérieures. Les personnes privées de telles capacités ont bien la capacité d'avoir un bien subjectif et de le communiquer. Mais la privation de ces

---

21. Rancière affirme que la relation pédagogique ne peut être émancipatrice qu'à la condition de postuler l'égalité des intelligences. Le rôle du maître n'est pas de transmettre des savoirs à l'élève ou de former son intelligence. Il est de soutenir sa volonté d'apprendre. C'est la raison pour laquelle il soutient, en s'appuyant sur l'exemple de Jacotot (qui réussit à faire apprendre le français à des étudiants flamands alors qu'il ne parlait pas un mot de flamand), que le maître peut faire en sorte que l'élève apprennent quelque chose que lui-même (le maître) ignore. L'argumentation de Rancière néglige toutefois l'examen des conditions socio-économiques qui ont rendu possible la réussite de l'entreprise de Jacotot (les étudiants sont déjà adultes et ont déjà formé des dispositions de travail efficaces, ils viennent de milieux aisés et sociologiquement proches de la culture scolaire, etc.). Cette négligence fragilise toute tentative de généralisation. L'argumentation de Rancière est en fait ambiguë. Il affirme que si la soumission à une intelligence est toujours illégitime, la soumission à une volonté peut être requise pour la réussite de la relation éducative. Mais ces formules sont floues. Ou bien Rancière veut dire que la relation éducative légitime doit partir du principe que le maître et l'élève ont des capacités cognitives actuelles égales et cela semble manifestement faux, notamment s'agissant des jeunes enfants, ou bien il veut dire que la relation éducative légitime doit prendre au sérieux les capacités cognitives de l'élève au lieu de les disqualifier, auquel cas sa thèse est juste, mais relativement inoffensive.

capacités réflexives supérieures les empêche d'exercer *seules* leur agentivité. L'exercice de leur agentivité requiert le secours ou l'accompagnement d'autres personnes. En ce sens, elle est *dépendante*, ce qui ne signifie pas du tout que ces personnes sont nécessairement exclues de toute agentivité. Elles ne le sont que si on les prive de cet accompagnement. Or, si l'on reconnaît qu'il est moralement bon que les individus puissent poursuivre leur propre bien subjectif, alors il existe une obligation de permettre à ces personnes d'exercer leur agentivité dépendante. Dès lors, plutôt que de prendre des décisions à leur place, il convient d'élaborer des dispositifs permettant une prise de décision et une action assistées.

Bien évidemment, on ne saurait transposer tel quel ce modèle au cas des enfants. Les animaux non humains et les personnes atteintes de handicaps cognitifs lourds sont durablement privés de ces capacités réflexives supérieures. Au contraire, l'autorité éducative vise à ce que les enfants parviennent à terme à développer convenablement de telles capacités. Cependant, ce modèle me semble utile en ce sens qu'il fournit une réponse pertinente au faux dilemme entre *autonomie* et *hétéronomie*. Il n'y a finalement aucune difficulté à reconnaître que les enfants, parce qu'ils manquent d'expérience et de connaissances pertinentes, parce que leurs facultés intellectuelles ne sont pas encore pleinement développées, etc., ne sont pas en situation de faire des choix pleinement informés de façon autonome. Mais cela n'implique en aucun cas qu'il soit justifié de les priver tout à fait de choisir ou de limiter strictement leur marge d'action. Au contraire, l'autorité éducative consiste à prendre au sérieux la situation de dépendance dans laquelle ils se trouvent afin de favoriser leur agentivité. J'indiquerai au chapitre suivant ce qu'implique, d'un point de vue pratique, la prise au sérieux de l'agentivité dépendante des enfants par les enseignantes et les enseignants.

Résumons. Dans les sociétés libérales, l'autonomie est un bien particulièrement précieux pour les personnes. Cette autonomie peut être interprétée de façon négative comme le fait de posséder un certain nombre de compétences intellectuelles et de connaissances pertinentes pour pouvoir agir en étant à l'abri de toute domination arbitraire. L'acquisition de ces compétences et connaissances ne se fait pas de manière purement spontanée, mais requiert un accompagnement et un encadrement spécifiques. C'est ce qui justifie l'autorité éducative. Cependant, une telle autorité ne saurait justifier la négation de toute agentivité de l'enfant sous prétexte du développement insuffisant de ses capacités. Au contraire, le développement des compétences qui sous-tendent l'autonomie exige de prendre au sérieux l'agentivité dépendante de l'enfant. Il n'y a donc aucune antinomie entre la promotion de la valeur d'autonomie et la justification de l'autorité éducative. Au contraire, le développement de l'autonomie paraît reposer en partie sur la reconnaissance de l'état d'agentivité dépendante de l'enfant.

Pour terminer, je souhaiterais clarifier brièvement deux points. J'ai affirmé que, dans les sociétés libérales, l'autonomie était la finalité *principale*, mais pas exclusive, de l'autorité éducative. L'éducation vise d'autres buts comme la transmission de connaissances, d'une culture commune, la socialisation et l'épanouissement. Je n'ai pas voulu rentrer dans le débat de savoir si ces autres buts sont indépendants ou s'ils peuvent être reliés à la valeur d'autonomie. J'ai tendance à penser qu'ils le peuvent et qu'on peut adopter une conception extensive et compréhensive de l'autonomie. Mais je ne souhaite pas rentrer dans les longues discussions que la justification de cette affirmation requerrait. C'est pourquoi je me contente de parler de finalité « principale » afin de ne pas exclure ces autres buts.

Je me dois ensuite de dire un mot des relations entre autonomie et respect de soi. Le respect de soi peut être considéré comme un bien premier, c'est-à-dire comme un bien qui est désirable quel que soit notre projet de vie rationnel [Rawls, 2009]. Il désigne le sentiment justifié que notre existence est digne d'être vécue et reconnue comme telle par les autres. Le développement de ce sentiment ne dépend pas directement de traits de caractère contingents ou du hasard des parcours de vie. Il dépend de l'existence de garanties institutionnelles appropriées et d'interactions sociales saines et justes. Ainsi, des institutions qui ne traitent pas équitablement toutes les personnes ou qui promeuvent certaines conceptions du bien raisonnables au détriment d'autres non moins raisonnables peuvent être incompatibles avec le développement du respect de soi chez toutes et tous. Il dépend aussi, évidemment, de la manière dont les personnes se traitent les unes les autres. À cet égard, l'éducation, à la fois au sein des familles et à l'école, joue un rôle important dans le développement du respect de soi-même. Les enfants doivent acquérir le sentiment justifié que leur existence est digne d'être vécue et que leurs croyances, émotions, préférences, capacités, etc., sont prises au sérieux.

L'autorité éducative ne peut être justifiée qu'à la condition d'être compatible avec le développement du respect de soi par toutes et tous. Cela implique de fortes contraintes sur la manière dont l'autorité éducative peut être légitimement exercée. Je préciserai la nature de ces contraintes au chapitre suivant. Il est d'ailleurs probable que la prise au sérieux de l'agentivité dépendante de l'enfant soit propice au développement du respect de soi.

5. LES INSTANCES DE L'AUTORITÉ ÉDUCATIVE

Jusqu'à présent, j'ai parlé d'autorité éducative en général sans préciser à quelles instances elle devait être conférée. La conception instrumentaliste que je défends affirme que l'autorité éducative n'est justifiée qu'à la condition de donner aux enfants la capacité de réaliser une fin morale qui s'imposent à eux de toute façon. Cette fin, c'est principalement l'autonomie. Dans la mesure où les compétences qui sous-tendent l'autonomie ne se développent pas toutes spontanément, mais requièrent un cadre éducatif spécifique, l'autorité éducative est justifiée. Reste à indiquer qui est en droit de l'exercer.

Il y a deux instances auxquelles on reconnaît traditionnellement l'autorité éducative : les parents (et plus largement les familles) et, à travers l'école, l'État[22]. Il importe cependant de voir ce qui justifie cette reconnaissance. De plus, si ces deux instances sont bien dotées d'autorité, il faut aussi se demander pourquoi l'autorité éducative devrait être distribuée entre deux instances et quelle est la nature des relations qui existent entre elles.

S'agissant de l'autorité parentale, il convient d'écarter toute justification naturaliste. Il n'y a pas de raison de croire qu'un héritage génétique ou le simple fait d'avoir participé à la conception de l'enfant puissent fonder une relation d'autorité. Il ne semble pas non plus pertinent de chercher à fonder l'autorité parentale dans le désir des parents qui a présidé à la conception de l'enfant. D'abord, il existe de nombreux enfants dont la conception n'est

22. D'un point de vue historique, il faudrait aussi évoquer les autorités religieuses. En France, par exemple, l'autorité de l'État laïc en matière d'éducation a été fortement contestée par les autorités catholiques entre la fin du XIXe et le milieu du XXe siècle, au point qu'on a pu parler de « guerre scolaire » [DÉLOYE, 1994]. Je n'examinerai cependant pas les arguments qui plaident pour la reconnaissance aux autorités religieuses d'une autorité *sui generis*, car ils sont moins répandus aujourd'hui que par le passé. Dans le contexte de nos sociétés largement sécularisées, l'autorité éducative des instances religieuses semble pouvoir être analysée comme une forme de délégation de l'autorité parentale.

pas causée par un tel désir et on ne voit pas que cela doive avoir la moindre conséquence sur la question de l'autorité éducative. Ensuite et surtout, cette perspective semble entraîner des conséquences gênantes dans la mesure où elle risque de faire dépendre l'autorité éducative d'un désir contingent. Plus encore, cette perspective risque de négliger les intérêts et les raisons de l'enfant au profit de ceux des parents. Or il semble bien que ce soit du point de vue de l'enfant que l'autorité parentale doive être justifiée – elle doit être dans son intérêt à lui et non dans le leur.

Il semble plus prometteur de chercher la raison morale justifiant l'autorité parentale du côté du statut particulier de l'enfant. On peut en effet dire que l'enfant, surtout lorsqu'il est jeune, est largement dépendant d'autres personnes pour son bien-être et son développement. Il ne peut pourvoir seul à ses besoins, ne dispose pas de connaissances suffisantes sur le monde qui l'entoure pour s'orienter de manière fiable, etc. En ce sens, l'enfant est dans une situation de vulnérabilité spécifique qui oblige moralement celles et ceux qui l'entourent à une attention spécifique. Toutefois, cet argument n'est pas suffisant. Il ne permet que de justifier des obligations contextuelles comme celle de secourir un enfant isolé ou de l'aider à faire un choix judicieux. Ces obligations incombent à tout adulte à proximité susceptible de venir en aide à l'enfant. Mais l'autorité éducative implique des obligations plus fortes et personnelles. D'autres considérations doivent donc être ajoutées.

Un argument supplémentaire peut être cherché du côté de la théorie de l'attachement. Il semble que l'attachement soit décisif dans le développement psychologique et moral de l'enfant [Karen, 1998]. Une relation stable avec des adultes aimants et attentionnés est une condition nécessaire au développement de l'enfant. Il n'est pas nécessaire de rentrer dans tous les détails de la théorie de l'attachement ici. L'important, du point de vue de l'argument, est qu'il est probablement plus difficile pour un enfant de développer les compétences requises pour mener une existence autonome s'il ne bénéficie pas d'une sécurité affective lui permettant de s'épanouir. Dans la mesure où les parents se soucient normalement de l'épanouissement de l'enfant et sont directement concernés par celui-ci, la structure familiale parait la plus à même d'assurer cette sécurité affective. Plus largement, le cadre familial est susceptible d'offrir un contexte de socialisation riche, aimant et varié. L'enfant y est amené à interagir avec des individus d'âge, de statut et de proximité différents, interactions dont il semble raisonnable d'attendre des bénéfices en termes de développement des facultés intellectuelles, affectives et émotionnelles.

Cet argument est instrumental. En toute rigueur, il ne suffit pas à justifier l'autorité *parentale*. D'autres structures que les familles pourraient assurer tout aussi bien la sécurité affective des enfants. Dans les kibboutz, par exemple, le soin des enfants incombe à la collectivité et non aux seuls parents ou à la famille. Ce qui importe, c'est de montrer l'importance, pour le développement moral et psychologique de l'enfant, que celui-ci puisse s'attacher à certains adultes aimants et attentionnés. Ce n'est pas l'identité de ces adultes. Que l'autorité éducative incombe à tels ou tels adultes dépend sans doute ici de conventions sociales. Je parlerai d'autorité parentale pour simplifier, même si cette autorité peut incomber à d'autres adultes.

Quoi qu'il en soit, cet argument permet de rendre compte des situations dans lesquelles l'État est justifié à suspendre l'autorité des parents et à intervenir lorsque ceux-ci nuisent aux intérêts fondamentaux de l'enfant. Nous avons tendance à considérer ce genre d'intervention comme justifiées et, par conséquent, à considérer que les droits des parents ne sont pas invincibles. Il n'entre pas dans mon projet de fournir une analyse plus poussée de l'autorité parentale. L'important tient à ce que l'autorité parentale peut être justifiée *a minima* par la façon dont elle est favorable au bon développement de l'enfant et à son épanouissement.

Pourquoi ne pas reconnaître l'autorité éducative aux seuls parents ? Le rôle essentiel qu'ils jouent dans la socialisation primaire et l'épanouissement de l'enfant n'est-il pas suffisant ? On pourrait à la rigueur reconnaître à l'État un devoir de vigilance. Il serait justifié à intervenir quand l'exercice réel de l'autorité parentale se révélerait incompatible avec le développement et l'épanouissement de l'enfant. Mais pourquoi reconnaître en plus à l'État une autorité éducative *sui generis* ? Après tout, il a existé des époques ou des sociétés où les parents étaient les seuls responsables de l'éducation donnée aux enfants.

Plusieurs arguments peuvent plaider pour une distribution de l'autorité éducative entre l'État et les parents. J'en développerai deux[23]. Le premier

23. Pour une présentation rapide d'autres arguments, on pourra consulter deux articles sur l'autorité éducative dans deux excellents manuels de philosophie de l'éducation [Gutman, 2003 ; Reich, 2009].

peut être appelé l'argument de la complexité sociale[24]. Les sociétés modernes sont trop complexes pour que des parents, même s'ils sont bienveillants et soucieux de l'éducation de leur enfant, puissent par eux seuls s'assurer que leur enfant développe toutes les compétences et acquière toutes les connaissances requises pour pouvoir être apte à l'exercice de l'autonomie. J'ai affirmé que la valeur d'autonomie requiert que les personnes soient en situation de ne pas subir leur vie comme un destin. Cela suppose un engagement public afin que les personnes disposent de possibilités réelles de faire des choix susceptibles d'affecter significativement leur destin. Pour ce faire, il faut qu'elles connaissent suffisamment bien le fonctionnement de la société, maîtrisent des savoirs élémentaires dans des domaines variés, disposent d'une culture commune suffisante et d'un certain nombre de compétences transversales de base leur permettant de développer leurs aptitudes dans différents métiers. Je ne développe pas plus ici, puisque le chapitre IV sera consacré à clarifier et préciser les enjeux du curriculum scolaire. Il suffit d'admettre qu'il serait déraisonnable d'attendre des familles qu'elles soient en mesure d'enseigner toutes ces choses aux enfants.

On pourrait envisager de laisser cet enseignement à des institutions privées sans que l'État ne jouisse d'un droit de regard ou de contrôle sur celles-ci. Une telle perspective ne revient pas à reconnaître l'autorité éducative à une autre instance que les parents. L'initiative de contacter une institution privée ou non et le choix de l'institution sont laissés aux parents. L'autorité dont bénéficie cette institution ne peut alors qu'être déléguée et non *sui generis*. Si l'on reconnaît au contraire à l'État un droit de regard et de contrôle, par exemple le droit d'imposer certaines contraintes organisationnelles et curriculaires pour obtenir le statut d'institution d'éducation, alors on lui reconnaît une autorité éducative *sui generis*. La question de savoir le degré de liberté qui doit être laissé aux institutions d'éducation est secondaire de ce point de vue (même si elle peut être décisive à d'autres égards).

Pourquoi reconnaître à l'État une autorité éducative *sui generis* ? On pourrait essayer de le justifier en affirmant que, de même que les familles

---

24. La notion de complexité sociale n'est pas aisée à clarifier. La sociologie durkheimienne suggère qu'on peut classer les sociétés suivant leur gradient de complexité. Les sociétés modernes seraient caractérisées par une extension de la division du travail. Les chaînes d'interdépendance entre les individus s'y allongent et, en ce sens, ces sociétés se complexifient, ce que la transformation du type de solidarité sociale prévalent atteste [Durkheim, 2018].

ne sont pas compétentes pour enseigner par elles-mêmes aux enfants toutes les connaissances et les compétences nécessaires à l'exercice de l'autonomie, elles ne sont pas non plus compétentes pour identifier convenablement les institutions compétentes pour cela. Cet argument n'est cependant pas dirimant. Un libertarien pourrait objecter que certaines agences privées spécialisées dans l'évaluation des institutions scolaires seraient parfaitement capables de résoudre ce problème d'information.

Un argument plus décisif consiste à rappeler que la justification de l'autorité éducative dépend strictement de sa compatibilité avec la préservation et le développement du respect de soi par toutes et tous. Or la constitution d'un marché scolaire purement privé, sans régulation étatique, a toutes les chances d'aboutir au développement d'une compétition et d'une hiérarchie entre les établissements, certains élèves se trouvant alors « relégués » dans des établissements-repoussoirs. Une telle situation est incompatible avec la préservation et le développement du respect de soi de ces élèves « relégués »[25]. L'État est le mieux à même d'assurer la compatibilité de deux objectifs : 1) certifier la compétence des enseignants et la pertinence des curricula scolaires ; 2) assurer l'égalité de toutes et tous devant la scolarité sans laquelle il est impossible que tous les élèves développent le sentiment de respect de soi-même.

En somme, l'argument de la complexité sociale affirme qu'une existence autonome est impossible ou très difficile dans une société complexe à moins de maîtriser certaines compétences et connaissances relativement poussées dans des domaines très différents. Il affirme ensuite qu'il n'est pas raisonnable d'espérer que les familles puissent transmettre ces compétences et connaissances aux enfants. Celles-ci requièrent un enseignement explicite par des enseignants ayant reçu une formation adéquate. L'État est justement la sorte d'institution capable de coordonner une telle formation et d'assurer un tel service public. De plus, l'État est capable d'assurer l'égalité de traitement de tous les élèves plus sûrement que des institutions privées. Il faut donc reconnaître à l'État une autorité éducative *sui generis* et non pas déléguée par les familles. C'est parce que l'État jouit d'une telle autorité qu'il est justifié à imposer l'obligation scolaire aux parents et aux enfants. Les contraintes pesant sur la justification de l'autorité éducative sont cependant les mêmes qu'il s'agisse de l'État ou des parents.

---

25. Je développerai davantage cet argument dans le chapitre V.

L'État exerce son autorité éducative à travers une institution (ou un ensemble d'institutions) spécifique : l'école et, plus largement, le système scolaire. Je parlerai désormais d'autorité scolaire. L'autorité scolaire dépend clairement de l'existence d'un domaine dans lequel l'école est manifestement plus compétente que les familles. La compétence à la fois disciplinaire, pédagogique et didactique des enseignantes et des enseignants doit être certifiée et garantie par l'État.

Une remarque s'impose. Pour l'instant, je n'ai pas repris la distinction opérée dans la section 1 entre autorité pratique et autorité théorique. L'autorité pratique fournit aux individus des raisons d'*agir*. L'autorité théorique leur fournit des raisons de *croire*. Il va de soi que, pour les parents comme pour les enseignantes et les enseignants, l'autorité éducative est à la fois pratique et théorique. Les parents comme les enseignantes et les enseignants sont justifiés à formuler certains ordres et imposer certaines contraintes. Mais leur parole est aussi dotée d'autorité en ce sens que les enfants ont des raisons de croire ce que disent leurs parents et leurs enseignantes et leurs enseignants parce que ce sont *eux* qui le leur disent.

Pour les parents, cette autorité est simplement fondée sur leur statut d'adultes référents, aimants, expérimentés et attentifs au bien-être de l'enfant. Pour les enseignantes et les enseignants, en revanche, c'est l'autorité théorique qui fonde l'autorité pratique. C'est parce qu'ils sont particulièrement compétents dans le domaine qu'ils enseignent que ce qu'ils disent fait autorité[26]. La question qui se pose alors est celle de savoir comment leur compétence peut être reconnue. En France, cette compétence est en général attestée par l'obtention d'un concours. Mais cette solution n'est qu'une parmi d'autres.

On pourrait se demander si l'argument de la complexité sociale ne risque pas de conduire à reconnaître l'autorité éducative à l'État seulement et pas du tout aux parents. Cette conséquence serait gênante. Elle ne suit heureusement pas de l'argument précédent. L'autorité éducative de l'État est justifiée dans la mesure où ses propriétés organisationnelles le rendent mieux à même de réaliser la finalité de cette autorité s'agissant de l'enseignement de certaines compétences et connaissances que les familles sont moins compétentes pour enseigner. Mais il existe de nombreux aspects

26. Il faut entendre l'autorité théorique au sens large : les enseignantes et les enseignants n'ont pas qu'une compétence disciplinaire (ils ne sont pas seulement savants), ils ont aussi une compétence pédagogique et didactique. En France, les concours d'enseignement sont censés certifier la maîtrise suffisante de ces deux types de compétence.

pertinents du point de vue de l'éducation des enfants pour lesquels l'État ne jouit pas d'une telle prééminence. Ainsi, il y a de bonnes chances pour que les familles soient bien plus à même que l'État d'assurer aux enfants un contexte de socialisation diversifié, des relations d'amour et de confiance riches ou de leur transmettre une conception de la vie bonne raisonnable. En somme, chaque instance jouit de son domaine de compétence spécifique. C'est pourquoi l'autorité éducative, dans les sociétés complexes, doit être distribuée entre plusieurs instances.

Outre l'argument de la complexité sociale, on pourrait ajouter un second argument qui plaide pour une autorité éducative distribuée. On pourrait le qualifier d'argument de la socialisation différenciée. Cet argument part du rôle central que joue la socialisation dans le développement des compétences et des connaissances permettant aux individus de devenir aptes à l'exercice de l'autonomie. Mais il faut distinguer plusieurs types de socialisation et différents types de bénéfices qu'on peut en attendre.

Au sein des familles, les enfants évoluent dans un contexte fortement marqué par l'amour et l'intimité. Le nombre de personnes avec qui ils sont amenés à interagir est restreint et les liens entre ces personnes sont souvent forts. Les statuts sont souvent hiérarchisés. L'enfant a peu l'occasion d'interagir avec des pairs, hormis frères et sœurs éventuels. Un tel contexte est propice au développement de la confiance, des compétences affectives et émotionnelles. Des références culturelles et morales sont souvent partagées par les différentes personnes, favorisant ainsi le développement d'une représentation du monde cohérente et structurée chez l'enfant. Du fait de l'intimité qui y règne, le cadre familial est souvent marqué par une faible incertitude pratique. Les enfants peuvent anticiper correctement les réactions de leurs proches. Un tel contexte permet d'assurer une grande sécurité, propice aux expérimentations des enfants.

À l'école, en revanche, les enfants ont l'occasion d'interagir avec un nombre bien plus élevé de personnes. Surtout, l'école est l'occasion d'interactions multiples avec des pairs. Les différents enfants venant de contextes familiaux, sociaux et culturels différents, l'école est l'occasion d'une autre forme de socialisation. Ils se familiarisent avec différentes représentations du monde. L'incertitude pratique y est donc plus grande qu'au sein des familles. Il n'est pas toujours facile d'anticiper les réactions de chaque personne. La coopération requiert ici de parvenir à s'accorder sur des règles communes, de négocier, transiger, etc. L'école est donc propice au développement de compétences sociales, notamment coopératives, qui sont moins centrales dans le contexte familial. Ces compétences paraissent tout aussi décisives du point de vue du développement de l'autonomie. L'argument de la socialisation différenciée permet donc de soutenir lui aussi la distribution de l'autorité éducative entre deux instances, les parents et l'école.

L'autorité éducative a donc une même finalité, contribuer au développement de l'autonomie de l'enfant. Mais la réalisation de cette finalité justifie qu'elle soit distribuée entre deux instances, les parents et l'État, dont les domaines de compétence diffèrent. Chacune contribue à la réalisation de cette finalité en vertu de ses compétences propres. Pour clarifier ce point, on peut reprendre la distinction établie dans la section 2 entre autorité dépendant du contenu et autorité dépendant de la source. Si l'autorité éducative dépend de raisons morales qui s'appliquent aux enfants de façon indépendante, ceux-ci ne sont pas parfaitement à même de juger convenablement de ces raisons. En ce sens, la conception instrumentaliste de l'autorité éducative fait bien des parents et de l'État des *sources* d'autorité à part entière. Les enfants ne peuvent et ne doivent pas juger de la pertinence de chacune des contraintes auxquelles ils sont soumis. Mais elle impose des contraintes précises sur la modalité d'exercice de cette autorité puisqu'elle doit contribuer effectivement au développement de l'autonomie de l'enfant.

Cette distribution de l'autorité entre plusieurs instances dont aucune ne jouit d'une prééminence de principe dans tous les domaines semble faire naître le risque que ces instances entrent en conflit. Qui de l'État ou des familles fait autorité dans telle ou telle circonstance ? Si ce qui précède est juste, il n'existe pas d'instance supérieure, « souveraine », permettant de trancher un conflit éventuel. Ce point ne risque-t-il pas de remettre en cause la stabilité d'une telle conception de l'autorité éducative ?

Le risque n'est pourtant pas si grand. Les domaines de compétence de l'école et des parents sont suffisamment distincts pour que la stabilité soit préservée. Les parents ont l'obligation d'assurer un contexte de socialisation primaire sain et riche à leur enfant. Pour ce faire, ils doivent lui accorder de l'attention, lui donner l'occasion de faire des expériences variées et nombreuses au travers desquelles son sens moral et ses capacités de discernement et d'appréciation pourront s'affiner. Si les parents réussissent à assurer un tel cadre aux enfants, il y a de bonnes chances pour que ceux-ci apprennent de nombreuses choses et s'épanouissent. En général, ces apprentissages ne sont pas la conséquence d'un enseignement explicite de la part des parents. Bien sûr, ceux-ci enseignent aussi certaines choses à leur enfant de façon explicite comme faire du vélo ou préparer un tiramisu. Mais ces moments d'enseignement explicite ne sont pas au cœur de l'autorité éducative des parents. On doit dire que les enfants apprennent énormément auprès des parents et grâce à eux. Mais cela n'implique pas qu'ils apprennent par le biais d'un enseignement explicite des parents. Pour l'essentiel, lorsque ces derniers assument un tel rôle, ils transmettent des savoir-faire ou des connaissances factuelles aux enfants sans se soucier d'objectifs d'apprentissage spécifiques, coordonnés entre eux selon une progression cohérente et réfléchie.

C'est au contraire ce que font les enseignantes et les enseignants. Ils ont la responsabilité de construire des situations d'enseignement pertinentes en vue d'objectifs d'apprentissage réfléchis et justifiés. Les compétences requises pour ce faire ne sont pas innées et requièrent une certaine expertise. Les objectifs d'apprentissage (pour lesquels des programmes scolaires peuvent servir de norme) doivent être justifiés du point de vue de leur contribution au développement de l'autonomie de l'enfant.

Il n'y a donc pas lieu de craindre une multiplication des conflits de légitimité entre les deux instances dotées d'autorité éducative, même sans instance « souveraine » en la matière.

6. LE PRINCIPE DE NEUTRALITÉ SCOLAIRE

Dans l'ensemble, les domaines de compétence de l'école et des familles sont donc suffisamment distincts pour éviter l'instabilité d'une conception distribuée de l'autorité éducative. Néanmoins, il y a un problème difficile, plus général, qu'il faut aborder quand on évoque la possibilité de conflits entre l'école et les familles : le problème de la *neutralité* scolaire[27].

D'un point de vue libéral, l'autorité scolaire ne peut être justifiée qu'à la condition d'être, autant que faire se peut, neutre entre les différentes conceptions du bien raisonnables qui coexistent dans la société. Si elle ne l'était pas, si elle privilégiait une forme de vie (par exemple, une pratique religieuse) au détriment d'autres, elle ferait peser un fardeau arbitraire sur

27. D'une certaine manière, le problème de la laïcité scolaire n'est qu'un sous-problème de la neutralité scolaire. C'est la raison pour laquelle je ne traiterai pas de la laïcité en tant que telle.

certaines familles. Cela saperait l'autorité de l'école auprès d'une partie de la population. Plus fondamentalement, une telle situation serait incompatible avec l'obligation de traiter également tous les individus. Les personnes ont de solides raisons morales de ne pas se voir imposer certaines conceptions du bien controversées. Mais, au-delà de cet engagement général en faveur de la neutralité, le problème se révèle complexe.

L'éducation scolaire a nécessairement des *effets* sur les croyances, pratiques et savoirs des enfants. Elle peut les conduire à réviser ou abandonner la conception du bien que leur ont transmis leurs parents. Par exemple, il est possible que l'enseignement de la théorie de l'évolution puisse conduire certains enfants à abandonner leurs croyances créationnistes et, ce faisant, à réviser leurs croyances et pratiques religieuses. Une interprétation littérale de certains textes sacrés implique d'endosser certaines propositions empiriques (géocentrisme, créationnisme, etc.) dont la fausseté a été établie. Doit-on considérer que, dans ce cas, l'école échoue à respecter son devoir de neutralité ? Évidemment, non. Dans la mesure où l'on est justifié à considérer que la maîtrise de connaissances élémentaires à propos du monde social et naturel est requise pour mener une existence autonome, l'école est justifiée à transmettre de telles connaissances, même si elles pourraient avoir des effets collatéraux délétères sur certaines conceptions du bien représentées dans la société.

On pourrait soutenir que si l'école ne saurait être neutre quant aux effets des enseignements qu'elle assure, elle doit l'être en revanche quant aux *buts* qu'elle se donne. Mais le problème est là aussi complexe. Si l'école a bien pour finalité de promouvoir l'autonomie des individus (comprise en un sens négatif), elle ne saurait être neutre à rigoureusement parler. L'engagement en faveur de l'autonomie n'est pas incompatible avec le fait du pluralisme et conditionne même la valeur morale qu'on doit lui reconnaître. Pourtant, cet engagement est bien un engagement axiologique. La promotion de l'autonomie suppose en effet d'accorder de la valeur au fait que les personnes disposent des moyens (matériels, cognitifs, psychologiques, institutionnels) d'assumer de manière réfléchie et délibérée leurs propres engagements axiologiques. Cependant, au-delà de cet engagement en faveur de l'autonomie, l'école doit rester neutre entre les différentes conceptions du bien socialement disponibles. Ce faisant, elle ne saurait promouvoir ou interférer intentionnellement avec certaines d'entre elles. S'abstenir de promouvoir ou d'interférer ne signifie pas, cependant, s'abstenir d'informer. Dans la mesure où l'autonomie suppose que les individus disposent d'un ensemble d'informations pertinentes, l'école peut légitiment transmettre des informations et des connaissances relatives à certaines conceptions du bien. Il peut être parfaitement légitime, par exemple, d'exposer en classe les dogmes attachés habituellement à telle ou telle religion, pour autant que cette présentation est fiable et que l'enseignante ou l'enseignant n'en fait pas la promotion.

Il faut aller plus loin. L'autorité scolaire doit contribuer au développement de l'autonomie, ce qui suppose la culture du discernement moral. En effet, l'exercice de l'autonomie repose sur la délibération rationnelle, laquelle présuppose la capacité de peser adéquatement les raisons en présence, d'être sensible aux spécificités du contexte et de faire preuve d'imagination pratique. Ces compétences ne sauraient être convenablement cultivées si les enseignantes et les enseignants esquivaient systématiquement les questions morales controversées et les questions socialement vives[28] lors de leur enseignement. Ces questions doivent au contraire être prises en charge pour elles-mêmes en classe, puisqu'elles sont justement le genre de questions qui exigent la mise en œuvre de telles compétences de discernement. Ici, les enseignantes et les enseignants n'ont pas qu'une obligation d'information. Ils doivent familiariser les élèves à ces controverses, permettre aux élèves de comprendre les dilemmes et les incertitudes qui les caractérisent. Ainsi, il n'est pas contraire au principe de neutralité bien compris de faire réfléchir les élèves sur les arguments *pro* et *contra* à propos de la peine de mort, de l'avortement, de la propriété privée des moyens de production ou même de l'existence de Dieu[29]. Le principe de neutralité impose simplement de ne pas privilégier arbitrairement certaines options. Il s'agit de faire entrer progressivement les élèves dans l'espace des raisons[30].

---

28. En sciences de l'éducation, on appelle conventionnellement « questions socialement vives », des questions susceptibles d'être abordées en classe qui sont ouvertes, au sens où elles ne reçoivent pas de réponse stabilisée et consensuelle au sein d'une communauté scientifique de référence. Ces questions sont souvent complexes, mêlant des savoirs relevant d'expertises différentes et fortement médiatisées. Ces questions mettent en tension le principe de neutralité scolaire, puisqu'il est difficile de les aborder sans prendre parti à propos des controverses qui s'y jouent [LEGARDEZ & SIMONNEAUX, 2006].
29. Bien sûr, les enseignantes et les enseignants sont tenus d'être particulièrement attentifs quant à la manière dont ils abordent ces questions, car ils ignorent souvent la manière dont elles peuvent affecter les élèves.
30. Pour reprendre la typologie classique proposée par KELLY [1986], le principe de neutralité bien compris exclut à la fois la neutralité exclusive, consistant à limiter l'enseignement à des faits en évitant toutes les questions controversées, et la partialité exclusive, consistant à faire

De plus, l'école est justifiée à fournir un enseignement civique substantiel aux élèves. Mais cet enseignement est indissociable d'un engagement axiologique en faveur de certaines formes politiques, en particulier en faveur de la démocratie. Plus encore, si la transmission de connaissances factuelles concernant différentes conceptions du bien socialement disponibles peut satisfaire à une certaine interprétation du principe de neutralité, l'enseignement civique ne saurait se limiter à un simple enseignement de la nature et du fonctionnement des principales institutions politiques. Il ne saurait y avoir d'enseignement civique sans un enseignement à la *pratique* de la citoyenneté, enseignement qui repose clairement sur la valorisation de l'agentivité démocratique.

On peut défendre cet engagement de l'école en faveur d'une éducation active à l'agentivité démocratique au moyen de l'argument de la complexité sociale. Les sociétés démocratiques contemporaines sont complexes en ce sens que les facteurs susceptibles d'interférer significativement sur l'existence des individus sont très nombreux et échappent tendanciellement au contrôle individuel. Le seul moyen de contrôler les effets de ces facteurs et, ce faisant, de mener une existence aussi à l'abri que possible des dépendances subies, consiste, pour les personnes, à se constituer en public démocratique se coordonnant pour prendre en charge collectivement ce problème [Dewey, 2010]. Une telle coordination ne s'improvise pas, mais requiert une certaine expérience des formes de coopération démocratique. Bien évidemment, cet engagement en faveur de l'agentivité démocratique peut et doit être compatible avec une forme de neutralité partisane de l'école. On ne saurait exclure cependant qu'il ait des effets sur les convictions politiques des élèves, même s'il ne vise pas à produire spécifiquement cette sorte d'effets.

Sans surprise, cette conception de l'enseignement civique a, comme la conception de l'autonomie défendue dans la section précédente, des affinités avec la conception républicaniste de la liberté comme non-domination. Elle a aussi des affinités avec la conception de l'éducation démocratique comme « reproduction sociale consciente » promue par Amy Gutmann [1999]. Selon

---

la promotion d'options controversées en classe. Il est en revanche compatible avec la neutralité impartiale, consistant à exposer les controverses en s'abstenant de prendre parti, et avec la neutralité engagée, consistant à exposer les controverses en indiquant l'option privilégiée par l'enseignante ou l'enseignant, ainsi que les raisons de cette préférence, sans pour autant invalider la légitimité des options alternatives et en exposant les raisons qui les soutiennent.

cette approche, l'éducation démocratique a pour but d'assurer aux individus les moyens de faire des choix dans le contexte social qui est le leur. En ce sens, l'école doit « reproduire » ce contexte : elle doit faire en sorte que les élèves s'y familiarisent. Car ce n'est qu'en le connaissant qu'ils seront à même de délibérer correctement afin de savoir comment ils veulent reproduire leur société. C'est la raison pour laquelle cette reproduction sociale est dite « consciente » : elle ne vise pas la simple réplication de la société par l'intermédiaire des institutions scolaires. Ces institutions ont au contraire pour fonction de familiariser suffisamment les enfants avec le contexte social dans lequel ils devront mener leur existence pour leur permettre de devenir des agents démocratiques informés une fois leur scolarité terminée.

L'enseignement civique fait souvent l'objet de vifs débats. On le soupçonne souvent de parti pris idéologique. Par exemple, les programmes scolaires actuels reconnaissent qu'une des finalités de l'enseignement moral et civique consiste à « acquérir et partager les valeurs de la République ». Toutefois, cette référence aux « valeurs » est soupçonnée d'être solidaire de la promotion de certaines conceptions politiques controversées. On l'accuse, en particulier, d'être liée à un projet conservateur et néolibéral [Spitz, 2022]. Certains critiques de l'enseignement civique [Ogien, 2014] soutiennent donc une position qualifiée de minimalisme civique selon laquelle l'enseignement civique doit être limité au strict minimum permettant à une démocratie de fonctionner.

En un sens, l'argument de la complexité sociale que j'ai mobilisé paraît proche d'un tel minimalisme, parce qu'il s'en tient à une justification instrumentale de l'enseignement civique. Cependant, les conséquences qu'on est en droit d'en tirer sont plus que minimales. Une partie des craintes des minimalistes tient à ce qu'ils considèrent qu'un enseignement civique plus que minimal ne peut qu'être engagé en faveur d'options idéologiques controversées. Mais ils négligent le fait qu'un enseignement civique ne vise pas essentiellement à promouvoir certaines options idéologiques substantielles. Il vise surtout à favoriser le développement d'un ensemble de dispositions pratiques sans lesquelles une agentivité démocratique n'est pas possible. Leur erreur tient aussi, sans doute, au fait qu'ils dissocient trop la question du contenu axiologique substantiel de l'enseignement de celle de la pratique pédagogique. Un enseignement engagé en faveur de l'agentivité démocratique ne se résume pas à faire explicitement la promotion de la démocratie tout en évitant de se livrer à de la propagande. C'est essentiellement un enseignement qui, dans sa forme pédagogique même, favorise le développement et l'exercice de l'agentivité démocratique. Je développerai ce point dans le chapitre suivant.

En revanche, il est évident que l'école est tenue d'être neutre en ce sens que les *procédures* qu'elle met en œuvre ne doivent pas favoriser certains élèves sur le fondement de critères arbitraires comme le sexe, la race, la religion ou l'orientation sexuelle[31]. Cette remarque est cependant moins triviale qu'il n'y paraît. La sociologie de l'éducation a établi depuis longtemps que l'école est un lieu où se jouent de nombreux mécanismes discriminatoires, même si l'on ne peut parler de discrimination systématique [Duru-Bellat & Van Zanten, 2012 ; Ben Ayed, 2023].

Avant de conclure cette section, il convient d'examiner rapidement une objection classique adressée par différents auteurs et autrices proches de la tradition marxiste à l'idée même de neutralité scolaire [Althusser, 1976 ; Charlot, 1976]. Cette objection affirme qu'un engagement en faveur de la neutralité (même qualifiée et précisée convenablement) est illusoire et relève d'une occultation idéologique de la dimension politique du système scolaire. Par dimension politique, il faut entendre le rôle central que joue l'école dans la reproduction des inégalités sociales ainsi que des rapports de domination et d'oppression de classe[32]. L'école n'est pas neutre et ne saurait l'être si on entend par neutralité le fait de ne pas favoriser ou promouvoir, de façon partiale, les intérêts des certains individus ou groupes au détriment de ceux d'autres individus ou groupes. Elle promeut au contraire certaines attitudes, certaines dispositions, certaines représentations, certaines références culturelles, certains *habitus*, qui favorisent les enfants issus des classes dominantes. La neutralité affichée est l'un des artifices par lequel cette dimension politique est occultée, légitimée et naturalisée. L'idéologie scolaire consiste justement à faire croire que l'école poursuit des finalités idéelles (la culture, l'autonomie, la connaissance, la liberté, etc.) quand elle sert les intérêts matériels de certaines catégories

---

31. Ce principe de neutralité procédurale n'exclut pas, en revanche, que certaines politiques compensatoires soient mises en œuvre dans le cas où de trop grandes inégalités sociales entraîneraient des injustices scolaires. C'est la justification des politiques d'éducation prioritaire.
32. On peut trouver des objections analogues chez des autrices et des auteurs dénonçant le rôle que joue l'école dans la reproduction de rapports de domination et d'oppression de race, de genre ou de sexualité. Ces différents rapports ne sont évidemment pas homologues, mais à un certain niveau d'abstraction, la structure des objections est proche. C'est pourquoi je me permets de ne pas les examiner ici pour elles-mêmes.

précises de la population. Parler de neutralité serait donc occulter le fait que l'école est un enjeu de lutte politique. Mieux vaudrait alors abandonner tout engagement en faveur d'une prétendue neutralité et assumer cette dimension politique de l'éducation afin de promouvoir une éducation conforme à un projet politique égalitaire. Il faudrait renoncer aux fins prétendument universelles, que la bourgeoisie récupérera à son compte : « l'éducation doit devenir un instrument social au service du prolétariat » [Charlot, 1976, p. 198].

L'objection doit être prise au sérieux. J'ai dit que l'école ne peut pas être neutre quant à ses effets sur les différentes conceptions du bien socialement disponibles, mais que cela n'invalide pas l'engagement en faveur de la neutralité scolaire bien comprise. Il serait toutefois gênant que l'école favorise systématiquement la conception du bien et les intérêts de certaines catégories sociales dominantes. Cependant, l'objection ne distingue pas toujours suffisamment entre l'analyse critique des mécanismes effectifs par lesquels l'école occulte sa dimension politique et la justification normative des valeurs et des principes qui doivent régir un système scolaire juste. Il est indiscutable que la référence à la neutralité sert souvent à masquer les mécanismes de reproduction de rapports de domination. Mais cela n'entraîne pas que la neutralité en tant que telle est un idéal qu'il conviendrait d'abandonner, ni qu'il faudrait lui substituer un engagement assumé en faveur des intérêts spécifiques de certains groupes, quels qu'ils soient. On ne voit pas pourquoi la lutte contre les mécanismes reproducteurs du système scolaire et la prise au sérieux de l'ancrage social et matériel de l'éducation seraient incompatibles avec l'engagement en faveur de valeurs « universelles ».

Il faudrait sans doute distinguer deux approches. Du point de vue d'une *théorie critique de l'école*, il importe de mettre au jour les différentes luttes dont l'école est l'objet. Différents groupes sociaux, pourvus de ressources différentes, d'intérêts différents et d'objectifs différents s'opposent (consciemment ou non) pour favoriser ou préserver leurs intérêts particuliers. Il importe alors d'identifier les groupes au côté desquels il convient de s'engager et d'identifier les stratégies mises en œuvre par les autres groupes pour établir leur domination. Du point de vue d'une *théorie de la justice scolaire*, il importe d'identifier les principes normatifs qui doivent régir un système scolaire juste et d'en proposer une justification satisfaisante. Si cette approche ne saurait négliger les apports empiriques de la sociologie de l'éducation et l'importance de l'école comme enjeu de luttes sociales et politiques, ces éléments ne sont pas son point de départ puisque son propos est essentiellement normatif. Ces deux approches ne sont certainement pas incompatibles. Mais il convient de les distinguer clairement. En particulier, on ne voit pas pourquoi les usages idéologiques de la neutralité justifieraient un abandon de la neutralité comme référence normative. À l'inverse, une théorie de la justice scolaire doit expliquer comment il est possible de lutter contre les mécanismes reproducteurs du système éducatif afin d'éviter que se constitue une école de classes.

In fine, il semble raisonnable de penser que les domaines de compétence des deux instances dotées d'autorité éducative, les parents et l'école, sont suffisamment distincts pour éviter la multiplication des conflits. Le respect d'un principe général de neutralité scolaire, pour autant qu'il est correctement qualifié et spécifié, est sans doute à même de prévenir le développement de tels conflits. Cependant, la stabilité de cette conception de l'autorité éducative dépend fortement de la reconnaissance de la légitimité de chaque instance par l'autre. En particulier, elle dépend de la capacité de l'école à montrer qu'elle contribue également au développement de l'autonomie de toutes et tous. Ce problème sera au cœur des trois prochains chapitres.

Au terme de cette section, je crois que l'autorité scolaire est suffisamment justifiée. L'État est doté d'une autorité éducative légitime qui s'exerce à travers les institutions qui composent le système scolaire. La finalité de cette autorité est claire. Elle doit contribuer au développement de l'autonomie de l'enfant. Cette finalité fixe à la fois le domaine de compétence de l'école et les relations qu'elle doit entretenir avec les parents, qui sont l'autre instance dotée d'autorité éducative. Dans la mesure où j'ai défendu une conception instrumentaliste de l'autorité éducative, il faut s'intéresser aux limites précises que cette conception impose à l'exercice de l'autorité. Ce faisant, il sera possible de répondre aux doutes de celles et ceux qui craignent que toute autorité éducative implique la possibilité d'abus.

7. LES LIMITES DE L'AUTORITÉ ÉDUCATIVE

Dans la section 2, j'ai évoqué les inquiétudes que l'idée même d'autorité éducative peut soulever. J'espère que les sections précédentes ont permis de lever certaines d'entre elles. Il vaut la peine, cependant, de revenir rapidement sur la question du statut moral de l'enfant qui sous-tend la conception instrumentaliste de l'autorité éducative que je défends. Selon cette conception, cette autorité ne repose pas essentiellement sur le consentement de celles et ceux sur qui elle s'exerce. Au contraire, l'autorité éducative ne peut s'exercer sur les enfants qu'aussi longtemps qu'ils sont dans l'incapacité provisoire de consentir de manière pleinement délibérée et informée. Cette autorité est donc vouée à disparaître. Une fois les individus en capacité de consentir de manière délibérée, elle cesse aussitôt. L'autorité éducative, telle qu'elle s'exerce dans l'enseignement supérieur, relève d'une toute autre modalité. Les étudiantes et les étudiants choisissent certaines formations et, ce faisant, acceptent et reconnaissent l'autorité de l'institution scolaire et des agents qui l'exercent. Cette forme-là d'autorité scolaire ne pose pas la même sorte de problème.

L'autorité scolaire qui prévaut pour l'enseignement primaire et secondaire repose donc sur une prémisse capacitaire qui justifie l'obligation scolaire indépendamment du consentement explicite des enfants. Mais cette prémisse peut susciter quelques inquiétudes. Nier la pleine capacité des enfants à juger et délibérer convenablement ne risque-t-il pas de légitimer par avance les abus qui seraient exercés sur eux par les éducateurs et les éducatrices, sous le prétexte fallacieux d'agir dans leur intérêt ? Cette prémisse capacitaire ne conduit-elle pas à nier ou relativiser la valeur du point de vue des enfants ? La difficulté consiste donc à rendre compte de l'articulation entre l'autorité éducative et les « droits » des enfants les protégeant des abus éventuels de cette autorité.

Je ne rentrerai pas ici dans les débats difficiles concernant le statut exact des droits qu'on doit reconnaître aux enfants. Je prendrai donc ce terme en un sens relativement indéterminé. Je parlerai de droits comme de considérations morales particulièrement importantes qui autorisent un individu à accomplir ou non une certaine action ou qui l'autorisent à exiger d'autres individus qu'ils accomplissent ou non une certaine action. Les droits des enfants marquent les limites de l'autorité éducative. Le problème consiste donc à savoir quels sont ces droits et comment les enfants peuvent les faire valoir face aux personnes dotées d'autorité éducative. Comment prendre ces droits au sérieux si on considère que les enfants ne sont pas encore capables de délibérer parfaitement et d'apprécier correctement leurs intérêts et, par conséquent, de faire valoir ces droits de façon justifiée ?

Je voudrais esquisser ici les lignes d'une réponse à ce problème. J'y reviendrai plus précisément au prochain chapitre. Ce n'est pas parce que les enfants n'ont pas encore pleinement développé leurs capacités que leurs objections et revendications ne peuvent pas être entendues. Ici encore, il s'agit de prendre au sérieux l'agentivité dépendante des enfants. Celle-ci implique des limites strictes à l'autorité éducative et, donc, des obligations fortes aux éducatrices et aux éducateurs. Bien sûr, ces obligations dépendent de l'état de développement des capacités de l'enfant.

Pour les très jeunes enfants, on ne peut probablement que leur reconnaître des droits négatifs fondés sur la protection de leurs intérêts. Ils ne sont pas en état d'articuler des revendications ou de discuter de la légitimité d'un commandement ou d'une règle. Toutefois, très vite, les enfants sont capables d'exprimer, verbalement ou non, des préférences. Les instances dotées d'autorité éducative ont alors l'obligation d'être à l'écoute de ces préférences. Cela ne signifie pas que ces préférences sont impératives. Mais chaque fois que ces préférences ne sont pas respectées, ces instances ont le devoir moral de justifier ce refus. On peut parler d'un *devoir de justification*. Cette justification doit être faite du point de vue de la finalité de l'autorité éducative, c'est-à-dire du développement de l'autonomie. On peut par exemple refuser qu'un enfant se serve à nouveau du dessert afin de préserver sa santé et lui apprendre à avoir un régime équilibré. Cette justification doit être autant que possible explicitée aux enfants eux-mêmes. En effet, on ne saurait être autonome, ni se concevoir comme un agent moral à moins d'identifier l'existence de raisons qui sous-tendent les choix des personnes et, en particulier, les choix et les contraintes qui nous affectent. L'explicitation de ces raisons est donc décisive pour que l'enfant se familiarise avec l'espace des raisons. Aussi, les éducateurs et les éducatrices qui négligeraient d'expliciter auprès des enfants les raisons qui justifient les choix et les décisions qu'ils leur imposent commettraient un tort moral important à leur égard.

À mesure que l'enfant grandit, on peut accorder de plus en plus de place à ses propres délibérations et décisions. Il peut alors légitimement discuter, voire contester les choix des éducateurs et des éducatrices. Du point de vue du système scolaire, ce point n'est pas sans conséquence et soulève la question difficile de la liberté de choix dans les enseignements suivis, notamment dans l'enseignement secondaire[33].

---

33. J'aborderai cette question dans les chapitres IV et V.

En tout cas, on voit que les moments où les adultes sont justifiés à négliger les préférences des enfants ou à ne pas les consulter au nom de la défense de leur « intérêt supérieur » sont rares. La conception instrumentaliste de l'autorité éducative implique que ces situations sont exceptionnelles et doivent être très fortement justifiées (par exemple parce que les préférences exprimées par l'enfant sont manifestement en contradiction avec son intérêt, qu'il échoue à évaluer convenablement). Elle est donc loin de faire le lit d'un paternalisme sans limite. Au contraire, si le paternalisme n'est pas exclu en principe, celui-ci doit faire chaque fois l'objet d'une justification spécifique particulièrement forte.

Dans la section 5, j'ai soutenu que l'autorité éducative n'est justifiée qu'à la condition de prendre au sérieux l'agentivité dépendante des enfants. Ce point permet donc de clarifier la relation de l'autorité éducative au paternalisme. Ce dernier soulève souvent des soupçons légitimes dans la mesure où il paraît conduire à négliger la capacité des personnes à juger par elles-mêmes de leur propre bien. Et il paraît effectivement que les enfants ne disposent pas encore des compétences et des connaissances leur permettant de juger convenablement de tout ce qui est bon pour eux. Cependant, cette remarque n'autorise en rien l'adoption d'une posture paternaliste, si on entend par là l'autorisation donnée à une ou plusieurs autres personnes de juger de ce bien à leur place sans les consulter. Au contraire, les enfants ont un bien subjectif et sont capables de l'exprimer. Plus encore, ils ont à devenir autonomes et donc à acquérir les connaissances et compétences qui leur permettront à terme de l'être. En ce sens, l'exercice légitime de l'autorité éducative est contraint par la prise au sérieux de l'agentivité dépendante de l'enfant. Toute personne négligeant cette agentivité abuse de son autorité. Les éducateurs et les éducatrices ont non seulement le devoir d'être à l'écoute des enfants, mais ils doivent aussi s'efforcer de les laisser faire leurs propres choix (dans des contextes appropriés et contrôlés).

Cette limitation stricte du paternalisme et cette prise au sérieux des droits des enfants dans le cadre de leur agentivité dépendante est une façon de les traiter comme des agents à part entière. Bien évidemment, certains de leurs droits sont limités si on les compare avec les citoyennes et les citoyens adultes de plein droit. Les jeunes enfants n'ont par exemple pas le droit de voter. Mais cette limitation est provisoire et vise l'accroissement continu de leur agentivité. Là où certaines critiques formulées par les partisans de la théorie de la domination adulte dénoncent le risque d'une présomption d'incapacité, la conception instrumentaliste de l'autorité éducative repose au contraire sur *une présomption de capacité*. Toute limitation des droits doit être dûment justifiée au nom même de la valeur d'autonomie. Ce faisant, les enfants sont conçus comme des partenaires à part entière et non comme des incapables. Toute limitation de ces droits injustifiée est un abus.

En somme, prendre au sérieux l'agentivité dépendante des enfants permet de comprendre comment on peut leur reconnaître des droits positifs sans présupposer le plein développement de capacités réflexives supérieures. Ces droits positifs sont fondamentalement *relationnels*. Ils dépendent du degré de développement des capacités de l'enfant, du contexte dans lequel il se trouve et des personnes avec lesquels il doit interagir. Dans chaque cas, il faut donc spécifier précisément la situation pour savoir de quels droits l'enfant peut se prévaloir, comment et dans quelles limites. Bien sûr, cela n'exclut pas la possibilité d'un conflit d'interprétation. Mais je ne crois pas que ce risque soit de nature à invalider l'argument.

Si tout ceci est juste, cela entraîne des conséquences significatives relativement aux contraintes qui pèsent sur l'exercice de l'autorité scolaire. Celle-ci n'est justifiée qu'à la condition de prendre au sérieux l'agentivité dépendante des enfants. Cela signifie que ceux-ci ont le droit de participer, à hauteur de leurs capacités, au fonctionnement de la classe et qu'ils doivent être, autant que faire se peut, acteurs de leur propre scolarité. Cette conception de l'autorité éducative est parfaitement à même de prendre au sérieux les droits de l'enfant et de prévenir le risque d'abus.

CONCLUSION

Pour conclure, je voudrais attirer l'attention sur quelques implications pédagogiques de la conception instrumentaliste de l'autorité éducative que j'ai défendue. Pour ce faire, je commencerai par montrer ce qui distingue cette conception de quelques autres conceptions classiques de l'autorité pédagogique.

La conception instrumentaliste exclut toute conception « charismatique » de l'autorité éducative. Selon Weber, l'autorité ou la domination charismatique est établie en persuadant celles et ceux sur qui elle s'exerce que le leader est doté de qualités extraordinaires [Weber, 2013]. Selon la conception charismatique, l'autorité doit être reconnue par celles et ceux qui lui sont soumis. Mais cette reconnaissance n'est pas fondée sur des *raisons*. L'autorité charismatique n'a pas à rendre de compte ni à se justifier. Cette conception peut être attrayante dans la mesure où elle semble pouvoir répondre aux contestations de l'autorité par les élèves : ceux-ci ne sont pas en droit d'exiger des justifications. Cependant, c'est une impasse. Le charisme ne dépend pas *réellement* de la possession de qualités extraordinaires. Il dépend de facteurs contextuels, notamment sociaux, qui amènent un nombre suffisant de personnes à *reconnaître* de telles qualités au leader. Il est loin d'être évident que l'école soit un contexte propice à une telle reconnaissance. En fait, dans la terminologie wébérienne, les enseignantes et les enseignants ne pourraient jouir, au mieux, que d'un « charisme de fonction ». Le charisme de fonction est reconnu aux agents d'une institution lorsque cette institution elle-même jouit d'une autorité charismatique (par exemple parce qu'elle a été fondée par un leader charismatique comme un prophète). Ce n'est certainement pas le cas de l'école. Par ailleurs, une conception charismatique de l'autorité, insistant sur l'importance de ces qualités extraordinaires, risque de culpabiliser les enseignantes et les enseignants à qui les élèves ne reconnaissent pas ces qualités extraordinaires [Renaut, 2006]. Plus fondamentalement, nous avons de très bonnes raisons d'être attachés au principe de justification de l'autorité. La soumission de l'autorité ne va pas de soi et doit être dûment justifiée par des raisons.

C'est le même genre d'objection qu'on peut adresser à la conception arendtienne de l'autorité [Arendt, 1992]. Selon cette conception aussi, la reconnaissance de l'autorité est incompatible avec l'exigence de justification rationnelle. Il y a plusieurs moyens pour un individu *X* d'obtenir que *Y* lui obéisse. *X* peut contraindre *Y* à lui obéir, par exemple en le menaçant ou en le forçant. Dans une telle situation, il est évident que *Y* ne reconnaît aucune autorité à *X*, mais seulement un surcroît de pouvoir ou de force. *X* peut aussi persuader *Y* d'agir de la manière dont lui, *X*, le désire. Il peut faire valoir des arguments, négocier, séduire, etc. Dans cette situation, *Y* ne reconnaît pas non plus d'autorité particulière à *X*, l'obéissance est conditionnée à l'évaluation de la pertinence des raisons avancées par *X*. En d'autres termes, la persuasion fondée sur des raisons suppose que les partenaires sont égaux. Mais il n'y a pas de relation d'autorité sans inégalité. Arendt en conclut que l'autorité ne peut pas être fondée sur des raisons. Là aussi, l'autorité doit être reconnue par celles et ceux sur qui elle s'exerce, mais sans que cette reconnaissance soit justifiée par des raisons.

Selon Arendt, l'autorité dépend en fait de la reconnaissance par chacune et chacun de la légitimité et de la justesse d'une relation hiérarchique. En dernière analyse, c'est la tradition qui fonde l'autorité. La tradition est elle-même comprise comme la transmission et la perpétuation d'un héritage à travers le temps. La valeur normative de l'autorité suppose donc de reconnaître que ce dont nous héritons (des idées, des institutions, etc.) a une valeur qui nous oblige. Cette valeur ne tient pas à des raisons, mais plutôt à la reconnaissance que cet héritage nous constitue, qu'il fait de nous ce que nous sommes. L'inégalité impliquée dans la relation d'autorité s'explique, en dernière analyse, par l'inégalité entre le passé et le présent. Il y a autorité quand les contemporains reconnaissent que le passé fait autorité sur eux parce qu'il les constitue. Lorsque cette reconnaissance existe, certaines personnes (les enseignantes et les enseignants pour ce qui nous concerne) se voient reconnaître une autorité dans la mesure où elles contribuent à la transmission et à la perpétuation de cette tradition. L'obéissance ne dépend pas de la reconnaissance de raisons, mais de l'assomption d'un héritage qui nous oblige en fondant une inégalité entre le passé et le présent. Cette conception traditionnaliste et hiérarchique de l'autorité explique pourquoi, selon Arendt, la modernité démocratique, marquée par les progrès des idéaux égalitaires, est caractérisée par une « crise de l'autorité ».

Selon la perspective arendtienne, fonder l'autorité sur des raisons serait comme établir la quadrature du cercle. L'inégalité ne peut être fondée sur l'égalité. Lorsque j'obéis à un ordre doté d'autorité, je n'examine pas si cet ordre est justifié par de bonnes raisons. J'obéis parce que je reconnais à la personne qui ordonne le droit de le faire. Si je fais dépendre mon obéissance de la reconnaissance de bonnes raisons, je n'obéis pas du tout. J'agis parce que je considère que l'action exigée est bonne ou raisonnable. L'autorité ne compte pour rien pour expliquer mon action. L'autorité est incompatible avec le fait d'examiner au cas par cas les raisons qui justifient les directives formulées par l'autorité[34].

---

34. L'argument d'Arendt vaut aussi pour ce qui est de l'examen des raisons qui justifient de reconnaître l'autorité (et donc le droit de commander) à une instance (et pas seulement l'examen des raisons qui justifient les directives formulées par l'autorité). Je néglige cette complication parce que la structure est identique : il existe une incompatibilité entre l'égalité impliquée dans l'examen des raisons et l'inégalité impliquée dans la relation d'autorité.

Sans entrer dans les détails de l'argumentation arendtienne [Sintomer, 1994], je me contenterai de remarquer que le raisonnement tel que je l'ai schématiquement reconstruit est invalide. On peut tout à fait admettre que l'autorité doit être justifiée rationnellement *et* que l'obéissance n'est pas conditionnée à l'évaluation au cas par cas des raisons qui justifient chacune des directives émises par l'autorité. C'est justement ce que permet d'établir la distinction entre l'autorité dépendante du contenu et l'autorité dépendante de la source rappelée dans la section 2. La théorie arendtienne de l'autorité soutient (à raison) qu'une conception de l'autorité qui la ferait dépendre de l'examen du contenu rationnel des directives édictées est intenable. Elle soutient en conséquence une conception de l'autorité comme dépendante de la source. Mais elle en conclut à tort que cette sorte d'autorité ne peut pas être fondée sur des raisons. En fait, la reconnaissance d'une instance comme source d'autorité doit être justifiée par des raisons. Cette justification permet justement de faire l'économie d'une évaluation au cas par cas de chacune des directives émises par cette autorité. S'il y a bel et bien des raisons de reconnaître à l'État une autorité éducative (et il y en a), alors il n'y a pas à conditionner l'obéissance à l'évaluation au cas par cas de chacune des contraintes qu'il impose dans ce cadre[35]. La conception instrumentaliste de l'autorité éducative implique qu'aucune autorité ne peut être légitime sans être justifiée par le type de raisons appropriées.

D'un point de vue pédagogique, cette contrainte de justification a des implications intéressantes. Les pratiques des enseignantes et des enseignants doivent être justifiables du point de vue de la valeur de l'autonomie qui est la finalité principale de l'autorité éducative. Si la pratique pédagogique doit être justifiable en raison, la question qui se pose est celle de savoir si les enseignantes et les enseignants peuvent être soumis à reddition de compte.

À cet égard, il me semble important de distinguer entre *obligation de justification* et *reddition de compte*. Les enseignantes et les enseignants ont l'obligation d'expliciter auprès des familles les raisons qui motivent leurs choix pédagogiques et didactiques. Cette obligation s'explique par le fait que l'école et les parents sont coresponsables de l'éducation des enfants[36].

---

35. Cela ne signifie pas que cette évaluation n'est jamais permise ni parfois nécessaire. Il se peut que l'État abuse de son autorité, abus qu'une évaluation doit mettre en évidence.
36. En France, depuis 2013, le principe de *coéducation* est explicitement inscrit dans le Code de l'éducation.

Si l'autorité éducative est distribuée entre deux instances, l'école et les familles, celles-ci ont l'obligation de coopérer dans l'intérêt de l'enfant. En revanche, les parents n'ont pas le droit d'exiger des enseignantes et des enseignants qu'ils leur rendent compte de ces choix. Telle que je la comprends, la reddition de compte est solidaire d'une conception de l'autorité scolaire en termes de *délégation* de l'autorité éducative par les familles à l'école. Rendre des comptes, ce n'est pas seulement expliciter les raisons de ces choix, mais être jugé sur la base de ces choix et, éventuellement, devoir changer sa pratique en conséquence.

Cette conception est incompatible avec la conception *distribuée* de l'autorité éducative que j'ai défendue. Il n'y a pas délégation ou subordination d'une instance dotée d'autorité éducative à l'autre. Comme établi dans la section 6, ce sont les compétences spécifiques des enseignantes et des enseignants, certifiées par l'État, qui fondent leur autorité. Les parents ne maîtrisent pas ces compétences et ne sont donc pas forcément en mesure d'évaluer convenablement les choix pédagogiques et didactiques des enseignants. Ils ne sont donc pas justifiés à exiger qu'on leur rende des comptes.

S'agissant des enfants, la raison est différente. La conception instrumentaliste de l'autorité éducative fait dépendre la légitimité de celle-ci du rôle favorable qu'elle joue dans le développement de l'autonomie des enfants. Or pour être autonome, il faut être capable d'agir sur la base de l'évaluation critique des raisons. L'engagement en faveur de l'autonomie n'est pas arbitraire, mais fondé sur le principe selon lequel personne ne devrait subir sa vie comme un destin, c'est-à-dire se trouver dans une situation de dépendance contrainte. Mais des enseignants et des enseignantes qui négligeraient d'expliciter et de justifier leurs choix auprès des élèves placeraient justement ceux-ci dans une situation de dépendance contrainte. C'est pourquoi il existe une obligation, pour les enseignants et les enseignantes, d'expliciter ces choix auprès des élèves, même si ceux-ci sont imparfaitement capables d'en évaluer le bien-fondé.

En somme, les enseignantes et les enseignants ont une obligation de justifier leur choix auprès des familles et des enfants, mais cette obligation n'est pas corrélative d'un droit des familles et des enfants à exiger qu'ils rendent compte de ces choix. Faut-il en conclure qu'aucun contrôle sur les pratiques enseignantes n'est légitime ? Pas nécessairement. En France, ces pratiques sont soumises au contrôle du corps d'inspection. Les inspectrices et les inspecteurs sont d'anciens professeurs. C'est leur expérience directe de l'enseignement qui fonde en partie leur autorité pour évaluer les pratiques pédagogiques. On pourrait imaginer d'autres formes de contrôle moins verticales, par exemple le contrôle par les pairs[37].

Dans ce chapitre, j'ai défendu une conception instrumentaliste de l'autorité éducative. Cette conception affirme que l'autorité éducative n'est justifiée qu'à la condition de contribuer effectivement à rendre les enfants aptes à l'exercice de l'autonomie. Elle permet de justifier la distribution de l'autorité éducative entre les parents et l'État. Pour acquérir les connaissances et les compétences requises par l'autonomie, il faut que les enfants aillent à l'école. L'État est l'institution la mieux à même d'imposer convenablement l'obligation scolaire. Elle permet aussi de rendre compte du principe de neutralité scolaire et des limites de l'autorité éducative, c'est-à-dire des droits de l'enfant. Cette conception est à la fois modeste et plausible. Il reste cependant à clarifier ce qu'implique *pratiquement* une telle conception de l'autorité éducative.

37. Je serais favorable à une forme de contrôle plus horizontale mais je ne justifierai pas cette proposition ici. Parmi les raisons qui plaident en sa faveur, on peut relever au moins qu'une forme de contrôle par les pairs serait plus continue et fiable, qu'elle préviendrait le développement d'attitudes de méfiance ou de flatterie et qu'elle permettrait une meilleure articulation entre contrôle des pratiques et formation continue.

III

AUTONOMIE ET RELATION PÉDAGOGIQUE

INTRODUCTION

J'ai défendu, dans le chapitre précédent, une conception instrumentaliste de l'autorité éducative. Selon cette conception, la relation d'autorité éducative n'est justifiée qu'à la condition que celles et ceux à qui elle s'applique deviennent, grâce à elle, aptes à l'exercice de l'autonomie. Toutefois, je n'ai encore rien dit des implications pratiques de cette formation à l'autonomie.

On peut considérer que cette formation vise en réalité deux objectifs. D'une part, un agent autonome[1] doit maîtriser certaines compétences, procédures cognitives, dispositions, etc., constitutives d'*attitudes appropriées* pour agir sur la base de ses propres évaluations. D'autre part, il doit aussi disposer d'un ensemble de *connaissances pertinentes* sur le monde qui lui permettent de s'y orienter de manière fiable et efficace. Ces deux objectifs ne sont pas indépendants. En effet, les attitudes orientées vers l'acquisition et l'évaluation de connaissances sur le monde font sans aucun doute partie de celles que doit posséder un agent autonome. Inversement, en acquérant des connaissances sur le monde, un agent mobilise certainement des attitudes et des compétences requises par l'autonomie. Pour

1. Pour alléger le propos, il m'arrivera, quand le contexte suffit à éviter le malentendu, de parler d'autonomie tout court pour désigner l'aptitude à l'exercice de l'autonomie. C'est bien cette aptitude qui est au cœur de mon argument.

autant, ces deux objectifs sont partiellement distincts, ce qui justifie de les traiter à part. Dans ce chapitre, je me concentrerai essentiellement sur le premier, c'est-à-dire sur la façon dont l'école peut contribuer au développement d'attitudes constitutives de l'autonomie.

Cependant, pour admettre cette présentation, il faut lever une objection préalable. Celle-ci affirme que l'engagement en faveur de la formation de l'autonomie des élèves ne saurait en aucun cas constituer un objectif qui pourrait être atteint grâce à la mise en œuvre de pratiques d'enseignement appropriées. L'autonomie peut bien être la fin qui donne son orientation et sa signification au système scolaire, mais cette fin est « transcendantale » en ce sens qu'elle n'implique aucune prescription pratique qui serait le moyen de sa réalisation [Kambouchner, 2000]. Selon cette objection, les seules questions qui vaillent concernent les connaissances qui doivent être transmises à l'école et la meilleure manière de les transmettre. La formation de l'autonomie des élèves se fera *par surcroît* grâce à l'acquisition de ces connaissances. Il n'y a donc pas lieu de distinguer deux objectifs, l'acquisition d'attitudes et celle de connaissances. Ces deux objectifs sont si solidaires que toute distinction ne peut être que nominale. Les élèves développent les attitudes requises par l'autonomie en même temps qu'ils acquièrent des connaissances[2].

Il existe au moins deux interprétations de cette objection, l'une radicale, l'autre modérée. Selon l'interprétation radicale, toute réflexion sur la formation de l'autonomie des élèves de la part des enseignantes et des enseignants est *a priori* non pertinente. L'autonomie se forme par l'acquisition de connaissances à l'école et rien de plus. Seules les modalités d'une transmission efficace de connaissances devraient faire l'objet d'une réflexion spécifique. Toute réflexion qui porterait sur l'autonomie des élèves en tant que telle, notamment dans sa dimension attitudinale, serait au mieux vaine et au pire préjudiciable. Selon cette interprétation radicale, la simple idée que certaines approches pédagogiques, certains dispositifs, etc., puissent contribuer *directement* à la

2. Cette objection recoupe partiellement les critiques adressées, à un niveau plus pédagogique, à l'idée de compétences *transversales*, c'est-à-dire indépendantes des champs disciplinaires établis et pouvant être mobilisées dans plusieurs d'entre eux. Ce recoupement n'est pas complet et les deux questions n'appellent pas forcément les mêmes analyses. J'aborde rapidement cette question dans le chapitre suivant.

formation d'attitudes favorables à l'autonomie des élèves est *a priori* absurde. Pire, l'attention portée aux questions pédagogiques en tant que telles risquerait de détourner les efforts de ce qui seul importe, la transmission de connaissance, et donc d'être contraire à la formation de l'autonomie bien comprise. Seule une contribution *indirecte*, par le biais de la transmission efficace de connaissances, est pertinente. La suite de ce chapitre peut être lue comme une réponse à cette interprétation forte de l'objection.

L'interprétation modérée de l'objection affirme que la formation de l'autonomie des élèves ne peut pas (ou ne doit pas) être un objectif *indépendant*. La priorité est accordée à la transmission de connaissances. Mais elle n'exclut pas *a priori* que les différentes manières d'enseigner soient plus ou moins favorables à la formation de l'autonomie ni que, toutes choses égales par ailleurs, il faille préférer une approche pédagogique plus favorable à la formation de l'autonomie à une autre qui l'est moins. Elle se contente d'affirmer que la formation de l'autonomie est solidaire de la transmission de connaissances et ne doit pas être considérée isolément. C'est un objectif ancillaire.

Je clarifierai l'enjeu de la transmission de connaissance du point de vue de la formation de l'autonomie dans le chapitre suivant. Pour l'instant, je m'en tiens à deux remarques. D'abord, il est loin d'être évident que le champ couvert par la formation de l'autonomie ait exactement la même extension que celui de la transmission de connaissances, comme je le montrerai dans les sections 4 et 5. Ensuite, on notera que cette objection passe sous silence la question de savoir quelles connaissances méritent d'être enseignées à l'école. Il n'est pas évident *a priori* que toutes les connaissances participent également à la formation de l'autonomie. Elle repose donc ou bien sur une présomption en faveur de la contribution positive à la formation de l'autonomie de l'acquisition de connaissances *comme telle*, ou bien sur une présomption en faveur de la contribution positive à la formation de l'autonomie des *curricula actuels*, c'est-à-dire des savoirs scolaires inscrits aux programmes d'enseignement. Dans les deux cas, on est en droit d'attendre une justification satisfaisante.

Le chapitre IV fournira une réponse plus complète à cette objection. Pour l'heure, ce chapitre clarifiera les implications concrètes d'un engagement en faveur de la formation de l'autonomie à l'école, notamment les contraintes normatives qu'il impose à la relation pédagogique.

1. LA FORME SCOLAIRE EST-ELLE MAUVAISE POUR L'AUTONOMIE ?

Avant d'essayer de clarifier la manière dont les enseignantes et les enseignants peuvent contribuer à la formation de l'autonomie des enfants, il faut examiner une objection préjudicielle. La forme scolaire est-elle compatible avec cet objectif ? Cette objection est au cœur de la critique qu'Illich adresse à la société scolarisée. J'en ai indiqué quelques limites dans le premier chapitre. Mais on doit reprendre à nouveaux frais l'examen de cette objection. La manière dont une formation à l'autonomie peut être mise en œuvre à l'école n'apparaît pas encore clairement. Certains travaux sociologiques, plus empiriquement informés que l'approche illichienne, insistent sur la dimension aliénante de la forme scolaire. Il faut donc prendre ces analyses au sérieux.

C'est le sociologue Guy Vincent [1980, 1994] qui a popularisé le concept de forme scolaire. Ses analyses historiques et sociologiques mettent en évidence l'apparition, entre le XVIe et le XVIIe siècle puis la diffusion au XIXe siècle, d'une forme sociale nouvelle. Contre une certaine conception continuiste de l'histoire de l'éducation, qui irait de la *paideia* antique à la scolarité obligatoire qui s'impose au XIXe siècle, Vincent insiste sur la rupture importante que constitue la « scolarisation de l'éducation » – dont la création des écoles chrétiennes à l'initiative de Jean-Baptiste de La Salle, au XVIIe siècle, est l'exemple paradigmatique.

L'idée s'impose alors que *tous* les enfants, même pauvres, devraient être scolarisés. Les savoirs scripturaux ne sont plus conçus comme réservés à une élite mais doivent être rendus accessibles à tous. Pour cela, il faut que tous les enfants soient éduqués au sein d'institutions spécifiques, séparées et autonomes par rapport aux autres institutions sociales. Auparavant, pour l'immense majorité des enfants, l'éducation ne faisait pas l'objet d'une formalisation institutionnelle particulière. L'enfant apprenait auprès d'un professionnel, souvent proche socialement, en le regardant, en l'écoutant, en l'imitant et en participant à son activité. Certes, il existait déjà certains établissements scolaires, comme les collèges jésuites. Mais ces établissements, réservés à une élite choisie, connaissent eux-mêmes une mutation significative à la même époque. On passe d'une relative communauté entre maîtres et élèves à un gouvernement des élèves par les maîtres. Vincent analyse cette transformation comme l'invention de la forme scolaire.

Le concept de *forme scolaire* vise à saisir la cohérence sur le temps long de certains traits, relativement indépendants de l'organisation sociale et du régime politique en place. Alors que les structures sociales et politiques se transforment significativement entre le XVIIIe et le XXe siècle, la forme scolaire apparaît relativement stable. Bien sûr, on peut repérer des innovations et des transformations des *institutions* scolaires, mais la *forme* scolaire reste stable. En ce sens, la théorie de la forme scolaire s'oppose à la thèse de l'école-reflet qui prétend établir que les institutions scolaires répercutent mécaniquement les évolutions sociales plus globales.

La forme scolaire se caractérise par la réunion de plusieurs traits. D'abord, elle implique la constitution d'un *univers de l'enfance séparé.* Les enfants sont scolarisés dans des établissements spécifiques, séparés du reste de la société. L'éducation ne doit plus se faire sur le modèle du compagnonnage et de la participation des enfants à l'activité des adultes. Elle suppose la réunion de tous les enfants dans des bâtiments dédiés, séparés physiquement et symboliquement de la société. Les savoirs scolaires se distinguent aussi des savoirs pratiques, mis en œuvre dans les formes de vie sociales extérieures à l'école. Ce sont des savoirs « propositionnels » qui prétendent à une plus haute dignité, des savoirs plutôt que des savoir-faire. Ils prétendent à la vérité et non à l'efficacité. La forme scolaire dévalue d'ailleurs les savoirs pratiques au nom de la théorie. Pour autant, les savoirs scolaires restent très éloignés du savoir scientifique proprement dit. Les savoirs scolaires consistent en « propositions » isolées (François Ier remporte la bataille de Marignan en 1515, l'équation des gaz parfaits peut s'écrire sous la forme PV = nRT) qui sont coupées des méthodologies scientifiques qui les justifient. En ce sens, les savoirs scolaires apparaissent proches des opinions et des savoirs pratiques. En particulier, leur acceptation continue de dépendre de la reconnaissance d'autorités reconnues. À l'école, on apprend des éléments d'histoire ou de physique, mais pas à être historien ou physicien.

De plus, l'éducation scolaire accorde une place centrale aux *règles impersonnelles* dans l'apprentissage et la régulation des comportements. Vincent insiste en particulier sur le fait que la relation pédagogique ne doit pas être comprise comme une relation de personne à personne, mais comme la soumission, à la fois du maître et des élèves, à des règles impersonnelles qui les dépassent. Ces règles s'imposent alors que le mode simultané se substitue au mode individuel, c'est-à-dire à partir du moment où le « maître » doit enseigner à plusieurs élèves simultanément[3]. Le mode simultané requiert des élèves comme du maître l'adoption de certaines attitudes et le respect de certaines normes connues et reconnues. Ce qui importe alors, dans l'éducation scolaire, c'est l'apprentissage du respect des règles. C'est la centralité de la discipline.

La forme scolaire constitue un type nouveau de socialisation. Elle se caractérise fondamentalement par la place centrale qu'y jouent les règles impersonnelles. Ces règles fixent un cadre très restrictif à l'agentivité des enfants. Vincent suggère que, dans la forme scolaire, l'éducation *morale* prime sur l'élévation *intellectuelle*. Il s'agit de discipliner les comportements, de produire la docilité. Proche en cela des analyses développées par Foucault dans *Surveiller et punir* [1992], Vincent interprète la forme scolaire comme productrice de « disciplines », c'est-à-dire comme instaurant un rapport d'assujettissement des élèves.

L'école contemporaine relève encore, selon Vincent, de cette forme scolaire. Certes, il y a eu des changements significatifs dans le contenu des savoirs enseignés, dans les pratiques pédagogiques et l'organisation institutionnelle des établissements. Mais, fondamentalement, la forme scolaire, définie par ces quelques traits, s'est maintenue et diffusée depuis le XVIIe siècle. Aujourd'hui, tous les enfants sont scolarisés au minimum de 3 à 16 ans et la plupart beaucoup plus longtemps. L'emprise des diplômes scolaires sur le destin social des individus n'a jamais été aussi grande. Par conséquent, on peut légitimement se poser la question de savoir si l'éducation n'est pas prisonnière de la forme scolaire[4].

Vincent insiste fortement sur le caractère aliénant de la forme scolaire. Il affirme ainsi que l'école a pour finalité « l'emprise sur la totalité de l'être » [Vincent, 1980, p. 18]. La forme scolaire apparaît comme une forme d'arrachement de l'enfance aux formes sociales significatives, notamment familiales et amicales, en vue d'un assujettissement à des règles impersonnelles qui lui échappent totalement. La relation pédagogique est clairement hiérarchique. La transmission des savoirs scolaires, loin

3. Le troisième « grand » mode pédagogique est le mode mutuel. Il se caractérise par le fait que les élèves s'enseignent les uns aux autres, grâce à un système de monitorat assez complexe. Sur la pédagogie mutuelle, on pourra consulter QUERRIEN [2005].

4. Il s'agit du titre donné à un livre dirigé par Guy VINCENT [1994] faisant un premier bilan des recherches sur la forme scolaire et interrogeant une éventuelle crise de la forme scolaire aujourd'hui.

de former l'autonomie intellectuelle et morale des enfants, les maintient dans une position de passivité et de dépendance vis-à-vis d'autorités intellectuelles qui demeurent au-delà de tout questionnement. C'est la raison pour laquelle il soutient que la forme scolaire est incompatible avec toute socialisation réellement démocratique [Vincent, 2008].

Si cette théorie de la forme scolaire est juste, il est vain de chercher à promouvoir l'autonomie au sein de la forme scolaire[5]. Quelle que soit la sincérité des efforts déployés par les enseignantes et les enseignants, la forme scolaire les vouera à l'échec. La forme scolaire imposerait bien plutôt la dépendance, l'impuissance et la soumission.

Bien sûr, il convient de ne pas surévaluer le pouvoir des normes. Il ne suffit pas qu'une norme soit affirmée, rappelée régulièrement et assortie de sanctions pour que toutes et tous s'y conforment partout et toujours, les intériorisent et en reconnaissent la légitimité. Au contraire, les sociologues de l'éducation ont montré que, face à ces normes imposées, les enfants sont susceptibles de développer différentes stratégies dont certaines sont loin de témoigner d'une soumission pleine et entière. Les stratégies d'évitement, les stratégies de conformisme extérieur et les stratégies utilitaristes par rapport aux savoirs peuvent être interprétées comme autant de façon de maintenir et d'affirmer une agentivité réelle dans un contexte normatif fortement contraignant. L'étude des interactions et de la communication entre élèves montre d'ailleurs qu'une part significative de celles-ci échappe au contrôle et à la régulation des adultes [Perrenoud, 2018].

Mais que les enfants ne soient pas purement passifs face aux règles qui s'imposent à eux ne suffit évidemment pas à affirmer que l'école est favorable au développement de leur agentivité. La question qui se pose est donc celle de savoir si la théorie de la forme scolaire, telle que formulée par Vincent est correcte. Il n'est pas possible de rentrer dans les vifs débats sociologiques que cette théorie a déclenchés. On lui reconnaît en général d'avoir ouvert un programme de recherche original. Toutefois, on lui a aussi reproché d'être trop insensible aux transformations qu'a connues la forme scolaire et d'avoir sous-estimé ses tensions internes [Seguy, 2018]. De plus,

5. Vincent [2008] oppose en fait la forme scolaire à l'idéal d'instruction publique tel qu'il est formulé par Condorcet, constitutif d'une socialisation vraiment démocratique. Cet idéal pourrait être mis en œuvre au sein d'institutions scolaires dont le fonctionnement s'éloignerait de celui imposé par la forme scolaire. Cependant, la manière dont cette mise en œuvre pourrait être opérée reste vague.

Vincent propose une interprétation trop unilatérale des règles scolaires. Il insiste à juste titre sur les contraintes que font peser ces normes et sur la façon dont elles disciplinent les conduites et peuvent inhiber l'agentivité. Cependant, Vincent sous-estime aussi la manière dont la forme scolaire peut aussi permettre aux élèves de s'approprier les savoirs enseignés et, ce faisant, renforcer leur agentivité.

Bien sûr cette appropriation n'est ni simple ni dénuée d'ambiguïté. La théorie de la forme scolaire permet ainsi de mettre utilement à distance le mythe de l'école libératrice, selon l'expression de Bourdieu [1966]. Cette formule vise l'idéologie selon laquelle l'école contribuerait nécessairement, grâce à la transmission de savoirs universels, à l'émancipation de toutes et tous, en permettant à l'enfant de devenir élève, puis citoyen. Contre ce mythe, la théorie de la forme scolaire rappelle qu'il ne va pas de soi de réduire les règles contraignantes imposées aux élèves à de simples conditions nécessaires à l'accès aux savoirs et à l'émancipation. Il ne va pas de soi *a priori* que ce cadre normatif fortement contraignant contribue à la formation de l'autonomie. Pour autant, Vincent conclut sans doute trop vite à l'incompatibilité des deux.

Une réponse convenable à l'objection d'incompatibilité entre forme scolaire et autonomie doit se développer à trois niveaux. D'abord, cette réponse doit se situer au niveau de la relation pédagogique. Elle doit montrer que cette relation, même si elle implique une relation de pouvoir, n'est pas incompatible avec la formation de l'autonomie. Ce sera l'objet des sections qui suivent. Ensuite, elle devra se situer au niveau du curriculum. Elle doit montrer comment les savoirs enseignés à l'école peuvent contribuer à la formation de l'autonomie. Ce sera l'objet du prochain chapitre. Enfin, elle doit s'intéresser au niveau de l'agencement institutionnel du système scolaire et montrer comment son fonctionnement peut lui aussi favoriser la formation de l'autonomie de toutes et tous. Ce sera l'objet du chapitre V.

La théorie de la forme scolaire permet de mettre en évidence une difficulté réelle pour toute tentative d'accorder un rôle significatif à l'école dans la formation de l'autonomie. La forme scolaire change l'enfant en élève en le soumettant à un ensemble de règles qui paraissent limiter drastiquement sa marge d'initiative, d'exploration et de liberté. Plutôt que de prendre au sérieux l'agentivité dépendante des enfants, la forme scolaire risque de les mettre dans une situation de dépendance qui les prive largement d'agentivité. Il s'agira donc, dans la suite de ce chapitre, d'indiquer à quelles conditions la forme scolaire peut être rendue compatible avec la formation de l'autonomie.

2. L'ÉDUCATION AU RAISONNEMENT MORAL PEUT-ELLE ÊTRE EFFICACE?

L'autonomie est une notion complexe. Je n'entrerai pas ici dans les discussions techniques sur le concept d'autonomie [Buss & Westlund, 2018]. J'admettrai simplement que l'on peut reconnaître plusieurs dimensions à l'autonomie. Par dimension de l'autonomie, j'entends un ensemble cohérent de compétences dont la mobilisation simultanée est impliquée dans la réalisation de certaines opérations et de certaines actions; on peut parler de « dimension de l'autonomie » parce que cet ensemble de compétences est intégré dans des dispositions et des attitudes constitutives de l'autonomie. J'en relèverai trois principales : les dimensions morale, cognitive et relationnelle. Ces différentes dimensions sont solidaires en ce sens qu'il ne paraît pas possible que l'une soit développée significativement sans que les autres le soient aussi, de ce fait. Pour autant, solidarité n'est pas identité. Chaque dimension correspond à des opérations et des attitudes spécifiques, mobilisant des ressources spécifiques pouvant faire l'objet d'un travail spécifique à l'école.

On peut admettre que l'une des conditions pour qu'un agent soit apte à l'exercice de l'autonomie est qu'il soit capable d'évaluer *personnellement* les informations dont il dispose, d'obtenir des informations pertinentes pour justifier son évaluation et d'agir sur la base de son évaluation. Pour être apte à l'exercice de l'autonomie, un agent doit donc être capable de délibérer convenablement et d'agir sur la base de cette délibération. On peut donc dire que l'une des dimensions les plus importantes de l'autonomie est sa dimension *morale*[6].

6. On pourrait parler, plus largement, de dimension pratique, la morale n'en étant qu'un sous-ensemble. Toutefois, comme je discuterai de l'enseignement du raisonnement moral et que j'adopte une conception relativement extensive et compréhensive de la morale, je privilégie ici la référence à la morale. Je ne crois pas d'ailleurs que le raisonnement pratique puisse être complètement indépendant de considérations morales.

J'ai insisté au chapitre précédent sur l'importance de prendre au sérieux l'agentivité dépendante des enfants. Les enfants n'ayant pas encore pleinement développé les facultés intellectuelles que requiert la délibération et manquant d'expérience et de connaissances suffisantes, on ne peut pas raisonnablement les considérer comme des agents pleinement responsables et autonomes. Cela n'implique pas de leur nier toute agentivité. Mais leur agentivité est dépendante au sens où elle requiert, pour se développer pleinement et sereinement, le secours et l'accompagnement d'autres agents, en particulier d'adultes dotés d'autorité éducative. Qu'est-ce que cela signifie pratiquement ?

L'agentivité dépendante des enfants est provisoire. Puisque l'autonomie est la finalité principale de l'éducation, l'éducation doit viser la réduction progressive de cette dépendance. Pour une part, cette réduction s'opère grâce au développement moral et intellectuel de l'enfant. Mais pour une autre part, elle dépend aussi de la nature de l'éducation reçue. L'éducation peut en effet favoriser ou, au contraire, gêner ou dissuader le développement de certaines attitudes pratiques et intellectuelles. La question qui se pose donc est celle de savoir si les enseignants et les enseignantes peuvent, malgré les contraintes fortes qu'impose la forme scolaire, contribuer effectivement à rendre les enfants aptes à l'exercice de l'autonomie.

Pour ce faire, ils peuvent assurer des enseignements visant explicitement le développement des compétences qui sous-tendent l'autonomie, par exemple, celles impliquées par l'exercice du raisonnement moral. De ce point de vue, la formation de l'autonomie passerait par l'éducation au raisonnement pratique et moral en particulier.

Une manière d'envisager une telle éducation consisterait à affirmer que le rôle des enseignants et des enseignantes est de permettre aux enfants de progresser d'un stade à l'autre du développement du raisonnement moral[7] [Kohlberg & Mayer, 1972]. Cette approche est adossée à la théorie du développement moral de Kohlberg [Kohlberg *et al.*, 1983]. Selon cette théorie, tous les êtres humains passent par un certain nombre de stades de développement du raisonnement moral. Ce passage se fait de façon séquentielle. Chaque stade correspond à une plus grande intégration du raisonnement moral. Par exemple, au premier stade, les jeunes enfants justifient leurs décisions morales essentiellement en référence à la punition

---

7. Dans cette section, je m'appuie largement sur Nucci & Turiel [2009].

et reconnaissent un principe d'obéissance aux autorités morales : « si Heinz vole, il ira en prison ». Ce type de justification montre que l'enfant est encore incapable de se référer à des normes morales en tant que telles indépendamment des sanctions sociales qui les accompagnent : seules les conséquences probables sur le bien-être de l'agent sont prises en compte.

Il n'est pas nécessaire de rentrer dans les détails de la théorie du développement moral. Il suffit de relever deux points. D'abord, selon cette théorie, ce n'est qu'aux stades supérieurs (5 et 6) que l'on peut parler de raisonnement moral supra-conventionnel. À partir de ces stades, les individus sont aptes à distinguer clairement entre les normes conventionnelles et les normes proprement morales et donc de justifier leurs jugements moraux au moyen de principes indépendants des conventions sociales en vigueur. En un sens, on peut donc considérer que ce n'est que lorsqu'ils atteignent ces stades supérieurs, que les individus sont vraiment capables d'autonomie. Les normes auxquelles ils se réfèrent ont alors une validité indépendante des conventions sociales. Ensuite, selon la théorie du développement moral, tous les adultes n'accèdent pas forcément aux derniers stades développementaux. Beaucoup ne « dépassent » pas les stades 3 et 4, relevant du niveau conventionnel. La majorité des personnes échouent donc, selon cette théorie, à pleinement distinguer entre normes conventionnelles et normes morales et, en ce sens, n'atteignent jamais les stades supérieurs du raisonnement moral. Ces personnes ne semblent pas capables d'autonomie (au sens d'un raisonnement moral supra-conventionnel).

On peut inférer le rôle des enseignants et des enseignantes à partir de ces deux points. Dans la mesure où l'accession aux stades supérieurs n'est pas garantie, leur rôle est de faire en sorte, autant que possible, que le plus de personnes possible y accèdent. C'est ainsi qu'ils peuvent participer effectivement à la formation de l'autonomie individuelle. Ils doivent aider les élèves dont ils ont la responsabilité à accéder aux stades leur permettant de distinguer fermement entre évaluation conventionnelle et évaluation morale.

Comment favoriser le passage d'un stade à l'autre ? Une stratégie privilégiée consiste à proposer régulièrement aux enfants des discussions présentant des dilemmes moraux. Le rôle de l'enseignant ou de l'enseignante est alors de cibler des dilemmes correspondant à un stade de développement du raisonnement moral légèrement supérieur à celui atteint par les enfants. Ce faisant, il peut favoriser l'apparition d'un déséquilibre cognitif au cours des discussions entre pairs. Lors de ces discussions ceux-ci devraient en venir, progressivement, à saisir l'insuffisance du style de raisonnement qu'ils adoptent spontanément et, par conséquent, à adopter progressivement le style de raisonnement correspondant au stade immédiatement supérieur. L'enseignant ou l'enseignante a la responsabilité de sélectionner un dilemme correspondant au stade développemental pertinent. Toutefois, les progrès espérés dépendent davantage du conflit cognitif qui doit apparaître lors de la discussion entre pairs et de la tentative de le résoudre que de la conduite du débat par l'enseignant ou l'enseignante. La confrontation régulière à ces dilemmes et les discussions qu'ils occasionnent doivent donc permettre d'affiner progressivement les raisonnements moraux des enfants et donc d'accélérer et de faciliter le passage d'un stade à l'autre. L'enseignant ou l'enseignante accompagne en fait les enfants vers l'accession au stade du raisonnement moral autonome.

Par rapport aux inquiétudes soulevées par la théorie de la forme scolaire, cette approche a l'avantage de fournir une réponse rassurante. Les enfants, surtout les plus jeunes, n'ont pas atteint un stade de développement moral qui leur permettrait, de toute façon, d'agir de manière autonome. Au contraire, leurs jugements sont justifiés au moyen de normes extérieures reposant sur des autorités morales qui ne sont pas contestées. Les enfants ne sont de toute façon pas encore capables de se gouverner seuls. Il n'y a donc rien de très inquiétant à ce que la forme scolaire accorde une telle centralité aux règles impersonnelles[8]. Au contraire, on pourrait même suggérer que ces règles impersonnelles peuvent permettre aux enfants de stabiliser la distinction entre domaine personnel et domaine social. Certaines choses relèvent clairement du domaine personnel, comme la préférence pour les pâtes ou les haricots verts. D'autres sont soumises à des conventions sociales qui s'appliquent à toutes et tous comme les règles de classe. Cette première distinction peut préparer l'acquisition, à un stade ultérieur, de celle entre ces deux premiers domaines et le domaine moral. Quoi qu'il en soit, la forme scolaire est parfaitement compatible avec un travail centré principalement sur les discussions morales.

8. Il ne faut pas croire que la théorie du développement moral de Kohlberg plaide pour une relation pédagogique verticale et autoritaire. Au contraire, celui-ci insiste sur l'importance que joue l'environnement institutionnel dans le développement des compétences délibératives et démocratiques. Il ne conclut pas, toutefois, à une incompatibilité entre la forme scolaire et le développement de l'autonomie.

Que faut-il penser de cette perspective ? À l'examen, il n'est pas certain qu'elle soit complètement satisfaisante. Cette théorie du développement moral est contestée [Turiel, 1983]. Il semble plutôt que les enfants soient très tôt (dès quatre ans au moins) capables de faire clairement la différence entre les domaines personnel, conventionnel et moral. Le domaine moral et le domaine conventionnel sont distingués très tôt et se développent parallèlement. Or si cette distinction est opérée si tôt, l'enseignant ou l'enseignante arrive, pour ainsi dire, après la bataille. De plus, il n'est pas certain que ce genre de discussion permette le développement de toutes les attitudes et compétences impliquées dans le raisonnement moral.

Ce point n'est d'ailleurs pas surprenant. La théorie du développement moral simplifie la complexité des raisonnements moraux. L'éducation morale n'est finalement conçue par Kohlberg que comme un développement provoqué ou accéléré. Une telle conception tend à relativiser le rôle de l'intention didactique de l'enseignant ou de l'enseignante. Son rôle est seulement d'identifier correctement le stade de développement des élèves et de sélectionner des dilemmes d'une complexité appropriée.

Les travaux de Nucci et Turiel [2009] tendent à établir que les différences de raisonnement moral en fonction de l'âge ne devraient pas être attribuées à une inégale aptitude à envisager l'autonomie du domaine moral. Elles dépendent plutôt de différences dans la manière d'intégrer les informations situationnelles complexes dans le raisonnement moral. Ainsi, les enfants de trois ans réussissent parfaitement à identifier la solution « morale » lorsqu'un scénario leur est présenté, mais ils peinent à intégrer des informations sur la situation susceptibles d'enrichir ou de nuancer leurs justifications. La tendance des enfants et des jeunes adolescents à privilégier des réponses qui ne sont pas « morales » aux scénarios qui leur sont soumis ne tient pas à leur incapacité à envisager l'autonomie du domaine moral, mais plutôt à la difficulté à intégrer toutes les informations pertinentes sur la situation et à survaloriser le poids des raisons relevant du domaine personnel.

Que faut-il en conclure s'agissant de l'éducation à l'autonomie ? Il serait précipité d'en conclure à son inutilité. Certes, il convient probablement d'abandonner l'idée que le développement moral se fait selon une succession de stades culminant dans l'identification d'un domaine moral indépendant. L'éducation à l'autonomie ne peut pas consister à aider les enfants à distinguer correctement entre domaines personnel, conventionnel et moral. En revanche, dans la mesure où l'intégration des informations situationnelles par les enfants et les adolescents n'est pas parfaite et stabilisée, on peut supposer que les enseignants et les enseignantes ont un rôle à jouer à ce niveau-là. En particulier, si Nucci et Turiel ont raison de soutenir que les différences de réponse aux scénarios proposés s'expliquent en partie par la plus ou moins grande facilité à intégrer les informations situationnelles dans les raisonnements moraux, on peut penser qu'une éducation visant l'autonomie devrait se donner pour objectif d'aider les élèves à intégrer ces informations et donc à saisir la complexité et l'ambiguïté des scénarios. L'enjeu est donc moins de permettre l'accession au stade du raisonnement moral proprement dit, que de favoriser l'enrichissement et la complexification des raisonnements moraux.

Quelles implications pratiques tirer de cette affirmation[9] ? Si l'enseignant ou l'enseignante doit attirer l'attention des élèves sur la complexité des situations morales, on peut penser qu'il est pertinent d'insister sur les compétences de justification, d'argumentation, d'analyse et d'interprétation. Cela suppose de se rendre attentif moins au statut (moral ou non) du type de réponse apportée qu'à la qualité, la complexité et la pertinence des justifications. De plus, plutôt que de privilégier des situations très stylisées, ciblant par exemple un dilemme très spécifique en simplifiant le contexte (comme dans le dilemme de Heinz[10]), il semble préférable de travailler sur des situations complexes au contexte riche. En effet, il semble bien que ce soit dans l'intégration de ce contexte que le perfectionnement du raisonnement moral est possible. Ces situations complexes simulent en

9. Ici encore, mon propos reste proche de celui de Nucci et Turiel. Comme eux, je pense aussi qu'il convient de ne pas prétendre tirer trop rapidement des prescriptions pédagogiques des travaux de psychologie. Les suggestions que j'avance restent donc prudentes et peuvent être défendues de façon indépendante. De même, la mise en œuvre de discussions de dilemmes moraux peut rester tout à fait pertinente, même si l'on abandonne la théorie kohlbergienne du développement moral. Il faut simplement spécifier les objectifs pédagogiques visés. Il ne semble pas absurde, par exemple, d'espérer que ces discussions, si elles sont menées régulièrement, permettent le développement de compétences d'argumentation et d'attitudes favorables à la discussion publique.

10. Le dilemme de Heinz est un scénario élaboré par Kohlberg pour tester les raisonnements moraux des enfants et des adolescents : « La femme de Heinz est très malade. Elle peut mourir d'un instant à l'autre si elle ne prend pas le médicament *X*. Celui-ci est hors de prix et Heinz ne peut pas le payer. Il se rend néanmoins chez un pharmacien et lui demande le médicament, ne serait-ce qu'à crédit. Le pharmacien refuse. Heinz doit-il le voler ? ». La construction du dilemme met en avant une alternative abstraite entre deux options enfreignant chacune des normes sans donner d'information situationnelle supplémentaire.

quelque sorte des contextes pratiques réels en permettant aux enfants de tester et d'affiner des argumentations morales sans craindre les conséquences négatives généralement attachées à l'adoption de réponses morales incorrectes[11]. Ce faisant, la confrontation régulière à de telles situations complexes est susceptible de favoriser le développement d'attitudes et de compétences impliquées dans l'adoption d'une perspective morale marquée par un souci de justification et, par conséquent, de favoriser la formation de l'autonomie morale[12].

Qu'implique pratiquement privilégier « des situations complexes au contexte riche » ? Sans être exhaustif, on peut penser que cette proposition peut plaider en faveur d'un travail sur des supports narratifs, notamment romanesques. Cette idée a été défendue par Nussbaum [2015][13]. Les romans classiques mettent en scène des situations complexes et ambiguës dans lesquelles évoluent des personnages « épais », dotés d'une personnalité, d'une histoire et de projets propres. Le lecteur ou la lectrice est invité à adopter le point de vue des personnages, à évaluer leurs actions, leurs désirs, leurs décisions. Ce faisant, la lecture permet de multiplier les expériences. Cette spécificité de l'écriture romanesque empêche évidemment la généralisation, contrairement aux dilemmes moraux stylisés ciblant un conflit général entre plusieurs normes abstraites. Cependant, cette spécificité des narrations romanesques est loin d'être un défaut du point de vue de l'éducation morale. Elle permet au contraire d'élargir l'imagination morale.

---

11. De manière suggestive, Reboul [2010] soutient que l'enseignement consiste en partie à créer des situations qui simulent celles de la vie sans se confondre avec elles. Dans les situations d'enseignement, les élèves ne sont pas soumis aux mêmes risques que dans la vie « réelle » en cas d'erreur ou d'échec. Et ces situations sont paramétrées par les enseignants et les enseignantes afin d'être ajustées à des objectifs d'apprentissage précis.

12. La théorie du développement moral de Kohlberg a été critiquée par des philosophes féministes, notamment Gilligan [2019], pour sa conception de l'autonomie morale. Kohlberg la conçoit essentiellement comme l'aptitude à mobiliser et évaluer des principes de justice impartiaux. Cette approche néglige et disqualifie arbitrairement un style de raisonnement plus contextualiste et narratif. Ce style de raisonnement est au cœur des éthiques du *care*. L'éducation au raisonnement moral, telle que je la conçois, accorde au contraire une place importante à ce style de raisonnement.

13. Cette recommandation de Nussbaum concerne prioritairement le premier cycle universitaire. Je crois cependant que sa pertinence dépasse ce cadre. Il va de soi que le support travaillé doit être en cohérence avec l'âge des élèves. Travailler sur des romans, des fables ou des albums jeunesse proposant des situations réellement riches et complexes est en revanche parfaitement pertinent. Sur la façon d'utiliser la littérature jeunesse pour travailler le raisonnement moral avec les jeunes enfants, on pourra consulter Chirouter et Prince [2019] ; Cospérec & Delaye [2023].

De plus, là où un travail sur des dilemmes moraux abstraits privilégie une analyse intellectuelle de la situation, « désincarnée », le support romanesque appelle au contraire un travail spécifique sur les émotions suscitées par la lecture du texte, émotions qui sont directement impliquées dans nos raisonnements moraux quotidiens. L'évaluation des actions des personnages suppose l'adoption de leur point de vue singulier et donc requiert du lecteur un travail de décentrement dont on peut penser qu'il est constitutif de la perspective morale. Il n'est pas clair que les dilemmes moraux permettent aussi bien un tel décentrement dans la mesure où les normes en conflit paraissent souvent claires d'emblée et sont impersonnelles. En somme, une fréquentation précoce et régulière des œuvres romanesques et plus largement littéraires denses semble susceptible de participer utilement au développement de certaines compétences et attitudes impliquées dans la délibération pratique.

Évidemment, la formation de l'autonomie ne dépend pas de ce seul aspect. On peut aussi penser qu'il est de la responsabilité des enseignants et des enseignantes de sensibiliser les élèves aux questions socialement vives. Cette approche doit rester, autant que possible, compatible avec le principe de neutralité. Toutefois il semble bien que la formation de l'autonomie requière de ne pas passer sous silence ou de ne pas simplifier à outrance ces questions. Pour ne prendre qu'un exemple : il est courant d'aborder la question du racisme à l'école élémentaire. Une tentation peut évidemment être d'adopter une approche individualisante et moralisatrice, réduisant le racisme à un ensemble de préjugés reposant sur des stéréotypes. Une telle approche risque de manquer les difficultés qui font du racisme une question socialement vive. En ce sens, elle n'est pas susceptible de permettre aux enfants de prendre conscience de la complexité de la question, en particulier le maintien de débats vifs dans une société où les idéologies explicitement racistes font l'objet d'un rejet public. Certes, il serait inapproprié de se lancer dans un grand exposé sur le sens et la pertinence du concept de racisme systémique auprès d'enfants de 8 ans. Pour autant, il n'est pas impossible de revenir sur l'histoire de la colonisation, la construction et le maintien de stéréotypes racistes et les défis posés par une situation postcoloniale en termes de justice sociale et spatiale. Ces éléments contextuels peuvent être rendus accessibles à des enfants, même relativement jeunes, à condition d'être convenablement présentés. Le travail sur des documents iconographiques, par exemple, permet d'amorcer une réflexion sur les enjeux des représentations stéréotypiques des groupes sociaux parfaitement adaptée au jeune âge des enfants. Cette présentation est d'ailleurs d'autant plus importante que l'école est, pour la plupart des enfants, le seul espace où ils peuvent espérer avoir accès à une présentation fiable et apaisée de situations complexes. Ici, le rôle de l'enseignant et de l'enseignante consiste à permettre à l'élève de prendre conscience de la complexité morale et de l'épaisseur historique et sociologique des situations étudiées. C'est impossible à moins de transmettre des éléments de connaissance substantiels.

En somme, l'éducation à l'autonomie, que ce soit à travers l'étude de supports romanesques ou de questions socialement vives[14], vise 1) le développement de certaines compétences impliquées dans la délibération morale et pratique (argumentation, justification, imagination, empathie, etc.) et 2) l'apport de connaissances sur le monde et l'histoire permettant d'appréhender la complexité des contextes de vie que les enfants sont voués à intégrer. Ces objectifs permettent d'espérer que les enfants progressent vers un état où ils seront aptes évaluer *personnellement* et de façon justifiée les informations dont ils disposent et à agir sur la base de leurs évaluations. Ils visent à favoriser le développement d'attitudes constitutives d'une perspective morale.

Si ces considérations sont justes, elles justifient d'attribuer une place plus décisive aux intentions didactiques de l'enseignant ou de l'enseignante. Son rôle n'est pas seulement de proposer des dilemmes et des discussions morales dont le niveau de complexité correspond au stade de développement des élèves. Il consiste surtout à sélectionner des approches, des dispositifs, des ressources appropriées, etc., en vue d'objectifs spécifiques. En particulier, une éducation au raisonnement moral ne saurait porter sur les seules procédures (même si cet aspect est essentiel) mais implique aussi une attention particulière aux informations et aux connaissances pertinentes[15].

On ne voit pas, à ce niveau, d'incompatibilité entre ce genre d'approche et la forme scolaire.

---

14. D'autres approches sont évidemment pertinentes : ces deux exemples ne prétendent pas à l'exhaustivité.

15. C'est dire que cette éducation au raisonnement moral ne saurait être identique à ce qu'on appelle habituellement une éducation à l'esprit critique qui cible prioritairement les seules procédures d'argumentation (types d'inférence, sophismes, etc.) indépendamment de tout contenu de connaissance spécifique.

3. UNE PÉDAGOGIE DE L'AUTONOMIE EST-ELLE POSSIBLE?

Si l'éducation au raisonnement moral peut contribuer à la formation de l'autonomie, elle n'est qu'un des éléments sur lesquels les enseignants et les enseignantes peuvent jouer car l'autonomie n'a pas qu'une dimension morale. Elle a aussi une dimension *cognitive*. Ces deux dimensions ne sont pas complètement indépendantes : la section précédente portait bien sur l'éducation au *raisonnement* moral. Seulement on peut parler d'autonomie cognitive dans des situations qui ne sont pas spécifiquement morales. Un agent autonome doit être capable d'identifier différents facteurs pertinents, de poser et résoudre des problèmes, de rechercher et d'évaluer des informations, etc. Toutes ces compétences sont constitutives d'une certaine *perspective cognitive*. Elles ne sont pas entraînées directement lors des enseignements visant explicitement le raisonnement moral. Elles peuvent cependant faire l'objet d'une attention particulière de la part des enseignants et des enseignantes. En fait, la prise au sérieux de la formation de l'autonomie a des implications sur l'ensemble de la relation pédagogique.

La principale difficulté que pose l'engagement pédagogique en faveur de la formation de l'autonomie tient à l'aspect asymétrique de la relation pédagogique. L'autorité éducative est justifiée dans la mesure où elle est nécessaire à la formation de l'autonomie. Mais, dans le même temps, la manière dont une relation d'autorité peut y contribuer n'est pas claire. Parler de pédagogie de l'autonomie, ne revient-il pas à soumettre les élèves à une injonction contradictoire : « soyez autonomes ! » ? Les analyses sociologiques de Guy Vincent n'invitent pas à être optimiste sur la façon dont la forme scolaire peut être rendue compatible avec la promotion de l'agentivité des enfants. Il s'agit donc de savoir à quelle condition une pédagogie de l'autonomie est possible.

Dans cette section, je présenterai essentiellement l'opposition entre deux approches pédagogiques, l'approche constructiviste et l'approche instructionniste, dont la pédagogie de l'enseignement explicite est la plus connue aujourd'hui. Cette présentation n'est pas exhaustive et simplifie la complexité des débats. Elle me paraît toutefois suffisamment suggestive pour mettre en évidence certains problèmes difficiles impliqués par l'ambition de prendre au sérieux l'autonomie cognitive à l'école.

Ces approches mènent à une interprétation différente de ce qui peut être profitable à la formation de l'autonomie des élèves. Je commencerai donc par présenter assez longuement les arguments de celles et ceux qui promeuvent une approche constructiviste. Je ne retiendrai que les arguments portant sur la solidarité entre pédagogie et autonomie cognitive, en laissant de côté les arguments politiques et moraux qui m'intéressent moins directement. Je présenterai ensuite, plus rapidement, les arguments en faveur d'une approche instructionniste, en particulier de l'enseignement explicite. Enfin, je montrerai qu'il convient d'éviter d'opposer trop brutalement (comme on le fait souvent) ces deux approches. Il y a de bonnes raisons de penser qu'à certains égards elles sont plus proches qu'on ne le dit souvent. Quoi qu'il en soit, loin de prétendre trancher entre des approches pédagogiques dont l'évaluation échappe à la compétence philosophique, je chercherai surtout à dégager les enjeux et les difficultés d'une pédagogie de l'autonomie, c'est-à-dire d'une pédagogie qui se donne comme objectif de contribuer positivement à la formation de l'autonomie cognitive des élèves.

La critique de la forme scolaire par Guy Vincent ressemble, par certains aspects, à la critique de la pédagogie traditionnelle portée par de nombreux et nombreuses pédagogues. Je ne discuterai pas ici précisément les propositions de ces différents pédagogues d'hier [Houssaye, 2007] ou d'aujourd'hui [Houssaye, 2013]. La plupart des pédagogues critiques souscrivent à une version de l'argument suivant. La pédagogie traditionnelle implique une conception verticale et transmissive de la relation pédagogique. Elle accorde plus d'attention aux contenus de connaissance à transmettre qu'aux processus d'apprentissage des élèves. Les élèves y sont essentiellement passifs. Ils n'ont d'autre fonction que de recevoir des savoirs déjà élaborés sans eux par d'autres qu'eux. L'opérationnalisation du savoir est conçue exclusivement sous la forme de l'application de règles. Par conséquent, la pédagogie traditionnelle a tendance à privilégier la mémorisation, la récitation, l'exécution et, plus généralement, des compétences cognitives insuffisantes pour former convenablement l'autonomie intellectuelle qui implique l'initiative et un rapport critique aux informations reçues.

Ces traits caractéristiques de la pédagogie traditionnelle ont des implications nuisibles à deux niveaux distincts quoique solidaires. Au niveau éducatif, la pédagogie traditionnelle ne favorise pas l'appropriation des savoirs par les élèves. Paulo Freire [2021] parle, de manière suggestive, de « pédagogie bancaire » pour désigner cette façon de « déposer » des savoirs dans la tête des élèves sans que ceux-ci se les approprient : les savoirs, même déposés *dans* la tête des élèves, restent *extérieurs* et coupés de l'expérience vécue des élèves. Ce sont des savoirs étrangers, inutilisables. Ce faisant, il n'est pas surprenant que les savoirs scolaires paraissent à de si nombreux élèves de peu d'utilité hors du contexte scolaire. Plus encore, les élèves n'apprennent pas à acquérir par eux-mêmes de nouvelles connaissances et restent, ce faisant, sous la dépendance d'autorités institutionnelles reconnues.

On rejoint ici le second niveau de nuisance, à la fois politique et moral. La pédagogie traditionnelle promeut des attitudes et des dispositions qui sont contraires à l'autonomie des êtres humains. L'élève doit être passif, obéissant, respectueux de l'autorité, etc. La pédagogie traditionnelle s'inscrit dans un contexte de domination ou d'oppression et contribue à sa perpétuation. Finalement, la pédagogie traditionnelle est incompatible avec le développement d'attitudes et de relations authentiquement démocratiques. Elle est conservatrice. À l'inverse, une pédagogie réellement émancipatrice, tant sur le plan des savoirs que sur le plan politique, se doit de prendre au sérieux l'agentivité des élèves, de promouvoir leur activité, leur démarche d'enquête, la construction et l'appropriation des savoirs, etc. Suivant des perspectives différentes, ces pédagogues insistent sur l'importance de prendre au sérieux les processus d'apprentissage. Les objectifs affichés sont souvent très ambitieux. Il s'agit de proposer une pédagogie de l'autonomie [Freire, 2006].

Il n'existe plus aujourd'hui de défense sérieuse de la pédagogie traditionnelle selon la description que les pédagogues critiques en font. Cette description est d'ailleurs largement polémique[16]. Selon l'approche constructiviste, le savoir est avant tout *fonctionnel* et non seulement *propositionnel*. Savoir, ce n'est pas seulement savoir *que*, être capable de verbaliser certains contenus de connaissance intégrés dans un réseau de savoirs cohérent. Savoir consiste avant tout à résoudre des problèmes pratiques et cognitifs, savoir *comment*[17]. Les personnes développent un certain nombre de

16. Le champ pédagogique étant l'objet de controverses régulières, la plupart des propositions doivent être interprétées comme des manières de se démarquer d'options concurrentes. En me concentrant sur des styles d'arguments que je présente à un assez haut niveau de généralité, je lisse beaucoup ces débats. Mais pour ce qui m'intéresse ici, cela ne me semble pas poser de problème particulier.

17. Une présentation classique de cette opposition entre savoir *que* et savoir *comment* peut être trouvée dans les travaux de Ryle [2005]. Une thèse importante en est que l'action intelligente ne doit pas être expliquée par une activité mentale, « théorique », préalable à

structures cognitives, des schèmes, en résolvant des problèmes. Lorsque le problème se révèle insoluble, la personne en vient à réorganiser ces schèmes [Piaget, 1975]. Selon cette approche, l'apprentissage efficace ne dépend pas essentiellement de la transmission de contenus de connaissance déjà élaborés. Une approche transmissive escamote le moment décisif de l'apprentissage qui est celui de la réélaboration des schèmes cognitifs. C'est au contraire dans l'activité de l'élève, confronté à un problème, que l'apprentissage s'opère. Une pédagogie plus active, centrée sur la découverte et l'élaboration active des savoirs par l'élève, devrait être à même à la fois de permettre de meilleurs apprentissages et de contribuer substantiellement à la formation de l'autonomie. Il s'agit de prendre au sérieux l'agentivité dépendante des enfants, ce qui implique en particulier de ménager des contextes d'agentivité contrôlée.

Par « contexte d'agentivité contrôlée », j'entends une situation dans laquelle une ou plusieurs personnes dotées d'autorité déterminent, autant que possible, un certain nombre de paramètres afin de diminuer la marge d'incertitude de l'agent sur lequel s'exerce cette autorité, d'orienter son attention dans une certaine direction, de diminuer le niveau de risque ou d'agir d'une quelconque manière sur les perspectives de l'agent en vue de lui permettre de réaliser une action ou une conduite qu'il n'aurait pas été capable de réaliser sans cela (ou pas aussi bien), et cela en vue du bien de l'agent. Ces paramètres peuvent être de nature différente. Il peut s'agir de facteurs environnementaux (l'organisation spatiale des classes a, par exemple, une incidence sur la capacité des élèves, surtout les plus jeunes, à agir sans contrôle direct de l'adulte), pédagogiques (on peut confronter un enfant à une situation-problème qu'il devra résoudre), institutionnels (les règles de classe peuvent être plus ou moins propices à l'initiative individuelle), matériels (on peut choisir de mettre à disposition des enfants certains objets de préférence à d'autres), etc. Dans la mesure où les compétences s'acquièrent et se développent par l'habitude et la répétition, on peut considérer que la confrontation régulière des enfants à des contextes d'agentivité contrôlée variés, conçus en vue de certains objectifs d'apprentissage pertinents, est particulièrement

l'action, « pratique ». C'est l'action elle-même qui est intelligente dans la mesure où elle résout convenablement le problème rencontré. La théorie arrive pour ainsi dire « après coup » mais l'intelligence véritable relève bien du savoir comment.

importante pour le développement des compétences et des attitudes qui sous-tendent l'autonomie. Le contrôle exercé sur ces contextes permet de limiter certains risques et de privilégier certains aspects contextuels en vue d'objectifs pertinents tout en favorisant le développement de l'initiative et des compétences délibératives et décisionnelles de l'enfant.

Du point de vue pédagogique, on parle souvent de situations-problèmes [Meirieu, 2015] pour désigner ces contextes d'agentivité contrôlée à des fins d'apprentissage. Une situation-problème est une situation dans laquelle les élèves ont à résoudre une tâche complexe alors qu'ils ne disposent pas encore des procédures qui leur permettraient d'atteindre de manière fiable l'état final visé. Ils sont donc confrontés à une certaine incertitude cognitive et pratique. Résoudre le problème suppose de faire une hypothèse sur sa nature, d'élaborer une stratégie pour tester l'hypothèse, de trouver des procédures efficaces de résolution, etc. Les élèves, confrontés à une situation-problème, sont dans un contexte d'agentivité contrôlée. L'enseignant ou l'enseignante a paramétré en amont la situation en déterminant aussi précisément que possible la marge d'incertitude appropriée et pertinente du point de vue d'un objectif d'apprentissage spécifique. Si la marge d'incertitude est trop faible, on aboutit à une simple tâche d'exécution ; si elle est trop grande, les élèves ont de grande chance d'échouer à identifier le problème et à mettre en œuvre des procédures de résolution efficaces. Face à une situation-problème, les élèves doivent donc être actifs. La responsabilité des enseignants et des enseignantes est alors de proposer des contextes d'agentivité contrôlée variés et pertinents. Il n'existe pas qu'une seule forme de problème [Fabre, 1999]. Un problème peut consister à déterminer un état final à partir d'un état initial, retrouver un état initial à partir d'un état final, à qualifier correctement une situation, à formuler des hypothèses explicatives, à mener une enquête, etc. En multipliant et en diversifiant les situations-problèmes, on permet aux élèves de développer les différentes compétences impliquées par l'autonomie cognitive.

Le puzzle de Brousseau [Brousseau & Brousseau, 1987] est un exemple didactique célèbre de ce type d'approche. Il s'agit de faire découvrir aux élèves le principe de la proportionnalité. Pour ce faire, on leur distribue un puzzle, composés de plusieurs formes géométriques. On demande aux élèves d'agrandir toutes les pièces du puzzle de manière que le puzzle agrandi conserve la même configuration que le puzzle initial. On indique aux élèves que le côté d'une des pièces, mesurant 4 cm, devra par exemple mesurer 7 cm dans le puzzle agrandi. Les élèves doivent rechercher par eux-mêmes une procédure leur permettant d'agrandir le puzzle. Face à un tel problème, les élèves de 8 à 11 ans ont tendance à mobiliser spontanément le schème additif. Pour passer de 4 à 7 cm, il faut ajouter 3 cm, il suffit donc d'ajouter 3 cm à chaque côté des pièces du puzzle. Mais, en suivant une telle procédure, les pièces se déforment et le puzzle devient impossible à résoudre. Les élèves sont donc confrontés à l'insuffisance du schème additif qu'ils avaient spontanément mobilisé. Le principe de proportionnalité peut alors être introduit comme mobilisant un schème spécifique, le schème multiplicatif, distinct du schème additif. Comprendre et s'approprier le principe de proportionnalité, c'est identifier qu'il consiste en un schème cognitif spécifique permettant de résoudre certains problèmes spécifiques qu'il faut qualifier convenablement. Cette appropriation aurait été plus difficile sans la mise en activité des élèves et sans la phase de recherche au terme de laquelle leurs schèmes initiaux ont été mis en échec. Sans cette mise en échec, les deux schèmes peuvent paraître équivalent et la préférence à accorder au schème multiplicatif, dans cette situation, arbitraire. Une pédagogie transmissive qui ne laisserait pas de place à la recherche peut faire en sorte que les élèves apprennent à identifier des contextes d'application typiques, mais elle ne permet pas de les entraîner à rechercher, dans des contextes d'incertitude relativement forte, à tester différentes procédures. Or c'est ce que requiert l'autonomie cognitive et pratique. C'est par la participation à des projets et la confrontation à des problèmes ouverts que les élèves développent et s'approprient des savoirs.

Pour autant, des doutes ont été soulevés quant aux approches qui reposent trop exclusivement sur la mise en activité des élèves.

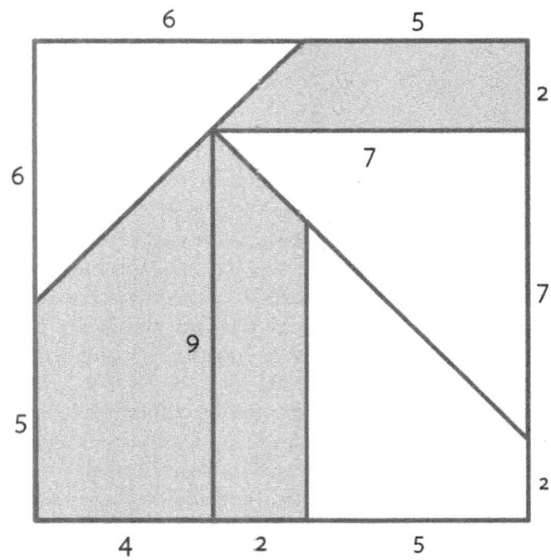

Puzzle de Brousseau

Les approches instructionnistes, représentées aujourd'hui par les théories de l'enseignement explicite, contestent les approches actives et constructivistes [Gauthier, Bissonnette & Richard, 2007]. L'enseignement explicite accorde un rôle prépondérant à l'activité de l'enseignante ou de l'enseignant.

Un argument important contre les approches constructivistes affirme qu'en accordant une place prépondérante à l'activité des élèves, au travail de découverte, de manipulation, de tâtonnement, etc., elles opacifient pour les élèves les registres d'apprentissage. Elles favorisent ce faisant les malentendus sociocognitifs et contribuent à l'accroissement des inégalités scolaires[18]. De plus, les approches constructivistes insistent sur la mise en relation des savoirs scolaires avec l'expérience vécue des élèves. Mais ce faisant, elles risquent de rendre moins claires pour eux les spécificités des savoirs scolaires et théoriques qui relèvent d'un registre spécifique qui diffère de celui des pratiques des élèves au sein de leur famille ou de leur groupe de pairs[19] [Bautier et Rayou, 2013]. Il n'est pas évident qu'un enfant devant résoudre le problème de proportionnalité du puzzle de Brousseau identifie correctement que cette tâche relève d'un apprentissage scolaire à part entière. Il pourrait aussi bien prendre l'activité pour un simple casse-tête et essayer de la résoudre en tâtonnant sans que son attention soit focalisée sur les procédures de résolution qu'il met en œuvre. Si c'est le cas, il sera entièrement investi dans la tâche sans pour autant identifier que le problème posé est proprement mathématique et sans adopter l'attitude cognitive espérée. Le risque alors

---

18. On parle de malentendu sociocognitif pour désigner que différentes personnes impliquées n'ont pas la même compréhension de la situation, souvent sans le savoir, ce qui a des conséquences importantes sur le type d'investissement cognitif qu'elles mettent en œuvre. Ces différences de compréhension sont souvent corrélées à des différences de socialisation. À l'école, on constate souvent, par exemple, que certains élèves, tout en se *conformant* exactement aux consignes données, n'adoptent pas l'attitude réflexive d'appropriation que les tâches proposées visent à susciter. C'est que ces élèves n'ont pas appris, lors de leur socialisation primaire, à adopter ce type d'attitude [Bonnery, 2007]. Les approches constructivistes, en privilégiant un cadrage faible de la tâche afin de favoriser l'investissement cognitif actif des élèves risquent donc d'accroître les difficultés rencontrées par les élèves les plus faibles chez qui n'ont pas été développées les dispositions cognitives postulées.

19. Par exemple, le concept de puissance n'a pas le même sens en mathématique, en histoire et dans la vie quotidienne. De même, la plage n'est pas la même chose que le littoral qui est un concept géographique. Un apprentissage efficace requiert des élèves qu'ils interprètent correctement la situation afin qu'ils puissent identifier le type d'investissement cognitif attendu d'eux et le registre de savoir pertinent.

est qu'il manque le sens de la tâche et ne réalise pas les apprentissages visés. En fait, ce type d'approche risque d'accroître les inégalités scolaires car seuls les enfants qui ont appris en-dehors de l'école à identifier les différents registres de savoir pertinents sont capables d'interpréter de façon appropriée le sens des activités proposées et donc d'opérer le type de travail cognitif visé. À l'inverse, une pédagogie plus magistocentrée, attentive à clarifier et à expliciter les registres, les contenus de savoirs et les procédures pertinentes, est plus égalitaire du point de vue des apprentissages. Le risque, du point de vue d'une éducation à l'autonomie, est alors que la marge de liberté laissée aux élèves les empêche de développer les compétences et d'acquérir les connaissances visées. Cette marge de liberté insuffisamment cadrée serait alors mauvaise pour la formation de l'autonomie.

Ces inquiétudes soulevées par une approche constructiviste justifient donc d'examiner les arguments en faveur d'approches plus magistocentrées, notamment de celle l'enseignement explicite. Hattie et Yates [2020] ont montré, au moyen de méta-analyses portant sur les facteurs contribuant le plus à l'efficacité des apprentissages, qu'une pédagogie explicite est plus efficace qu'une pédagogie constructiviste du point de vue de la qualité et de la vitesse des apprentissages. Ils suggèrent que les approches constructivistes ou actives ont tendance à alourdir arbitrairement la charge cognitive pour les élèves. Ceux-ci ignorent les objectifs d'apprentissage, ce qui les empêche de focaliser leur attention sur les éléments pertinents. Soumettre les élèves à une tâche cognitive trop complexe nuit à la qualité des apprentissages. Il est bien plus efficace d'expliciter les objectifs d'apprentissage aux élèves plutôt que de les maintenir dans un mystère artificiel. De même, il est très important que les procédures pertinentes soient précocement indiquées et explicitées aux élèves[20]. Il est naïf de croire, selon ces auteurs, que les élèves pourraient aboutir par eux-mêmes à la découverte, la compréhension et la verbalisation des procédures et des savoirs visés. En somme,

20. L'enseignement explicite insiste sur l'importance qu'une séquence d'apprentissage commence par une phase de modelage, lors de laquelle l'enseignante ou l'enseignant décrit complètement la tâche à réaliser devant les élèves en insistant sur les éléments saillants, les opérations impliquées, les démarches mises en œuvre, y compris les hésitations et questionnements qu'il ou elle rencontre. Cette phase est suivie d'une autre de pratique guidée puis d'une dernière de pratique autonome lors desquelles les élèves s'approprient progressivement le savoir.

l'enseignement explicite vise à rendre *visibles* les enjeux d'apprentissage, là où les approches constructivistes risquent de les maintenir invisibles afin de permettre leur découverte et leur élaboration par les élèves. Ce faisant, il allège la charge cognitive impliquée par l'apprentissage et favorise la mémorisation et la compréhension. Enfin, même si l'enseignement explicite est plus magistocentré et directif que les approches constructivistes, il ne consiste pas du tout dans une simple restauration de la pédagogie traditionnelle et de la parole magistrale. Le cours magistral classique porte avant tout sur des contenus de savoir. L'enseignement explicite porte aussi sur des procédures et des démarches. Ce faisant, il a en commun avec les approches constructivistes une conception de la connaissance qui ne la réduit pas au savoir propositionnel mais tient compte de sa dimension fonctionnelle et procédurale. Selon cette approche, directivité et éducation à l'autonomie ne sont pas incompatibles, au contraire.

Il n'appartient pas à la philosophie de trancher ce genre de débat qui repose largement sur des données empiriques et des arguments scientifiques (psychologiques, sociologiques, etc.). En tout état de cause, on ne peut que relever quelques difficultés qui invitent à la prudence. D'une part, il n'est pas évident que ces deux approches parlent exactement de la même chose. Les approches constructivistes ont tendance à insister plus particulièrement sur le processus d'appropriation des savoirs à long terme, sur le développement des compétences de raisonnement et d'attitudes épistémiques et éthiques actives générales. Les partisans de l'enseignement explicite ont tendance à s'intéresser davantage à l'apprentissage de contenus de savoir précis, élaboré et sur la maîtrise de compétences spécifiques. D'autre part, le contexte polémique des débats a tendance à opposer des formes « pures » d'approches pédagogiques alors que la plupart des enseignantes et des enseignants adoptent des approches mixtes et éclectiques. On peut d'ailleurs raisonnablement penser que des bénéfices différents peuvent être attendus de chacune de ces deux approches et qu'un enseignement qui les articule est parfaitement pertinent [Goigoux, 2011]. La plupart des recommandations pédagogiques et didactiques contemporaines insistent d'ailleurs sur l'importance d'alterner entre des phases de recherche active et des phases d'institutionnalisation des connaissances lors desquelles le savoir scolaire pertinent est formulé et explicité pour lui-même.

Sans donc prendre position entre instructionnisme magistocentré et constructivisme centré sur l'élève, j'indiquerai pourquoi ces approches me semblent moins diamétralement opposées qu'on le dit souvent [Tobias & Duffy, 2009]. Pour ce faire, je m'appuierai sur la formalisation de la relation pédagogique que propose Jean Houssaye sous la forme du triangle pédagogique [Houssaye, 2015].

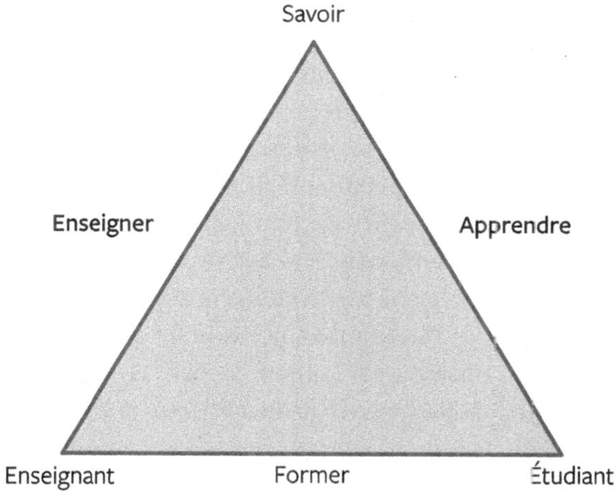

Triangle pédagogique de Jean Houssaye

Selon Houssaye, la relation pédagogique compte trois pôles et non deux. On peut représenter chacun de ses pôles comme le sommet d'un triangle : l'enseignant ou l'enseignante, l'élève et le savoir. Les côtés reliant entre eux les sommets désignent des processus spécifiques : celui qui unit l'enseignante ou l'enseignant au savoir : le processus d'enseignement ; celui qui unit l'enseignante ou l'enseignant à l'élève : le processus de formation ou d'éducation ; celui qui unit l'élève au savoir : le processus d'apprentissage. Chaque processus tend à relativiser le rôle du troisième terme. Le processus d'enseignement est centré sur la didactisation du savoir par l'enseignant, le rôle des élèves étant secondaire. Le processus d'éducation ou de formation est centré sur la relation interpersonnelle entre enseignante ou enseignant et élève, la place du savoir étant secondaire. Le processus d'apprentissage est centré sur l'appropriation du savoir par l'élève, le rôle de l'enseignant étant secondaire.

Toute situation pédagogique peut être décrite comme une configuration singulière de ce triangle. De plus, les différentes approches pédagogiques peuvent être classées en fonction du processus qu'elles privilégient. Comme il est impossible de laisser le troisième terme du triangle complètement dans l'ombre, ces approches ont tendance à privilégier un processus secondaire, pour prendre au sérieux le troisième terme (une approche centrée sur le seul enseignement et qui laisserait complètement dans l'ombre le rôle des élèves s'exposerait sans doute à voir ceux-ci adopter des attitudes de résistance ou d'indifférence par exemple). Dans les faits, selon Houssaye, le troisième processus est souvent minoré. En somme, une approche pédagogique peut être décrite comme étant centrée sur un processus principal tout en accordant une certaine importance à un processus secondaire.

Si cette formalisation est pertinente, il me semble que les approches relevant de l'enseignement explicite tout comme les approches actives doivent être décrites comme centrées sur le processus « apprendre ». Cependant elles ne privilégient pas le même processus secondaire. Là où les approches relevant de l'enseignement explicite privilégient secondairement le processus « enseigner », les approches actives privilégient sans doute secondairement le processus « former ». Cette manière de présenter les choses n'est qu'heuristique et vise seulement à lever une partie des malentendus que suscite une présentation de ces deux approches comme diamétralement opposées[21].

Quoi qu'il en soit, ce débat permet de formuler une difficulté impliquée par toute tentative de promouvoir une pédagogie de l'autonomie : une pédagogie de l'activité n'est pas nécessairement une pédagogie de l'autonomie. L'objection adressée aux approches constructivistes invite à la vigilance concernant cette confusion possible. Des élèves peuvent être impliqués, motivés et actifs et pourtant ne pas véritablement développer les compétences ni acquérir les connaissances sans lesquelles on ne peut parler de la formation de l'autonomie. La formation de l'autonomie justifie certainement de placer régulièrement les élèves dans des contextes

---

21. Il n'est pas évident que Houssaye souscrive pour sa part à cette présentation [HOUSSAYE, 2014]. De nombreuses publications en France ont contribué à populariser ce genre de présentation polémique [MILNER, 2009 ; GUIRAUD & MEIRIEU, 1997]. Or, s'il est incontestable que certains débats pédagogiques engagent des conceptions profondément différentes de l'enfant et de l'enseignement, il me semble en revanche incertain qu'un engagement ferme en faveur de la formation de l'autonomie à l'école exige de prendre position dans ces débats ni même d'en accepter les termes. En particulier, il me semble que certaines pratiques inspirées de pédagogies actives tout comme d'autres relevant de l'enseignement explicite peuvent être favorables à la formation de l'autonomie. Cela signifie que les pratiques pédagogiques sont relativement autonomes des théorisations pédagogiques qui les justifient, ce qui n'a rien de surprenant.

d'agentivité contrôlée. Dans ces contextes, ils pourront développer et entraîner différentes compétences nécessaires à la délibération, l'enquête, la prise de décision, etc. Mais elle requiert aussi une attention particulière à la qualité et à l'efficacité du processus d'apprentissage. De plus, l'autonomie ne se réduit pas à un ensemble de compétences de l'agent. Elle implique aussi d'acquérir un ensemble de connaissances pertinentes sur le monde. Car un agent compétent doit disposer d'un ensemble suffisant de connaissances fiables sur le monde pour que ses délibérations puissent aboutir à des décisions appropriées. Or, là aussi, il est loin d'être évident que tous les savoirs théoriques puissent être entièrement construits par les élèves ni qu'ils soient à proprement parler des savoirs fonctionnels[22].

En somme, une pédagogie de l'autonomie doit prendre au sérieux l'agentivité dépendante des enfants. Pour ce faire, il semble pertinent de ne pas les maintenir dans une position de passivité et de dépendance vis-à-vis de la parole magistrale et, plus largement, d'autorités reconnues. Il importe d'accorder une attention particulière aux procédures et stratégies impliquées dans les apprentissages et dans l'adoption d'une perspective cognitive. Pour autant, il n'est pas évident de spécifier des prescriptions pédagogiques précises. La seule considération de l'autonomie des enfants n'autorise pas à promouvoir une approche pédagogique en particulier. Les effets des différentes approches sur la formation de l'autonomie restent partiellement controversés. On peut néanmoins en inférer une règle de prudence selon laquelle, pour que l'activité des élèves participe réellement à la formation de l'autonomie, il faut s'assurer de sa compatibilité avec l'acquisition de connaissances théoriques qui peuvent être formulées et explicitées indépendamment des contextes pratiques de résolution de problème[23]. Il est nécessaire de disposer de telles connaissances s'orienter de manière autonome dans un monde complexe.

---

22. Olivier Reboul [2010] propose de distinguer trois niveaux hiérarchisés de savoir : l'information (le savoir *que*), le savoir-faire (le savoir *comment*), et la compréhension (le savoir *pourquoi*). Cette typologie permet de suggérer qu'une centration trop exclusive sur le caractère fonctionnel du savoir risque de sous-évaluer l'importance de la compréhension qui n'est pas directement fonctionnelle mais dont on peut considérer qu'elle est tout aussi importante pour être apte à l'exercice de l'autonomie. Je développerai ce point plus précisément au prochain chapitre.

23. Cette règle de prudence revient à dire que les options pédagogiques doivent être compatibles et cohérentes avec les didactiques disciplinaires. Le type de savoir enseigné impose des contraintes indépendantes dont doivent tenir compte les enseignantes et les enseignants s'ils veulent que leur enseignement soit efficace. On pourrait ajouter que le choix d'une

4. L'ÉCOLE EST-ELLE FAVORABLE À L'AUTONOMIE RELATIONNELLE ?

Un agent apte à l'exercice de l'autonomie doit être capable de mener des raisonnements pratiques dont la justification est référée à des normes et des valeurs indépendantes des conventions sociales. Il doit être capable, plus largement, d'autonomie cognitive en ce sens qu'il doit maîtriser à un degré suffisant un ensemble de compétences impliquées dans les attitudes appropriées à l'adoption d'une perspective cognitive permettant de raisonner, d'acquérir des informations, de les évaluer, etc., c'est-à-dire de poser et résoudre un ensemble de problèmes divers. Mais on doit aussi considérer que l'autonomie implique une dimension *relationnelle* [Mackenzie et Stoljar, 2000] et, plus particulièrement, *coopérative*[24]. La possibilité pour un agent d'être autonome ne dépend pas étroitement de ses seules connaissances et compétences individuelles. Faute d'être apte à coopérer, un agent serait bien souvent incapable d'atteindre ses objectifs et de réaliser son bien. Il serait alors très largement soumis à des facteurs externes sur lesquels, seul, il n'a pas prise. À l'inverse, des agents qui coopèrent disposent d'un pouvoir plus grand pour agir sur ces facteurs de façon à mieux réaliser leurs objectifs [Dewey, 2010]. Aussi, un agent apte à l'exercice de l'autonomie doit être capable d'adopter une perspective coopérative. Il y a donc un sens à se demander si l'école peut contribuer à former ces compétences et attitudes coopératives et comment elle peut le faire.

La classe et, plus largement, l'école constituent un environnement de vie, d'interaction et de socialisation. Or les normes qui régissent cet environnement peuvent favoriser ou, au contraire, interférer avec le développement de certaines dispositions et attitudes favorables à la coopération. Du point de vue de la formation à l'autonomie, il faut que

---

approche pédagogique devrait dépendre de plusieurs facteurs : les préférences et le « style pédagogique » de l'enseignante ou de l'enseignant, le type de savoir visé, l'âge des élèves, etc.

24. Sans entrer dans les détails, on peut envisager deux manières de rendre compte de la dimension coopérative de l'autonomie : ou bien celle-ci est seulement stratégique ou instrumentale (un agent a besoin des autres pour atteindre ses propres fins) ou bien elle est constitutive ou substantielle (un agent ne peut délibérer convenablement, avoir, identifier et atteindre ses propres fins sans interactions pertinentes avec d'autres agents). Si je penche en faveur d'une conception plus substantielle, cette section ne dépend pas d'une telle conception – raison pour laquelle je privilégie des formules plus instrumentales compatibles avec des conceptions moins exigeantes.

ces normes permettent et favorisent le développement de dispositions prosociales permettant aux élèves de poser et résoudre *collectivement* et par eux-mêmes des problèmes qu'ils rencontrent.

Ici encore, la théorie de la forme scolaire invite au scepticisme. La forme scolaire, telle que décrite par Guy Vincent, se caractérise par un contexte normatif extrêmement contraignant pour les élèves. La marge d'initiative qui leur est laissée est très limitée. Les normes qui régissent le fonctionnement de la classe et de l'établissement visent la discipline. La relation pédagogique reste constitutivement asymétrique et hiérarchique. Les élèves restent alors étroitement sous la dépendance des enseignants et des enseignantes. Quelle peut être la place pour la coopération là où la marge d'initiative est *a priori* très restreinte ?

Il convient cependant d'être prudent concernant les réponses trop unilatérales. La forme scolaire impose de manière incontestable un certain nombre de contraintes fortes concernant les attitudes proscrites, admises ou exigées. Mais il n'est pas vrai que l'environnement scolaire implique nécessairement une dépendance complète des élèves vis-à-vis des décisions des enseignantes et des enseignants. Il est possible d'adopter des modes de conduite des apprentissages et de régulation des interactions, en classe et à l'école, qui garantissent un large espace pour la coopération et les prises de décision collectives des élèves.

À cet égard, il convient de distinguer d'abord entre plusieurs types de normes qui ne se rapportent pas de la même façon à l'autonomie collective des enfants. Les premières sont les normes relatives à la gestion de classe et, plus largement, à la régulation des interactions en classe et dans l'école. Les secondes sont relatives aux savoirs, connaissances, compétences, etc., visées, c'est-à-dire à la conduite des apprentissages. Un engagement en faveur d'une éducation à l'autonomie ne se pose pas de la même façon dans les deux cas.

Commençons par les normes relatives à la régulation des interactions. Certaines approches ont montré comment il est possible d'accorder une place importante à l'agentivité et l'initiative des élèves dans l'organisation de la relation pédagogique. La pédagogie institutionnelle propose, par exemple, de soumettre les élèves à des « situations nouvelles et variées qui requièrent de chacun engagement personnel, initiative, action, continuité ». Ces « situations souvent anxiogènes – travail réel, limitation de temps et de pouvoir – débouchent naturellement sur des conflits qui, non résolus, interdisent à la fois l'activité commune et le développement affectif et intellectuel des participants.», ce qui conduit à la «nécessité d'utiliser, outre des outils matériels et des techniques pédagogiques, des outils conceptuels et des institutions sociales internes capables de résoudre ces conflits par la facilitation permanente des échanges matériels, affectifs et verbaux.» [Oury et Vasquez, 1967, p. 245]. D'une manière générale, la pédagogie institutionnelle préconise la mise en place d'institutions collectives au sein du groupe classe dont la fonction est de réguler les relations, de résoudre les problèmes rencontrés et de prendre des décisions collectives.

Un exemple relativement célèbre de ce genre d'institution est le conseil de classe des élèves[25]. À intervalle régulier, par exemple hebdomadaire, les élèves se réunissent en assemblée afin de discuter de différents problèmes rencontrés dans la classe ou dans l'école. Ces problèmes peuvent être de natures diverses : problème relationnel entre les élèves, gestion des fonds de la coopérative scolaire, choix d'un projet pédagogique, allocation des différents «métiers» de classe, organisation d'une sortie ou d'un voyage scolaire, identification et proposition de remédiation des difficultés dans des apprentissages, etc. Ce sont les élèves qui décident de l'ordre du jour. Plus largement, le conseil est géré par les élèves eux-mêmes, certains assumant des rôles spécifiques (président ou présidente de séance, secrétaire, etc.). Les élèves identifient les problèmes qu'ils rencontrent, les analysent, proposent des solutions, choisissent éventuellement certaines d'entre elles, les mettent en œuvre, les évaluent lors des conseils suivants, etc.

Cette institution permet de travailler plusieurs compétences liées à l'expression, mais surtout favorise le développement d'attitudes favorables à la coopération et à la délibération collective. Pour parvenir à une formulation commune des problèmes et à proposer des réponses pertinentes qui soient adoptées au terme d'un vote, l'adoption d'une perspective coopérative est requise. Il faut que les élèves mobilisent des arguments susceptibles de

25. Il existe de nombreuses variantes de ce dispositif et la présentation que j'en propose ici ne prétend pas être canonique. En particulier, il est possible de donner deux sens significativement différents à ce dispositif et, plus largement, à la plupart des propositions issues de la pédagogie institutionnelle. Ou bien cette institution vise d'abord l'explicitation et la verbalisation des tensions latentes dans la classe, préalable à leur résolution – le conseil des élèves tend alors à être conçu prioritairement comme un espace de parole –, ou bien elle vise d'abord la formulation des problèmes communs, l'élaboration de réponses justifiées et la prise de décision collective – le conseil des élèves tend alors à être conçu prioritairement comme un espace délibératif.

convaincre les autres. Ils doivent aussi apprendre à écouter les autres. Grâce à cette institution, les élèves sont amenés à se décentrer et à envisager sérieusement d'autres points de vue que le leur. Enfin, les délibérations menées entraînent des conséquences effectives et vérifiables sur le climat de classe, la nature des interactions et le cours des événements.

En ce sens, ce dispositif constitue bien un contexte d'agentivité contrôlée. L'agentivité des élèves est bien réelle puisque les décisions prises par le conseil sont effectives. Il ne s'agit pas de simuler une délibération, mais de délibérer véritablement. Pour autant, elle est bien contrôlée pour différentes raisons. D'abord, l'enseignant ou l'enseignante peut décider souverainement d'inscrire un sujet à l'ordre du jour ou convoquer le conseil s'il le juge important. De plus, il est évident que son rôle est de vérifier l'acceptabilité des décisions du conseil en fonction de certains critères et de certaines normes supérieures. À cet égard, le pouvoir décisionnel du conseil est limité. Si les décisions qu'il prend s'avèrent peu judicieuses ou incompatibles avec certaines normes fondamentales, comme le règlement intérieur, alors l'adulte doit rappeler l'impossibilité que ces décisions soient prises et mises en œuvre. Le cadre normatif fondamental reste intangible. Par exemple, le conseil peut proposer d'édicter, d'abroger ou de modifier une règle de classe. Mais cette décision est conditionnée par sa compatibilité avec le règlement intérieur et, dans une certaine mesure, avec les choix pédagogiques de l'enseignant ou de l'enseignante.

Des approches, comme celle proposée par la pédagogie institutionnelle, invitent à distinguer plusieurs types de normes qui prévalent au sein des établissements scolaires. Si on laisse de côté les normes juridiques et morales qui y prévalent comme partout ailleurs dans la société, on peut distinguer un premier niveau « fondamental » ou « constitutionnel » qui correspondrait au règlement intérieur de l'établissement. Ce niveau définit les droits et les devoirs des différents membres de la communauté éducative (parents, enfants, enseignants, personnels, etc.). Ces normes sont inaccessibles aux élèves comme aux enseignantes et aux enseignants. En France, le règlement intérieur est voté en conseil d'école sur proposition du directeur ou de la directrice. À un second niveau, les enseignantes et les enseignants établissent un certain nombre de règles qui prévalent dans leur classe et qui peuvent varier d'une classe à l'autre. Ainsi certaines règles relatives au déplacement des élèves, à la prise de parole, etc. Ces normes sont modifiables et peuvent d'ailleurs l'être régulièrement afin de répondre à tel ou tel problème ou en vue de tel ou tel objectif. On peut néanmoins considérer qu'elles échappent la plupart du temps au contrôle des élèves dans la mesure où elles sont édictées en vue d'objectifs pédagogiques dont la responsabilité de la réalisation incombe aux enseignantes et aux enseignants. Les élèves ne sont encore qu'imparfaitement capables d'apprécier convenablement ces objectifs et les conditions de leur réalisation. À ce niveau, il ne semble pas que les élèves puissent légitimement modifier ces normes. En revanche, il est parfaitement justifié qu'ils puissent donner leur avis à leur sujet. Le retour critique des élèves est nécessaire pour apprécier correctement si l'objectif visé est atteint ou non. Enfin, à un troisième niveau, on peut distinguer les normes relatives à la vie de classe, aux interactions entre pairs, aux projets de classe, aux choix des thèmes abordés, etc. Il n'y a aucune raison *a priori* qui exclut que les élèves puissent jouir, relativement à ces normes, d'un pouvoir de décision important. Ces normes et décisions ne concernent pas le cadre général des interactions en classe ou de la conduite des apprentissages, mais tel ou tel problème local. On peut attendre des bénéfices en termes de formation à l'autonomie collective d'une institution comme le conseil de classe coopératif. Plus encore, il est raisonnable de penser que, concernant ces problèmes situés, les élèves sont à même de les apprécier convenablement – parfois mieux que ces enseignantes et les enseignants eux-mêmes. Après tout, ils sont les premiers concernés et ont sur ces problèmes une perspective et des intérêts propres qui échappent aux enseignantes et aux enseignants. Une telle institution n'est donc pas qu'un dispositif instrumental visant la formation de l'autonomie. Elle est justifiée en outre par sa capacité à prendre des décisions de bonne qualité.

Distinguer ces différents niveaux normatifs permet de répondre au scepticisme suscité par la théorie de la forme scolaire. Il se peut que les enseignantes et les enseignants décident seuls des règles qui doivent prévaloir, y compris au troisième niveau. Mais ce n'est pas une contrainte inhérente à la forme scolaire. C'est une décision pédagogique qui doit être appréciée comme telle. La forme scolaire en elle-même n'empêche pas de garantir l'existence de contextes d'agentivité contrôlée pour les élèves s'agissant de certaines décisions collectives. Et on voit bien comment cette possibilité peut être exploitée du point de vue d'une éducation à l'autonomie. En particulier, ces contextes sont l'occasion pour les élèves d'expérimenter des formes de régulation horizontales.

Passons au second type de normes. Il ne va pas de soi que les normes qui s'appliquent à la conduite des apprentissages par les enseignantes et les enseignantes puissent autoriser à aménager des contextes d'agentivité aussi importants. En effet, il existe des normes objectives constitutives des savoirs à acquérir. En ce sens, on ne peut imaginer que les élèves délibèrent sur ces savoirs à la façon dont ils le peuvent s'agissant des normes régulant leurs interactions en classe. Ici, l'asymétrie entre l'enseignante ou l'enseignant et les élèves paraît plus grande. C'est parce que l'enseignante ou l'enseignant dispose des connaissances et compétences permettant aux élèves d'acquérir les savoirs qui leur manquent qu'ils disposent d'une autorité éducative sur eux.

Pour autant, cela ne signifie pas qu'il est totalement impossible d'accorder une place importante aux compétences et aux attitudes coopératives dans le choix des modalités d'organisation du travail. On peut citer, à titre d'exemple, la méthode de travail libre par groupes de Cousinet. Cette méthode repose sur deux principes : le principe de libre constitution des groupes et celui de libre choix de son travail par chaque groupe. Les élèves s'organisent seuls pour réaliser un panneau, trace finale du travail collectif. L'enseignant ou l'enseignante a pour rôle de les accompagner, de les orienter vers des ressources pertinentes, d'indiquer les erreurs sans les corriger, etc., mais il n'intervient ni dans le choix du thème travaillé, ni dans la constitution du groupe, ni dans l'organisation de son travail [Cousinet, 2011]. On peut imaginer une organisation plus directive, laissant par exemple aux élèves la possibilité de choisir parmi une liste cohérente de « sujets » élaborée en amont par l'enseignante ou l'enseignant. Quelle que soit l'approche adoptée, l'enjeu consiste à opérer une dévolution du problème aux élèves, c'est-à-dire à en transférer la responsabilité aux élèves qui ont à charge d'élaborer des réponses appropriées. Ce faisant, cette méthode accorde une place très importante à la coopération des élèves.

Les enseignantes et les enseignants peuvent aussi chercher à sensibiliser les élèves à la diversité et à la complexité des problèmes de coopération. Ils peuvent, par exemple, mettre les élèves en situation de devoir arrêter une procédure de décision collective pertinente et efficace. Il existe de nombreuses procédures possibles *a priori* dont les propriétés sont différentes. Aussi, face à un problème donné, les élèves peuvent venir à en tester plusieurs et à découvrir certaines de leurs propriétés. Or ces propriétés sont plus ou moins intéressantes pour résoudre le problème visé. Par exemple, on peut demander à des élèves en groupe de se répartir un ensemble de ressources diversement attrayantes (bananes, poissons, vers de terre, etc.) de manière qu'aucun élève ne considère, à la fin, avoir un panier moins satisfaisant que celui de tous les autres. Une procédure à laquelle penseront beaucoup de jeunes élèves consistera à piocher à tour de rôle une ressource. De cette façon, tous les paniers devraient avoir le même genre de composition, chacun ayant des ressources attrayantes et d'autres moins. Cependant, si c'est toujours le même élève qui pioche en premier à chaque tour, il piochera toujours la meilleure ressource disponible à chaque tour et risque donc d'avoir un panier « meilleur » que celui de l'élève qui aura pioché chaque fois en dernier. Si c'est le cas, alors une procédure apparemment pertinente aura été mise en échec. Il conviendra alors d'identifier pourquoi et comment corriger le défaut de cette procédure (par exemple en changeant l'ordre de tirage à chaque tour ou en attribuant une « valeur » à chaque ressource de façon à faire en sorte que les paniers finaux tendent vers la même valeur agrégée). De cette façon, les élèves découvrent par eux-mêmes certaines propriétés et certaines difficultés inhérentes aux procédures de décision collective et sont incités à les résoudre seuls[26]. Il ne s'agit évidemment pas que les élèves « reconstruisent » par eux-mêmes toutes les propriétés des différents systèmes d'allocation de ressources envisageables. Ce serait impossible. Ce peut être l'objet d'une reprise par l'enseignante ou l'enseignant exposant de manière plus systématique quelques propriétés de différentes procédures et proposant, par exemple, des comparaisons entre plusieurs d'entre elles dans des contextes réels (découpe d'un gâteau, loto, marchandage, etc.). En revanche, c'est par la mise en retrait de l'enseignante ou de l'enseignant que les élèves peuvent s'approprier le problème posé, c'est-à-dire l'éprouver comme un problème réel, résistant. Les élèves sont ainsi amenés à adopter une perspective coopérative tout en en appréhendant les difficultés.

Il est aussi possible de favoriser le développement de l'entraide entre pairs, par exemple par la mise en place d'un système de tutorat, ou en amenant les élèves à s'évaluer mutuellement, tant sur le plan du comportement sur celui des apprentissages [Rouiller & Howden, 2010 ; Connac, 2017].

---

26. Cet exemple s'inspire de la séquence « l'île des naufragés » élaborée par Serge Cospérec et Julien Delaye. Ils ont eu la gentillesse de la partager avec moi dans le cadre de nos enseignements à l'Inspé de Créteil. Qu'ils en soient ici chaleureusement remerciés. Pour d'autres séquences intéressantes, on pourra consulter Cospérec & Delaye [2023].

Ici encore, il semble pertinent de distinguer plusieurs types de normes. À un niveau fondamental, les savoirs qui doivent être acquis à l'école sont définis au niveau curriculaire et ni les élèves ni les enseignantes et les enseignants n'ont directement prise sur eux[27]. À un niveau intermédiaire, il relève de la responsabilité des enseignantes et des enseignants de mettre en œuvre les moyens les mieux ajustés afin de faire en sorte que les élèves acquièrent ces savoirs. C'est à ce niveau que se situe la liberté pédagogique. Celle-ci est fondée sur la compétence des enseignantes et des enseignants et, par conséquent, il ne semble pas pertinent que les élèves jouissent à ce niveau d'une marge d'autonomie importante. Cependant, là aussi, il paraît important que les enseignantes et les enseignants justifient auprès des élèves leurs options pédagogiques et soient à l'écoute des remarques, voire des critiques, éventuelles des élèves. Si la liberté pédagogique consiste à pouvoir choisir les approches les mieux à même d'atteindre des objectifs fixés au niveau curriculaire, il est difficile de faire l'économie du retour des élèves pour savoir si ces objectifs sont atteints ou si, au contraire, ils ne parviennent pas à s'approprier et à tirer profit du type d'approche choisi[28]. Enfin, à un dernier niveau, relatif à l'organisation concrète du travail, il n'y a aucune raison qu'une place importante ne soit pas accordée aux modalités coopératives.

La forme scolaire est certes normativement très contraignante. Pour autant, elle n'empêche pas la création de contextes d'agentivité contrôlée au sein desquels les élèves peuvent développer et assurer une prise authentique sur les normes qui s'appliquent à eux. Dès lors que l'on distingue entre les normes relatives à la régulation des interactions et les normes relatives à la conduite des apprentissages et que l'on distingue, au sein de chacun de ces deux types de normes, différents niveaux hiérarchiques, on voit bien qu'il est possible de ménager, notamment au niveau inférieur, des contextes d'agentivité contrôlée étendus permettant de prendre au sérieux le développement et l'exercice de compétences et d'attitudes coopératives.

---

27. Les questions relatives à l'élaboration et au contenu du curriculum, ainsi qu'à l'autonomie qu'il faut reconnaître aux enseignantes et aux enseignants dans leurs pratiques d'enseignement seront abordées dans le prochain chapitre.

28. Un tel retour est parfaitement possible même de la part de jeunes élèves. Ainsi, il suffit souvent de demander aux élèves de primaire d'expliquer pourquoi on leur demande de réaliser telle ou telle tâche ou d'expliquer ce qu'ils ont appris pour s'assurer de leur degré de compréhension. La jeunesse d'un élève ne justifie donc en aucun cas de négliger l'importance pédagogique d'un tel retour concernant l'enseignement reçu.

Ces distinctions permettent d'éviter, inversement, les ambiguïtés impliquées par l'insistance de certains théoriciens sur l'importance de « construire la loi à l'école » [Meirieu, 2007]. S'il est important de ne pas négliger la marge d'autonomie qui peut être reconnue aux élèves à l'école, il n'y a pas de sens à penser que toutes les normes qui prévalent à l'école puissent être construites par les élèves au terme d'un processus délibératif reproduisant celui d'une démocratie idéale. L'école est un espace normatif complexe et hétérogène qu'une éducation à l'autonomie ne doit pas méconnaître.

5. CULTURE DES DROITS À L'ÉCOLE ET DEVOIR DE RÉFLEXION CRITIQUE

Dans les trois sections précédentes, j'ai indiqué comment il était possible de développer l'autonomie des enfants à l'école selon trois dimensions principales : morale, cognitive et relationnelle. J'ai insisté en particulier sur la pertinence, pour les enseignantes et les enseignants, de ménager des contextes d'agentivité contrôlée dans lesquels les élèves peuvent prendre des décisions effectives sans être sous la dépendance étroite des adultes. L'agentivité des enfants y est contrôlée en ce sens que ces contextes sont paramétrés de façon à s'assurer autant que possible de la compatibilité entre la marge d'action des enfants et les normes et objectifs pédagogiques dont les enseignantes et les enseignants ont la responsabilité.

La promotion de contextes d'agentivité contrôlée est justifiée par la situation provisoire d'agentivité dépendante des enfants. Ceux-ci ne sont pas encore en situation d'être des agents pleinement autonomes. Ils ont besoin des adultes pour réaliser leurs fins et acquérir les moyens, les ressources, les compétences et les connaissances qui leur permettront à terme d'être pleinement aptes à l'exercice de l'autonomie. Pour autant, ils sont d'ores et déjà capables d'être des agents, d'avoir des projets, des goûts, des raisonnements, de travailler à la réalisation de leurs objectifs, etc., ce qui doit être pris au sérieux dès maintenant.

Cependant, pour que les enfants puissent être en état de profiter pleinement des contextes d'agentivité contrôlée ménagés pour eux, il faut encore qu'ils puissent s'y engager sans crainte. J'ai indiqué qu'une propriété définitionnelle des contextes d'agentivité contrôlée est que l'incertitude pratique et cognitive y est réduite par l'intervention de l'enseignante ou de l'enseignant. Cette réduction de l'incertitude permet que les enfants ne soient pas exposés à des risques excessifs en cas d'erreur ou d'échec. Dès lors la crainte de s'engager pleinement dans la tâche s'en trouve réduite. Or la réduction de l'incertitude ne dépend pas seulement de la configuration appropriée des contextes d'agentivité contrôlée. Elle dépend aussi, plus largement, de l'existence d'un contexte normatif public et cohérent qui permet aux élèves d'anticiper de manière fiable les conséquences probables de leurs actions.

À cet égard, il y a une objection qu'il faut examiner. De nombreux critiques de l'école ont mis en évidence les relations de pouvoir qui structurent l'espace scolaire [Ball, 2013]. L'asymétrie entre enseignantes et enseignants d'un côté et élèves de l'autre est irréductible. De plus, les enseignantes et les enseignants disposent seuls du pouvoir de statuer en dernière instance sur ce qu'est un comportement valable ou une réponse correcte. Ils disposent aussi du pouvoir énorme d'évaluer les élèves et, ce faisant, de peser de manière significative sur leur carrière scolaire et, donc, sur leur destin social. En ce sens, la prétention à ménager des contextes d'agentivité contrôlée ne peut qu'être un jeu de dupes : ces contextes ne sont pas d'authentiques espace d'agentivité libre. Les actions des élèves sont sans arrêt scrutées et évaluées. Ces contextes ne peuvent apparaître, du point de vue de ces critiques, que comme des formes plus subtiles d'exercice du pouvoir et de discipline. Les élèves doivent identifier les réponses et les attitudes attendues et les adopter afin de satisfaire les exigences implicites des enseignantes et des enseignants. Les élèves sont d'autant plus assujettis qu'ils sont déclarés libres en apparence. Baptiste et Brookfield [1997, *ma traduction*] citent une objection émise par l'un de leurs étudiants : « Votre prétendue démocratie est hypocrite parce que vous pouvez toujours nous coller à l'examen. »

Si on la généralise, l'objection affirme qu'il est vain d'espérer ménager d'authentiques contextes d'agentivité contrôlée à l'école parce que les élèves anticipent que les enseignantes et les enseignants ont des attentes précises concernant la « bonne » manière de faire. Toute conduite ou proposition s'éloignant trop de ces attentes sera sanctionnée d'une façon ou d'une autre. Les élèves ne sont pas incités à « prendre des risques » ni, plus largement, à développer leur autonomie. Ils sont plutôt incités à essayer de deviner les attentes implicites des enseignantes et des enseignants pour s'y conformer, au moins en apparence. Ils peuvent même être incités à développer des stratégies de séduction et de connivence afin de se mettre les enseignantes et les enseignants « dans la poche ». Ces attitudes sont rationnelles du fait du pouvoir disproportionné dont jouissent les enseignantes et les enseignants. Mais elles préviennent le développement des compétences et des attitudes visées par l'aménagement de contextes d'agentivité contrôlée. Pour que les élèves adoptent l'attitude espérée, il faudrait réduire significativement l'arbitraire des relations de pouvoir qui structurent l'espace scolaire.

Ces critiques nous invitent à réfléchir à la manière dont des droits robustes peuvent être reconnus aux élèves à l'école. La formation de l'autonomie ne peut pas seulement dépendre de l'aménagement de contextes d'agentivité contrôlée bien paramétrés. Elle dépend aussi du développement chez les enfants d'un sentiment d'assurance sans lequel ils ne seront pas justifiés à prendre des risques et donc à s'investir dans les contextes d'agentivité ménagés pour eux. Je propose de parler de mise en place d'une culture des droits à l'école. En effet, le développement de ce sentiment d'assurance n'est pas sans rapport avec la « sécurité des espérances » [Bentham, 2011] qu'on attend généralement de la sécurité juridique et de la reconnaissance de droits opposables aux individus. Cette culture des droits peut être interprétée comme la concrétisation pratique des limites de l'autorité éducative que j'ai indiqué dans la conclusion du chapitre précédent.

Mettre en place une culture des droits à l'école implique l'instauration d'un contexte normatif public et lisible permettant aux enfants d'anticiper de façon raisonnable et fiable les réactions des uns et des autres. Il convient de prévenir un contresens possible. J'ai affirmé dans le chapitre précédent que l'autorité éducative n'est justifiée que dans la mesure où elle contribue au développement de l'autonomie de celles et ceux qui y sont soumis. C'est donc que celles et ceux qui y sont soumis ne sont pas encore parfaitement aptes à exercer l'autonomie et ne sont pas encore en mesure d'évaluer et de mobiliser seuls les moyens qui leur permettraient de le devenir. En conséquence, il semble risqué de vouloir transposer à l'école un système de droits opposables analogue à celui qui prévaut dans la société. La reconnaissance de droits opposables aux citoyennes et citoyens repose sur le postulat selon lequel ceux-ci ont la capacité d'en faire usage de façon appropriée. Nul n'est mieux placé que la personne concernée pour faire valoir ses droits. Ces droits protègent *ses* intérêts dont elle est la meilleure juge en dernière analyse. Mais la situation est différente pour les enfants : ceux-ci sont soumis à l'autorité éducative dans la mesure exacte où ils ne peuvent pas toujours être tenus pour les meilleurs juges de leurs propres intérêts. Vouloir instaurer un système de droits opposables trop rigides à l'école risquerait d'empêcher les enseignantes et les enseignants de poursuivre les objectifs pédagogiques dont ils ont la responsabilité.

Mais mettre en place une culture des droits à l'école n'implique pas, en fait, la mise en place d'un système de droits opposables rigides (même s'il va de soi que certains droits doivent bien être inviolables pour toutes et tous, à l'école comme ailleurs). Si une culture des droits implique de « sécuriser les espérances » des élèves, elle suppose en particulier que les élèves développent le sentiment de leur égale dignité, c'est-à-dire que chacune et chacun dispose d'un droit moral égal à être respecté et reconnu. Il n'est probablement ni possible ni souhaitable d'abolir complètement les relations de pouvoir dans l'espace scolaire. La relation d'autorité éducative ne va pas sans asymétrie de pouvoir. Mais cette asymétrie n'est admissible qu'à la condition de pouvoir être reconnue comme justifiée par celles et ceux sur qui le pouvoir s'exerce. D'où l'importance, déjà soulignée, du devoir de justification qui incombe aux enseignantes et aux enseignants.

Ce devoir se décline de différentes manières. Il peut justifier, par exemple, de mettre en place un système de règles de classe et d'établissement public, lisible et justifié. Les enseignantes et les enseignants doivent réagir chaque jour à des comportements plus ou moins déviants de la part des élèves et il est essentiel d'y répondre de manière à instaurer un climat de classe propice à la poursuite des objectifs pédagogiques visés. Pour ce faire, il importe particulièrement de réduire autant que possible le sentiment d'injustice que peut produire chez les élèves une sanction qui n'est pas annoncée et dont le principe et la justification restent opaques[29]. Plus encore, lorsque des sanctions sont prises, notamment les plus importantes, il semble raisonnable que la parole des élèves concernées soit écoutée et prise en compte. Des témoignages et des travaux de sociologie montrent

---

29. Pierre Merle [2012b] souligne l'insuffisante connaissance, chez nombre d'enseignantes et d'enseignants, des principes généraux du droit comme ceux d'égalité de traitement, de définition du fait coupable ou d'individualisation de la peine.

que les élèves ont souvent le sentiment que leur parole n'est pas prise au sérieux dans l'espace scolaire et qu'elle est disqualifiée d'office [Merle, 2012b ; Grard, 2022]. Enfin, la mise en place d'une culture des droits à l'école recommande une attention particulière, de la part des enseignantes et des enseignants, aux questions de justice transformatrice. Ce terme a été popularisé dans les milieux militants en faveur de l'abolitionnisme pénal. Il désigne la thèse suivant laquelle la réparation du préjudice subi par les victimes ne saurait justifier de causer un préjudice équivalent ou plus grave au coupable. Selon cette approche, ce sont les systèmes de domination, au sein de la société, qui rendent certains crimes, comme les viols ou les agressions racistes, possibles et même probables. La justice exige donc la transformation de ces conditions sociales afin d'éviter la répétition des violences [Ricordeau, 2019]. Quoi qu'on pense de cette thèse, s'agissant de la justice pénale, elle est pertinente du point de vue du développement d'une culture des droits à l'école. La régulation du comportement des élèves ne peut dépendre uniquement d'un système de normes et de sanctions public et justifié. Elle dépend aussi de la sensibilité à ce qui, dans chaque contexte scolaire spécifique, a pu contribuer à faciliter ou causer tel ou tel comportement déviant. C'est une raison supplémentaire justifiant l'implication des élèves dans la qualification et la résolution des problèmes qui se posent dans la classe.

Ce devoir de justification vaut aussi pour le format et les objectifs pédagogiques choisis. Pourquoi imposer telles contraintes pédagogiques aux élèves ? Quels sont les objectifs poursuivis ? Quel intérêt y a-t-il à les atteindre ? Quelles procédures suivre pour réaliser la tâche demandée ? Ces questions sont légitimes et y répondre est une façon de prendre au sérieux l'égale dignité des élèves car, tout en leur imposant des contraintes de façon unilatérale, on justifie cette imposition en s'adressant à leur intelligence : on explicite les raisons de ces contraintes, ce qui permettra, éventuellement, la mise en discussion de ces raisons. À titre d'exemple, il est courant de demander aux élèves de maternelle de découper de petits bouts de papiers, éventuellement réemployés dans le cadre d'un collage. L'objectif d'apprentissage est clair : en découpant, les élèves améliorent leur motricité fine et se préparent ainsi à la maîtrise du geste scripteur. Il arrive pourtant souvent que les enseignantes et les enseignants n'explicitent pas cet objectif aux élèves. On constate alors souvent que ces élèves se démobilisent rapidement. En effet, la consigne paraît arbitraire et les raisons de s'y soumettre invisibles. La remarque vaut à tous les niveaux du système scolaire : expliquer aux élèves le sens des contraintes imposées, leurs objectifs et les moyens d'y parvenir est une façon de les traiter comme des égaux sans abolir la relation d'autorité éducative.

Il n'y a pas de sens à prétendre trancher *a priori* entre les vertus de telle ou telle approche pédagogique. Il est d'ailleurs plausible qu'une approche donnée soit pertinente du point de vue d'un certain objectif et ne le soit pas relativement à un autre objectif. Si cela est juste, il s'ensuit que les enseignantes et les enseignants sont justifiées à varier les approches pédagogiques. Le devoir de justifier les contraintes imposées est alors d'autant plus important que les formats pédagogiques changent souvent et, avec eux, les attentes et contraintes qui leur sont inhérentes. Les contraintes et les finalités d'un cours magistral ne sont pas les mêmes que celles d'une séance en groupe-puzzle[30]. Et les élèves doivent être à même de les identifier suffisamment pour ne pas avoir le sentiment d'être les destinataires d'injonctions arbitraires et illisibles.

Un autre point est essentiel pour le développement d'une culture des droits à l'école. Il ne se déduit pas du simple devoir de justification mais en est un complément nécessaire. On pourrait parler d'un *devoir de réflexion critique*. Les enseignantes et les enseignants ont la responsabilité de mettre en place des contexte d'agentivité contrôlée et, plus largement, d'élaborer des situations d'enseignement favorables à la formation de l'autonomie des élèves. C'est ce qui justifie l'autorité éducative dont ils bénéficient. Mais ce faisant, ils sont dans une position de pouvoir vis-à-vis des élèves qui est telle qu'il leur est souvent impossible d'être assurés du sens des situations qu'ils proposent aux élèves. Parmi les principaux pouvoirs dont jouissent les enseignantes et les enseignants, on peut compter ceux de discipline, de programmation des enseignements, d'évaluation, de motivation et de sélection des élèves [Reboul, 2010]. Même un souci constant de justification ne saurait lever les craintes et les malentendus que cette asymétrie de

30. La démarche en groupes-puzzle consiste à répartir les élèves en plusieurs groupes. Chaque groupe travaille pendant un temps sur une tâche relativement simple et différente. Dans une deuxième phase, les groupes sont mélangés de manière que se trouve dans chaque nouveau groupe un élève ayant travaillé dans chacun des groupes de la première phase. Chaque groupe doit alors résoudre une tâche complexe mobilisant des savoirs et compétences qui ont été travaillés lors de la première phase. Ainsi tous les élèves doivent participer et chacun apporte, dans son groupe, une ressource spécifique différente. Dans ce genre d'approche, l'enseignante ou l'enseignante adopte une posture d'étayage ou de retrait mais ne « fait pas la leçon ».

pouvoir entraîne. Or, si l'on a raison de penser que le développement de ce sentiment d'assurance chez les élèves est nécessaire pour qu'ils puissent profiter au mieux des contextes d'agentivité contrôlée ménagés à leur endroit, il convient de réduire au maximum ces craintes et ces malentendus. Pour cela, il est nécessaire de compléter le devoir de justification par un devoir de réflexion critique.

Brookfield [2017, p. 3, *ma traduction*] définit la réflexion critique comme « le processus continu et intentionnel d'identification et de contrôle de la pertinence et de la validité de nos présomptions d'enseignement ». Les présomptions d'enseignement désignent les croyances qui vont de soi aux yeux des enseignantes et des enseignants concernant le sens et l'effet de leurs pratiques d'enseignement. Ainsi une enseignante pourra présumer que l'organisation régulière de débats en classe est un moyen efficace d'améliorer l'esprit critique, les compétences d'argumentation et l'expression orale des élèves. Pour autant, certains élèves peuvent ne pas du tout interpréter ces situations de la même manière : l'obligation de prendre la parole en public sur des sujets qu'on maîtrise mal et de s'exposer à la critique d'autrui peut susciter des angoisses, des stratégies d'évitement et des réactions hostiles. Il est impossible de s'assurer *a priori* des effets produits par la situation d'enseignement proposée. La réflexion critique est donc un devoir pour les enseignantes et les enseignants afin de s'assurer que les contextes d'agentivité contrôlée aménagés et les situations d'enseignement proposées produisent bien la sorte d'effets espérée.

Brookfield cite quatre « lentilles » qui peuvent permettre de contrôler les effets produits par les situations proposées : la perception des élèves, celle des collègues, l'expérience personnelle et la théorie. Il importe de s'assurer, par exemple au moyen de questionnaires anonymes, de la perception que les élèves ont eu du cours, de ses objectifs, des propos tenus, etc. Il ne s'agit pas de dire que les élèves doivent « noter » les enseignantes et les enseignants. Mais tenir compte de leur retour est un excellent moyen de s'assurer qu'il n'y a pas eu de malentendu sur le sens de la séance proposée, de même que cela permet aux élèves de faire état de problèmes rencontrés. Le regard des collègues est aussi décisif car il permet d'avoir un regard à la fois distancié et expert, de partager les pratiques comme les difficultés. Souvent, les problèmes rencontrés sont similaires d'une classe à l'autre et le regard de collègues permet d'envisager d'autres solutions que celles vers lesquelles on se tourne spontanément. L'expérience personnelle est tout aussi essentielle pour un enseignant et une enseignante, en particulier son expérience en tant qu'élève. Pour comprendre pourquoi les élèves ne s'investissent pas dans la tâche qui leur est soumise de la façon attendue, il peut être utile de s'appuyer sur les souvenirs personnels : pourquoi ne m'investissais-je pas de la façon appropriée dans certaines tâches lorsque j'étais élève ? En voyais-je le sens ? etc. Enfin, la lecture d'ouvrages de pédagogie et de théorie est aussi nécessaire. Ces ouvrages proposent en effet des analyses situées à un plus haut niveau d'abstraction et sont scientifiquement étayées. Ils permettent de corriger le regard et les pratiques des enseignantes et des enseignants.

Ce devoir de réflexion critique peut justifier à son tour un *devoir de formation continue* des enseignantes et des enseignants[31]. Cette formation peut notamment être l'occasion d'échanges avec les pairs et de sensibilisation à des apports théoriques divers (disciplinaires, pédagogiques, didactiques, etc.). Il n'est pas possible de développer ici plus précisément toutes les implications pratiques de ces devoirs. Je me contenterai d'indiquer qu'ils me semblent ne pouvoir être exercés convenablement que de façon intersubjective. Ils ne dépendent pas seulement des vertus personnelles des enseignantes et des enseignants. Ils dépendent significativement de l'intégration des perspectives et des remarques d'autres personnes (élèves ou collègues). La relation pédagogique ne se joue pas seulement entre un enseignant ou une enseignante, seul, et la classe. Elle doit intégrer des perspectives multiples.

Pour conclure, je voudrais donc rappeler qu'un engagement en faveur de la culture des droits à l'école ne doit pas être interprété de façon rigide en un sens étroitement juridique. Il doit plutôt consister à s'assurer de la mise en place d'un contexte normatif et d'un climat scolaire permettant de sécuriser les espérances des élèves et, en particulier, de développer un sentiment d'assurance sans lequel ils risquent de ne pouvoir profiter au mieux des situations proposées en vue de former leur autonomie. Cette culture des droits est compatible avec l'asymétrie impliquée dans toute relation d'autorité pédagogique. Sa fonction est de clarifier les garde-fous normatifs qui évitent tout « dérapage » et la justifient explicitement[32]. Que cette culture

---

31. J'en reste ici à une argumentation morale sans me prononcer sur la pertinence de faire de ce devoir de formation continue une obligation professionnelle (par exemple, en allouant une partie du service des enseignantes et des enseignants à des missions de formation obligatoires).
32. C'est dire en somme que la relation pédagogique dans son ensemble ne peut être conçue comme un contrat, ainsi que le propose Meirieu [2016]. Un contrat, par hypothèse, ne peut

des droits ne doive pas être interprétée en un sens étroitement juridique ne signifie pas que le mot « droit » n'est pas pertinent. S'il y a bien un sens à parler d'une culture des *droits*, c'est au sens où l'appréciation convenable des droits dont jouissent toutes les personnes n'est possible qu'à la condition d'avoir développé un sentiment justifié de l'égale dignité de toutes et tous, égale dignité qu'on peut paraphraser, en reprenant l'expression d'Arendt, comme le droit d'avoir des droits [Arendt, 2005 ; Margalit, 2007]. Or, sur ce point, l'école a très certainement un rôle à jouer.

En plus des devoirs de justification, de réflexion critique et de formation continue qui y contribuent, je soutiens que la mise en place d'une culture des droits dépend de l'exercice de certaines vertus intellectuelles et morales par les enseignantes et les enseignants. C'est ce que je défends dans la section suivante.

6. AUTONOMIE DES ÉLÈVES ET ÉTHIQUE ENSEIGNANTE

J'ai terminé la section précédente en affirmant l'importance de l'exercice de certaines vertus par les enseignantes et les enseignants. Cette proposition demande à être clarifiée. Dans la section 4 du chapitre précédent, j'ai indiqué qu'il était important, du point de vue de la justification de l'autorité scolaire, de parler de *compétences* plutôt que de *vertus*. Il peut alors sembler paradoxal d'insister à présent sur l'importance des vertus enseignantes. Ce paradoxe, toutefois, n'est qu'apparent. Deux différences sautent aux yeux. D'abord, dans le chapitre précédent, je parlais de vertus *personnelles* tandis que je parle ici de vertus *professionnelles*. Ensuite, et surtout, je parle ici des enseignantes et des enseignants, tandis que je parlais des élèves. Ces deux différences ne suffisent pas encore, cependant, à expliquer pourquoi les enseignantes et les enseignants « ont besoin des vertus[33] ».

être passé qu'entre des partenaires qu'on postule égaux. Or l'asymétrie est constitutive de la relation pédagogique. Mais cela n'implique pas, comme on l'a vu, que cette asymétrie n'est pas soumise à de fortes contraintes pour être normativement valide. Cette remarque ne vaut pas contre des usages plus déterminés et spécifiques du concept de contrat en sciences de l'éducation, comme celui de contrat didactique [Brousseau, 1987].

33. « Pourquoi les hommes ont besoin des vertus » est le titre du premier chapitre de Geach [2022] à qui je reprends la formule.

Une vertu se définit comme un trait de caractère qui dispose une personne à agir selon le bien[34]. Cette formule permet de voir que la justification normale des vertus est *téléologique*. On parle de justification *téléologique* pour désigner la structure normative selon laquelle *X* est justifié du fait du rôle nécessaire qu'il assume dans la réalisation d'une fin *Y*. Typiquement, dans le cas des vertus, celles-ci sont justifiées du fait de leur contribution au bien. Du point de vue d'une éthique des vertus[35], les êtres humains ont besoin de vertus afin d'agir selon le bien et de mener une vie bonne. Les vertus sont des traits de caractère qu'il est nécessaire de posséder pour pouvoir réaliser convenablement le bien.

Je ne m'intéresse pas à la question de savoir si l'éthique des vertus est une bonne théorie morale en général. Je défends en revanche qu'il est nécessaire que les enseignantes et les enseignants développent et actualisent certaines vertus. Il s'agit de vertus *professionnelles*. Le bien qui rend nécessaire la possession de ces vertus n'est donc pas le bien de l'agent ou un bien moral en général, mais le bien spécifique impliqué dans la relation pédagogique, c'est-à-dire la formation de l'autonomie des élèves. Certes, il est probable que, pour pouvoir exercer ces vertus dans le cadre professionnel, il faut que les enseignantes et les enseignants disposent de ces vertus en général au moins dans une certaine mesure. Mais mon argument se contente d'affirmer l'importance de ces vertus du point de vue professionnel et non en général. Il est nécessaire que les enseignantes et les enseignants développent et actualisent certaines vertus en vue de contribuer convenablement à la formation de l'autonomie des enfants.

Un argument classique pour défendre l'importance de cultiver certaines vertus affirme que, dans la vie morale concrète, les situations dans lesquelles

---

34. La validité du concept de vertu a été remise en question par des psychologues et des philosophes situationnistes (pour qui les traits situationnels sont bien plus explicatifs des conduites des individus que les traits de caractère). Il n'est cependant pas évident que leurs arguments soient décisifs [Snow, 2010].

35. On considère souvent que l'éthique des vertus est, avec le déontologisme et le conséquentialisme, l'une des trois grandes familles de théorie morale. Le déontologisme et le conséquentialisme privilégient une approche centrée sur l'action, selon la question « qu'est-ce qu'un agent *doit* faire ? ». Le déontologisme justifie l'action en référence à certains principes qu'il convient de respecter ou d'honorer (la dignité humaine par exemple). Le conséquentialisme la justifie en référence à certains biens qu'il convient de promouvoir (le bonheur par exemple). L'éthique des vertus privilégie une approche centrée sur l'agent, selon la question « qu'est-ce qu'être une *bonne* personne ? ». Elle s'intéresse aux qualités qu'une personne doit posséder pour mener une vie digne d'être vécue.

les personnes doivent agir sont si complexes et si singulières qu'il n'est pas possible de guider leur action en se référant seulement à quelques principes moraux abstraits. De plus, il n'est ni possible ni souhaitable d'anticiper et d'évaluer précisément toutes les conséquences probables de telle action ou de telle règle. Il importe plutôt que les personnes fassent preuve de discernement moral afin de réagir de manière appropriée à des situations complexes, spécifiques et inédites.

Quoi que vaille cet argument en général, il me semble pertinent s'agissant des enseignantes et des enseignants. Une éthique des vertus enseignantes est nécessaire parce qu'au-delà de quelques cas assez évidents et, pour cela même, peu problématiques (devoir d'obéissance des élèves, devoir de justice et d'équité pour les enseignantes et les enseignants, etc.), les normes que l'on peut directement inférer de l'engagement à promouvoir l'autonomie sont très générales et peu susceptibles de fournir, par elles seules, des orientations pratiques suffisantes. Il est impossible de déduire d'un tel engagement des normes pratiques précises qui aurait l'allure de prescriptions explicites. Il est par exemple impossible de se prévaloir de cet engagement pour trancher entre différentes approches pédagogiques. Les situations d'enseignement dépendent à la fois du profil des élèves (âge, personnalité, compétences, difficultés, etc.), de la dynamique de classe, de la personnalité des enseignantes et des enseignants, etc., si bien que toute prescription est vouée à être trop générale pour être appropriée aux contextes spécifiques d'enseignement. Ce qui importe, alors, c'est que les enseignantes et les enseignants actualisent certaines vertus leur permettant d'agir convenablement dans ces contextes complexes et spécifiques. La fin est fixée, la formation de l'autonomie des élèves. Mais les contextes varient suffisamment pour que la réalisation de cette fin ne puisse pas dépendre seulement de la mise en œuvre de normes abstraites. Il faut que les enseignantes et les enseignants actualisent les qualités leur permettant d'apprécier convenablement chaque contexte, d'identifier les facteurs pertinents, etc., afin de tendre vers cette fin.

Il n'est pas possible de développer ici une éthique complète des vertus enseignantes. Je me contenterai d'indiquer que ces vertus sont de deux types différents. Certaines sont proprement morales. La formation de l'autonomie suppose une attention particulière à l'état psychologique et au bien-être des élèves. Les élèves profiteront d'autant plus des contextes d'agentivité contrôlée et, plus largement, des situations d'apprentissages aménagés pour eux qu'ils seront confiants et conscients de la finalité poursuivie par l'enseignante et l'enseignant. Certaines vertus comme le tact, la sollicitude, l'équité ou la constance relèvent de ce type de vertus. D'autres sont intellectuelles. La formation de l'autonomie ne dépend pas seulement de l'état psychologique et moral de l'enfant, elle dépend tout autant de la rigueur de l'exposition des connaissances enseignées, de la progressivité et de la cohérence des apprentissages, etc. À cet égard, il serait oiseux de prétendre distinguer trop fermement une dimension pédagogique ou didactique et une dimension disciplinaire. Les choix pédagogiques ou didactiques ne peuvent être justifiés qu'en référence aux connaissances qui doivent être transmises[36] [Boillot et Le Du, 1993]. On pourra citer, parmi ces vertus, la clarté d'exposition, la rigueur intellectuelle ou la pertinence. D'autres vertus me semblent également importantes comme le courage intellectuel et l'impartialité. J'ai défendu l'importance, du point de vue de la formation de l'autonomie morale, de ne pas éviter en classe les questions socialement vives et, plus largement, les questions controversées. Face à ces questions, il importe particulièrement que les enseignantes et les enseignants actualisent de telles vertus[37]. On peut suggérer que la qualité proprement pédagogique d'un enseignement dépend de l'exercice conjoint de ces deux types de vertus.

Il vaut la peine d'en dire un peu plus sur les vertus intellectuelles exigibles des enseignantes et des enseignants. Leur justification suppose l'articulation de deux perspectives.

D'une part, en tant que vertus professionnelles, ces vertus intellectuelles sont justifiées en vue de la formation de l'autonomie des élèves. En particulier, elles doivent favoriser un enseignement convenable et efficace des savoirs. À cet égard, il existe peut-être des vertus intellectuelles générales qui ne sont pas directement exigibles des enseignantes et des enseignants[38]. Après tout,

---

36. Si ce chapitre semble dissocier trop fermement ces deux dimensions, c'est une simple conséquence du mode d'exposition choisi : la question du curriculum et des savoirs qui doivent être enseignés à l'école sera traitée dans le prochain chapitre. De plus, il faut se garder de l'excès inverse qui conduirait à nier toute spécificité à la dimension pédagogique ou didactique, excès représenté par exemple par les propositions affirmant que la maîtrise disciplinaire suffit pour bien enseigner, ce qui revient à nier toute spécificité aux contextes d'enseignement et à la relation pédagogique.

37. Je remercie Stéphane Dunand d'avoir attiré mon attention sur ce point.

38. Pour une introduction à la question générale des vertus intellectuelles en français, voir Engel [2019] ; Pouivet [2020].

les vertus intellectuelles sont celles qui sont requises par la connaissance, et la connaissance possède d'autres dimensions que le seul enseignement (comme la recherche, l'application, etc.). Les vertus intellectuelles enseignantes sont *dirigées vers la formation de l'autonomie des élèves,* ce qui n'est pas nécessairement le cas de toutes vertus intellectuelles.

D'autre part, dans la mesure où la formation de l'autonomie des élèves suppose que ceux-ci s'approprient convenablement certains savoirs pertinents, ces savoirs en tant que tels imposent une contrainte normative spécifique. On peut parler de principe de conformité au savoir de référence[39]. Tout savoir implique des contraintes *objectives.* Il mobilise des concepts, des procédures, un style de raisonnement, des critères de validation, etc., propres. Une connaissance est conforme au savoir de référence si elle reflète et intègre ces contraintes objectives[40]. Un enseignement doit viser l'acquisition par les élèves de connaissances conformes au savoir de référence visé. Par exemple, dans le cadre d'un enseignement de géométrie, le savoir géométrique fixe une norme de correction. Il faut parler d'angles et non de coins, de droites et de segments et non de traits, etc. Ce qui importe, c'est que les élèves acquièrent des connaissances conformes à ce savoir de référence. En l'occurrence, ici, qu'ils s'approprient le lexique spécifique du savoir géométrique. Pour que les élèves acquièrent des connaissances conformes aux savoirs de référence, il faut que les enseignantes et les enseignants respectent, dans leur enseignement, les contraintes objectives à ces savoirs de référence.

---

39. La clarification de ce principe de conformité pose des problèmes qu'il n'est pas possible d'aborder ici. En particulier, l'enseignement implique la *didactisation* du savoir, c'est-à-dire une présentation de celui-ci en vue de le rendre enseignable. Cette didactisation suppose de faire des choix et une hiérarchisation : quels sont les « éléments » ou les items fondamentaux qui méritent d'être enseignés en premier ? Quels sont au contraire les items secondaires ? De même, l'enseignement peut justifier une présentation simplifiée, voire approximative, du savoir visé dans le but de fixer des cadres de référence qui seront révisés par la suite. Il n'est pas facile de clarifier comment le principe de conformité permet de résoudre ces difficultés. Je tends à croire que ces difficultés ne sont pas insurmontables et pourraient être levées en se dotant d'une version sophistiquée de ce principe.

40. Ici, je mobilise une distinction entre savoir et connaissance que je n'utilise pas de manière systématique ailleurs parce qu'elle ne m'est pas nécessaire. Selon cette distinction, le savoir désigne l'ensemble de ce qui est connaissable, en particulier, des propositions, des théories, des concepts et des procédures plus ou moins stabilisés. La connaissance désigne le corrélat subjectif de ce savoir chez un être humain. Une personne a des connaissances mathématiques quand elle maîtrise convenablement certains pans du savoir mathématique.

Les vertus intellectuelles enseignantes sont *sensibles à l'objectivité des savoirs de référence*[41].

La justification des vertus intellectuelles exigibles des enseignantes et des enseignants doit être référée à la formation de l'autonomie des élèves *et* à l'objectivité des savoirs de référence. Il ne suffit pas qu'une enseignante ou un enseignant se soucie de mettre les élèves en activité afin qu'ils construisent leur savoir. Il se pourrait très bien que l'activité ne soit pas bien paramétrée, par exemple qu'elle ne permette pas de construire une connaissance conforme au savoir de référence. Il ne suffit pas non plus de maîtriser et d'exposer convenablement ce savoir de référence. Il se pourrait que, faute d'une approche pédagogique et didactique pertinente, les élèves échouent à se l'approprier. Il faut que ces deux perspectives soient articulées. Les vertus intellectuelles exigibles des enseignantes et des enseignants visent une telle articulation.

Pourquoi, finalement, les enseignantes et les enseignants ont-ils besoin de vertus ? Ils en ont besoin pour assurer la qualité des trois processus impliqués dans la relation pédagogique : le processus d'enseignement, le processus d'éducation et le processus d'apprentissage. En tant qu'ils sont investis de l'autorité scolaire, les enseignantes et les enseignants ont la responsabilité de contribuer au déploiement approprié de ces processus. Celui-ci dépend de nombreux facteurs (âge des élèves, personnalité des élèves et de l'enseignante ou de l'enseignant, climat de classe, hétérogénéité de la classe, savoir enseigné, etc.). Cette pluralité de facteurs pertinents explique pourquoi toutes les situations d'enseignement sont complexes et spécifiques. Pour faire face à de telles situations, il importe que les enseignantes et les enseignants développent et actualisent des vertus professionnelles, à la fois morales et intellectuelles.

Si cette théorie des vertus enseignantes est juste, il s'ensuit qu'il existe une corrélation robuste entre autonomie des enseignantes et des enseignants d'un côté et formation de l'autonomie des élèves de l'autre. Les contextes

41. Cette insistance sur l'importance des normes objectives qui régissent les savoirs à enseigner n'implique pas de nier ou de passer sous silence les importants débats épistémologiques dont ces savoirs peuvent être l'objet. Au contraire, la connaissance de ces débats est sans doute constitutive d'une compréhension fine de ces domaines. Cependant, elle n'a probablement sa place qu'assez tardivement dans le cursus scolaire puisqu'une compréhension étendue d'un domaine de connaissance est sans doute requise pour apprécier convenablement la valeur de ces débats épistémologiques.

d'enseignement sont trop spécifiques et divers pour pouvoir être régulés par des prescriptions normatives trop précises et rigides. Cette régulation ne peut se faire que grâce à la mise en œuvre de certaines vertus par les enseignantes et les enseignants. Cette mise en œuvre peut et doit être comprise comme une forme d'autonomie professionnelle : la responsabilité des pratiques d'enseignement incombe, en dernière analyse, aux enseignantes et aux enseignants qui doivent être libres de choisir les approches, dispositifs, etc. Mais cette autonomie ne signifie pas une liberté absolue. Elle est bien normativement orientée vers la formation de l'autonomie des élèves. Je préciserai l'extension de cette autonomie enseignante dans le prochain chapitre.

Il s'ensuit deux conséquences importantes quoique semblant emprunter des directions opposées. D'une part, puisque des prescriptions précises sont inadéquates pour réguler finement les pratiques enseignantes, celles-ci ne sauraient être légitimement soumises à des injonctions trop spécifiques concernant la « bonne » façon d'enseigner. L'autonomie des enseignantes et des enseignants est impliquée par la relation d'autorité éducative. D'autre part, dans la mesure où les pratiques enseignantes sont justifiées à la condition de contribuer effectivement à la formation de l'autonomie des élèves, celles-ci sont toujours soumises à la critique potentielle. Il n'est jamais assuré que telle approche, tel dispositif, etc., contribue autant à la formation de l'autonomie des élèves qu'on l'espérait. Il peut produire des effets qu'on n'avait pas anticipés et qui annulent ou relativisent les bénéfices qu'on en attendait. En ce sens, les pratiques enseignantes sont principiellement ouvertes à la critique. Mais la valeur de toute critique est fonction du degré de compréhension qu'elle manifeste des difficultés que pose toute éducation qui prend au sérieux l'autonomie des enfants[42]. Dès lors que l'on admet que l'autonomie enseignante est fondée sur leur capacité à évaluer les raisons pour ou contre telle approche, dispositif, etc., on admet aussi que toute évaluation peut être controversée et discutée. Ces deux conséquences (l'affirmation de l'autonomie des enseignantes et des enseignants et l'exposition des pratiques enseignantes à des critiques

42. En ce sens, on peut raisonnablement penser qu'une forme de contrôle horizontal par les pairs, solidaire d'une perspective de formation mutuelle, peut être au moins aussi bonne, du point de vue de la régulation des pratiques enseignantes, qu'un contrôle vertical par l'administration, par exemple par le biais d'un corps d'inspection.

potentielles), bien qu'empruntant des directions opposées, sont donc compatibles. Elles ne sont que les deux faces d'une même pièce.

Quoi qu'il en soit, il me semble qu'une théorie des vertus enseignantes est un élément incontournable dans la « morale du professeur » [Prairat, 2013]. L'exercice de ces vertus permet d'articuler, de spécifier et de concrétiser les normes générales qui doivent guider les attitudes et les actions des enseignantes et des enseignants dans des contextes toujours spécifiques. De plus, il permet de préciser comment le développement d'une culture des droits à l'école peut être possible. Ce développement ne peut pas passer par la reconnaissance de droits opposables rigides aux élèves. De tels droits risqueraient de bloquer le déploiement approprié de la relation pédagogique. Le développement de la culture des droits à l'école doit passer par la mise en œuvre de ces vertus par les enseignantes et les enseignants. Celle-ci doit permettre que les élèves développent un sentiment justifié de leur égale dignité. En exerçant ces vertus, les enseignantes et les enseignants, non seulement accordent une attention égale à toutes et tous, mais aussi participent efficacement et visiblement à la formation de l'autonomie de chacun et chacune.

Si j'ai raison d'affirmer l'importance de ces vertus du point de vue du déploiement approprié de la relation pédagogique, la question se pose de savoir comment elles s'acquièrent et à quel point elles doivent être un critère de sélection pour les candidates et les candidats à l'enseignement. Il serait hors de propos de proposer ici un plan idéal de formation et de recrutement des enseignantes et des enseignants. Il me semble toutefois que ces considérations plaident pour un recrutement qui ne serait pas seulement fondé sur la maîtrise des connaissances disciplinaires. Il doit l'être aussi sur la base d'une mise en œuvre suffisante de certaines vertus. Comme les vertus s'acquièrent grâce à l'exercice répété, cela supposerait que les futurs enseignantes et enseignantes aient l'occasion de réaliser de nombreux stages d'observation et de pratique accompagnée au cours de leur formation.

Récapitulons. La relation d'autorité éducative est une relation normative. Elle est justifiée en référence à la valeur d'autonomie. Les pratiques enseignantes ne peuvent pas être justifiées en référence à des raisons politiques, morales ou personnelles (par exemple, en référence à l'importance que revêtent pour les enseignantes et les enseignants certaines valeurs comme la pudeur ou certaines revendications controversées, comme la lutte contre le capitalisme). Seule leur contribution à la formation de l'autonomie des élèves peut les justifier. Cette relation normative implique l'attribution de droits et devoirs généraux aux enseignantes et enseignants et aux élèves. Mais ces droits et devoirs ne sont pas des guides normatifs suffisants pour orienter de façon satisfaisante les pratiques enseignantes. En effet, ils ne sont pas assez sensibles aux contextes d'enseignement spécifiques de la classe. Ceux-ci sont complexes et changeants si bien que les moyens de contribuer effectivement à la formation de l'autonomie ne sont pas évidents. C'est pourquoi les enseignantes et les enseignants doivent aussi être guidés par des raisons qui tiennent compte de toutes les caractéristiques contextuelles pertinentes (profil de la classe et des élèves, acquis scolaires antérieurs, didactique des savoirs, etc.). En ce sens, des pratiques contribuant effectivement à la formation de l'autonomie des élèves dépendent étroitement de la sensibilité des enseignantes et des enseignants aux raisons qui plaident pour telle approche, tel dispositif, etc., dans telle situation spécifiquement. Cette sensibilité aux raisons pertinentes peut être appelée vertu[43].

CONCLUSION

Dans ce chapitre, j'ai essayé de dégager quelques implications pratiques d'une conception instrumentaliste de l'autorité éducative. J'ai en particulier soutenu que le développement de ces compétences et de ces attitudes passe par l'aménagement de contextes d'agentivité contrôlée par les enseignantes et les enseignants et, plus largement, par la confrontation des élèves à des tâches, activités et apprentissages dont la complexité est paramétrée afin de leur opposer une résistance cognitive significative mais pas insurmontable.

J'ai aussi insisté sur l'importance que représente la mise en place d'une culture des droits à l'école. Cette culture doit permettre à chaque élève de développer le sentiment de son égale dignité. La mise en place de cette culture des droits dépend essentiellement de l'exercice, par les enseignantes et les enseignants, de certaines vertus.

En somme, j'ai voulu élucider, dans les sections précédentes, ce que je propose de qualifier de paradoxe de l'école démocratique. Ce paradoxe peut

---

43. Dans cette section, je me suis inspiré librement de la présentation « en cascade » des normes de la croyance proposée par Pascal Engel [2019].

s'énoncer ainsi : l'école n'est pas et ne peut être un espace pleinement démocratique ; la relation d'autorité éducative est irréductiblement asymétrique ; cette asymétrie est clairement incompatible avec le principe démocratique selon lequel la voix de chaque individu doit se voir reconnaître le même poids[44] ; toutefois, l'école, pour autant qu'elle contribue effectivement à la formation de l'autonomie des élèves, assume une fonction importante dans toute société démocratique ; en effet il semble raisonnable d'espérer que des citoyens de démocratie soient aptes à l'exercice de l'autonomie.

Le paradoxe de l'école démocratique tient donc à cela que l'école est une institution non strictement démocratique sans laquelle une société démocratique ne peut être viable (s'il est juste de penser qu'un régime démocratique doit être soutenu par des individus ayant développé les compétences et acquis les savoirs permettant le bon fonctionnement des institutions). Cela étant, ce paradoxe n'est qu'apparent. Il n'y a aucune contradiction entre la reconnaissance de l'asymétrie impliquée par la relation d'autorité éducative et la socialisation démocratique ou la formation de l'autonomie[45]. Ces finalités imposent cependant des contraintes normatives fortes à la validité de cette relation.

Il reste à présent à approfondir l'autre niveau constitutif de la formation de l'autonomie, à savoir l'acquisition de connaissances pertinentes. Ce sera l'objet du chapitre suivant.

---

44. Cette proposition n'est pas consensuelle. La célèbre école de Summerhill, décrite par NEILL [1970], était par exemple régie par un conseil réunissant adultes et enfants, délibérant collectivement, chaque voix ayant exactement le même poids. Neill défend l'idée d'une école démocratique. Je me contenterai de deux remarques. D'abord, ce chapitre donne des raisons de penser qu'un tel fonctionnement est très discutable (le prochain chapitre en donnera d'autres). Ensuite, il est loin d'être clair que les voix des adultes et des enfants soient égales à l'école à tout point de vue, ne serait-ce que parce que les responsabilités administratives et pédagogiques incombent *in fine* aux adultes. En ce sens, mieux vaut, pour éviter l'équivoque, parler d'une école accordant une large place aux procédures de délibération démocratique plutôt que d'une école démocratique « tout court ».

45. En toute rigueur, ces deux finalités ne sont pas identiques. Il n'y a pas de raison *a priori* pour qu'une école visant la formation de l'autonomie coïncide exactement avec une école permettant la socialisation démocratique, sauf à supposer que l'autonomie suffit à (ou du moins est le cœur de) la socialisation démocratique, ce qui ne va pas de soi. Dans ce livre, j'ai accordé une priorité justificationnelle à la formation de l'autonomie. J'espère cependant que ce chapitre établit suffisamment que ces deux finalités, bien que différentes, convergent. En particulier, si la formation de l'autonomie ne suffit pas à une socialisation démocratique, elle en est certainement un élément décisif. Une école engagée en faveur de la démocratie comme telle soulève toutefois d'autres difficultés que je n'aborde pas ici directement [LAVAL & VERGNE, 2021].

IV

LE CURRICULUM DE L'AUTONOMIE

INTRODUCTION

Dans le chapitre précédent, j'ai commencé à clarifier la façon dont l'autonomie des élèves doit être prise au sérieux à l'école. Je me suis concentré sur les attitudes associées à l'adoption de perspectives appropriées à l'agentivité autonome. Ce faisant, je ne me suis pas engagé sur le terrain des connaissances et, plus largement, des contenus cognitifs substantiels qui doivent être transmis à l'école afin qu'elle contribue effectivement à la formation de l'autonomie de toutes et tous. C'est ce que je ferai dans ce chapitre.

On parle conventionnellement de *curriculum* pour désigner l'ensemble des savoirs transmis à l'école. « Curriculum » et « programme scolaire » ne sont pas strictement équivalents. Un programme scolaire est un document institutionnel, essentiellement prescriptif, à destination des enseignantes et des enseignants. Le curriculum est plutôt un concept théorique qui vise à saisir la cohérence entre les contenus de connaissance enseignés, leurs modalités d'enseignement et leur organisation au sein d'un cursus. Il peut faire l'objet d'une analyse *descriptive*, notamment selon une perspective sociologique. On distinguera alors, par exemple, le curriculum *prescrit* ou *formel*, désignant les connaissances dont on prescrit la transmission, le curriculum *en acte* ou *réel*, désignant les connaissances réellement enseignées ou acquises à l'école, le curriculum *caché*, désignant tout ce que les élèves apprennent de fait à l'école sans que cet apprentissage soit explicitement programmé et prescrit, et le curriculum *invisible*, désignant le type de rapport à la culture et au savoir qui est supposé pour réussir à l'école sans être l'objet d'un enseignement explicite [Netter, 2018 ; Vitale, 2022]. L'une des questions essentielles de ces études est de comprendre les rapports différents que les élèves entretiennent au savoir scolaire en fonction de leur socialisation familiale et, plus largement, de différentes variables sociologiques. Le curriculum peut aussi faire l'objet d'une analyse *normative*, selon une perspective philosophique. L'enjeu est alors d'identifier les finalités que doit poursuivre le curriculum et, sur cette base, de formuler des recommandations curriculaires normativement justifiées.

Au chapitre II, j'ai expliqué que l'autorité éducative n'est justifiée qu'à la condition de contribuer à la formation de l'autonomie de celles et ceux qui y sont soumis. Par conséquent, le curriculum doit être organisé de façon à contribuer à cette formation de l'autonomie. Cette affirmation n'est pas triviale. L'autonomie est un bien *moral*. Un curriculum de l'autonomie ne vise pas à ce que les élèves soient bien équipés pour réussir dans la vie, pour s'insérer socialement ou professionnellement, pour être heureux ou pour être de bons citoyens. Plus exactement, s'il peut contribuer à la réalisation de ces finalités, ce n'est que dans la mesure où elles recoupent la formation de l'autonomie. Il s'agit donc de savoir quels apprentissages sont nécessaires afin de devenir apte à l'exercice de l'autonomie.

L'autonomie doit être comprise comme une finalité *ouverte*. Un système scolaire qui vise la formation de l'autonomie vise la réalisation d'un type de bien particulier, à savoir un bien qui consiste, pour une personne, à être capable de choisir et de poursuivre des biens moralement significatifs sur la base d'évaluations personnelles. Si un engagement en faveur de l'autonomie est perfectionniste, au sens où il exclut certaines conceptions du bien qui relativisent ou rejettent la valeur de l'autonomie, il n'implique pas une conception du bien très substantielle [Escudier et Pélabay, 2016]. Cet engagement signifie que toutes les personnes doivent être capables de choisir et de poursuivre la conception du bien qui leur semble la meilleure au terme d'un examen rationnel. Un curriculum de l'autonomie est donc engagé à former cette capacité chez tous les élèves.

1. QUE CONCLURE DES ÉTUDES CRITIQUES DU CURRICULUM?

Toute tentative pour justifier normativement certaines orientations curriculaires se heurte à ce qu'on peut appeler le doute sceptique concernant le curriculum. Ce doute porte sur la possibilité d'en proposer une justification objectivement valide. Si ce scepticisme est légitime, alors il est inutile d'invoquer une justice curriculaire, c'est-à-dire une organisation du curriculum qui soit également respectueuse des intérêts fondamentaux de chacune et chacun. Il est donc nécessaire de répondre à ce doute si l'on pense qu'il y a un sens à parler de justice curriculaire.

Ce doute est généralement étayé par des études critiques du curriculum. Celles-ci tendent à montrer qu'il n'est jamais neutre politiquement et idéologiquement. Il doit être réinscrit dans son contexte de production. Il apparait alors comme le résultat, plus ou moins stabilisé, de rapports de force sociaux. Loin d'être une simple organisation rationnelle des apprentissages prescrits, le curriculum reflète les intérêts, les perspectives et la culture de certains groupes sociaux dominants. Ce faisant, il est injuste parce qu'il ne traite pas équitablement toutes les personnes. Plus encore, le curriculum est partie prenante d'un système de domination sociale. En plus de ne pas traiter équitablement les intérêts légitimes de toutes et tous, il contribue à légitimer et à invisibiliser les relations sociales de domination [Althusser, 1976]. Il prescrit l'enseignement de certaines connaissances, de certaines méthodes, de certaines pratiques et de certaines normes plutôt que d'autres. Ce faisant, celles-ci sont posées comme légitimes, valides et dignes d'être transmises. Inversement, les connaissances et pratiques dont le curriculum ne prescrit pas l'enseignement sont disqualifiées et posées comme invalides et illégitimes. Le curriculum doit donc être reconduit au rôle qu'il remplit comme dispositif de contrôle social. Cette approche a notamment été promue, de manière différente, par des champs de recherche comme la *New Sociology of Education* [Whitty & Young, 1976][1] et par les *Critical Curriculum Studies* [Au, 2011].

Une discussion précise de ces travaux dépasse de beaucoup les ambitions de cet essai. Je me contenterai de quelques remarques visant à expliquer pourquoi je ne crois pas que ces travaux fournissent une objection insurmontable au projet d'une justification normative du curriculum.

Tout d'abord, il faut distinguer une interprétation modérée et une interprétation forte des résultats de ce genre d'études. Celles-ci se distinguent en fonction du degré de scepticisme qu'elles manifestent concernant la

---

1. Il faut noter que Michael Young, père fondateur de la *New Sociology of Education*, a pris, plus tard, ses distances avec ce courant [Vitale, 2022].

possibilité de formuler des orientations curriculaires valides. L'interprétation modérée maintient cette possibilité ouverte, même si l'étude critique du curriculum invite à la plus grande prudence, dans la mesure où toute prescription normative peut être biaisée en faveur de certains groupes [Apple, 2018]. L'interprétation forte, quant à elle, se montre sceptique concernant cette possibilité elle-même. Elle doute plus radicalement de l'idée de normes objectives, constitutives de la connaissance, de la rationalité et de la moralité, susceptibles de justifier des prescriptions curriculaires objectivement valides [Giroux, 2005].

L'interprétation modérée de ces études n'implique aucune objection insurmontable concernant le projet d'une justification normative du curriculum. Au contraire, elle fournit des connaissances utiles et invite à une saine prudence. Elle enjoint en particulier à prêter une attention particulière aux revendications des personnes dominées et marginalisées, afin de s'assurer que les recommandations curriculaires formulées ne négligent pas leurs intérêts fondamentaux et leur perspective. L'interprétation forte, en revanche, est incompatible avec un tel projet car elle nie la possibilité de formuler des recommandations et des prescriptions qui puissent échapper à la particularité de certaines perspectives situées. La question est de savoir s'il y a des raisons valables de souscrire à cette interprétation forte.

Je ne crois pas que de telles raisons existent. D'abord, cette interprétation forte semble solidaire d'une position relativiste qui paraît intenable [Boghossian, 2009]. Il importe, à cet égard, de bien distinguer deux thèses. La première soutient que toutes les personnes ont une perspective *située* sur le monde. Celle-ci dépend de certaines caractéristiques qui ne sont pas universellement partagées (sexe, race, classe, culture, etc.). Or, certaines perspectives ont davantage de chances que d'autres d'accéder à l'espace public et de s'imposer. Cela conduit à invisibiliser et à disqualifier certaines expériences et certaines connaissances liées à des perspectives dominées, ce qui est constitutif d'une injustice épistémique [Fricker, 2007]. Selon cette première thèse, il convient donc de prendre au sérieux les perspectives situées des personnes dans la mesure où elles sont porteuses d'intérêts et de connaissances pertinentes et légitimes. Cette thèse ne pose aucun problème du point de vue d'une justification du curriculum et paraît, au contraire, parfaitement valable. Elle pointe les risques de ce qu'on pourrait appeler la partialité et la cécité épistémiques, c'est-à-dire les risques que le curriculum accorde une priorité arbitraire à certaines connaissances élaborées et promues par les groupes dominants, voire qu'il se montre incapable de reconnaître et d'intégrer certaines formes de savoir valides qui sont élaborées et promues par les groupes dominés. Si la justification d'un curriculum de l'autonomie est possible, elle doit éviter ces deux vices.

La seconde thèse soutient que toute proposition doit être interprétée exclusivement comme l'expression de la perspective située de la personne qui la formule et ne saurait prétendre à une validité indépendante de cette perspective. Cette thèse nie la possibilité de définir des normes objectives et des critères publics et partagés sur la base desquels formuler des propositions dont la validité est indépendante des perspectives à partir desquelles elles sont formulées. Cette thèse relève d'un relativisme extrême qui est contradictoire. Il est incontestable que la production de la connaissance et l'écriture des programmes d'enseignement n'échappent pas aux luttes sociales et qu'elles sont liées à des contextes sociaux particuliers. Il serait naïf de croire que le curriculum traduit immédiatement les réquisits de la rationalité et de la connaissance objective. En revanche, il n'y a pas de raison de croire à l'impossibilité de la connaissance objective. Ce serait céder à ce qu'il est convenu d'appeler un sophisme génétique. Les théories scientifiques sont bien des constructions sociales en ce sens qu'elles sont le produit d'agents sociaux, occupant des positions particulières, ayant des projets particuliers, des stratégies et des perspectives particulières. Il est incontestable qu'une part du succès de certaines théories scientifiques ne s'explique pas seulement par des raisons épistémiques. Pour autant, on ne saurait nier l'existence et la validité de normes épistémiques qui ne peuvent pas être reconduites à de simples expressions de rapports de force sociaux. C'est en dernière analyse pour des raisons épistémiques et non morales ou politiques que des théories comme la phrénologie ont été abandonnées[2]. Une discussion plus longue et plus serrée serait nécessaire, mais elle m'éloignerait trop des objectifs de cet essai. Dans la suite de ce chapitre, j'admettrai sans justification supplémentaire que cette sorte de relativisme est faux.

---

2. Cette remarque trop rapide ne vise pas à nier les apports précieux des différentes études critiques des sciences qui ont pointé l'existence de nombreux biais dans les pratiques scientifiques [Longino, 2001]. Il s'agit simplement, là encore, de faire la part entre une interprétation modérée et une interprétation forte de ces apports.

On peut ajouter une seconde remarque. L'interprétation forte paraît incapable de justifier son propre engagement normatif. Elle est motivée par une préoccupation morale légitime, celle de reconnaître la validité et l'égale dignité de toutes les formes de l'expérience humaine sans introduire entre elles de hiérarchie arbitraire et injuste. Qui suis-je pour affirmer que les remèdes traditionnels ont moins de valeur que la médecine scientifique? Le recours à ces remèdes s'inscrit dans des pratiques sociales spécifiques, riches et complexes et qui ne méritent pas moins d'être reconnues et respectées que d'autres pratiques sociales. Évaluer ces remèdes à l'aune de leur scientificité ou de leur efficacité testée dans un contexte expérimental contrôlé, c'est manquer ou nier l'essentiel de ce qui constitue leur valeur aux yeux de celles et ceux qui y recourent et qui tient à leur inscription dans un réseau dense de significations partagées. Toute prétention à affirmer que certaines connaissances ou pratiques sont plus légitimes que d'autres et donc plus dignes d'être transmises doit être tenue pour suspecte. Il n'existe pas de point de vue de Sirius à partir duquel évaluer impartialement les différentes formes d'expérience humaine. Privilégier telle ou telle forme est donc toujours arbitraire. C'est favoriser ou marginaliser certains groupes de manière injuste.

En tenant ce genre de position, cependant, l'interprétation forte paraît engagée à soutenir un scepticisme concernant la normativité en général. Mais un tel scepticisme implique l'impossibilité de justifier la préoccupation morale qui le motive. L'égale dignité de toutes et tous et le droit de chacun et chacune à la reconnaissance ne vont pas de soi et requièrent une justification spécifique. Or celle-ci n'est possible qu'à la condition de ne pas céder à un scepticisme généralisé concernant la normativité. Seule l'interprétation modérée paraît dès lors défendable.

Ces considérations ne visent pas à opposer une fin de non-recevoir aux études critiques du curriculum. Au contraire, je suis convaincu que celles-ci sont nécessaires et doivent être prises au sérieux si l'on souscrit à un engagement sincère en faveur de l'autonomie. Celui-ci commande par exemple de se rendre attentif à la façon dont le curriculum formel, c'est-à-dire prescrit, est élaboré et effectivement mis en œuvre dans les établissements scolaires et à la façon dont il est approprié par les élèves. La persistance d'inégalités scolaires massives peut être interprétée comme le signe que les élèves s'approprient très inégalement le curriculum en fonction de leur origine sociale. Si l'on souscrit à la thèse selon laquelle le curriculum joue un rôle décisif dans la formation de l'autonomie des individus, on ne peut négliger les études qui visent à expliquer les inégalités face au curriculum.

De même, un curriculum de l'autonomie est engagé à promouvoir l'autonomie de *toutes* et *tous*. Ce faisant, il se doit de prendre au sérieux les études qui identifient des biais en faveur de certains groupes. La question se pose, par exemple, de savoir à quel point les curricula actuels sont biaisés en faveur des hommes [Mozziconacci, 2022]. Des analyses sociologiques ont établi que l'espace scolaire est un lieu où les enfants construisent des dispositions et des goûts genrés. Or cette construction n'est pas seulement le fait des interactions entre les enfants, elle est aussi causée par des prescriptions et des pratiques plus ou moins conscientes des enseignantes et des enseignants qui peuvent contribuer à affirmer la validité de rôles de genre dont on sait qu'ils sont clairement défavorables aux femmes, notamment du point de vue de l'autonomie[3] [Duru-Bellat, 2017]. De ce fait, un curriculum de l'autonomie ne peut pas et ne doit pas être aveugle concernant le genre. On pourrait faire la même remarque concernant la classe et la race[4].

En revanche, il ne semble pas qu'il faille se montrer trop sceptique concernant la possibilité de formuler des recommandations curriculaires justifiées. Il convient d'être prudent lorsqu'on le fait. Toute proposition

3. À cet égard, la division genrée du travail d'enseignement pose un problème difficile. Il existe une forte surreprésentation des femmes parmi les enseignantes et les enseignants, particulièrement dans l'enseignement primaire. De plus, au sein de l'enseignement secondaire, on sait que certaines disciplines sont plus enseignées par des hommes ou des femmes et, corrélativement, sont associées à des stéréotypes de genre. Or ces associations pèsent dans les choix d'orientation des élèves. Cette répartition genrée est susceptible d'avoir des effets délétères sur la formation de l'esprit critique des enfants, leur capacité à formuler des conceptions du bien personnelles et à développer une appréciation équitable des perspectives de chacune et chacun. En ce sens, cette division genrée du travail d'enseignement est bien un problème de justice. Il n'est pas aisé de savoir comment contrer ce processus. Amy Gutmann [1999] plaide pour une prise en compte de l'identité sexuelle des candidates et des candidats dans les concours de recrutement. Ces constats plaident aussi pour une augmentation des niveaux de rémunération des enseignantes et des enseignants puisqu'on sait que les professions mieux rémunérées sont davantage investies par les hommes.

4. Ces questions sont souvent l'objet de polémiques médiatiques peu informées. Il n'y a rien de très subversif à analyser la manière dont une œuvre littéraire par exemple met en scène certains rôles traditionnels, s'adresse à un certain public dont on présuppose certaines caractéristiques, promeut certaines valeurs plutôt que d'autres, etc. De même, une attention aux perspectives des femmes ou des personnes colonisées par exemple, dans le cadre d'un cours d'histoire, permet de restituer la complexité des situations.

doit être soumise à la critique et peut se révéler, à l'examen, biaisée ou inacceptable pour des raisons qu'on n'avait pas pu ou pas su envisager. Mais il n'y a là rien que de très normal s'agissant d'une discussion portant sur des questions normatives.

2. TEST D'INDISPENSABILITÉ ET CURRICULUM DE L'AUTONOMIE

Dans la section précédente, j'ai exposé rapidement les raisons de ne pas souscrire au doute sceptique concernant le curriculum. L'argument était essentiellement négatif. Il reste à savoir sur quel fondement justifier positivement un curriculum déterminé. L'autorité éducative et scolaire n'est justifiée qu'à la condition de contribuer à la formation de l'autonomie de celles et ceux qui y sont soumis. Par conséquent, il en va de même pour le curriculum scolaire. Dans cette section, je voudrais clarifier une contrainte préalable que doit satisfaire un curriculum de l'autonomie.

Dans le chapitre précédent, j'ai distingué trois dimensions de l'autonomie (morale, cognitive et relationnelle) qui peuvent et doivent faire l'objet d'une attention particulière à l'école. Cependant, ces dimensions sont trop générales pour fournir un principe de détermination du curriculum. Elles ne sont pas clairement articulées à des prescriptions curriculaires spécifiques. Elles sont transversales et dénotent plutôt des attitudes appropriées à l'adoption de perspectives impliquées dans l'agentivité autonome. Ce faisant, elles ne fournissent pas un critère suffisant pour déterminer l'organisation et le contenu d'un curriculum de l'autonomie.

Tout curriculum sélectionne certaines formes culturelles et en prescrit la transmission[5]. Par formes culturelles, il faut entendre un ensemble cohérent de concepts, de connaissances, de compétences, de croyances, de références, de dispositions et de pratiques constitutives de réseaux de significations partagées par un groupe de personnes plus ou moins étendu. Ces formes culturelles sont socialement construites. Elles sont élaborées au cours de l'histoire et évoluent avec elle. Les plus notables d'entre elles

5. Comme je l'explique dans la section suivante, la situation est en fait un peu plus complexe. Le curriculum ne se contente pas de sélectionner et de transmettre comme telles des formes culturelles présentes dans l'espace social. Il les recontextualise dans une perspective scolaire et, ce faisant, en produit de spécifiques. Cette subtilité n'est pas essentielle pour l'argument de cette section.

sont souvent articulées à des institutions qui contribuent, directement ou indirectement, à les perpétuer et à les légitimer, comme les institutions religieuses, politiques ou scolaires. Il s'agit donc de savoir quelles formes culturelles un curriculum engagé en faveur de l'autonomie doit transmettre.

Il existe un grand nombre de formes culturelles. Beaucoup d'entre elles sont susceptibles, d'une manière ou d'une autre, de contribuer positivement à la formation de l'autonomie. Toutefois, ce n'est pas une raison suffisante pour les inscrire toutes au curriculum. D'abord, ce serait courir le risque que le curriculum devienne à la fois démesuré et informe. Ensuite, et surtout, il n'y a pas de raison que ce soit l'école en particulier qui se charge de la transmission de toutes ces formes culturelles. L'institution scolaire étant *contraignante*, il faut un argument supplémentaire pour justifier l'inscription de certaines formes culturelles au curriculum.

Cet argument peut être qualifié de *test d'indispensabilité.* Il soutient que seules doivent être inscrites au curriculum les formes culturelles qui sont *fondamentales* pour la formation de l'autonomie des individus et dont la transmission auprès de toutes et tous n'a pas (ou peu) de chance d'être assurée sans un système institutionnel contraignant spécifiquement dédié à une telle transmission[6]. Une forme culturelle est fondamentale pour la formation de l'autonomie si elle y contribue significativement et si, sans elle, la formation de l'autonomie personnelle de toutes et tous serait impossible ou grandement compliquée. Le test d'indispensabilité vise à s'assurer que la contrainte impliquée dans la soumission à l'autorité scolaire est bien moralement acceptable. Elle l'est à condition d'être nécessaire pour produire ce bien moral qu'est l'autonomie personnelle.

Ce test ne fait que reprendre, dans le contexte éducatif, un argument libéral classique. Cet argument soutient qu'une institution publique contraignante et coûteuse n'est justifiée que 1) si elle permet de réaliser un bien commun qui ne serait pas réalisé autrement ; 2) si les contraintes et les coûts imposés par cette institution ne constituent pas un fardeau excessif ou inéquitable pour tout ou partie des personnes qui doivent en assumer la charge ; et 3) si les effets collatéraux de cette institution ne nuisent pas excessivement à la réalisation d'autres buts légitimes des personnes.

6. Cet argument d'indispensabilité est implicitement présent dans les deux arguments (de la complexité sociale et de la socialisation différenciée) que je donne, au chapitre 2, en faveur d'une autorité éducative distribuée entre les familles et l'État.

Ce test n'est pas trivial. Il fournit un critère pour déterminer si telle ou telle forme culturelle doit être inscrite au curriculum. Il peut par exemple fournir une raison supplémentaire, outre le principe de neutralité, de rejeter l'éducation religieuse hors du curriculum scolaire. Il est possible que l'éducation religieuse puisse contribuer positivement à la formation de l'autonomie des personnes. Mais, que ce soit juste ou non, l'école n'est pas indispensable à la transmission de cette forme culturelle. Les institutions religieuses peuvent s'en charger. Par conséquent, il n'y a pas raison d'inscrire l'éducation religieuse au curriculum[7].

De manière plus originale, cet argument justifie aussi un rejet ou, du moins, une forte relativisation de l'importance souvent accordée à la formation professionnelle à l'école. Il n'est certes pas absurde d'inclure dans l'autonomie personnelle la capacité à assumer des responsabilités professionnelles. Après tout, une personne incapable d'exercer de telles responsabilités serait privée de ressources économiques et sociales essentielles et verrait ses perspectives de vie significativement dégradées. Pour autant, il est loin d'être évident que l'école soit indispensable à la formation professionnelle. Celle-ci pourrait aussi bien être assurée par les acteurs privés intéressés à employer les personnes après leur sortie du système scolaire ou par des institutions spécialisées, publiques ou privées, au terme de la scolarité obligatoire[8]. Bien évidemment, il y a un intérêt économique des acteurs privés à se décharger d'une partie de la formation professionnelle sur le système scolaire. Mais cet intérêt ne passe pas le test d'indispensabilité.

On pourrait objecter qu'en rejetant du curriculum toute perspective professionnelle, on risque de compliquer l'accès à l'emploi des personnes, notamment de celles ne poursuivant pas leurs études après la fin de la scolarité obligatoire. Mais cette objection inverse l'ordre de la causalité. Les difficultés éventuelles d'insertion professionnelle sont d'abord la conséquence du manque d'opportunités sur le marché de l'emploi et non

7. La situation serait différente si l'on pouvait établir 1) que l'éducation religieuse est fondamentale du point de vue de la formation de l'autonomie des personnes (une personne privée d'éducation religieuse ne pourrait pas être apte à l'exercice de l'autonomie ou pas convenablement) et 2) que d'autres institutions que l'école sont dans l'impossibilité de fournir convenablement une telle éducation. Ces deux propositions sont très largement douteuses.
8. Pour une proposition intéressante d'articulation entre scolarité commune longue et formation professionnelle post-baccalauréat, voir Terrail [2023].

de l'insuffisance de la formation professionnelle des jeunes [Hugrée & Poullaouec, 2022]. Cette objection repose sur la prémisse selon laquelle il n'existe qu'un mode possible d'accès à l'emploi : celui de la formation de compétences professionnelles et, plus largement, de l'employabilité. Mais il existe un autre mode d'accès à l'emploi, le mode scolaire : c'est d'abord l'acquisition de connaissances et de savoir-faire généraux qui garantit la valeur économique de la personne. Je reprendrai le fil de cet argument dans la section 4.

Dans cette section, j'ai défendu que les items dont le curriculum prescrit l'enseignement doivent passer le test d'indispensabilité. Ce test stipule que ces items 1) doivent être fondamentaux du point de vue de la formation de l'autonomie et 2) ne seraient pas enseignés ou transmis à toutes et tous correctement à moins d'être inscrits au curriculum. La question est donc de savoir quels items passent le test avec succès.

3. CULTURE SCOLAIRE ET AUTONOMIE

Avant de développer dans les sections suivantes une argumentation positive en faveur de l'idéal de l'éducation libérale, je voudrais préciser le sens de la culture scolaire et la manière dont elle peut et doit contribuer à la formation de l'autonomie. Pour cela, je procéderai en deux temps. J'indiquerai d'abord rapidement quelques caractéristiques de la culture scolaire que j'ai négligées dans la section précédente. Ceci fait, je montrerai ensuite pourquoi certaines conceptions envisageables de cette culture ne sont pas de bonnes candidates pour élaborer un curriculum de l'autonomie. Cela me permettra de dégager par contraste certaines contraintes que doit satisfaire la culture scolaire transmise par un curriculum de l'autonomie.

Parler de « transmission » de formes culturelles, comme je l'ai fait jusqu'à présent, ouvre en réalité la voie à des malentendus. Le terme semble suggérer que cette opération consiste simplement à sélectionner, parmi les formes culturelles présentes dans la société, celles qui sont dignes d'être enseignées et à les transmettre comme telles, sans altération. Par exemple, le curriculum pourrait se donner pour mission de transmettre certaines connaissances en physique ou en histoire. Pour cela, il sélectionnerait parmi la masse des connaissances disponibles celles qui doivent être transmises prioritairement et rien de plus.

Mais cette interprétation n'est guère plausible. Le curriculum opère en décontextualisant certaines formes culturelles prévalant dans l'espace social et en les recontextualisant dans un cadre scolaire [Vitale, 2022]. Cette opération n'est pas neutre. Elle suppose de faire des choix à deux niveaux. D'abord, évidemment, au niveau des formes culturelles qui doivent être transmises. Faut-il ou non enseigner l'histoire, le droit, la psychologie, etc.[9] ? Ensuite, et surtout, on doit choisir la manière dont cette transmission s'opère. La recontextualisation des savoirs suppose de décider la manière dont ces savoirs doivent être enseignés. L'histoire enseignée à l'école n'est pas identique à celle qui est produite par les historiennes et les historiens. Mais comment devrait-elle être enseignée ? Faut-il insister sur la connaissance des dates ? Sur l'histoire politique, sociale, économique, culturelle ? Quels exercices doivent accompagner cet enseignement ? Comment ces connaissances doivent-elles être présentées ? Faut-il les présenter comme des faits établis ou insister sur la manière dont elles dépendent de questionnements et de méthodologies spécifiques ? Toutes ces questions relèvent de ce qu'on appelle classiquement la transposition didactique, c'est-à-dire l'ensemble des opérations qui rendent le savoir enseignable.

Des travaux d'histoire [Chervel, 1998] et de didactique [Denizot, 2021] ont montré que la culture scolaire transmise par le curriculum doit donc être comprise comme une *production* culturelle originale qui n'est pas qu'une simple sélection-transmission de formes culturelles préexistantes. Les disciplines scolaires ne sont pas des déclaques de domaines de savoir objectivement découpés subsistant dans le ciel des idées ou dans les départements universitaires, mais des constructions socio-historiques originales dont l'identité est étroitement corrélée à leur dimension scolaire. André Chervel montre ainsi que la grammaire scolaire n'est pas du tout la simple transposition scolaire de la grammaire générale, comprise comme science du langage. Elle est une production *ad hoc*, indissociable du projet

9. Les formes culturelles inscrites au curriculum ne sont pas toutes des *disciplines*. Les disciplines sont des formes culturelles complexes qui présupposent de nombreuses connaissances qui doivent être enseignées dès le début de la scolarisation [Laparra & Margolinas, 2016]. Par exemple, les compétences relevant de la littératie, c'est-à-dire de la maîtrise de la lecture et de l'écriture, sont liées à des formes culturelles fondamentales sans relever d'une discipline en particulier. Je privilégie des exemples disciplinaires parce que mon propos ne relève pas de la didactique. Ces exemples sont probablement plus familiers du lecteur ou de la lectrice.

d'alphabétisation de la société. Ses catégories visent moins la compréhension du langage que la maîtrise de l'orthographe [Chervel, 1977, 2006].

En somme, l'école produit un ensemble de savoirs, d'habiletés et de dispositions spécifiques. Or ce point doit être l'objet d'une attention particulière. Tous les savoirs ne sont pas également intéressants du point de vue d'un curriculum de l'autonomie. Je montrerai dans la section 5 comment la formation de l'autonomie dépend de la manière dont cette recontextualisation contribue à produire une connaissance *puissante*.

Ce point étant clarifié, je voudrais à présent exposer rapidement deux manières de concevoir le curriculum qui ne correspondent pas à ce qu'on est en droit d'espérer d'un curriculum de l'autonomie. Cela permettra, par contraste, de dégager quelques contraintes qu'un tel curriculum devra satisfaire.

La première manière de concevoir le curriculum que je voudrais analyser dépend d'une conception *perfective* de la culture scolaire[10]. Selon elle, la culture que l'école doit transmettre est comprise comme l'ensemble des caractéristiques et des dispositions d'un esprit *cultivé*, parmi lesquelles on peut citer des connaissances et des compétences cognitives générales, la maîtrise de références légitimes empruntées à des domaines divers, une pertinence et un raffinement du jugement, etc. Cette conception est clairement normative. Elle permet de formuler des orientations curriculaires précises. Elle justifie par exemple un curriculum orienté vers l'acquisition et le développement de ces caractéristiques et dispositions à un haut niveau de perfectionnement. L'école serait indispensable pour faire de toutes et tous des personnes cultivées.

Toutefois, cette conception de la culture scolaire n'est pas satisfaisante du point de vue d'un curriculum de l'autonomie. Il n'y a pas de raison de penser que le degré de perfectionnement et de raffinement impliqué dans cette conception perfective soit fondamental pour former l'autonomie. Il ne s'agit pas de dire que les biens culturels ne sont pas de vrais biens, ni que la capacité à jouir convenablement de certains d'entre eux ne requiert pas, parfois, un haut degré de raffinement. En revanche, la jouissance convenable de ces biens ne contribue pas clairement à la formation de l'autonomie. Par exemple, on ne voit pas pourquoi une personne qui ne serait pas capable d'identifier convenablement le style gothique flamboyant

10. J'emprunte le terme à Forquin [1989].

serait, toutes choses égales par ailleurs, moins apte à l'exercice de l'autonomie qu'une autre qui en est capable. Une personne apte à l'exercice de l'autonomie n'est pas nécessairement une personne cultivée. En ce sens, la conception perfective n'est pas une bonne candidate pour élaborer un curriculum de l'autonomie.

Une deuxième manière de concevoir le curriculum dépend d'une acception *traditionnaliste* de la culture scolaire. La culture que l'école doit transmettre est comprise comme un ensemble de connaissances, de pratiques, de valeurs, d'institutions, qui a été sélectionné à travers le temps au sein d'une communauté particulière et qui est constitutif de l'identité collective de celle-ci. Selon cette conception, le curriculum devrait être ordonné à la transmission de ce qui a le plus de valeur objectivement dans une culture spécifique. Là aussi, cette conception est clairement normative. Elle justifie par exemple de privilégier certaines références en raison de leur importance du point de vue d'une culture particulière ou de viser explicitement à faire aimer ces traditions par les élèves et faire en sorte qu'ils les endossent.

Pour être justifiée, la conception traditionnaliste doit fournir un argument normatif en faveur de la valeur des traditions. Un argument classique consiste à montrer que les traditions furent la condition par laquelle les êtres humains du passé purent réaliser des œuvres extraordinaires. De plus, les traditions sont des significations partagées qui sont constitutives de la manière dont les personnes se comprennent et orientent leur action dans un contexte particulier. Elles fournissent des normes et des valeurs permettant de réguler les interactions entre les personnes [Shils, 1981]. En visant à conserver et transmettre ces traditions, le curriculum vise à permettre aux enfants d'interagir et de se doter d'une conception du bien reconnue dans un contexte culturel particulier. La transmission et la conservation des traditions doivent prévenir le développement de l'anomie, c'est-à-dire l'état d'une personne qui ne dispose pas des ressources morales pour s'orienter convenablement dans le monde et donner un sens à son existence [MacIntyre, 2012]. Il existe évidemment de nombreuses variantes de cette conception, suivant la nature des traditions retenues comme pertinentes.

Cette conception de la culture scolaire n'est pas satisfaisante du point de vue d'un curriculum de l'autonomie. D'abord, la manière dont la transmission des traditions contribue à la formation de l'autonomie n'est pas claire. La manière la plus plausible de l'expliquer consiste à soutenir que les traditions constituent un ensemble de connaissances, de dispositions, de croyances et de références que doit posséder un agent pour pouvoir agir de manière pertinente et significative dans une configuration sociale particulière, informée par des normes culturelles spécifiques. Les sociétés humaines ne se distinguent pas seulement par leur configuration géographique ou institutionnelle : elles se caractérisent aussi par des spécificités culturelles. Or l'agentivité autonome est toujours contextuelle. On agit dans un contexte déterminé caractérisé par la prégnance d'une culture spécifique. Par conséquent, un système scolaire engagé à promouvoir l'autonomie doit aussi transmettre les éléments les plus saillants et les plus pertinents de la culture dominante dans la société. En le faisant, il prépare les élèves à agir de manière autonome dans un environnement culturel particulier.

Toutefois, cette explication n'est pas satisfaisante. Elle se heurte à deux objections majeures au moins. D'abord, on peut parfaitement souscrire à la prémisse selon laquelle l'agentivité autonome est nécessairement sensible au contexte sans être engagé envers la conclusion. Il est en effet loin d'être évident que la transmission de connaissances relatives au contexte doive se faire *selon une perspective traditionnaliste*. Ainsi, on peut admettre sans problème que, du point de vue de la formation de l'autonomie, l'enseignement de l'histoire de France et de l'Europe intéresse plus les élèves français que celui de l'histoire du Pérou. Mais cela n'implique nullement que cet enseignement doive viser à faire aimer l'histoire de France ou à susciter chez les élèves un sentiment d'identification[11]. Au contraire, cette sensibilité au contexte est parfaitement compatible, par exemple, avec l'adoption de perspectives critiques. De deux choses l'une : ou bien un certain item doit être inscrit au curriculum du fait de ses caractéristiques pertinentes du point de vue de la formation de l'autonomie et le curriculum n'a alors rien de traditionnaliste, ou bien il doit l'être du fait de la relation spéciale qu'il entretient avec une tradition spécifique et on ne voit pas clairement

11. Sur l'enjeu épistémologique et politique de l'identification à la nation, on pourra consulter Hulak [2023]. Pour une défense classique de l'importance, du point de vue de la formation morale, de l'identification des élèves à l'histoire nationale, on pourra consulter Durkheim [2012].

ce qui justifie cette inscription. Il est difficile de ne pas suspecter cette perspective d'ethnocentrisme et de partialité[12].

Ensuite, la défense d'une acception traditionnaliste du curriculum repose implicitement sur la thèse suivant laquelle la conservation et la transmission de la tradition sont également dans l'intérêt de toutes et tous. Mais cette thèse est très fragile. Au contraire, les régulations sociales traditionnelles sont parfaitement solidaires de formes de domination et de hiérarchie très inégalitaires. C'est en particulier le cas du point de vue des perspectives des femmes qui ont souvent été confinées dans des positions subalternes [Moller Okin, 2008]. Il va de soi que ce trait des traditions est incompatible avec un engagement en faveur de la formation de l'autonomie personnelle de toutes et tous.

Il ne s'agit pas de nier toute valeur aux traditions. Mais un curriculum engagé en faveur de l'autonomie ne saurait viser la conservation et la transmission de ces traditions comme telles. Il implique au contraire l'entretien d'un rapport critique à celles-ci.

Il vaut la peine de relever rapidement quelques conséquences curriculaires du rejet des conceptions perfective et traditionnaliste. Le curriculum ne doit pas viser au développement d'un raffinement du goût ou d'une expertise du jugement propre à la personne « cultivée ». Cela n'implique certes pas qu'il faille rejeter du curriculum la formation du goût ou l'idée de transmettre certaines connaissances concernant l'histoire des arts ou les humanités par exemple. Mais ce qui importe du point de vue d'un curriculum de l'autonomie, ce n'est pas que les personnes soient capables d'un jugement raffiné et subtil. Cette faculté de juger n'est importante que dans la mesure où elle contribue à la formation de l'autonomie. Et pour autant qu'elle y contribue, il suffit qu'elle soit suffisamment développée pour que les personnes puissent par elles-mêmes, si elles le souhaitent, la cultiver plus tard.

De même, un curriculum de l'autonomie n'est pas sensible à la valeur de la tradition comme telle. Il ne suffit pas que certaines œuvres ou références soient associées à une tradition particulière pour justifier qu'elles soient

12. Spitz [2022] identifie à raison, dans l'insistance récente sur la transmission des valeurs de la République à l'école, un dévoiement néoconservateur et différentialiste de celles-ci qui est solidaire du renforcement des inégalités socio-économiques. Ogien [2014] y voit pour sa part la marque d'un paternalisme incompatible avec le respect de la liberté de chacune et chacun.

inscrites au curriculum. Il faut montrer que cette inscription est requise pour la formation de l'autonomie. Il n'y a pas de raison par exemple de ne retenir que des œuvres nationales pour l'enseignement littéraire ou artistique[13]. Seules les propriétés objectives de l'œuvre et leur pertinence du point de vue de la formation de l'autonomie sont importantes.

Les conceptions perfective et traditionnaliste du curriculum ne sont pas satisfaisantes parce qu'elles échouent à produire le genre de connaissances, de dispositions et de pratiques qu'un curriculum engagé en faveur de l'autonomie doit produire. Un tel curriculum n'est pas intéressé directement à la valeur des formes culturelles *en soi* ou *du point de vue de la conservation de notre tradition*, mais seulement *du point de vue de la formation de l'autonomie personnelle*.

4. UNE DÉFENSE DE L'IDÉAL DE L'ÉDUCATION LIBÉRALE

Dans la section précédente, j'ai rejeté les conceptions perfective et traditionnaliste au motif qu'elles ne satisfont pas à ce qu'on attend d'un curriculum de l'autonomie. Il faut maintenant déterminer plus précisément ce qui est nécessaire à la formation de l'autonomie. Dans cette section, je défendrai la pertinence de l'idéal de l'éducation *libérale*.

Comme je l'ai indiqué dans l'introduction de cet essai, cette formule est sujette à malentendu. L'idéal libéral en éducation affirme avant tout que l'éducation ne doit pas viser des buts utilitaires, professionnels ou autres, mais qu'elle doit viser un bien *moral*. Ce bien peut être interprété diversement dans le détail mais, pour l'essentiel, l'idéal libéral soutient que l'éducation doit viser à ce que les élèves s'approprient des connaissances objectives parce que cette appropriation est *bonne*. En particulier, il soutient que l'appropriation de ces connaissances est constitutive de la liberté et de la vertu de l'agent. Cet idéal n'entretient pas de relation nécessaire avec le libéralisme politique ou économique. On peut défendre cet idéal sans embrasser le libéralisme politique ou économique. C'est le cas de Platon. On peut à l'inverse adhérer au libéralisme politique et économique sans

13. Une exception concernerait par exemple un travail portant sur le style ou la poétique d'un texte qui seraient perdus ou dégradés s'il était traduit. Mais cela ne concerne qu'une faible part du travail scolaire.

être engagé en faveur de l'idéal libéral en éducation. C'est notamment le cas de celles et ceux qui soutiennent que l'éducation devrait être comprise comme une forme d'investissement économique et, par conséquent, que les institutions scolaires devraient viser la formation du capital humain [Becker, 1964]. Ma position relève de l'idéal libéral en éducation tout en s'inscrivant dans la tradition du libéralisme politique.

Il existe plusieurs manières de comprendre l'idéal libéral en éducation. Sans entrer dans les détails, il me semble important de souligner que la conception que je défends ici est plus *instrumentaliste* que la plupart des conceptions classiques. Celles-ci soutiennent en général que c'est la valeur objective de la connaissance (ou de certaines connaissances) qui justifie de les inscrire au curriculum. C'est parce que la connaissance est bonne qu'elle contribue à la formation morale. Conformément à l'approche adoptée dans cet essai, je soutiens qu'il ne suffit pas d'établir que la connaissance a objectivement de la valeur pour l'inscrire au curriculum. Il faut montrer que cette connaissance contribue positivement à la formation de l'autonomie. Ce faisant, c'est à la condition qu'elle serve à l'autonomie que cette connaissance doit être inscrite au curriculum. Il me semble parfaitement possible (et même très plausible) que la maîtrise de nombreuses connaissances dotées d'une valeur objective ne contribue pas significativement à la formation de l'autonomie (ou ne soit pas fondamentale pour elle). Dans ce cas, j'affirme que ces connaissances, quoiqu'elles soient, par hypothèse, dotées d'une valeur objective, ne devraient pas être inscrites au curriculum.

Si je m'inscris dans la lignée de l'idéal libéral en éducation (et pas dans celle de l'instrumentalisme pédagogique de Dewey, par exemple, que je discute plus loin), c'est parce que j'insiste sur l'importance des connaissances élaborées et *désintéressées* du point de vue de la formation de l'autonomie. Je crois que l'interprétation courante de l'instrumentalisme pédagogique échoue à rendre compte de la manière dont la connaissance élaborée et désintéressée peut contribuer à l'autonomie.

On considère souvent que le système scolaire doit viser à préparer les élèves à mener une vie professionnelle active. Dans la section 2, j'ai mentionné une raison de douter de la légitimité d'inscrire la formation professionnelle au curriculum. Elle ne passe pas le test d'indispensabilité. Toutefois cette objection peut ne pas paraître suffisante. Après tout, un système scolaire qui ne prépare pas du tout les personnes à la vie professionnelle peut sembler vain ou élitiste. Certes, les connaissances qu'il transmet peuvent être dotées de valeur objective. Mais si elles ne contribuent en rien à améliorer les perspectives de vie des personnes, notamment leur aptitude à faire preuve d'autonomie hors de l'école, en particulier dans le monde professionnel, elles sont inutiles. Qui ne s'est jamais demandé à quoi ça sert « en vrai » de savoir distinguer entre un adjectif épithète et apposé ? On serait alors fondé à douter de la légitimité d'instaurer un système scolaire contraignant destiné à les transmettre.

Fort heureusement, cette inquiétude n'est pas justifiée. Elle repose sur une fausse alternative : ou bien des connaissances et des compétences ont explicitement une visée professionnelle ou pratique et alors leur utilité va de soi ; ou bien elles sont désintéressées et leur utilité est nulle par manque d'application concrète. Mais c'est omettre que les connaissances désintéressées peuvent être, comme telles, utiles d'un point de vue professionnel. Plus encore, elles peuvent sans doute l'être plus que des connaissances et des compétences explicitement professionnelles.

Il faut clarifier ce qu'on entend par ces connaissances et compétences professionnelles. L'expression désigne les connaissances et les compétences propres à un domaine professionnel spécifique. Il est indéniable qu'une formation professionnelle précoce facilitera l'insertion dans ce domaine d'activité. Plus largement, il est plausible qu'une telle formation augmentera l'aptitude de la personne à prendre des décisions informées et pertinentes sans contrôle direct ni instructions explicites, c'est-à-dire à faire preuve d'autonomie dans le contexte professionnel. Cependant, le revers d'une telle formation précoce est le risque que les personnes se trouvent pour ainsi dire « rivées » à la profession pour laquelle elles ont été formées. Les connaissances et compétences requises pour être ferronnier ne sont pas celles qui sont requises pour être mécanicienne ou ébéniste. Les connaissances et compétences d'un domaine ne sont pas aisément transposables dans un autre. Or une personne autonome est capable de ne pas subir sa vie comme un destin. Cela ne signifie pas qu'elle doit être capable d'embrasser n'importe quelle profession du jour au lendemain sans formation préalable. Ce serait impossible. En revanche, une personne qui serait rivée à une profession (ou à l'inactivité) faute de disposer des ressources lui permettant de se reconvertir, alors même qu'elle le souhaiterait, verrait son autonomie limitée. Une formation initiale trop étroitement dirigée vers un domaine professionnel spécifique limite les ressources dont les personnes disposent pour envisager une telle reconversion. L'inscription de connaissances et de compétences explicitement *professionnalisantes* au curriculum ne permet donc pas de favoriser l'autonomie personnelle. Celle-ci doit être comprise comme une finalité ouverte incompatible avec une spécialisation professionnelle précoce[14].

Cet argument appelle au moins deux précisions[15]. Premièrement, mon rejet d'une professionnalisation précoce est justifié sur la base des conséquences négatives qu'elle aurait nécessairement sur l'autonomie des personnes (certaines risqueraient d'être « rivées » à une profession spécifique et donc de subir leur vie comme un destin). Il n'est pas fondé sur un refus de reconnaître toute valeur aux connaissances et compétences technologiques ou manuelles. Il n'y a aucune raison de rejeter *a priori* l'inscription de telles connaissances et compétences dans le curriculum. Au contraire, il y a des raisons de penser que le développement d'habiletés techniques et d'une culture technologique est une composante essentielle de l'autonomie personnelle [Simondon, 2012]. Autant que leur rapport au monde, les interactions entre les êtres humains sont fortement structurées par la technologie. Exclure les enseignements technologiques de la formation à l'autonomie serait donc parfaitement inacceptable. J'expliciterai ces raisons dans la section suivante.

Deuxièmement, il convient de préciser en quel sens je parle de connaissances *désintéressées*. Cette expression risque de suggérer une sorte d'élitisme, voire d'aristocratisme, exprimé parfaitement par la formule de Théophile Gautier selon laquelle « il n'y a vraiment de beau que ce qui ne peut servir à rien ». Selon cette interprétation, une connaissance ne pourrait être dite désintéressée qu'à la condition de n'avoir aucune implication pratique immédiate. Je ne souscris pas à cette interprétation. Je parle de connaissances désintéressées en un sens plus modeste et négatif. Une connaissance enseignée à l'école est désintéressée dans la mesure

14. On pourrait objecter à cet argument que la garantie d'un droit de formation tout au long de la carrière permet de compenser les inconvénients d'une professionnalisation précoce. Cependant, cette objection n'est pas recevable car cette sorte de formation ne saurait compenser des acquis fondamentaux initiaux trop fragiles. Ce faisant, la gamme d'options que cette formation peut offrir sera toujours restreinte. Inversement, une formation initiale assurant des acquis fondamentaux solides à toutes et tous offre une gamme d'options bien plus étendue [Poullaouec, 2010]. Bien évidemment, ceci n'implique pas qu'il ne faille pas *aussi* garantir un droit de formation tout au long de la carrière. J'argumenterai en ce sens dans le chapitre suivant.

15. Je remercie Stéphane Dunand de m'avoir indiqué que ces remarques étaient nécessaires. Elles clarifient grandement le sens de mon argument.

où son enseignement ne doit pas être dédié à transmettre aux élèves des connaissances ou des compétences visant directement et prioritairement une fin utilitaire. Par exemple, il me semble parfaitement acceptable qu'un enseignement porte sur le fonctionnement d'un circuit électrique. Dans ce cadre, il peut être légitime d'amener les élèves à construire un circuit, non seulement en reliant des éléments d'un circuit (ampoule, générateur, interrupteur, etc.), mais aussi en construisant certains de ces éléments (une carte électronique, par exemple). Dans le cadre d'un tel enseignement, il est clair que les élèves apprendraient beaucoup de connaissances techniques et technologiques. Un tel enseignement n'en serait pas moins désintéressé, au sens où je prends ce terme, dès lors qu'il ne viserait pas à former des électriciens ou, plus largement des techniciens, mais à pourvoir toutes et tous d'une culture technologique.

Ces deux remarques valent aussi pour les connaissances et les compétences manuelles. Il n'y a pas de raisons de les rejeter d'un curriculum de l'autonomie. Au contraire, on peut raisonnablement soutenir que le travail manuel peut être constitutif d'une vie bonne et autonome [Crawford, 2010]. Il n'y a aucune raison de dévaloriser les savoirs qui y sont liés. Plus encore, on peut soutenir qu'une existence autonome suppose le développement d'une certaine puissance d'agir, c'est-à-dire de réaliser des fins pratiques requérant la mise en œuvre de techniques du corps. Ces techniques peuvent être développées grâce au travail manuel ou l'éducation physique par exemple. Là encore, de tels enseignements sont parfaitement compatibles avec le sens que je donne à « connaissances désintéressées », du moment qu'ils ne visent aucune spécialisation professionnelle[16].

Ces remarques me permettent aussi de clarifier la manière dont ma version instrumentaliste de l'idéal libéral se distingue de versions concurrentes de cet idéal. Très souvent, l'idéal libéral en éducation est solidaire

16. Si je souscris à de nombreux arguments de Crawford en faveur de la reconnaissance de la valeur du travail manuel, je ne partage pas sa critique de l'allongement de la scolarité qui viserait à produire des « manipulateurs de symboles ». Comme la section suivante l'établira, je crois essentiel, du point de vue de la formation de l'autonomie, que toutes et tous accèdent effectivement à des formes de savoir élaborées. Mais cela ne signifie pas que ces formes devraient constituer l'intégralité du curriculum de l'autonomie. Des enseignements technologiques, manuels, physiques et artistiques sont à la fois légitimes et nécessaires. Toutefois, le test d'indispensabilité implique que ces enseignements doivent viser prioritairement l'initiation et le développement de compétences fondamentales. Leur perfectionnement peut être réalisé hors de l'école et il n'y a donc pas de raison qu'ils occupent une place trop importante dans le curriculum de l'autonomie.

d'un engagement élitiste. Il oppose alors fortement les fonctions intellectuelles et manuelles. L'éducation libérale doit être réservée à une élite choisie et est essentiellement « intellectuelle » au sens élitiste que j'ai rejeté. La formation manuelle et technologique est fortement dévalorisée et réservée au « peuple ». Ma propre version de cet idéal rejette fermement cette opposition. Il me semble au contraire possible et nécessaire d'intégrer des connaissances technologiques et manuelles dans le curriculum de l'autonomie. Ce que je refuse, c'est la spécialisation. En un certain sens, un curriculum de l'autonomie participe à relativiser, sinon à dépasser, l'opposition entre travail intellectuel et travail manuel.

En somme, l'attention légitime accordée à la place que doit occuper l'autonomie professionnelle dans l'autonomie personnelle ne justifie pas une orientation professionnelle du curriculum. Elle ne justifie pas non plus la relativisation du poids accordé aux connaissances désintéressées bien comprises.

Cet argument est toutefois exposé à une objection. Des philosophes pragmatistes se montrent sceptiques concernant la cohérence d'un curriculum ordonné à la transmission de connaissances désintéressées. Ce projet reposerait sur une conception erronée de la connaissance. Selon cette conception, qualifiée de « spéculaire » [Rorty, 2017], connaître consiste à avoir une représentation mentale qui correspond adéquatement à la réalité et la reflète. Un curriculum ordonné à la transmission de connaissances désintéressées ainsi conçues devrait donner la priorité à la transmission de représentations adéquates du monde auprès des élèves. Mais, selon ces philosophes, ce serait gravement se méprendre sur la nature de la connaissance qui consiste non à contempler, mais à agir. Connaître une chose consiste à pouvoir agir sur elle de façon à produire certains effets désirés. La connaissance doit donc être conçue comme un *instrument* permettant de résoudre des problèmes [Dewey, 2012][17]. Elle est nécessairement intéressée.

Le rejet de la conception spéculaire de la connaissance au profit d'une conception centrée sur la résolution de problèmes a des implications

---

17. Cette critique lie étroitement des engagements épistémologiques relatifs à la nature de la connaissance et des orientations curriculaires. Même s'il n'est pas tout à fait possible d'éviter les questions épistémologiques, je voudrais que mon propos reste aussi agnostique que possible sur ces questions. C'est pourquoi je ne défends pas de théorie de la connaissance spécifique. Et je ne discuterai pas en détail la théorie de la connaissance défendue par Dewey et d'autres philosophes pragmatistes.

curriculaires significatives. L'essentiel n'est pas vraiment la transmission de connaissances *in abstracto*. Il s'agit plutôt de faire en sorte que tous les élèves développent des dispositions et des compétences leur permettant de résoudre des problèmes, par exemple en les formant à la démarche d'enquête [Dewey, 2018].

La pédagogie de projet est une traduction concrète de ce type d'approche [Kilpatrick, 2023][18]. Elle accorde peu d'importance à l'organisation disciplinaire du curriculum. Celui-ci doit plutôt être ordonné à la réalisation de projets par les élèves, projets autour desquels sont articulés différents apprentissages. Il s'agit par exemple de demander aux élèves d'écrire, de monter et de jouer une pièce de théâtre pour l'école. Pour ce faire, les élèves vont devoir mobiliser des ressources diverses. Il faut s'accorder sur un thème, effectuer des recherches sur les règles de mise en scène et les conventions d'écriture, écrire un texte long et cohérent respectant une trame narrative pertinente, effectuer des recherches historiques, concevoir les costumes et se procurer les matériaux nécessaires. Ces projets simulent les problèmes de la vie qui ne sont pas cloisonnés de façon disciplinaire. L'apprentissage efficace n'implique donc pas que les élèves soient confrontés à des savoirs disciplinaires fortement cloisonnés et coupés de la vie. Il requiert plutôt qu'ils s'initient à mobiliser et mutualiser des ressources diverses et hétérogènes pour réaliser des projets et résoudre des problèmes complexes. Cela dépend avant tout de la capacité des élèves à se coordonner et à mener une enquête démocratique, à intégrer les perspectives et les intérêts divers, afin d'aboutir à un résultat satisfaisant pour toutes et tous. Un cloisonnement disciplinaire trop fort du curriculum risque de bloquer le développement des compétences transversales impliquées dans la réalisation de projets et la résolution de problèmes. On parle parfois de curriculum centré sur les problèmes (*problem-centered curriculum*), qu'on oppose alors au curriculum centré sur les matières (*subject-centered curriculum*), lequel est organisé autour de disciplines spécifiques.

La question se pose donc de savoir s'il convient de souscrire pleinement à cette conception instrumentaliste de la connaissance et à ses implications

18. Si Kilpatrick se réclame explicitement de Dewey, il convient de noter toutefois que ce dernier a marqué des réserves vis-à-vis de la méthode des projets parce que, dans sa version initiale, elle négligerait le rôle de l'adulte dans la relation pédagogique. J'intègre cette critique dans la présentation que je fais de la pédagogie de projet dans ce paragraphe.

curriculaires. Celle-ci se présente comme une défense plausible d'un curriculum de l'autonomie. Une éducation à l'autonomie doit préparer les personnes à prendre en charge convenablement les différents problèmes auxquels elles seront confrontées. Or ces problèmes sociaux complexes et multidimensionnels ne ressemblent pas aux problèmes qui se posent au sein des disciplines scolaires cloisonnées (rédiger une dissertation, démontrer un théorème, etc.). De plus, ces problèmes sont imprévisibles et changeants. Il est donc impossible de déterminer en amont les connaissances qui seront requises pour leur résolution. Par conséquent, plutôt que des connaissances et des compétences purement scolaires, un curriculum de l'autonomie devrait accorder la priorité aux compétences transversales impliquées dans la résolution de problèmes, comme celles permettant d'apprécier la fiabilité d'une information, de formuler un problème, d'envisager différentes hypothèses et leurs implications, de tester ces hypothèses, de coopérer avec autrui, etc.

On peut néanmoins formuler des réserves à l'égard de cette conception. Elle repose sur l'hypothèse qu'il existe un certain nombre de compétences transversales qui peuvent être mobilisées dans des contextes très différents et qui peuvent être développées grâce à l'élaboration de projets et à la résolution de problèmes complexes. Mais il n'est pas évident que de telles compétences soient suffisantes pour structurer un curriculum de l'autonomie. L'appréciation de la valeur d'un argument dépend par exemple largement des connaissances que l'on a du domaine pertinent et des procédures de justification adéquates. Or ces connaissances doivent bien être acquises de façon préalable. Une centration du curriculum sur les seules compétences transversales risque de conduire à une dérive formaliste. Les compétences acquises par les élèves sont trop générales pour être réellement utiles pour résoudre des problèmes toujours spécifiques [McPeck, 1990]. Il est indéniable qu'un agent autonome doit être capable de mobiliser des ressources hétérogènes pour résoudre des problèmes complexes. Il est aussi plausible que certaines façons de centrer le curriculum sur la seule transmission de connaissances disciplinaires, sans se préoccuper de la manière dont les élèves peuvent se les réapproprier, ne contribuent pas efficacement à la formation de l'autonomie personnelle. Mais il ne s'ensuit pas qu'il faille accorder une place décisive à ces compétences transversales au détriment des savoirs abstraits.

Toutefois, si l'on veut répondre de manière convaincante à ces soupçons portant sur l'importance souvent accordée aux connaissances désintéressées dans le curriculum, on ne peut pas se contenter d'arguments négatifs. Il faut montrer comment la transmission de ces connaissances conditionne fondamentalement la formation de l'autonomie des personnes. On ne voit certes pas clairement comment la connaissance des lois de Kepler, la capacité à reconnaître le noyau d'une cellule au microscope ou l'aptitude à rédiger une dissertation sur l'engagement en littérature peuvent *fondamentalement* contribuer à la formation de l'autonomie.

Pour le formuler de manière ramassée, mon argument consiste à soutenir que l'acquisition de connaissances et de compétences désintéressées, sans visée utilitaire immédiate, permet le développement d'une capacité générale à acquérir des connaissances et des compétences spécifiques. Cette capacité générale est clairement pertinente du point de vue de l'autonomie personnelle, professionnelle ou autre[19]. Par exemple, d'un point de vue professionnel, elle permet d'envisager sereinement des évolutions de carrière et le passage d'un domaine à un autre, de même qu'elle favorise la prise d'initiative. Aussi, même si l'apprentissage de l'histoire ou de la physique n'est pas « utile » en un sens directement professionnalisant, il contribue peut-être davantage à former l'autonomie personnelle, y compris dans sa composante professionnelle, qu'un curriculum spécifiquement professionnel[20]. Selon cette ligne argumentative, un curriculum engagé à promouvoir l'autonomie devrait privilégier des connaissances désintéressées. L'acquisition de celles-ci serait corrélative du développement de cette capacité générale à apprendre et, d'une manière générale, d'une flexibilité intellectuelle et pratique favorable à l'autonomie, y compris professionnelle. Comment justifier plus précisément cet argument ?

La maîtrise d'un certain nombre de connaissances désintéressées est impliquée dans l'exercice de l'autonomie. Cette affirmation est triviale et relativement inoffensive. Il est plus difficile d'indiquer exactement quelles

19. Il s'agit là du versant positif de mon argument. Le versant négatif consistait à rejeter la thèse selon laquelle la spécialisation professionnelle précoce peut contribuer à la formation de l'autonomie.

20. Pour preuve, l'orientation des élèves vers une voie « professionnelle » est conçue, en France comme dans la plupart des autres pays, comme étant liée à l'incapacité supposée des élèves à poursuivre leurs études dans un cursus général ou technologique. Or l'obtention de diplômes généraux est associée à de meilleures perspectives professionnelles (en termes de rémunération, de pénibilité, de stabilité, etc.). L'argument liant autonomie personnelle et orientation professionnelle du curriculum est donc peu plausible d'un point de vue sociologique. Sur cette question, voir Poullaouec [2010].

connaissances sont nécessaires. Par exemple, on peut admettre que la compréhension des différents enjeux de société par rapport auxquels un citoyen ou une citoyenne devra prendre position requiert certaines connaissances historiques, sociologiques et économiques. Mais quelles connaissances *précisément* ?

Je crois qu'il est impossible de répondre à cette question ainsi formulée. On ne peut dresser une liste exhaustive des connaissances nécessaires et suffisantes à l'exercice de l'autonomie. Si on peut formuler quelques contraintes qui s'imposent à leur sélection (test d'indispensabilité, organisation progressive des apprentissages, etc.), ces contraintes restent trop générales et trop vagues pour permettre une déduction des connaissances à enseigner. Sur ce point, je crois donc qu'il faut souscrire à la critique instrumentaliste : il est impossible de savoir à l'avance quelles connaissances seront nécessaires à l'exercice de l'autonomie. Pour autant, cela ne signifie pas que n'importe quelle connaissance peut faire l'affaire. On peut par exemple soutenir qu'une connaissance de l'histoire contemporaine est plus importante que la connaissance de l'histoire médiévale. Mais quel degré de connaissance ? Et cela veut-il dire qu'il faille complètement rejeter du curriculum l'histoire médiévale ? Pas nécessairement. Sans ouvrir à un arbitraire absolu, je ne crois pas que des arguments suffisants puissent être avancés pour résoudre ces questions. Dans une certaine mesure, la détermination du contenu exact du curriculum doit être laissé à l'institution chargée d'en élaborer le contenu et aux enseignantes et aux enseignants chargés de l'enseigner. Je préciserai ce point dans la section 8.

En fait, cette indétermination relative du détail des connaissances à enseigner n'est pas menaçante. Si un curriculum de l'autonomie doit être centré sur la transmission de connaissances désintéressées, ce n'est pas essentiellement du fait du *contenu* exact de ces connaissances. C'est parce que l'*acquisition* de ces connaissances ne peut pas se faire sans développer des dispositions, des compétences et des stratégies intellectuelles qui sont directement impliquées dans la formation de l'autonomie. L'acquisition de ces connaissances est corrélative du développement de l'esprit et ce dernier est corrélatif de la formation de l'autonomie.

Cet argument peut sembler proche de la position instrumentaliste soutenue par Dewey. En un sens, il l'est. Il partage avec elle la relativisation de la valeur de la connaissance *en soi* pour la détermination du curriculum. Seule la valeur de la connaissance *du point de vue de l'autonomie* est pertinente[21]. Le point de divergence tient au rôle à accorder à la transmission de connaissances désintéressées indépendamment de leur mobilisation dans des problèmes ou des projets spécifiques. L'enseignement de la physique, de l'histoire et de toutes les autres disciplines peut être légitime, moins du fait de la valeur intrinsèque des connaissances transmises que du fait de l'intérêt, pour la formation de l'autonomie, des dispositions ou des styles de raisonnement qui sont cultivés par là. Je reprendrai plus précisément cet argument dans la section suivante.

Dans cette section, j'ai défendu une version de l'idéal de l'éducation libérale. Elle affirme que l'éducation a nécessairement une visée morale. Elle ne doit pas viser la professionnalisation ni, plus généralement, un but utilitaire. Elle doit viser la formation morale des êtres humains. Le rejet de toute visée utilitaire a souvent conduit les partisans de la conception libérale de l'éducation à défendre l'importance de l'enseignement de connaissances désintéressées et, typiquement, des humanités. Si je souscris à cet idéal, je crois qu'il faut interpréter cette visée morale de l'éducation comme une visée de l'autonomie. C'est parce que l'acquisition de connaissances et de compétences désintéressées contribue à la formation de l'autonomie qu'elle importe d'un point de vue curriculaire[22]. Il faut encore montrer, pour reprendre la belle formule de Michael Young, que la connaissance est *puissante* [Young, 2007].

5. LA PUISSANCE DE LA CONNAISSANCE ET LE CURRICULUM DE L'AUTONOMIE

Dans la section précédente, j'en suis resté à une formulation assez générale de l'argument selon lequel la transmission de connaissances désintéressées est favorable à la formation de l'autonomie. Mais je n'ai pas encore

---

21. Ce qui n'implique pas que la connaissance n'a pas de valeur en soi. Dewey rejetterait aussi cette thèse au nom d'arguments épistémologiques et méta-éthiques. Toutefois, mon argument ne porte que sur le curriculum et n'est pas engagé envers des options épistémologiques ou méta-éthiques particulières.
22. Ce qui implique que cette éducation libérale doit être garantie à toutes et tous. Comme je l'ai dit, les défenses classiques de l'éducation libérale sont souvent tolérantes vis-à-vis (voire solidaires) de formes d'élitisme la réservant à une minorité. Cette perspective est inacceptable s'il est vrai que cette éducation libérale contribue fondamentalement à l'autonomie des personnes et que l'autonomie est un bien moral premier pour toutes et tous.

montré précisément pourquoi. Avant d'en développer dans les deux sections suivantes les implications curriculaires pour l'enseignement secondaire et primaire[23], je consacrerai cette section à expliciter la théorie de la connaissance puissante développée par Michael Young. J'expliquerai pourquoi cette théorie me paraît fournir une base pertinente pour établir positivement un curriculum de l'autonomie.

Avant de la caractériser plus précisément, il vaut la peine de dire quelques mots pour clarifier en quel sens on peut parler de connaissance *puissante*[24]. La puissance d'une connaissance dépend de sa *valeur sociale* et, surtout, de ce que je nommerai sa valeur *expérientielle*. Sa valeur sociale tient à la manière dont elle est susceptible de contribuer positivement à l'autonomie personnelle dans un espace social complexe[25]. Certaines connaissances sont plus valorisées que d'autres dans l'espace social et leur maîtrise donne accès à plus d'opportunités de plus grande valeur. La valeur expérientielle d'une connaissance tient à la manière dont elle structure profondément notre rapport au monde et en augmente l'intelligibilité. Certaines connaissances n'affectent pas significativement notre expérience

---

23. Le système scolaire français, comme celui de la plupart des pays du monde, distingue l'enseignement primaire (qui englobe l'enseignement maternel et élémentaire) et l'enseignement secondaire (divisé en deux cycles). Au primaire, une seule personne est chargée de l'essentiel des enseignements. Le secondaire se caractérise par la spécialisation des enseignantes et des enseignants. Les passages du primaire au secondaire et, au sein du secondaire, d'un cycle à l'autre sont souvent des paliers d'orientation. En France, sauf cas particuliers (comme les SEGPA), le premier palier d'orientation se situe à la fin du collège. Une approche descriptive du curriculum devrait être plus sensible à cette différenciation interne [MERLE, 2012a]. Dans la mesure où j'adopte ici une approche normative et que je défends la suppression des paliers d'orientation durant la scolarité obligatoire, soit jusqu'à la fin du lycée, je ne retiendrai pas ces distinctions et me concentrerai sur l'articulation primaire/secondaire. Pour des pistes intéressantes de réforme curriculaire du collège, on pourra consulter DUBET & MERLE [2016].

24. Bien que je suive ici Young (en m'appuyant sur la présentation qu'en fait VITALE [2022]), mon propos dépend aussi d'une interprétation personnelle.

25. Je développe dans le prochain chapitre un argument établissant la dépendance de l'autonomie au contexte social. J'y discuterai alors plus précisément de la valeur sociale de la connaissance. Je me concentre donc, dans ce qui suit, sur sa valeur expérientielle. On peut noter d'emblée que ces deux valeurs ne coïncident pas et ne convergent pas nécessairement. Il se peut, par exemple, que certaines connaissances aient une haute valeur expérientielle et une faible valeur sociale ou l'inverse. Cette configuration complique nécessairement la constitution d'un curriculum de l'autonomie. Je ne crois pas qu'une articulation harmonieuse entre ces deux dimensions soit possible. Il convient plutôt, dans les cas de tensions, d'opérer des arbitrages difficiles. J'expliquerai comment une organisation non compétitive de la scolarité obligatoire permet de mettre à l'abri les connaissances à haute valeur expérientielle et faible valeur sociale.

et notre conception du monde, soit parce qu'elles consistent essentiellement en informations nouvelles que nous interprétons au moyen de schèmes et de concepts dont nous disposons déjà, soit parce que, tout en nous amenant réviser ces schèmes et ces concepts ou à en intégrer de nouveaux, elles n'en bouleversent pas profondément l'organisation. Ainsi, la lecture d'un nouveau livre d'histoire médiévale peut m'amener à réviser la représentation que j'avais de la place des femmes dans la société carolingienne sans pour autant restructurer en profondeur mon expérience. Au contraire, d'autres connaissances impliquent un tel bouleversement. Ainsi, la sensibilisation au style de raisonnement historien et la structuration de mon rapport au temps que vise, idéalement, l'enseignement de l'histoire à l'école doivent permettre un approfondissement et un enrichissement de l'expérience des élèves. J'insisterai particulièrement sur ce point : il me semble qu'un curriculum de l'autonomie ne doit pas d'abord viser à transmettre beaucoup de connaissances ; il doit viser à approfondir et structurer l'expérience des élèves pour leur permettre, ensuite, d'acquérir d'autres connaissances relevant de champs divers. Il s'agit de développer une dimension originale et pertinente de l'expérience humaine. Des connaissances sont plus ou moins puissantes en fonction de leur valeur sociale et expérientielle.

La connaissance puissante a trois propriétés notables : elle n'est pas limitée aux contextes dans lesquels nous vivons et agissons, elle est systématique et elle est spécialisée [Lambert & Young, 2014 ; Vitale, 2022].

La connaissance puissante se distingue de nos savoirs quotidiens parce qu'elle ne porte pas d'abord sur notre expérience pratique quotidienne. Savoir réparer ma machine à laver, m'occuper de mon potager ou m'orienter en montagne sont des connaissances précieuses. Toutefois, elles sont essentiellement contextuelles. Elles augmentent mon pouvoir d'agir dans certains contextes relativement précis. Mais elles n'augmentent pas significativement notre capacité à expliquer et analyser le monde[26].

La connaissance puissante dépasse nos contextes pratiques d'existence parce qu'elle est systématique. Elle consiste à restructurer en profondeur

26. Ce point peut paraître sous-estimer injustement la profondeur cognitive de nombre de nos savoirs quotidiens. Savoir s'orienter en montagne, ce n'est pas simplement savoir résoudre un problème pratique, aller d'un point A à un point B de manière sûre. C'est aussi et surtout développer une certaine intimité avec la montagne, comprendre quelque chose de la manière d'être de la montagne. Il n'y a pas de raison de nier la dimension cognitive de cette expérience. J'y reviendrai un peu plus loin.

notre expérience au moyen de schèmes englobants et de concepts fermement reliés entre eux. Par exemple, les concepts de la mécanique classique (masse, force, énergie, etc.) permettent une restructuration profonde de notre expérience parce qu'ils sont reliés de manière systématique entre eux. Ils permettent de rendre compte d'une grande diversité de phénomènes (ils ne sont pas liés à un contexte spécifique). Nos savoirs quotidiens n'ont pas une telle systématicité et ne permettent pas une telle intelligibilité.

Du fait de cette systématicité, la connaissance puissante tend à être spécialisée. Elle prend la forme de disciplines stabilisées (la physique, la biologie, etc.), dont l'identité tient justement à des concepts, méthodes, procédures et problèmes communs. Bien que ces disciplines soient des constructions socio-historiques, leur unité s'explique avant tout par un principe interne de cohérence. Leur développement est l'affaire de spécialistes qui maîtrisent le code de la discipline. De même, une initiation appropriée suppose souvent un enseignement explicite de la part d'une personne spécialiste. Il est difficile d'acquérir le code, c'est-à-dire de s'approprier le principe de cohérence interne d'une discipline, de façon autodidacte ou au moyen d'un apprentissage tacite par expérience, imitation et entraînement.

Pourquoi ces propriétés justifient-elles de qualifier la connaissance de *puissante*? Cette puissance ne doit pas être comprise comme une simple augmentation du pouvoir d'agir individuel. En un certain sens, savoir m'orienter en montagne augmente significativement plus mon pouvoir d'agir que savoir construire un diagramme des forces. En fait, comme la connaissance puissante ne porte pas d'abord sur notre expérience immédiate, elle paraît ne pas du tout augmenter notre pouvoir d'agir. Plus exactement, si l'on peut reconnaître qu'elle augmente notre pouvoir d'agir collectif, cela semble plus douteux s'agissant de notre pouvoir d'agir individuel. Mais ce n'est pas ainsi qu'il faut comprendre la puissance de la connaissance. Cette puissance dépend essentiellement de sa capacité à subsumer un grand nombre de situations différentes[27]. Plus encore, elle ne tient pas tant à la quantité de situations qu'elle subsume qu'à la qualité de l'expérience qu'elle rend possible. La connaissance est puissante dans

27. Cette affirmation serait à nuancer dans la mesure où elle semble mieux rendre compte des savoirs relevant des sciences naturelles que des sciences sociales et, *a fortiori*, des arts. Cette difficulté est étudiée dans MULLER & YOUNG [2013].

la mesure où elle élargit l'expérience humaine au-delà de son contexte immédiat et la structure en profondeur de manière à accroitre l'intelligibilité du monde. Par exemple, la connaissance géographique tranche avec le rapport contextualisé, quotidien, à l'espace. Elle permet de saisir les enjeux stratégiques relatifs à l'organisation de l'espace et permet de comprendre le fonctionnement des inégalités socio-spatiales [Lacoste, 2012]. Elle permet d'identifier les différentes variables impliquées dans tel ou tel phénomène. Il s'agit donc d'une puissance cognitive et non d'une puissance pratique.

Pourquoi la connaissance puissante est-elle importante pour un curriculum de l'autonomie ? Elle l'est parce qu'une personne autonome doit être capable de comprendre le monde dans lequel elle vit et agit. Pour être capable d'une telle compréhension, il faut être capable d'acquérir des connaissances pertinentes sur divers sujets. Pour cela, il faut qu'elle développe les structures cognitives et expérientielles qui permettent l'acquisition de ces connaissances. Il faut donc que les personnes aient été suffisamment sensibilisées à ces connaissances pour que leur expérience soit structurée de façon appropriée. Sans en faire des expertes en mathématiques, en sociologie ou en littérature, on doit les exposer suffisamment à ces connaissances pour qu'elles en comprennent le style de raisonnement et pour qu'elles puissent acquérir, par elles-mêmes, des connaissances nouvelles dans ces champs. La connaissance puissante est donc importante pour l'autonomie du fait de sa valeur expérientielle et cognitive. Et elle l'est pour un curriculum de l'autonomie parce que, étant systématique et spécialisée, elle a peu de chance de pouvoir être acquise sans un enseignement explicite et intentionnel qui pourrait être réalisé hors de l'école.

À cet égard, il importe de lever un malentendu possible. On pourrait soupçonner cette présentation de la connaissance puissante de sous-estimer la valeur cognitive des savoirs quotidiens et des travaux manuels. Il n'y a pas de raison de penser que l'expérience du monde que permet le travail manuel est dépourvue de dimension cognitive ou de profondeur expérientielle. Cette présentation ne serait-elle pas alors l'expression d'une sorte de biais élitiste, la marque d'un mépris injustifié de tout ce qui ne relève pas des savoirs « intellectuels » ? Il y a au contraire de bonnes raisons de penser qu'une personne incapable d'entretenir un rapport manuel et pratique au monde est dépourvue d'une dimension importante de l'autonomie personnelle. Non seulement le travail manuel permet un intense sentiment de satisfaction personnelle, mais surtout, il est constitutif d'un rapport proprement cognitif au monde [Crawford, 2010].

Je ne soutiens nullement que l'autonomie personnelle dépend seulement de la connaissance puissante. Ma thèse est plus modeste et restrictive. Je soutiens qu'un curriculum de l'autonomie doit être construit en vue de transmettre aux élèves des connaissances puissantes. Celles-ci sont un élément fondamental de l'autonomie. Mais elles ne sont pas le seul. Cette thèse n'exclut pas que l'autonomie requière de cultiver d'autres types de connaissances. La centration du curriculum de l'autonomie sur la connaissance puissante est en fait une conséquence du test d'indispensabilité que j'ai présenté dans la section 2. L'école est indispensable pour que tous les élèves accèdent à la connaissance puissante. En effet, du fait de sa systématicité et de sa spécialisation, celle-ci suppose un enseignement explicite et intentionnel. L'école n'est pas nécessaire, en revanche, pour que les élèves acquièrent et développent des savoirs manuels. Ils peuvent être acquis hors de l'école, auprès de proches, d'associations, de clubs, etc. Aussi, tout en étant une composante fondamentale de l'autonomie, il n'est pas nécessaire de les inscrire au curriculum de l'autonomie.

En fait, je serais même tenté de leur accorder une place dans un curriculum de l'autonomie. Dans la mesure où ces savoirs sont tout de même une composante fondamentale de l'autonomie, il me paraît justifié que l'école propose des initiations à certains d'entre eux. Il me semble parfaitement acceptable aussi que les établissements scolaires proposent des activités (jardinage, mécanique, cuisine, etc.) dans lesquelles les élèves pourraient s'investir lors de leur temps de pause par exemple[28]. Les conditions d'existence des élèves étant très diverses, il n'est pas certain que

28. Si je ne développe pas d'arguments spécifiques sur ces points (on ne peut pas parler de tout), il me semble qu'une école juste aurait deux caractéristiques différentes de l'école contemporaine. D'abord, le nombre d'heures de cours chaque semaine serait réduit, mais le nombre de semaines de cours chaque année serait augmenté. L'organisation actuelle (des semaines très chargées et de longues vacances) est très négative du point de vue de la qualité des apprentissages, surtout pour les élèves les plus fragiles scolairement. Ensuite, les établissements concernés ne seraient pas dédiés seulement aux activités scolaires, mais seraient de véritables lieux de vie, insérés dans le tissu social, en proposant des activités et des animations à destination des élèves, des familles et, plus largement, des personnes habitant ou travaillant à proximité. Des établissements scolaires centrés exclusivement sur leur mission d'enseignement ont tendance à rendre plus difficiles les échanges entre l'équipe enseignante et les familles, ce qui est nuisible à la qualité de la scolarité des élèves, surtout, une fois encore, des plus faibles.

toutes et tous puissent également accéder aux opportunités leur permettant de connaître ces savoirs manuels. Toutefois, l'approfondissement de ces savoirs ne requiert pas la contrainte scolaire à la façon dont le requièrent les connaissances puissantes. C'est ce qui justifie que ces savoirs manuels, tout en étant une composante fondamentale de l'autonomie, n'occupent pas une place centrale dans un curriculum de l'autonomie.

La connaissance puissante dépasse le contexte immédiat de l'expérience, elle est systématique et spécialisée. Ces propriétés ont des implications du point de vue de l'organisation d'un curriculum de l'autonomie. En particulier, Young affirme qu'elles fournissent des raisons de s'opposer à la tendance contemporaine à affaiblir la classification disciplinaire[29] et à relativiser la frontière entre savoirs élaborés et savoirs quotidiens. Le degré de classification d'un curriculum désigne le degré de séparation entre les disciplines et entre les savoirs scolaires et les savoirs quotidiens. Un curriculum fortement classifié rend visibles les spécificités des disciplines et des savoirs scolaires et, par-là, facilite l'identification du code à maîtriser par tous les élèves. Plus précisément, le degré de classification désigne la manière dont l'organisation du curriculum rend explicites les différents registres de savoir pertinents (spécificités disciplinaires, nature et degré d'élaboration du code[30], etc.).

La puissance de la connaissance tient essentiellement à sa cohérence interne. Proposer des enseignements mêlant de façon indistincte (faiblement classifiée) plusieurs disciplines risque de rendre plus difficile la saisie, par les élèves, du principe de cohérence interne de chacune d'entre elles. De même, mêler à ces enseignements des éléments élaborés et des savoirs quotidiens risque d'opacifier la différence des registres de savoir impliqués. Si l'on peut bien expliquer certains phénomènes bien connus en cuisine, comme l'émulsion de la mayonnaise, grâce à la chimie, faire de la chimie est tout autre chose que de faire de la cuisine. Dans ces deux cas (affaiblissement de la classification disciplinaire et relativisation de

---

29. L'importance du degré de classification du curriculum a été mise en évidence par Bernstein [2007].

30. Le concept de code est élaboré par Basil Bernstein pour rendre compte des difficultés scolaires spécifiques que rencontrent les élèves issus de milieux populaires. Ces difficultés tiennent en partie à l'écart entre le code « restreint » qui régit leurs interactions linguistiques courantes et le code « élaboré » que requièrent les savoirs scolaires. Un code se caractérise en particulier par des règles de syntaxe et un lexique pertinent [Bernstein, 1986].

la frontière entre savoirs élaborés et savoirs quotidiens), le risque est de rendre plus difficile l'accès à la connaissance puissante par toutes et tous. La connaissance est moins aisément identifiable puisque moins explicitée et distinguée. Dans ces circonstances, seuls les élèves qui sont culturellement les moins éloignés de l'école (car issus des milieux sociaux les plus privilégiés) peuvent accéder effectivement à la connaissance puissante. Les autres échouent à structurer et approfondir convenablement leur expérience parce que ces structures restent plus implicites et invisibles dans l'enseignement.

Or, lorsque l'accès de certains élèves à la connaissance puissante est empêché, le curriculum n'est plus ordonné qu'à la connaissance *du puissant*, c'est-à-dire qu'il sert la reproduction des rapports de domination sociale. Seuls celles et ceux qui ont appris à connaître, dans leur famille ou ailleurs, les codes des savoirs puissants pourront y accéder véritablement. Les autres en seront exclus : ils se voient rivés à des formes d'expérience moins riches et moins profondes, permettant une moindre compréhension de la complexité du monde. Cette exclusion est constitutive d'une injustice épistémique [Fricker, 2007].

L'accès à la connaissance puissante est donc à la fois un enjeu d'égalité et d'autonomie. Lorsque les frontières entre les différents types de savoirs sont floues, l'inégalité des chances d'y accéder s'accroît. Non seulement celles et ceux qui n'y accèdent pas se voient refuser les meilleurs parcours scolaires, mais ils n'ont pas l'opportunité de développer pleinement leurs ressources cognitives, d'approfondir leur expérience et d'acquérir des connaissances puissantes. Une forte classification du code assure que toutes et tous puissent identifier correctement les registres de savoir pertinents et, ce faisant, se les approprier.

Si cet argument est plausible, il ne fournit pas encore de principe pour déterminer la liste des items qui doivent être inscrits au curriculum. Il existe aujourd'hui beaucoup trop de disciplines pour qu'il soit possible d'en enseigner ne serait-ce que les éléments dans le cadre de la scolarité obligatoire (biologie moléculaire, cosmologie, anthropologie, neurologie, etc.). Même en ajoutant la contrainte de bon sens du respect de la progressivité dans les apprentissages, il n'est pas évident que l'on puisse aboutir à une liste raisonnable et ordonnée de disciplines à inscrire au curriculum. Pourquoi enseigner la philosophie et pas la psychologie? Il semble difficile de trancher sur la base du domaine de ces disciplines ou de leur méthodologie. Il faut donc déterminer un principe permettant de justifier l'inscription d'une discipline, quelle qu'elle soit, au curriculum. On ne peut simplement dire que toute discipline qui est particulièrement importante du point de vue de l'autonomie doit l'être. Il faut expliquer en quoi elle l'est.

C'est ce que j'essaierai de faire dans la prochaine section. Maintenant que l'importance de la connaissance puissante du point de vue d'un curriculum de l'autonomie est établie, il faut voir comment organiser un curriculum de manière qu'il donne effectivement accès à toutes et tous à la connaissance puissante. L'objectif est que toutes et tous puissent approfondir et structurer leur expérience de façon à rendre le monde intelligible. L'objectif est que toutes et tous deviennent cognitivement puissants[31].

6. LES FORMES DE SAVOIR ET LE CURRICULUM SECONDAIRE

J'ai soutenu qu'un curriculum de l'autonomie doit être ordonné à la transmission de connaissances puissantes. Toutefois cette thèse reste encore abstraite faute d'avoir explicité suffisamment précisément ses implications curriculaires. Pour ce faire, j'adopterai un ordre d'exposition régressif. Je commence par présenter, dans cette section, quelques contraintes qui s'imposent au curriculum secondaire avant d'exposer, dans la suivante, celles qui s'imposent à l'enseignement primaire. Cet ordre régressif me paraît justifié parce qu'il permet de proposer d'abord une présentation plausible des connaissances et savoirs que les élèves devraient avoir acquis à la fin de leur scolarité obligatoire, avant de clarifier les conditions qui permettraient d'en préparer l'acquisition à l'école primaire.

J'ai déjà indiqué la nécessité de fournir une justification satisfaisante pour l'inscription d'une discipline au curriculum. Il existe *a priori* un nombre très important de candidates potentielles et on ne peut simplement

31. En suivant Young, j'ai insisté sur les propriétés de la connaissance puissante qui la distingue des savoirs quotidiens. Un compte rendu plus complet de la manière dont la connaissance peut rendre puissant devrait inclure des considérations didactiques. Ce compte rendu insisterait sur l'importance de la *dévolution* du savoir en situation, c'est-à-dire de son réinvestissement pour éclairer la situation. La dévolution est le mouvement inverse et complémentaire de l'*institutionnalisation* qui consiste à expliciter et stabiliser les connaissances situationnelles implicites pour les rendre visibles, manipulables et transposables [BROUSSEAU, 1998].

s'en remettre à la tradition ou à l'arbitraire. Paul Hirst [1974] propose une réponse à cette difficulté. Il soutient que le savoir humain est organisé en grandes formes autonomes : mathématiques, sciences physiques, sciences humaines, histoire, religion, beaux-arts et littérature, philosophie, morale[32]. Ces formes de savoir sont différentes manières de structurer l'expérience humaine et de la rendre intelligible et significative. Ce sont des productions socio-historiques. Mais elles sont *objectives* parce qu'elles sont caractérisées par des *critères publics* qui permettent de distinguer le vrai du faux, le bon du mauvais et le bien du mal, selon des procédures établies. Plus précisément, chaque forme de savoir se caractérise :

1) par l'élaboration de concepts fondamentaux communs et spécifiques,

2) par l'intelligibilité qu'elle assure de certains aspects de l'expérience humaine au moyen de la mise en relation systématique de ces concepts,

3) par la possibilité que les propositions et concepts de cette forme soient mis à l'épreuve de l'expérience selon des critères spécifiques plus ou moins explicites et

4) par le développement de techniques et de procédures spécifiques pour rendre intelligible l'expérience humaine et tester leurs expressions, ce qui permet à ces formes d'avoir une dimension cumulative.

Ainsi la physique classique se caractérise-t-elle par l'élaboration de concepts spécifiques (masse, gravité, etc.) qui, mis en relation, permettent de rendre intelligibles certains aspects de l'expérience (mouvement apparent des planètes, etc.), de formuler des prédictions qui peuvent être confrontés à l'expérience et est ouverte à révision. C'est aussi le cas, selon Hirst, pour les arts et la littérature, pour autant qu'il existe des jugements esthétiques objectifs.

32. Hirst [1983] a évolué dans sa manière de concevoir la nature de la justification du curriculum. En particulier, il en est venu à accorder plus d'importance à l'analyse des pratiques concrètes des éducateurs et des éducatrices. Je n'entre pas dans ces détails.

Ces formes de savoir doivent être inscrites au curriculum parce qu'elles permettent de structurer et de rendre intelligible l'expérience humaine. C'est une conséquence de la visée morale de l'éducation. L'éducation libérale doit permettre de former l'esprit et permettre aux êtres humains d'accéder à une bonne compréhension du monde. Je souscris à l'essentiel de cet argument. Je pense en effet que l'acquisition de schèmes conceptuels élaborés, permettant une compréhension du monde riche et complexe, est constitutive de l'autonomie et, qu'en ce sens, un curriculum de l'autonomie doit s'en préoccuper.

La théorie des formes de savoir de Hirst fournit donc une justification solide pour un curriculum fortement classifié. Chaque forme du savoir a son identité et sa cohérence propres. Chacune est corrélative de procédures, de méthodologies et de concepts propres. Il n'est pas possible de s'approprier les schèmes conceptuels, les procédures et les concepts qui les caractérisent à moins de saisir la manière dont ils sont reliés de manière systématique. Ce n'est pas la même chose de formuler une hypothèse en histoire et en physique. De même, le type de justification pertinent n'est pas le même en mathématiques et en philosophie. En ce sens, sans nécessairement nier l'existence de compétences transversales, on voit qu'elles ne suffisent pas à la détermination d'un curriculum. Celui-ci doit être respectueux de la spécificité de ces formes.

Sans discuter en détail la théorie de formes de savoir que propose Hirst, je voudrais faire quelques remarques à son propos. Premièrement, il n'est pas évident que toutes les formes de savoir qu'il identifie soient également homogènes. Ainsi, la forme « sciences physiques » est-elle présumée homogène, même si elle recouvre plusieurs champs disciplinaires comme la physique, la biologie, la géologie, etc. Mais cette présomption est difficilement compatible avec un engagement en faveur du pluralisme épistémologique et de l'antiréductionnisme méthodologique[33] [Ruphy, 2013]. Or, si c'est le cas, cette homogénéité présumée est controversée[34].

---

33. Le pluralisme épistémologique désigne la thèse selon laquelle les sciences ont affaire à une pluralité d'objets, de méthodes ou de modèles qui interdit de parler de l'unité de la science. L'antiréductionnisme méthodologique est une forme de pluralisme épistémologique qui soutient que les théories scientifiques ne sont pas réductibles entre elles du fait de la mise en œuvre de structures théoriques différentes.

34. Cette difficulté concerne en fait toute tentative de justifier des orientations curriculaires sur la base d'arguments épistémologiques. Dans la mesure où l'épistémologie est elle-même sujette à des controverses, celles-ci risquent d'entraîner des conséquences sur les justifications

Deuxièmement, sans proposer une justification spécifique pour chacune des formes identifiées par Hirst, il me semble nécessaire d'ajouter quelques précisions concernant certaines d'entre elles. Il n'est pas clair que toutes les formes de savoir contribuent également à la formation de l'autonomie. Il ne suffit pas d'affirmer qu'il existe des formes de savoir objectives pour justifier de les inscrire au curriculum. Il faut montrer qu'elles contribuent fondamentalement à la formation de l'autonomie. À cet égard, je ne crois pas qu'elles soient toutes également pertinentes. Ainsi, il paraît pour le moins douteux que la religion, comme forme de savoir, soit fondamentale du point de vue de la formation de l'autonomie.

En revanche, l'inscription des arts, de la littérature et de la philosophie dans la liste des formes de savoir me paraît tout à fait justifiée. Ces formes garantissent une intelligibilité spécifique de l'expérience humaine. Hirst soutient que l'on peut soutenir raisonnablement qu'il existe des critères objectifs pour évaluer et juger la façon dont certaines œuvres se confrontent à l'expérience. Si cette affirmation ne va pas de soi, il me semble que cette interprétation du rapport aux œuvres d'art et aux humanités rend bien compte de notre intuition selon laquelle la fréquentation de ces œuvres d'art et des humanités n'ouvre pas qu'à une expérience purement esthétique et gratuite, mais produit aussi des effets d'intelligibilité [Nussbaum, 2010].

De même, il pourrait sembler surprenant de considérer la morale comme une forme de savoir à part entière. Il semble pourtant difficilement discutable, quelle que soit la manière d'interpréter la morale que l'on privilégie, que celle-ci implique certaines attitudes et procédures cognitives qui peuvent être entraînées à l'école. J'en ai discuté dans le chapitre précédent. Ce genre d'entraînement n'implique en aucun cas de promouvoir à l'école certaines conceptions du bien controversées.

Troisièmement, si cette théorie justifie une organisation fortement classifiée du curriculum, elle n'implique pas nécessairement que cette organisation soit strictement *disciplinaire*, si on entend par là une organisation du curriculum autour des disciplines scolaires traditionnelles. Plusieurs disciplines peuvent se rattacher à la même forme de savoir. Ainsi

---

curriculaires proposées. Dans la mesure où mon argument se situe à un niveau relativement élevé de généralité et où je retiens de la théorie des formes de savoir l'idée, faiblement controversée, qu'il existe des méthodologies, des concepts et des procédures spécifiques à certaines formes de savoir, je crois que mon argument peut résister à cette difficulté.

la physique, la chimie, la biologie et la géologie, par exemple, relèvent-elles toutes les quatre de la forme « sciences physiques ». De plus, la même discipline peut mobiliser des procédures de raisonnement empruntées à différentes formes de savoir. Ainsi, la physique mobilise-t-elle de procédures empruntées aux mathématiques. Enfin, et surtout, l'unité de ces formes de savoir est avant tout *épistémologique* : elles se caractérisent par une manière spécifique de se confronter à l'expérience. Mais on ne peut inférer directement des orientations curriculaires précises de la seule organisation épistémologique des formes de savoir. Hirst fait ainsi remarquer que le curriculum pourrait aussi bien être partiellement organisé autour de ce qu'il appelle des *champs de savoir*. Un champ est un regroupement de connaissances relevant de formes différentes autour d'un objet ou d'une préoccupation spécifique. Ces champs ne sont pas organisés comme des disciplines avec l'unité logique qui les caractérisent. Hirst donne l'exemple de la géographie qui peut mobiliser des connaissances relevant des sciences physiques (comme la géologie ou la biologie) et des sciences humaines (comme l'histoire, l'économie ou les sciences politiques) pour éclairer le rapport des êtres humains à leur environnement. De manière plus convaincante, on pourrait sans doute évoquer les éducations à... (la santé, la citoyenneté, au développement durable, etc.) qui se caractérisent par une unité thématique bien plus que disciplinaire ou méthodologique [Audigier, 2012]. Certes, pour que les élèves s'approprient suffisamment les différentes formes de savoir, il importe que celles-ci fassent l'objet d'une élucidation rigoureuse. On retrouve ici l'importance d'une forte classification curriculaire. Mais cette forte classification n'implique pas nécessairement un fort cloisonnement disciplinaire. On peut au contraire considérer que l'organisation d'une partie au moins du curriculum autour de divers champs de savoir, de thèmes pertinents (le changement climatique, la justice sociale, etc.) ou de projets mobilisant différents savoirs (rédaction d'un journal de classe, création d'une exposition, etc.), serait au moins aussi profitable à la formation de l'autonomie des élèves et, en particulier, à l'enrichissement de leur expérience. Il semble raisonnable de penser que la capacité à saisir les différents enjeux impliqués dans un phénomène complexe et à comprendre comment différentes disciplines peuvent être mobilisées pour l'éclairer est favorable à l'autonomie. Dans le cas d'un enseignement portant ainsi sur des champs de savoir (et non sur des disciplines), l'impératif de classification imposerait probablement que plusieurs enseignantes ou enseignants interviennent afin de pouvoir présenter et transmettre les savoirs propres à son domaine de spécialité. Il n'y a aucune raison, en revanche, de conclure de la nécessaire spécialisation des enseignantes et des enseignants à la nécessaire organisation strictement disciplinaire du curriculum.

La dernière remarque porte sur l'exhaustivité de la théorie des formes de savoir pour constituer un curriculum de l'autonomie. Comme je l'ai indiqué dans la section précédente, je suis loin de considérer que la connaissance puissante constitue le tout de l'autonomie. Elle n'est qu'un élément fondamental du point de vue de sa formation parmi d'autres. La connaissance puissante est l'élément fondamental pour la transmission duquel l'école est nécessaire. La théorie des formes de savoir fournit une traduction curriculaire plausible de la manière dont la connaissance puissante peut être prise au sérieux à l'école. Toutefois, cela n'interdit pas de laisser une place à d'autres enseignements importants du point de vue de l'autonomie mais moins clairement reliés à une des grandes formes de savoir.

Par exemple, il me semble important que le curriculum secondaire propose des cours d'éducation physique et artistique. Ici, la justification consiste moins à dire que le développement du corps, de la sensibilité et de la créativité est intrinsèquement lié à des formes de savoir spécifiques (quoique ce puisse être le cas), qu'à soutenir que l'aptitude à l'autonomie dépend aussi du développement de ces sortes d'aptitudes. Les objectifs de tels enseignements devraient être établis sur d'autres fondements que ceux des enseignements fermement reliés à la transmission des formes de savoir élaborées. En particulier, ils ne devraient pas viser la compréhension du monde mais le renforcement du pouvoir d'agir et de sentir des personnes. Le même argument vaut pour une initiation aux travaux manuels.

Enfin, il me semble aussi qu'un curriculum de l'autonomie ordonné à la transmission de ces formes de savoir devrait accorder une place importante à l'enseignement technologique. Ce dernier se distingue de l'enseignement des formes de savoir en cela qu'il n'est pas réglé seulement par les contraintes épistémologiques des savoirs de référence. Il est aussi nécessairement orienté vers le monde du travail et des techniques. Son contenu est d'ailleurs plus directement dépendant des évolutions sociales que celui des enseignements des formes de savoir élaborées. Un enseignement technologique me paraît là aussi non seulement compatible avec une formation de l'autonomie mais même lui être nécessaire. Être apte à l'exercice de l'autonomie suppose d'être capable de s'orienter et d'agir dans un monde qui est configuré par des technologies. L'inscription d'enseignements aux technologies dans un curriculum de l'autonomie paraît donc pleinement légitime. Ce qu'exclut un tel curriculum, c'est une forme de spécialisation précoce[35].

Quoi qu'il en soit, si la théorie des formes de savoir fournit des principes pour décider sur quelle base organiser le curriculum, ceux-ci ne sont donc pas assez spécifiques pour le déterminer en détail. Ce n'est pas nécessairement un problème. Ce qui importe du point de vue d'un curriculum de l'autonomie qui vise à ce que toutes et tous accèdent à la connaissance puissante, c'est-à-dire à l'approfondissement et à la structuration de l'expérience qu'elle implique, ce n'est pas exactement le nombre et la nature des connaissances disciplinaires inscrites au curriculum. Ce qui importe, c'est la façon dont le curriculum est organisé de façon à permettre à toutes et tous de s'approprier convenablement différentes formes de savoirs et, plus largement, différents schèmes conceptuels et différentes procédures de raisonnement permettant d'enrichir et de structurer leur expérience. L'autonomie dépend en effet moins de la possession d'un *stock* précis de connaissances suffisantes que de la capacité à mobiliser des connaissances selon des procédures fiables dans des contextes pertinents et à en acquérir de nouvelles, c'est-à-dire de la *puissance* des connaissances acquises.

La formation de l'autonomie à l'école est avant tout une formation de l'esprit. Une personne apte à l'exercice de l'autonomie doit maîtriser un ensemble de procédures de raisonnement, de schèmes conceptuels et de méthodes qui lui permettent d'appréhender convenablement la complexité des différentes situations auxquelles elle peut être confrontée. De ce point de vue, la justification d'une organisation disciplinaire du curriculum ne peut être qu'instrumentale. Ce qui importe, c'est seulement la forte classification du curriculum. Mais ce principe est compatible avec des manières assez différentes d'organiser concrètement le curriculum.

---

35. Dans l'organisation actuelle du système d'enseignement secondaire en France et dans beaucoup d'autres pays, l'enseignement général et l'enseignement technologique sont strictement séparés et hiérarchisés. Cette organisation implique de nombreux effets pervers. D'une part, les élèves poursuivant des études généralistes très exigeantes sont souvent dépourvus de culture technique et technologique. À l'inverse, l'enseignement technologique se trouve déclassé, l'orientation vers les filières techniques étant la conséquence d'une inaptitude réelle ou supposée à suivre un cursus généraliste. Un curriculum de l'autonomie n'opposerait pas ainsi culture savante et culture technique.

Certes, un curriculum partiellement organisé autour de champs de savoir devrait garantir la visibilité et l'explicitation des différentes formes de savoir mobilisées[36]. Mais cela n'a rien d'impossible. Des enseignantes et des enseignants de disciplines différentes peuvent intervenir tour à tour à propos d'un même thème ou d'un même champ afin d'en montrer la complexité[37]. L'impératif de forte classification justifie une spécialisation disciplinaire *des enseignantes et des enseignants*. Mais il ne suffit pas à justifier une organisation strictement disciplinaire du curriculum lui-même. En tout état de cause, je ne crois pas qu'un principe quelconque puisse permettre de trancher de façon décisive entre telle ou telle manière d'organiser précisément le curriculum.

Bien qu'on ne puisse pas avancer d'argument dirimant sur cette question, je pense qu'il y a des raisons de rejeter une organisation étroitement disciplinaire du curriculum. Cette sorte d'organisation ne favorise pas la coopération entre les enseignantes et les enseignants. Chacun et chacune tend à ne se préoccuper que de son enseignement spécialisé. L'enseignement réalisé par les collègues des autres disciplines ne le concerne pas du tout. La conséquence probable d'une telle situation est que les enseignements reçus par les élèves soient sans cohérence entre eux et manquent de lisibilité. Plus précisément, le risque est qu'ils ne soient perçus par les élèves que comme des disciplines *scolaires* au sens de disciplines dont le domaine d'application et de pertinence est essentiellement, voire exclusivement, scolaire. Si c'était le cas, l'ambition de former l'esprit des élèves et d'enrichir en profondeur leur expérience serait fragilisée. Après tout, un curriculum de l'autonomie ne doit pas consister dans une juxtaposition de contenus de connaissance sans relation entre eux. Il doit viser à former *un* esprit par l'intégration de ses différentes composantes [Durkheim, 2014].

---

36. On pourrait d'ailleurs envisager d'autres critères de classification pertinents que les lignes de démarcation proposées par Hirst. La théorie des styles de raisonnement scientifique proposée par Hacking [2002] pourrait fournir un complément intéressant en mettant en évidence la cohérence de procédures de raisonnement scientifique qui ne recoupent pas le partage disciplinaire classique.

37. Sur un enseignement portant sur le changement climatique, on voit sans mal comment des enseignantes et des enseignants de physique, de sciences de la vie et de la terre, de sciences économiques et sociales et de technologie pourraient intervenir. Il n'est pas difficile non plus de voir comment la philosophie pourrait être mobilisée pour aborder les questions de justice climatique ou les lettres pour analyser les imaginaires de la fin du monde par exemple.

La force de cet argument est modérée. Il ne suffit certainement pas à justifier complètement une organisation du curriculum qui accorde une place centrale aux champs de savoir et aux enseignements thématiques mobilisant des savoirs disciplinaires hétérogènes. Plus modestement, en revanche, il justifie un *devoir de collégialité* pour les équipes enseignantes. Un curriculum de l'autonomie doit nécessairement être un curriculum intégré, lequel est incompatible avec la simple juxtaposition des enseignements. Et l'intégration du curriculum ne peut pas dépendre seulement de sa conception. Elle dépend surtout de sa mise en œuvre, de la transposition didactique des programmes par les enseignantes et les enseignants. Qu'il soit organisé de manière plus ou moins disciplinaire importe donc moins, finalement, que la manière dont sa transposition en assure l'intégration du point de vue des élèves. Cette intégration dépend étroitement de la collégialité de l'enseignement et de la coopération entre les enseignantes et les enseignants. Il va de soi qu'une telle mise en œuvre du curriculum supposerait une réforme profonde des pratiques enseignantes fortement marquées par l'individualisme [Barrère, 2002].

Pour finir cette section, je voudrais lever un malentendu possible. En insistant sur la possibilité d'organiser le curriculum sur d'autres bases que strictement disciplinaires, j'ai pu paraître négliger l'importance des connaissances en tant que telles du point de vue d'un curriculum de l'autonomie. Ce serait d'autant plus dommageable que j'ai prétendu défendre l'importance d'un curriculum ordonné à la transmission de connaissances puissantes et désintéressées. Est-ce une inconséquence ? Je ne le pense pas. En effet, il n'est pas possible que l'esprit se forme convenablement, notamment en s'appropriant les méthodologies, les concepts, les styles de raisonnement, etc., en les isolant des formes de savoir qui leur donne sens. Seulement, si un curriculum de l'autonomie contribue sans doute à faire une tête bien pleine, il vise avant tout à faire une tête bien faite. En ce sens, s'il accorde bien une place prépondérante aux connaissances désintéressées, il le fait parce que l'acquisition de ces connaissances est le meilleur moyen de former un esprit apte à l'exercice de l'autonomie. Il est vrai que mon argument accorde la priorité, dans l'ordre de la justification, aux procédures impliquées dans la connaissance puissante sur les contenus précis de connaissance. Toutes choses égales par ailleurs, il n'est pas essentiel de savoir si le phénomène de diffraction de la lumière est inscrit au curriculum plutôt qu'un autre phénomène permettant aussi bien de former l'esprit des élèves[38]. Je n'exclus pas d'ailleurs que des arguments puissent et doivent être avancés pour justifier d'accorder la préférence à tel ou tel contenu de connaissance[39]. Je considère seulement que ces arguments sont subordonnés. Par ailleurs, il n'est pas nécessaire qu'une organisation précise du curriculum (qui tranche par exemple entre organisation strictement disciplinaire ou non) soit décidée au niveau national. Ce choix pourrait être fait, à partir d'un cadrage national, au niveau de chaque établissement par l'équipe enseignante. Je développerai un peu plus précisément ce point dans la section 8.

Dans cette section, je m'en suis tenu à un assez haut niveau de généralité. Si j'ai avancé quelques recommandations curriculaires générales, je ne suis pas allé jusqu'à formuler des propositions précises. Un tel projet dépasserait de beaucoup les ambitions de cet essai. J'ai seulement voulu prendre au sérieux la thèse de la solidarité entre puissance de la connaissance et forte classification curriculaire. Si je souscris pleinement à cette thèse, je ne crois pas qu'elle suffise à justifier une organisation strictement disciplinaire du curriculum. Il existe d'autres critères de classification pertinents qui ne recoupent pas le cloisonnement disciplinaire traditionnel. En ce sens, une organisation strictement disciplinaire ne peut être justifiée que de manière instrumentale. Il faut qu'elle contribue mieux que d'autres organisations envisageables à la formation de l'esprit des élèves. Or, à cet égard, il semble bien légitime d'accorder une place aux disciplines sans que l'ensemble du curriculum doive nécessairement être organisé sur cette seule base. Une sensibilité accordée à des champs de savoir au croisement de différentes disciplines ou à des enseignements thématiques peut aussi être justifiée[40]. Quoi qu'il

---

38. Toutefois, mon argument à des conséquences assez claires sur la manière de transmettre ces connaissances. Cette transmission doit être attentive à rendre compte des principes de production et de justification des connaissances. Ce faisant, cela implique d'accorder une grande attention à la spécificité des raisonnements typiquement mis en œuvre dans les formes de savoir mobilisés. À cet égard, un enseignement de l'histoire ou de la physique doit indissociablement être un enseignement du raisonnement historien ou physicien.

39. Différents critères peuvent être envisagés : progressivité des apprentissages, pertinence de ce contenu comparé à d'autres du point de vue de différentes variables (par exemple, la fréquence du phénomène ou son importance sociale), etc.

40. La logique de la transmission des savoirs ne reflète pas nécessairement la logique de la production des savoirs. Si de bonnes raisons plaident pour une grande spécialisation dans le domaine de la recherche, celles-ci ne valent pas nécessairement dans le domaine de l'enseignement.

en soit, l'intégration du curriculum secondaire, mobilisant nécessairement plusieurs enseignantes et enseignants spécialisés, dépend de leur propension à travailler de manière collégiale.

Un curriculum de l'autonomie ne vise pas à transmettre des connaissances encyclopédiques ou une culture générale (si on entend par là un ensemble de connaissances relatives à des sujets très divers sans souci d'une maîtrise des compétences et des procédures permettant la production et la justification de ces connaissances). Il vise en revanche à garantir l'accès de chacune et chacun à la connaissance puissante, c'est-à-dire à une intelligibilité riche et complexe de son expérience. Il accorde bien une importance cardinale aux connaissances désintéressées. Mais il le fait *parce qu'elles sont puissantes*, c'est-à-dire parce qu'elles enrichissent l'intelligibilité de l'expérience. Un curriculum de l'autonomie ne prescrit pas une liste de contenus de connaissance à enseigner. Il permet la mise en œuvre de parcours progressifs d'apprentissage par les équipes enseignantes. En cela, il est respectueux de l'autonomie, personnelle et collective, des enseignantes et des enseignants, et de la liberté pédagogique, c'est-à-dire de la responsabilité reconnue aux enseignantes et aux enseignants de déterminer les moyens les plus propices à la réalisation du curriculum, donc à la formation de l'autonomie des élèves.

7. LITTÉRATIE, ÉLÉMENTATION DES SAVOIRS ET CURRICULUM PRIMAIRE

Dans la section précédente, je me suis concentré sur le seul curriculum secondaire. Il importe de savoir vers quoi doit tendre un curriculum de l'autonomie. J'ai en particulier insisté sur la solidarité entre puissance de la connaissance et forte classification curriculaire. Cependant, la question se pose alors de savoir comment les élèves doivent être éduqués, dès leur plus jeune âge, pour être en mesure de tirer profit d'un tel curriculum. Il faut donc s'intéresser plus précisément au curriculum primaire. J'insisterai d'abord sur l'importance que tous les élèves développent et entretiennent un rapport métacognitif au savoir, avant d'indiquer deux facteurs susceptibles d'y contribuer : l'attention à la littératie et à l'entrée dans l'écrit d'une part, l'attention à l'élémentation et à la didactique des savoirs d'autre part.

Pour préparer les élèves à tirer profit d'un curriculum ordonné à la connaissance puissante, il faut qu'ils aient acquis les connaissances, les compétences et les dispositions qui leur permettront de s'approprier convenablement les savoirs et les procédures inscrits dans ce curriculum. Comment faire ? Il serait vain de se référer, comme on le fait souvent, aux « fondamentaux », car cette notion est notoirement ambiguë. On peut endosser une conception restrictive des fondamentaux, centrée sur la seule maîtrise de compétences et de savoirs de base. Elle est souvent solidaire d'une conception élitiste et sélective du système scolaire. Celui-ci devrait assurer à toutes et tous la maîtrise de ces compétences et savoirs de base, puis identifier et sélectionner les élèves qui ont les meilleures aptitudes pour leur permettre de réaliser des apprentissages plus ambitieux. Mais on peut aussi soutenir une conception plus ambitieuse des fondamentaux. Ceux-ci dénotent alors les connaissances et les compétences dont la maîtrise conditionne l'acquisition et l'appropriation ultérieure de connaissances et de compétences plus complexes par toutes et tous. Cette conception ambitieuse des fondamentaux ne renvoie plus à une liste précise et close de connaissances et de compétences aisément explicitables (lire, écrire, compter). Elle désigne plutôt les conditions de possibilité d'apprentissages ambitieux. En ce sens, elle ne se réfère pas à un *stock* minimum que tous et toutes devrait avoir en commun, mais à une *puissance* dont chacun et chacune devrait être pourvu afin de pouvoir réaliser efficacement les apprentissages requis par l'autonomie. Cette conception ambitieuse des fondamentaux est bien plus compatible avec un curriculum de l'autonomie que la première.

Pour comprendre comment l'école primaire peut permettre à tous les élèves d'accéder à cette puissance d'apprendre, il faut d'abord revenir sur les difficultés spécifiques qu'ils rencontrent au moment de découvrir la forme scolaire. Les élèves doivent progressivement intérioriser les normes et les finalités de la forme scolaire et endosser le rôle qui est attendu d'eux. On parle parfois de *métier d'élève* [Perrenoud, 2018]. Philippe Perrenoud identifie plusieurs caractéristiques de ce métier :

1) Les élèves n'ont pas choisi ce métier, ils ont l'obligation d'aller à l'école.

2) Ils sont sans cesse soumis à des consignes très nombreuses et ont très peu de prise sur leur activité ou leur emploi du temps.

3) Ils sont soumis à une surveillance constante de la part d'adultes vis-à-vis desquels ils sont très peu protégés.

4) C'est un métier qui rend floues, voire nulles, les frontières entre temps de travail et temps personnel, puisque les élèves doivent encore travailler hors de l'école.

5) C'est un métier ambivalent puisqu'il vise à la fois l'éducation de tous et toutes et la sélection des meilleurs élèves.

6) Enfin, c'est un métier dont les caractéristiques varient en fonction de la manière dont les enseignantes et les enseignants construisent la relation pédagogique.

Or on constate que les élèves investissent différemment ce métier d'élève. La forme scolaire étant très contraignante, les élèves peuvent opter pour des stratégies d'évitement ou de fuite qui limitent l'investissement dans les tâches prescrites et conservent un espace de liberté personnelle. Mais ces stratégies risquent de nuire à la qualité des apprentissages à long terme. De plus, la qualité des apprentissages dépend aussi fortement de la nature du rapport au savoir que l'élève entretient [Charlot, 1997]. Les élèves sont susceptibles de donner un sens très différent à une même situation d'enseignement et ainsi de développer un désir d'apprendre très différent. La qualité des apprentissages visés dépend donc fortement de la capacité des élèves à développer et entretenir un certain rapport au savoir qui ne va pas de soi. Ce rapport n'est pas toujours construit lors de la socialisation familiale[41]. Il est donc essentiel qu'un curriculum de l'autonomie ne soit pas seulement centré sur la nature des apprentissages à réaliser, mais accorde une attention à la construction d'un rapport au savoir favorable aux apprentissages. L'école primaire, comme lieu d'apprentissage du métier d'élève, est décisive à cet égard. Un curriculum centré sur ce qui est fondamental du point de vue de la formation de l'autonomie n'est donc

41. Toute personne entretient un rapport (ou une pluralité de rapports) au savoir. L'enjeu n'est donc pas de créer un rapport, mais de le configurer d'une manière propice aux apprentissages profonds prescrits par le curriculum de l'autonomie. Le bachotage, par exemple, est un exemple typique de rapport utilitaire au savoir qui n'est pas favorable à l'approfondissement et à la stabilisation des apprentissages.

pas un curriculum prescrivant une liste ambitieuse de connaissances à acquérir, mais un curriculum attentif à garantir les moyens que toutes et tous développent un rapport au savoir favorable aux apprentissages visés.

À cet égard, il convient de prévenir une objection possible. Mon argument dépend essentiellement d'une thèse empirique qui peut sembler discutable. Il accepte comme prémisse la proposition suivant laquelle tous les élèves peuvent, s'ils sont placés dans des conditions favorables, apprendre à aimer la connaissance désintéressée et développer le type d'attitudes et de compétences que cet amour implique. Je discuterai plus longuement dans la section 3 du chapitre suivant les théories qui soutiennent qu'une part significative des performances scolaires ou intellectuelles s'explique par des différences biologiques innées. Pour l'instant, il me suffit de noter que mon argument dépend essentiellement de la réunion de conditions favorables, c'est-à-dire d'une organisation juste du système scolaire, mais aussi de la société. Dans de telles conditions, j'affirme effectivement que tous les élèves, même s'il existe des différences naturelles d'aptitude importantes, sont capables de développer la sorte de rapport au savoir qui est requis par le curriculum de l'autonomie. En effet, les théories en question insistent essentiellement sur le lien entre *performance* (scolaire ou intellectuelle) et différences naturelles, notamment génétiques. Mais je montrerai, dans le prochain chapitre, qu'un système scolaire juste n'est justement pas orienté vers la performance en tant que telle. Si l'on peut admettre, pour les besoins de l'argument, que les hautes performances dans différents domaines requièrent une explication faisant référence à des différences naturelles d'aptitude, ce n'est pas de *cela* dont il est question ici. Il est question du développement d'un rapport au savoir approprié. Or, sur ce point, il n'y a pas de raison de penser que certaines personnes soient naturellement incapables de développer cette sorte de rapport (hors cas des personnes en situation de handicap cognitif sévère que je ne discute pas ici[42]). La question est donc de déterminer plus précisément ce rapport et de clarifier ce qu'il implique.

Ce qui est fondamental du point de vue du curriculum de l'autonomie, c'est moins l'inscription de tel ou tel item au programme que l'attention au développement d'un rapport au savoir favorable aux apprentissages à

42. Il s'agit évidemment là d'un cas difficile et important dont une théorie complète devrait tenir compte. Je ne le développe pas ici pour ne pas alourdir le propos.

venir. Il existe de nombreux facteurs susceptibles d'y contribuer, notamment une configuration de la relation pédagogique favorable à l'autonomie. Je voudrais ici insister sur une caractéristique essentielle de ce rapport au savoir visé : il doit être *métacognitif*. On parle traditionnellement de métacognition pour qualifier « l'élaboration de connaissances par le sujet sur ses propres actions et sur les processus cognitifs qui les sous-tendent ». On distingue, au sein de la métacognition, les processus produisant des *métaconnaissances* portant « sur le positionnement de la personne face à l'activité en cours, sur les caractéristiques de la tâche à réaliser et, enfin, sur la mobilisation des stratégies pour accomplir cette tâche » et les processus impliqués dans les *régulations métacognitives* « qui se définissent selon trois fonctions : l'anticipation, l'ajustement et le contrôle des activités requises par l'accomplissement de la tâche » [Grangeat, 2010].

L'adoption d'un rapport métacognitif au savoir ne va pas de soi. Elle suppose en particulier de réussir à mettre à distance l'action en cours afin de porter l'attention sur ses caractéristiques pertinentes. Un tel rapport métacognitif n'est pas requis dans la plupart de nos actions quotidiennes. Ces actions mobilisent des savoirs tacites dont l'efficacité contextuelle ne requiert que rarement une attention particulière. Les apprentissages scolaires, pour être profonds et stables, requièrent au contraire des élèves qu'ils adoptent un tel rapport. En mathématiques, par exemple, il ne s'agit pas de mettre en œuvre des procédures tacites efficaces pour rendre la monnaie ou calculer une certaine quantité. Il s'agit d'acquérir et de stabiliser certains concepts abstraits, comme celui de nombre, afin de pouvoir les mobiliser dans des raisonnements complexes. La différence entre ces deux types de rapports au savoir se joue par exemple typiquement dans la compréhension du fait que le zéro mathématique ne désigne pas qu'une absence de quantité mais est un nombre à part entière[43]. Les savoirs scolaires sont complexes, abstraits et décontextualisés. L'accès à de tels savoirs requiert donc que les élèves apprennent, dès le plus jeune âge, à adopter le bon type de rapport au savoir et, en particulier, un rapport métacognitif.

43. Sur les difficultés pédagogiques que pose l'appréhension du zéro comme nombre, on pourra consulter l'article « zéro » du *Dictionnaire de mathématiques élémentaires* [Baruk, 2019].

La question est alors de savoir comment amener les élèves à développer un tel rapport métacognitif au savoir. Je voudrais insister sur deux points qui me semblent décisifs : la littératie et l'élémentation des savoirs.

Une caractéristique des connaissances élaborées dont l'école vise la transmission est qu'elles sont indissociables de la maîtrise des techniques scripturaires. La culture scolaire est avant tout une culture *écrite*. Elle ne requiert pas seulement que les élèves apprennent à lire et à écrire. Elle requiert plus fondamentalement qu'ils développent un certain rapport métacognitif à l'écriture et au langage[44]. C'est la raison pour laquelle des sociologues ont insisté sur l'importance d'accorder une attention particulière à l'entrée dans l'écriture à l'école [Terrail, 2002]. On parle de littératie. La littératie désigne l'aptitude à comprendre et mobiliser l'écriture dans différents contextes pertinents. Cette aptitude peut être plus ou moins étendue. Les mêmes compétences et les mêmes attitudes ne sont pas impliquées pour lire et appliquer les instructions d'une notice de montage, pour comprendre et apprécier un texte de fiction, pour écrire une dissertation ou pour analyser la rhétorique d'un discours politique. La littératie étendue ne dépend donc pas seulement des capacités à décoder et à encoder un message. Elle dépend aussi de compétences plus complexes comme celles de faire des inférences ou de s'orienter dans l'organisation spatiale d'un support écrit.

L'attention accordée au développement des techniques scripturaires et d'une littératie étendue à l'école peut se justifier, selon Jean-Pierre Terrail[45], du fait des propriétés même de l'écriture. L'écriture permet de matérialiser le langage. Plus précisément, elle en rend visible sa structure en découpant spatialement les mots qui sont enchaînés dans la langue parlée et, plus largement, en rendant visible des structures organisationnelles du discours (découpage en phrases et paragraphes, ponctuation, etc.). L'apprentissage de l'écriture suppose que les élèves mettent à distance la langue parlée qu'ils maîtrisent, pour la plupart, depuis leur petite enfance. En matérialisant le langage, c'est-à-dire en le rendant indépendant de son énonciation immédiate, l'écriture permet le développement d'une « conscience grammairienne ». Le langage ne sert plus simplement de

---

44. Comme le montre Lahire [1993], l'inégale réussite à développer un tel rapport à l'écriture est un des facteurs principaux impliqués dans l'échec scolaire.
45. Dans la suite, je suis de près Terrail [2002].

medium de communication, il devient l'objet d'une attention en tant que tel [Goody, 1979]. Les règles de grammaire et de syntaxe peuvent être explicitées et analysées. Le texte écrit peut être décomposé et recomposé. De plus, comme le texte écrit vise le plus souvent une communication différée, il requiert l'explicitation d'informations pertinentes pour permettre la compréhension d'un lecteur n'ayant pas nécessairement accès au contexte. En ce sens, la maîtrise de l'écriture est une condition de possibilité de la décontextualisation de la connaissance dont j'ai parlé dans la section 5. Plus largement, la maîtrise fine de l'écriture est indissociable du développement d'un rapport métacognitif au langage.

Terrail suggère aussi que les effets positifs de la maîtrise de l'écrit ne concernent pas seulement la conscience grammairienne de la langue. Ils concernent aussi plus largement les champs mathématiques et scientifiques. Une démonstration mathématique suppose de décomposer les étapes du raisonnement, de s'assurer qu'aucune formulation n'est ambiguë, et ainsi de suite. Or ces démarches sont indissociables de la maîtrise de l'écriture. De même, la systématisation et la cohérence des taxinomies, par exemple, requièrent la possibilité d'opérer des comparaisons systématiques ou d'expliciter des critères de classement univoques dont on peut évaluer la pertinence. Là encore, cela suppose la maîtrise de l'écriture. Un curriculum de l'autonomie doit donc accorder une attention toute particulière à l'entrée progressive dans la littératie étendue. Cette maîtrise des usages de l'écrit permet aux élèves d'accéder à l'abstraction qui est requise pour accéder à la connaissance puissante.

L'attention à la littératie ne suffit cependant pas à déterminer un curriculum primaire. Un deuxième élément paraît tout aussi essentiel : l'élémentation des savoirs [Astolfi, 2008]. Ce concept fut forgé dans le contexte révolutionnaire, dans le cadre du projet de mise en place d'un droit à l'instruction publique. Il s'agissait alors de savoir sur quelle base construire des manuels d'instruction. L'élémentation s'oppose à une autre démarche, l'abréviation. L'abréviation des savoirs consiste à réduire les savoirs à transmettre à un minimum commun en évitant les complexités. Le savoir est « étiqueté », nommé et exemplifié, mais on ne transmet pas aux élèves la matrice leur permettant de saisir les principes de développement et la cohérence interne des savoirs. L'abréviation des savoirs ne retient que les contenus à connaître, mais escamote les procédures, méthodes et questionnements au moyen desquels ces savoirs sont élaborés. Ce faisant, l'abréviation des savoirs n'est pas de nature à rendre les élèves *puissants*. À l'inverse, l'élémentation des savoirs consiste à rendre visibles et explicites les différents éléments notionnels et procéduraux sur la base desquels les savoirs sont construits. Elle vise donc à fournir les principes permettant de déchiffrer le savoir et de le rendre intelligible.

Le concept d'élémentation permet d'éviter le faux dilemme entre un curriculum centré sur les connaissances et un curriculum centré sur les compétences ou les méthodes pour apprendre. Des connaissances élaborées et complexes ne peuvent être acquises à moins d'une compréhension des modalités et des procédures au moyen desquelles elles sont produites. Inversement, ces modalités et procédures ne peuvent être comprises indépendamment de leur mise en œuvre dans une démarche de connaissance. Un curriculum qui accorde une attention particulière à l'élémentation des savoirs n'est donc ni un curriculum encyclopédique, qui se donne comme finalité de transmettre beaucoup de connaissances, ni un curriculum formaliste, préoccupé seulement de compétences et de méthodes. En revanche, c'est un curriculum qui prend au sérieux les différentes didactiques disciplinaires[46].

Un curriculum accordant une attention particulière à la littératie étendue et à l'élémentation des savoirs s'éloigne de la conception traditionnelle du curriculum et, plus particulièrement, des programmes scolaires. Ceux-ci sont souvent compris (par les enseignantes et les enseignants, mais aussi par les familles et celles et ceux qui les élaborent et les commentent) comme une liste de *contenus* de connaissance à acquérir en un temps donné. Cette conception des programmes est insatisfaisante à plusieurs égards. D'abord, elle est exposée à l'objection pragmatiste : il est impossible de savoir quelles connaissances exactement seront utiles à l'autonomie. Ensuite, elle ouvre naturellement à une surcharge des programmes. Cette surcharge n'est pas seulement fonction de la longueur ou de la densité des programmes. Elle est aussi fonction de leur transposition, c'est-à-dire de leur traduction concrète en enseignements en classe. Ainsi quelques mots ou quelques lignes sur un

46. Ce qui est impossible à moins d'une solide formation initiale et continue des enseignantes et des enseignants. La compétence disciplinaire n'est pas synonyme d'une compétence didactique. J'ai indiqué dans le chapitre précédent pourquoi il faut reconnaître un devoir de formation continue aux enseignantes et aux enseignants. Cette formation pourrait, pour une part, être réalisée dans des instituts spécialisés au contact de spécialistes (didacticiennes et didacticiens, psychologues, etc.) et, pour une autre part, consister dans l'observation et la discussion régulières des pratiques avec des collègues.

programme (initiation à..., « Le temps des rois », etc.) appellent plusieurs heures ou semaines d'enseignement [Chevallard, 1986]. Concevoir les programmes comme une liste de *contenus* implique alors presque inévitablement une surcharge du curriculum. Il s'agit de « boucler le programme » dans un temps contraint, ce qui suppose souvent ou bien de survoler certains items ou bien de renoncer à leur traitement. Surtout, cette conception détourne l'attention de ce qui est fondamental. Ce qui est fondamental, du point de vue d'un curriculum de l'autonomie, ce n'est pas vraiment que telle ou telle chose précisément soit sue ou non. Ce qui est fondamental, c'est que les connaissances et les compétences maîtrisées soient authentiquement fondamentales du point de vue des apprentissages à venir.

À cet égard, les programmes pourraient être conçus très différemment, en indiquant par exemple des objets d'enseignements possibles, dont le choix serait laissé à l'enseignante ou l'enseignant ou même l'équipe éducative, tout en fixant des objectifs clairs concernant les compétences que les élèves doivent avoir acquis dans certains domaines fondamentaux. Je ne défends évidemment pas la suppression des programmes ou la liberté laissée aux enseignantes et aux enseignants de faire ce qu'ils veulent sans prescriptions curriculaires. Je ne suis en revanche pas convaincu qu'il soit nécessaire ni souhaitable que les programmes soient exhaustifs et précis concernant les contenus de connaissance à maîtriser. Des indications générales concernant les domaines de connaissance à aborder, les sortes de compétences que les élèves doivent maîtriser à un moment donné de leur parcours et des indications didactiques précises me paraissent suffisantes. Cela pose évidemment des difficultés spécifiques comme celle de la cohérence du parcours des élèves lorsqu'ils passent d'une classe à l'autre[47]. Mais elles ne me paraissent pas insurmontables et constituent plutôt un argument supplémentaire en faveur du devoir de collégialité.

Quoi qu'il en soit, les programmes ne doivent pas être conçus comme des listes de contenus prescrits, mais comme des parcours progressifs d'apprentissage orientés vers l'acquisition de connaissances puissantes. Cette manière de concevoir les programmes concilie pertinence et ambition

47. En pratique, cette façon de concevoir les programmes est assez proche de l'esprit de l'organisation actuelle des programmes en cycles, étalant les apprentissages sur plusieurs années. Néanmoins, cette organisation est couplée avec des programmes toujours plus chargés qui annulent souvent les bénéfices qu'on peut en attendre.

des prescriptions curriculaires et liberté pédagogique, c'est-à-dire reconnaissance de l'autonomie des enseignantes et des enseignants dans la manière de concevoir la progression des apprentissages.

Dans cette section, j'ai défendu une conception ambitieuse du curriculum primaire. Celui-ci ne doit pas viser à transmettre à toutes et tous un stock de connaissances de base. Il doit plutôt garantir l'acquisition des connaissances et compétences qui conditionnent l'accès à la connaissance puissante. À cet égard, j'ai rappelé l'importance de l'élémentation des savoirs et de l'entrée dans la littératie étendue. À l'heure actuelle, cette entrée se fait très inégalement et constitue un des facteurs majeurs d'échec scolaire. Il n'y a pas de raison, en revanche, de penser que ce soit une fatalité. Une entrée réussie de toutes et tous dans la culture écrite requiert cependant une révision significative de la manière de concevoir les programmes d'enseignement. Ceux-ci ne doivent pas être conçus comme des listes de contenus de connaissance juxtaposés, mais comme des parcours progressifs d'apprentissage.

8. REMARQUES DIVERSES SUR LE CURRICULUM DE L'AUTONOMIE

Avant de conclure ce chapitre, je voudrais expliciter quelques implications des arguments que j'ai développés. J'en ai privilégié une formulation assez générale car il me semble plus important de clarifier les raisons normatives qui doivent gouverner les choix curriculaires que de formuler des recommandations précises qui appelleraient chaque fois des analyses spécifiques complémentaires dépassant les ambitions de cet essai. Toutefois, le risque est que le propos paraisse hors sol et impuissant à formuler des recommandations précises. Je voudrais donc prévenir ici ce risque en explicitant quelques implications curriculaires non triviales des arguments que j'ai avancés.

À quoi ressemblerait un curriculum de l'autonomie ? J'ai soutenu qu'il devrait être ordonné à la connaissance puissante. Cela implique en particulier que l'enseignement doit accorder une place centrale aux questions méthodologiques et épistémologiques. Sans qu'il faille inscrire au curriculum des enseignements dédiés à l'épistémologie ou à l'histoire des sciences par exemple, il semble en revanche nécessaire d'insister sur la solidarité entre l'enseignement des savoirs et celui de leurs procédures de justification. Permettre l'accès à la connaissance puissante, c'est permettre de comprendre comment la connaissance est produite et justifiée. C'est à cette condition que les élèves pourront authentiquement s'approprier la connaissance, non comme un fait brut et indifférent, mais comme une construction spécifique, soumise à des normes de production et de justification qu'ils sont susceptibles de reconnaître et d'approuver. Cette insistance sur les questions méthodologiques et épistémologiques n'est évidemment pas contradictoire avec l'apprentissage de connaissances substantielles. Elle implique cependant de ne pas exclusivement centrer l'attention sur les contenus de connaissance eux-mêmes.

J'ai affirmé qu'il n'est pas possible de trancher de manière décisive la façon d'organiser le curriculum. En particulier, je ne suis pas certain que des arguments décisifs puissent être formulés pour ou contre une organisation strictement disciplinaire du curriculum. Si j'ai une préférence pour une organisation hybride, accordant une place non négligeable à des enseignements thématiques ou consacrés à des champs de savoir spécifiques, cette préférence n'est pas adossée à des raisons contraignantes. En revanche, la prise au sérieux de la puissance de la connaissance justifie de reconnaître une grande autonomie aux enseignantes et aux enseignants. En effet, si le contenu précis de connaissance enseigné est moins fondamental que les procédures de justification et de production de la connaissance, alors il n'y a pas de raison que les programmes soient centrés exclusivement sur l'enseignement de certains contenus spécifiques. Au contraire, la détermination de ces contenus devrait être solidaire de l'élaboration de parcours progressifs d'apprentissage par les enseignantes et les enseignants. Les élèves eux-mêmes pourraient participer à la détermination précise de ces parcours, pour autant que des contraintes, notamment en termes de diversité des formes de savoir abordées, soient respectées. Le curriculum de l'autonomie est solidairement un curriculum qui contribue à la formation de l'autonomie des élèves et repose sur celle des enseignantes et des enseignants.

Comme je l'expliciterai dans le chapitre suivant, un engagement en faveur de la formation de l'autonomie à l'école a des affinités avec l'approche des capabilités [Nussbaum, 2012]. L'école doit contribuer à la garantie de la possession par toutes et tous de capabilités de base suffisantes pour pouvoir faire preuve d'autonomie. Ce faisant, un curriculum de l'autonomie est incompatible avec une orientation précoce des élèves. Toutes et tous doivent se voir garantir un accès à la connaissance puissante, donc aux formes de savoir élaborées et décontextualisées qui sont classiquement réservées au curriculum général. Cet engagement pose nécessairement la question de savoir comment cet accès peut être garanti. Il s'agit d'éviter le faux dilemme entre élitisme sélectif, qui exclut une part significative des élèves de l'accès à la connaissance puissante en opérant un tri et une orientation précoce, et « tolérance à l'ignorance », laquelle permet aux élèves de poursuivre leur parcours scolaire sans s'assurer de leur maîtrise suffisante des savoirs [Terrail, 2020]. Je préciserai quelques pistes dans ce sens dans le prochain chapitre.

Un curriculum de l'autonomie n'est ni un curriculum de l'érudition ni un curriculum de la performance. Il doit être ordonné à l'accès de *toutes et tous* à la connaissance puissante et non à l'excellence de la performance d'une élite. À cet égard, si les enquêtes comparant le niveau de performance de différents systèmes scolaires, comme les enquêtes PISA[48], doivent interpréter avec prudence. Celles-ci permettent de questionner les facteurs contribuant à la qualité des apprentissages. Mais elles ne doivent pas opacifier la finalité d'un système scolaire : il ne s'agit pas que les élèves soient meilleurs que celles et ceux d'autres pays, mais que toutes et tous accèdent à la connaissance puissante. D'une manière générale, comme je l'expliquerai dans le prochain chapitre, la mise en compétition des élèves, des établissements et des systèmes scolaires est susceptible d'avoir des effets désastreux du point de vue d'un engagement en faveur de l'autonomie.

Enfin, un curriculum de l'autonomie ne saurait être engagé à promouvoir une tradition culturelle pour la simple raison qu'elle est notre tradition. En ce sens, il ne saurait être ordonné à la transmission d'un *canon*[49] établi une fois pour toutes d'œuvres, de références, etc. Toutes les formes culturelles inscrites au curriculum doivent être justifiables du point de vue de leur contribution effective à la formation de l'autonomie. Cette justification dépend donc des propriétés objectives des formes culturelles et de la manière dont elles sont rendues pertinentes du point de vue de la formation de l'autonomie d'élèves inscrits dans un contexte particulier. En ce sens, la liste des œuvres et, plus largement, des formes culturelles pertinentes est toujours nécessairement *ouverte* et *controversée*. Ce n'est pas un

48. Les enquêtes PISA *(Programme for International Student Assessment)* évaluent les acquis des élèves de 15 ans des pays participants en lecture, en mathématiques et en sciences.
49. La défense d'un canon occidental établi une fois pour toutes, sur la base duquel on rejette les revendications de diversification et d'élargissement des œuvres et des approches enseignées, est liée à ce qu'on appelle la querelle du canon. Cette expression désigne les vifs débats intellectuels qui commencent dans les années 1980 aux États-Unis autour de la légitimité d'un enseignement de la culture occidentale. Pour une défense célèbre du canon occidental, voir Bloom [1994].

défaut : la question de savoir si telle ou telle forme culturelle, telle ou telle approche, etc., participe *vraiment* de la formation de l'autonomie ou si une autre forme n'y contribuerait pas mieux, est une question démocratique légitime et nécessaire. En ce sens, un curriculum de l'autonomie ne saurait être figé une fois pour toutes. Il doit être révisé régulièrement à mesure que les conditions sociales évoluent[50]. Mais cette révision doit respecter les contraintes indiquées. En particulier, la diversification des formes culturelles et des approches enseignées qui accordent une place plus importante aux perspectives et aux apports de perspectives dominées (des femmes, des personnes racisées, etc.) est non seulement compatible avec un curriculum de l'autonomie mais même recommandée. Par exemple, il y a des raisons de penser que l'une des contributions majeures de la littérature à la formation de l'autonomie, c'est qu'elle permet l'adoption de perspectives très diverses sur le monde et, en ce sens, contribue au développement de l'imagination morale et de l'empathie [Nussbaum, 2015]. Mais si c'est vrai, alors il importe qu'une réelle diversité de perspectives soit offerte aux élèves.

Cette argumentation peut soulever certaines interrogations légitimes. Je voudrais répondre rapidement aux principales d'entre elles.

La première interrogation que j'envisagerai porte sur un possible biais intellectualiste des recommandations curriculaires que j'ai avancées. Mon argumentation repose sur la théorie de la connaissance puissante et la théorie des formes de savoir. Or celles-ci consistent à justifier des orientations curriculaires sur la base de considérations épistémologiques. Ce faisant, elle peut être soupçonnée de privilégier une conception intellectualiste, « savante », du savoir, au détriment d'approches plus pratiques. En particulier, cette approche peut être soupçonnée de pouvoir difficilement intégrer des approches technologiques et manuelles.

---

50. L'élaboration et la révision des programmes posent des problèmes spécifiques que je ne peux pas développer ici. En particulier, il conviendrait que celles-ci soient à l'abri d'une instrumentalisation par l'État. Il faudrait aussi que celles-ci soient conformes à l'état des savoirs et du consensus scientifique. Enfin, il faudrait aussi que les révisions régulières, nécessaires, ne soient pas soumises à l'urgence d'un agenda trop strict qui nuirait à la qualité du travail de réécriture. Une perspective intéressante serait la constitution de commissions réunissant des universitaires, des enseignantes et des enseignants du primaire et du secondaire, des membres d'associations ou de groupes pertinents de la société civile et des personnes représentant les parents d'élèves. Ces commissions auraient à charge d'élaborer et réviser démocratiquement les programmes. Ceux-ci seraient à l'abri de l'instrumentalisation politique, scientifiquement à jour et permettraient l'adhésion des différents acteurs et actrices du système scolaire.

Ce soupçon n'est pas justifié. J'ai indiqué que la théorie des formes de savoir n'implique pas une organisation strictement disciplinaire du curriculum. Si elle justifie d'accorder une attention à la forte classification des savoirs enseignés, elle n'interdit nullement (et peut même justifier) la mobilisation de ces savoirs dans des enseignements thématiques ou abordant des champs de savoir complexes. Elle n'exclut nullement que certains enseignements aient une dimension technologique et manuelle. J'ai indiqué des raisons de défendre cette sorte d'enseignement. Ce qu'exclut ce curriculum, c'est toute forme de spécialisation qui aboutirait à priver les élèves de l'accès à certaines formes de savoir fondamentales.

La deuxième interrogation porte sur la diversité des parcours d'apprentissage qu'autorise ce curriculum de l'autonomie. Une complication évidente d'un curriculum qui accorde une grande autonomie aux enseignantes et aux enseignants dans la détermination précise des parcours est que deux élèves scolarisés dans des classes différentes ou des établissements différents n'auront pas nécessairement accès à des enseignements exactement identiques. Cela semble aboutir à rejeter l'idée que la fonction de l'école est de transmettre une culture *commune*. Or cette perspective peut sembler suspecte.

Ce soupçon repose en fait sur une conception équivoque de la culture. Comme je l'ai indiqué dans la section 3, la culture scolaire est produite par l'école. Elle consiste moins dans un *stock* de connaissances et de références communes que dans un ensemble de dispositions et d'attitudes cognitives, pratiques et affectives dont l'école vise le développement. Or il n'y a rien de contradictoire à ce que cette culture comprise comme *puissance commune* puisse être acquise au moyen de parcours différents. Le rôle des programmes est alors de donner des balises fonctionnant comme des guides pour les enseignantes et les enseignants et non de prescrire des contenus de connaissance spécifiques[51]. De plus, reconnaître une grande

51. Mon argument, en fait, va jusqu'à plaider pour une large autonomie reconnue aux établissements scolaires dans l'orientation pédagogique précise. L'autonomie des établissements pose cependant des problèmes difficiles en matière de justice scolaire, notamment parce qu'elle paraît solidaire d'une mise en concurrence des établissements. Je crois que cette solidarité n'est qu'apparente et peut être évitée. La question est cependant controversée. Le chapitre suivant donnera des raisons de penser que l'autonomie des établissements est possible en évitant leur mise en concurrence. Pour une étude du fonctionnement d'un établissement scolaire espagnol pour adultes dans la gouvernance duquel toutes les participantes et tous les participants sont impliqués, permettant une grande autonomie collective, on pourra consulter SANCHEZ AROCA [1999].

autonomie aux enseignantes et aux enseignants dans la mise en œuvre du curriculum permet d'atténuer le soupçon que suscite nécessairement le monopole d'une institution (État, Église, etc.) sur le curriculum.

Il est vrai que si l'on prend au sérieux cette idée, cela aboutit à renoncer à l'idée de sanctionner la fin de la scolarité secondaire par un examen national comprenant des épreuves communes comme le baccalauréat. Les parcours des élèves au terme de leur scolarité seraient trop dissemblables pour permettre la tenue de telles épreuves. Mais est-ce grave ? Je ne suis pas convaincu qu'une justification normative convaincante puisse être donnée d'un tel examen[52]. Certes, il importe de s'assurer que les élèves ont bel et bien atteint des acquis suffisants, mais il n'est pas nécessaire que les épreuves soient identiques[53] pour tous les élèves d'une classe d'âge[54]. D'une manière générale, puisque la seule question qui se pose du point de vue d'un curriculum de l'autonomie porte sur l'acquisition de savoirs suffisants par l'élève, l'évaluation de ces épreuves devraient se faire de manière binaire (validé/non validé) et non au moyen d'un système de notes et de mentions. La validation de cet examen devrait valoir comme un *droit* de poursuivre ses études dans l'enseignement supérieur. Je reviendrai sur ce point dans le chapitre suivant.

Une troisième interrogation, proche de la précédente, porte sur la place du libre choix des enseignements dans le curriculum. J'ai rejeté l'idée d'une spécialisation professionnelle précoce des élèves, mais ce rejet reste compatible avec différentes manières de concevoir le curriculum. J'ai insisté sur l'importance de reconnaître une grande autonomie aux

---

52. D'un point de vue instrumental, le baccalauréat remplit au moins une double fonction : il fournit un standard de référence aux enseignantes et aux enseignants concernant les performances dont les élèves doivent être capables à la fin de leur scolarité secondaire et il permet de contrôler les enseignantes et les enseignants pour s'assurer qu'ils respectent le programme.
53. Si on accepte de comprendre la culture scolaire en termes de puissance, celle-ci peut bien être commune à tous les élèves sans impliquer l'identité des contenus de connaissance acquis.
54. Il existe en fait une grande diversité d'options envisageables : élaboration de sujets au niveau de l'établissement avec validation par le corps d'inspection ou par des collègues d'autres établissements, banque de sujets nationaux dans laquelle les enseignantes et les enseignants peuvent piocher au niveau de l'établissement, etc. Il existe certainement des fortes raisons instrumentales de privilégier le maintien d'épreuves communes. De telles épreuves auraient pour conséquence de réduire l'autonomie des enseignantes et des enseignants, au moins dans la détermination des parcours d'apprentissage proposés aux élèves. La question de savoir si ces raisons sont suffisamment fortes pour l'emporter sur celles qui plaident en faveur d'une plus grande autonomie des enseignantes et des enseignants est ouverte. À titre personnel, je ne crois pas qu'elles le soient, mais je ne proposerai pas d'argument spécifique ici.

enseignantes et aux enseignants. La question se pose aussi de savoir quel degré d'autonomie il faut reconnaître aux élèves. Cette question est d'autant plus pressante que l'on sait que les choix d'orientation scolaire pèsent fortement sur les trajectoires sociales à venir des élèves.

Un curriculum de l'autonomie exclut une spécialisation précoce dans une seule forme de savoir ou un petit nombre (par exemple, un parcours exclusivement scientifique ou littéraire). Il n'exclut cependant pas et peut même recommander que soit accordée aux élèves la possibilité de choisir entre plusieurs enseignements. La liberté de choix accordée aux élèves est une autre forme de contexte d'agentivité contrôlée. Elle vaut particulièrement pour les dernières années de l'enseignement secondaire, lorsque les préférences des élèves commencent à se former et se stabiliser. Toutefois, s'il est légitime que ces choix reflètent les préférences des élèves, celles-ci ne valent que dans la mesure où elles sont formées et informées. De plus, ces choix ne doivent pas peser comme un destin. C'est pourquoi, la liberté de choix des élèves doit respecter certaines contraintes. En particulier, il faut qu'une certaine diversité des formes de savoir abordées soit conservée. En effet, la formation de l'autonomie dépend de l'accès de toutes et tous à une *diversité* de formes de savoir. L'approfondissement de l'expérience dépend en effet de la possibilité de mobiliser des schèmes conceptuels, des raisonnements et des ressources cognitives variés. De plus, pour que cette liberté de choix ne soit pas seulement formelle, elle doit bien refléter les préférences des élèves et non leur performance réelle ou supposée. Elle exclut toute orientation subie[55]. Je répondrai plus complètement à cette interrogation dans le chapitre suivant, en expliquant comment un système scolaire juste et engagé en faveur de l'autonomie de toutes et tous peut éviter la mise en compétition des élèves qui est le principal facteur explicatif de l'orientation scolaire aujourd'hui.

La quatrième interrogation porte sur la place des connaissances et des compétences dans le curriculum de l'autonomie. Une partie des débats curriculaires portent sur le statut exact qu'il convient d'accorder

55. Les modalités concrètes d'une telle organisation ne sont pas aisées à clarifier. Il semble qu'elles dépendent fortement de certaines variables contextuelles (nombre d'élèves dans l'établissement, organisation des enseignements par l'équipe pédagogique, etc.). Ici encore, il importe moins de faire des recommandations précises que de montrer qu'un curriculum de l'autonomie est compatible avec des manières d'organiser la scolarité qui s'éloignent significativement de celles que nous connaissons aujourd'hui.

aux compétences dans le curriculum scolaire. Cette notion a d'abord été importée depuis le monde professionnel vers le monde de l'enseignement et peut être soupçonnée de véhiculer une conception restrictive et centrée sur l'employabilité de l'éducation [Del Rey, 2013]. Ce faisant, elle serait incompatible avec l'idéal de l'éducation libérale que j'ai défendu dans ce chapitre. Selon une autre approche, moins critique, la prise au sérieux des compétences, comprises comme des capacités d'agir efficacement dans un type défini de situation en mobilisant des ressources pertinentes dont des connaissances, est nécessaire si l'on veut véritablement faire accéder les élèves à l'autonomie [Perrenoud, 2000]. Il n'existe pas à l'heure actuelle de définition consensuelle de la notion de compétence. Son succès tient en partie à son indétermination et au fait qu'elle se situe au croisement de différentes approches pédagogiques, psychologiques et économiques.

Si j'ai mobilisé plusieurs fois cette notion et si j'ai proposé une discussion rapide de l'importance des compétences transversales dans le curriculum, je n'en fais pas un axe structurant de mon argumentation. Mon argument vise à déplacer l'attention des contenus de connaissance vers la puissance de la connaissance et donc vers l'appropriation des connaissances par les élèves au profit de l'autonomie. Il peut sembler avoir des affinités électives avec les théories qui promeuvent une approche par compétences. Toutefois, j'ai aussi insisté sur l'impossibilité d'accéder à la connaissance puissante sans être confronté à d'authentiques connaissances explicitées et visibles. En tout état de cause, je crois que mon propos se situe à un niveau de généralité suffisamment élevé pour rester agnostique concernant ce débat. J'ai tendance à penser qu'il convient de prendre au sérieux la notion de compétence dans une perspective d'évaluation diagnostique et formative plus que sommative[56], mais qu'une organisation du curriculum sur cette base ne s'impose pas.

Une dernière interrogation porte sur l'inflation curriculaire à laquelle risque d'aboutir ma défense du curriculum de l'autonomie. Celui-ci, tel que je le présente, ne risque-t-il pas d'être trop accueillant et indéterminé pour permettre la constitution de parcours d'apprentissage cohérents ? Si tous les

56. On distingue classiquement entre évaluation *diagnostique* (visant à prendre connaissance des acquis des élèves), *formative* (visant à prendre connaissance des progrès réalisés par les élèves en cours de formation) et *sommative* (visant à prendre connaissance des acquis des élèves au terme de leur formation). L'approche par compétences permet d'identifier plus finement la nature des difficultés rencontrées par les élèves et donc d'y répondre de manière plus efficace en vue de faciliter les apprentissages [Merle, 2018].

élèves doivent être sensibilisés à une diversité de formes de savoir, accéder à des enseignements technologiques, physiques et artistiques, et avoir l'opportunité de développer des savoirs manuels, ne risque-t-on pas de les surcharger de travail ? Le mieux étant l'ennemi du bien, le risque serait alors que ce curriculum de l'autonomie soit trop ambitieux pour être réalisable.

Cette crainte repose implicitement sur l'idée que les enseignements qui seraient prodigués dans le cadre d'une école gouvernée par le curriculum de l'autonomie ressembleraient fortement à ceux qui sont prodigués dans l'école actuelle. C'est faux. En particulier, les curricula contemporains sont souvent marqués par une tension entre une visée sélective (il s'agit de transmettre des connaissances exigeantes qui seront requises pour une poursuite d'étude spécialisée dans cette discipline) et une visée généraliste (il s'agit de transmettre une culture disciplinaire suffisante à celles et ceux qui ne poursuivront pas dans cette voie). Un curriculum de l'autonomie qui vise l'approfondissement des structures de l'expérience et non l'acquisition de connaissances spécifiques n'est pas soumis à cette tension. Cette affirmation peut paraître un peu arbitraire. J'en proposerai une justification plus complète lors du prochain chapitre. Celle-ci requiert de montrer comment un système scolaire juste peut et doit être non compétitif et comment il doit être articulé à l'enseignement supérieur. Dès lors qu'il n'existe pas de compétition pour accéder à certaines places rares dans l'enseignement supérieur, la tension entre visées sélective et généraliste ne se pose plus et il devient possible d'accorder toute son importance à la transmission de connaissances puissantes.

CONCLUSION

Dans ce chapitre, j'ai essayé de clarifier la nature d'un curriculum de l'autonomie. Ce curriculum s'éloignerait significativement sur certains points des curricula qui prévalent aujourd'hui dans le système scolaire. D'abord, un tel curriculum proscrirait toute orientation professionnelle précoce. Ensuite, et surtout, il serait orienté vers l'acquisition de connaissances puissantes par tous les élèves. Ceci n'est possible qu'à la condition que le curriculum soit fortement classifié, c'est-à-dire que les concepts, méthodes et procédures impliqués dans la production et la justification des connaissances soient rendus explicites et visibles. Lorsque c'est le cas, les élèves peuvent identifier les codes scolaires et se les approprier. En revanche, lorsqu'ils restent implicites et invisibles, seuls les élèves dont la socialisation familiale les a préparés à les reconnaître peuvent acquérir ces connaissances qui deviennent dès lors les connaissances des puissants. Dans une telle configuration, le curriculum est injuste. Loin de permettre la formation de l'autonomie de toutes et tous, il est un instrument de contrôle et de domination sociale. Un curriculum de l'autonomie n'est pas nécessairement organisé sur des bases disciplinaires, mais est en revanche nécessairement un curriculum de l'exigence intellectuelle[57]. J'ai déjà donné des raisons de penser qu'un curriculum de l'autonomie est incompatible avec une organisation du système scolaire qui implique une orientation précoce des élèves. Il reste cependant à expliciter les principes de justice qui doivent gouverner la structure institutionnelle du système scolaire et leurs implications. C'est ce à quoi sera consacré le prochain chapitre.

---

57. En ce sens, il est incompatible avec la pédagogie du détour consistant à contourner les difficultés et à ne pas confronter les élèves aux savoirs abstraits [Terrail, 2016].

V

QUELLE ÉGALITÉ POUR L'ÉCOLE?

INTRODUCTION

Dans les chapitres précédents, j'ai insisté sur l'importance de prendre au sérieux l'autonomie à l'école. Cela impose des contraintes normatives substantielles sur l'autorité scolaire, la relation pédagogique et le curriculum. Un système scolaire ne saurait être juste à moins de satisfaire ces contraintes. Cependant, ces dernières ne sont pas suffisantes. Les arguments qui les soutiennent sont justifiés par une certaine conception de l'autonomie et du rôle que l'école peut jouer dans sa formation. Mais je n'ai pas encore expliqué la manière dont l'école doit être organisée afin de remplir ce rôle.

Je consacrerai ce chapitre à clarifier ce point. Je me concentrerai en particulier sur la question de savoir quelle théorie de l'égalité scolaire doit gouverner le système scolaire obligatoire. Toute théorie de la justice implique une certaine théorie de l'égalité. La question est de savoir ce qui doit être égalisé et pourquoi. Je défendrai une version de la théorie relationnelle de l'égalité scolaire. Selon cette théorie, ce qui importe, pour la justice scolaire, c'est que tous les élèves acquièrent des connaissances et des compétences fondamentales pour l'autonomie et qu'ils accèdent à des options et opportunités dignes d'être poursuivies équivalentes.

Il me reste à ajouter deux précisions lexicales. Dans ce chapitre, je parlerai fréquemment de « biens éducatifs ». Cet usage s'explique par le recours que je ferai à des arguments empruntés aux théories de la justice, notamment aux théories de la justice distributive. Ces dernières se posent la question de savoir selon quels principes de justice différents biens sociaux doivent être distribués. En pratique, cette référence aux biens éducatifs désigne le plus souvent les enseignements qui sont assurés par les enseignantes et les enseignants. Une question structurante dans ce chapitre sera par exemple de savoir si tous les élèves doivent recevoir ou non des enseignements de même qualité.

Enfin, lorsque je discuterai de la structuration du système scolaire en voies ou filières différentes, il m'arrivera fréquemment de parler de parcours « meilleurs » que d'autres. Cette expression ne renvoie à aucun jugement de valeur de ma part. Des parcours scolaires peuvent être meilleurs ou moins bons en fonction des options et opportunités auxquelles ils donnent accès. La valeur de ces options et opportunités dépend de jugements sociaux qui peuvent être explicités par une théorie sociologique adéquate. Pour ne pas alourdir le propos, je ne le préciserai pas toujours explicitement.

1. JUSTICE SOCIALE ET JUSTICE SCOLAIRE

L'école n'est pas un isolat social. Elle est l'une des institutions d'une société qui l'englobe. Mais c'est une institution tout à fait spéciale du fait de son rôle dans l'éducation des personnes. Avant d'expliciter et de justifier les principes de justice qui doivent gouverner l'école, je voudrais commencer par clarifier les relations complexes qu'entretiennent théorie de la justice scolaire et théorie de la justice sociale, en conservant le fil conducteur de l'autonomie.

La défense de la valeur d'autonomie que j'ai proposée dans la section 4 du chapitre II repose sur l'idée que c'est légitimement que les personnes veulent avoir la capacité de faire des choix véritables. Il y a des raisons de penser que, pour mener une vie dotée de sens, les personnes doivent être capables de s'accomplir dans des activités et des relations dont la valeur est partiellement indépendante d'eux [Wolf, 2023]. De plus, il semble bien que notre attachement à une conception de la vie bonne et aux engagements que nous endossons dépende fortement du sentiment que nous les avons choisis dans des conditions appropriées, par exemple qu'ils ne nous ont pas été imposés arbitrairement [Scanlon, 1998]. Il est évident que personne ne peut poursuivre et encore moins atteindre tous les objectifs dignes d'être poursuivis. On ne peut pas à la fois consacrer sa vie à une ascèse spirituelle exigeante, à la réalisation de performances sportives exceptionnelles, à l'entretien de relations personnelles riches et à une carrière scientifique couronnée de succès. En revanche, il est raisonnable de penser qu'une personne est justifiée à se plaindre si elle est exclue, sans raison suffisante, de certaines options ou certains biens dignes d'être poursuivis. Et sa plainte sera d'autant plus justifiée que la gamme des options et des biens qui lui sont effectivement accessibles est significativement réduite sans raison valable. Dans de tels cas, cette personne n'a pas ou peu la possibilité de faire des choix véritables. En ce sens, elle subit sa vie comme un destin.

Le système scolaire est susceptible de contribuer à la formation de l'autonomie. Il peut le faire en offrant à chacun et chacune l'opportunité d'acquérir les compétences, les connaissances et les attitudes qui permettent de faire des choix véritables. Mais cette proposition peut porter à malentendu. L'autonomie ne dépend pas seulement de ce que savent faire les personnes. Elle dépend aussi de la manière dont est organisée la société dans son ensemble. Soit un système scolaire très performant et équitable. Il est gratuit et accessible à toutes et tous. Tous les élèves ou presque finissent leur scolarité obligatoire en ayant été convenablement sensibilisés à des formes de savoir nombreuses et diverses. Ils ont développé des attitudes appropriées à l'adoption de perspectives impliquées dans l'agentivité autonome. Pourtant, certaines options sociales dignes d'être poursuivies sont réservées à certaines personnes sans justification suffisante (sur des critères sexistes ou racistes, par exemple). On peut considérer que, dans une telle société, la qualité du système scolaire ne suffit pas à contribuer à former convenablement l'autonomie de toutes et tous. Plus encore, ce système ne pourrait pas faire mieux pour la formation de l'autonomie, même en fournissant à tous les élèves de meilleures connaissances encore. Dans une telle situation, l'agentivité autonome de certaines et certains est injustement réduite par la manière dont est organisée la société dans son ensemble. La capacité à faire preuve d'autonomie ne dépend donc pas seulement du système scolaire, mais aussi de l'agencement institutionnel d'ensemble de la société. En d'autres termes, *l'autonomie est dépendante du contexte social*. Un système scolaire ne peut pas être vraiment juste (ou plus exactement ne peut atteindre, de manière satisfaisante, ses objectifs en termes de justice et d'autonomie) dans une société qui n'est pas elle-même raisonnablement juste. Ainsi, dans l'exemple choisi, le principe d'ouverture des fonctions et des positions à toutes et tous est violé [Rawls, 2009].

La thèse de la dépendance de l'autonomie au contexte social n'est pas triviale. Elle recommande de concevoir l'autonomie en termes de capabilités et, plus précisément, de capabilités *combinées* [Nussbaum, 2012]. L'autonomie ne dépend pas seulement des capabilités internes, c'est-à-dire des états internes de la personne, comme sa santé ou ses capacités émotionnelles et intellectuelles. Elle dépend tout autant de la manière dont la société permet effectivement à toutes et tous d'exercer ces capabilités. En ce sens, l'autonomie dépend de la combinaison de capabilités internes et de conditions sociales permettant le choix du fonctionnement correspondant à ces capabilités[1].

Cette thèse implique que le problème de la justice scolaire n'est pas complètement indépendant de celui de la justice sociale. Je voudrais donc préciser l'importance que représente la justice scolaire du point de vue des théories libérales de la justice sociale. Ces dernières comptent en général parmi leurs prémisses une certaine conception de la personne [Rawls, 2008]. Sans entrer dans les débats relatifs à cette question, ces théories requièrent en effet que les personnes soient dotées de certaines capacités intellectuelles, émotionnelles et morales spécifiques. En fait, elles réclament que les personnes soient capables d'autonomie dans un sens assez proche de celui que je lui donne dans cet essai. Par exemple, Rawls affirme que les personnes doivent être conçues comme dotées de deux facultés morales, le sens de la justice et la capacité à avoir une conception du bien, ainsi que de facultés complémentaires de raisonnement, d'inférence et de jugement. Du point de vue de ces théories, il est donc important que les institutions sociales permettent le développement approprié de ces facultés. C'est en particulier le cas pour le développement du sens de la justice. C'est ce qu'on appelle le problème de la stabilité. Les institutions d'une société juste doivent fonctionner de telle sorte qu'elles garantissent dans la durée que les personnes acquièrent le sens de la justice et désirent participer à la défense des institutions de cette société [Rawls, 2009].

---

1. À la suite de Sen, Nussbaum distingue capabilité et fonctionnement, c'est-à-dire l'exercice effectif de la capabilité. Cette distinction est décisive du point de vue d'une théorie de la justice libérale qui rejette le paternalisme. Une société juste doit par exemple garantir à chacune et chacun la capabilité de se nourrir convenablement. En revanche, elle ne serait pas justifiée à contraindre une personne faisant le choix de jeûnes fréquents et drastiques à se nourrir contre son gré, même si ce jeûne nuit à son état de santé. Il y a une différence significative entre mener une vie d'ascète et mourir de faim.

Le système scolaire fait partie de la structure de base de la société, c'est-à-dire des institutions sociales les plus importantes sur le fonctionnement desquelles porte prioritairement la justice. L'importance de ces institutions tient au fait qu'elles influencent *profondément* les perspectives de vie des personnes et cela, *dès le début*. Un système scolaire juste doit donc fonctionner de telle manière qu'il contribue à sa hauteur à l'acquisition du sens de la justice et du désir de soutenir les institutions sociales. S'il échoue à le faire, la société sera instable, c'est-à-dire qu'elle échouera à enrayer convenablement les tendances perturbatrices qui ne manqueront pas de s'y développer.

On peut indiquer, dans des termes généraux, la façon dont le système scolaire doit participer effectivement à la stabilité d'une société juste. Il doit contribuer à fournir les bases sociales du respect de soi. Il s'agit là d'un des biens premiers selon Rawls[2]. Pour que les bases sociales du respect de soi soient fournies, il faut que les institutions fonctionnent de telle sorte qu'elles traitent les citoyens et les citoyennes comme des personnes libres et égales. Celles-ci doivent avoir la possibilité de prendre conscience de leur valeur. Elles doivent aussi être capables de progresser dans leurs fins avec confiance [Rawls, 2009]. Il y a bien des manières, pour un système scolaire, d'échouer à fournir ces bases sociales du respect de soi. Les enseignantes et les enseignants peuvent y exercer leur autorité en négligeant l'agentivité dépendante des élèves, par exemple en les soumettant à des injonctions injustifiées et en ne leur donnant pas l'occasion de développer une conception de soi comme personnes morales capables d'initiative et auprès de qui l'exercice de l'autorité doit être justifié. Les élèves peuvent aussi y être soumis à des conditions de stress psychologique telles qu'elles nuisent au bon développement de la confiance dans leurs propres capacités. La pression sélective, le manque de bienveillance et d'attention de la part des enseignantes et

2. Les biens premiers sont définis comme « des conditions sociales et des instruments polyvalents variés qui sont généralement nécessaires pour permettre aux citoyens de développer et d'exercer pleinement leurs deux facultés morales de façon adéquate, et de chercher à réaliser leur conception déterminée du bien » [Rawls, 2008]. En fait, Rawls a évolué dans sa manière de définir les biens premiers. Dans sa *Théorie de la justice*, il avait initialement avancé une définition moins restrictive et plus subjective, d'après laquelle les biens premiers désignent « tout ce qu'on suppose qu'un être rationnel désirera, quels que soient ses autres désirs » [Rawls, 2009]. Cette différence de définition est sans portée sur mon argumentation. J'admets toutefois une préférence pour la formulation initiale de Rawls dont les implications égalitaristes sont plus fortes. Sur cette question, voir Van Parijs [1991, 1995].

des enseignants, ou le sentiment justifié qu'ils ne seront pas consultés lors des choix d'orientation scolaire et que seuls seront retenus leurs résultats, sont de nature à causer un tel stress. Les élèves peuvent aussi y accéder à des biens scolaires très inégaux en fonction de critères arbitraires, ce qui est constitutif de traitements discriminatoires. C'est notamment le cas lorsque le milieu social d'origine des élèves détermine fortement le type d'établissement fréquenté, contribuant ainsi à une forme d'entre-soi social. L'existence d'un réseau privé de scolarisation, parallèle au réseau public, est aussi une cause importante de cette forme de discrimination. D'autres formes, plus subtiles, notamment en matière de race et de genre, peuvent aussi se jouer à l'école [Duru-Bellat, 2004 ; Felouzis, Fouquet-Chauprade et Charmillot, 2015 ; Ben Ayed, 2023]. Sans être forcément exhaustifs, ces exemples montrent suffisamment que le système scolaire contemporain échoue à fournir, à toutes et tous, les bases sociales du respect de soi.

L'incapacité à fournir à chacune et chacun les bases sociales du respect de soi ne tient pas seulement à la manière dont le système scolaire traite les élèves. Il tient aussi à la nature des perspectives auxquelles il leur donne accès. Les élèves doivent avoir le sentiment justifié que le système scolaire fonctionne de manière à leur donner accès, à toutes et tous, à des options variées et dignes d'être poursuivies. Un système scolaire qui ferait primer l'orientation fonctionnelle des élèves (sur la base des besoins économiques et sociaux) sur leur intérêt légitime à avoir accès à de telles options échouerait à fournir à toutes et tous les bases sociales du respect de soi. Dans un tel système, les élèves seraient fondés à se considérer comme de simples moyens de remplir certaines fonctions sociales, donc comme instrumentalisés, et non comme des personnes libres de choisir des fins dignes d'être poursuivies. Si les bases sociales du respect de soi ne sont pas fournies, alors les personnes ne développeront pas toutes convenablement le sens de la justice requis pour la stabilité des institutions.

La prise au sérieux de l'autonomie n'est donc pas justifiée seulement par des considérations relatives aux raisons qu'ont les personnes de pouvoir faire des choix véritables. Elle est justifiée aussi du fait de l'importance que revêt l'autonomie des personnes du point de vue de la stabilité d'une société juste.

Ce point est d'autant plus important que mon propos se situe dans le cadre d'une théorie *idéale* de la justice[3]. D'après Rawls, une telle théorie,

---

3. Je reviens dans la conclusion sur l'intérêt d'adopter ce type d'approche.

que l'on doit distinguer d'une théorie non-idéale, opère deux idéalisations : d'abord, elle postule que les personnes obéissent aux principes de justice, c'est-à-dire que cette théorie ne rencontre pas le problème de la désobéissance ou du passager clandestin ; ensuite, elle postule des conditions favorables à la réalisation de la justice [Rawls, 2009]. C'est sur la base de ces idéalisations que j'ai défendu, dans le chapitre II, une conception de l'autorité éducative distribuée entre État et famille. Cette conception repose sur l'idée que ces deux instances jouent des rôles complémentaires dans la formation de l'autonomie des enfants et, en particulier, dans le développement du sens de la justice. Mais on sait bien que, dans des conditions réelles, de nombreuses familles sont loin d'être gouvernées par des principes de justice appropriés, ce qui peut nuire significativement au développement du sens de la justice chez les enfants [Moller Okin, 2008]. Par conséquent, l'enjeu que représente la justice scolaire dans des conditions réelles est d'autant plus important : le système scolaire peut être, pour de nombreux enfants, la seule instance où ils peuvent apprendre à se concevoir comme des personnes libres et égales, dotées de droits et d'intérêts légitimes. Certes, le système scolaire réel est, lui aussi, loin de fonctionner conformément aux principes de justice. Mais c'est une raison supplémentaire d'essayer de clarifier ces principes. À certains égards, il est peut-être plus facile de réformer le système scolaire, afin qu'il soit gouverné par des principes de justice, que de réformer le fonctionnement des familles.

Il reste donc à clarifier plus précisément les principes de justice qui doivent gouverner un système scolaire juste.

2. CRITIQUE DE LA MÉRITOCRATIE SOCIALE

Une bonne partie des débats concernant la justice ou l'injustice du système scolaire porte sur la méritocratie. Il existe une riche littérature critique sur la méritocratie scolaire, souvent d'inspiration sociologique [Bourdieu & Passeron, 1987, 1990 ; Dubet, 2010 ; Duru-Bellat, 2019 ; Pasquali, 2021]. C'est aujourd'hui un fait établi que le système scolaire ne fonctionne pas conformément à l'idéal d'égalité méritocratique des chances. On peut considérer que, pour être méritocratique, l'école devrait satisfaire deux conditions : 1) elle devrait fonctionner de telle sorte que l'origine sociale des élèves ne détermine pas leur réussite scolaire et 2) elle devrait fonctionner de telle sorte qu'elle assure une correspondance entre niveau de diplôme obtenu par les élèves et position sociale atteinte au terme de leurs études. Ces travaux établissent que le système scolaire français n'est pas méritocratique. En particulier, il reproduit globalement les inégalités sociales, c'est-à-dire que les élèves n'ont pas, à l'entrée du système scolaire, des chances égales d'y réussir et d'en tirer profit. Par ailleurs, la segmentation croissante de l'enseignement, notamment supérieur, et la diversification des parcours atténuent la relation entre niveau de diplôme formel et position sociale effectivement atteinte [Merle, 2017]. Avec la démographisation scolaire[4], la ségrégation scolaire ne s'opère plus seulement verticalement (en termes de taux d'accès au diplôme), mais aussi horizontalement (en termes de valeur relative du diplôme obtenu). Comme de plus en plus de personnes accèdent au baccalauréat et à l'enseignement supérieur, la différence sociale ne dépend plus seulement du fait d'avoir obtenu tel ou tel niveau de diplôme (le baccalauréat, la licence, etc.). Elle dépend aussi et de plus en plus du fait d'avoir obtenu un diplôme de telle ou telle école, ou de telle ou telle formation. Socialement, toutes les licences ou tous les masters ne se valent pas. Une licence de psychologie dans une université de second rang ne « vaut » pas une formation en classe préparatoire aux grandes écoles scientifique dans un lycée d'élite avec une équivalence dans une université réputée. Dans une telle configuration, on constate une inégalité des chances d'accéder aux formations les plus prestigieuses.

Ces travaux, très utiles pour comprendre les mécanismes par lesquels ces inégalités se reproduisent, peuvent être plus ambigus s'agissant des implications normatives qui en sont parfois tirées. Les critiques qu'ils formulent ne sont pas toujours adossées à des principes normatifs complètement explicités et justifiés. De plus, certains concepts centraux du point de vue d'une théorie normative de la justice scolaire, comme ceux de mérite ou d'égalité scolaire, ne font pas toujours l'objet d'une analyse conceptuelle suffisante.

---

4. Prost [1970] propose de parler de « démographisation scolaire » pour qualifier la démocratisation quantitative de l'accès à l'enseignement tout au long du XXe siècle. Elle se traduit par un allongement de la durée des études pour toutes et tous et par l'unification progressive du système scolaire primaire et secondaire. Ce terme permet d'éviter les connotations négatives et souvent élitistes portées par celui, plus répandu, de « massification scolaire ».

Je voudrais donc consacrer cette section et la suivante à la clarification conceptuelle de cet idéal d'égalité méritocratique des chances, d'abord en tant qu'idéal de justice globale, puis en tant qu'idéal purement scolaire. Ces deux étapes sont nécessaires parce que la méritocratie comme idéal social n'est pas soumise aux mêmes objections que la méritocratie comme idéal scolaire. Aussi, certaines critiques de la méritocratie scolaire manquent partiellement leur cible faute de voir que cette différence d'extension appelle des objections différentes. Il s'agira *in fine* de savoir si cet idéal constitue un bon candidat pour l'organisation d'un système scolaire juste. Je montrerai que, s'il ne constitue certes pas le candidat idoine, certaines implications parfois tirées de cette littérature critique, comme l'idée selon laquelle le mérite n'existe pas, ne sont pas justifiées. Lorsqu'elles portent leur attention trop exclusivement sur la notion de mérite plutôt que sur celle d'égalité, ces critiques risquent de se rendre incapables de proposer une conception de l'égalité scolaire qui soit plausible et compatible avec certaines de nos intuitions morales les plus robustes.

Le discours méritocratique émerge dans le courant du XVIIIe siècle en proposant de substituer à la société d'ordre, où les positions sociales sont distribuées en fonction de la naissance, une société de l'émulation, où les positions sociales sont distribuées en fonction des talents [Ihl, 2007]. Cet idéal est social avant d'être scolaire. La méritocratie est un idéal de justice selon lequel la distribution de certains biens sociaux pertinents ne doit dépendre que du mérite et du talent des personnes. Elle ne doit pas dépendre de critères moralement arbitraires. Si ce sont d'abord les ordres sociaux et la religion qui sont la cible des critiques d'inspiration méritocratique, celles-ci s'étendent plus ou moins rapidement à d'autres discriminations arbitraires basées sur la race, le sexe, la sexualité, etc. On doit considérer que l'origine sociale est un critère moralement arbitraire. Par conséquent, la méritocratie est aussi nécessairement engagée en faveur de l'égalité des chances. Formulé ainsi, l'idéal méritocratique est un idéal social *global*. Sans doute n'est-il pas suffisant pour fournir une théorie complète de la justice sociale, mais il pourrait en constituer une partie. On doit reconnaître que c'est un idéal qui paraît intuitivement plausible et attractif.

Cette caractérisation de l'idéal méritocratique implique que le mérite est un critère pertinent de distribution des biens sociaux. Ces biens peuvent être d'une nature différente. Un certain nombre d'entre eux, parmi les plus significatifs du point de vue de la justice sociale, sont associés à des fonctions et des positions sociales (revenu, diversité des tâches, prestige, etc.). Pour simplifier, je parlerai essentiellement du revenu[5]. L'idéal méritocratique fournit un critère simple pour distribuer ces biens. Ils doivent l'être sur la base du mérite. L'idéal d'égalité méritocratique des chances affirme donc qu'une distribution inégale des biens sociaux, par exemple des revenus, est juste si elle satisfait deux clauses : 1) toutes les personnes doivent disposer de chances équitables d'accéder aux biens sociaux distribués et 2) les différences de distribution doivent être opérées sur la base de leur seul mérite. On peut mesurer le mérite personnel au talent manifesté pour remplir telle fonction ou accomplir telle tâche. Les inégalités de distribution sont justifiées si, et seulement si, ces deux clauses sont remplies.

La première clause est particulièrement importante du point de vue d'une théorie de la justice scolaire. L'école a un rôle important à jouer pour permettre la satisfaction de cette clause. Toutefois, c'est une clause commune à toutes les théories de la justice – bien qu'elle puisse être interprétée très différemment [Arneson, 2015]. C'est la seconde clause qui spécifie l'idéal méritocratique (le mérite comme critère juste de distribution des biens sociaux). Je me concentrerai donc sur elle. Celle-ci est équivoque parce qu'elle peut se référer à différentes conceptions du mérite.

Selon une première compréhension de la référence au mérite[6], les personnes doivent mériter les biens qui leur sont distribués, notamment leur rémunération, en un sens *moral* ou *social* du mérite. C'est parce qu'elles manifestent des qualités louables ou possèdent des talents utiles qu'elles ont le droit à une meilleure part. Par exemple, un chirurgien ou une banquière méritent d'être rémunérés significativement mieux qu'un éboueur ou une ouvrière parce qu'ils ont fait les efforts nécessaires pour atteindre ces positions recherchées ou parce qu'ils réalisent des tâches plus difficiles, qui impliquent plus de responsabilités ou des compétences plus rares et plus difficiles à acquérir. Ces rémunérations élevées doivent alors être comprises comme la juste rétribution des efforts et, plus largement, des qualités, dont ils ont fait et font encore preuve.

5. Cette simplification est l'objet d'une critique de la part de celles et ceux qui promeuvent l'approche des capabilités : elle néglige l'hétérogénéité des biens sociaux pertinents [Nussbaum, 2012 ; Sen, 2009]. Dans la mesure où mon propos ne porte pas sur une théorie complète de la justice sociale, je me permets de ne pas en tenir compte.
6. Dans toute cette discussion, je m'inspire fortement de Rawls [2008] et de Scanlon [2022].

Cette compréhension se heurte cependant à plusieurs objections insurmontables. D'abord, il est impossible, dans une société pluraliste, d'arriver à un consensus sur une liste ordonnée de qualités qui devraient servir de base à une règle de distribution. Par exemple, les professions les moins qualifiées sont souvent les plus exposées aux accidents du travail et, plus largement, sont souvent plus susceptibles de dégrader l'état de santé des personnes. L'accès à la qualification dépendant fortement du niveau de diplôme atteint et donc, en un sens, des efforts consentis durant la scolarité, nous sommes face à un dilemme : faut-il mieux rémunérer les professions les plus qualifiées parce qu'elles supposent de consentir un effort plus important pour y accéder ? Ou bien faut-il mieux rémunérer les professions les moins qualifiées et les plus pénibles parce qu'elles imposent des sacrifices plus grands à celles et ceux qui les occupent ? Très souvent, les personnes adhèrent à des conceptions du mérite très différentes en fonction de leur profession. Le mérite du chirurgien n'est pas celui de l'éboueur. Un consensus social sur une conception substantielle du mérite n'est pas possible. Ensuite, même si on arrivait à établir une liste ordonnée de qualités pertinentes, cette liste ne fournirait pas une clé de répartition praticable. Par exemple, même en faisant l'hypothèse qu'un consensus existe pour rémunérer davantage les professions les plus qualifiées, la question se poserait encore de savoir à quelle hauteur. Un écart de 1 à 2 avec les professions les moins qualifiées ? De 1 à 5 ? Ou à 20 ? Une interprétation morale du mérite nous laisse sans réponse. Enfin, quand bien même une réponse satisfaisante aurait-elle été apportée à ces deux objections, il resterait une objection de principe : les institutions sociales n'ont pas pour fonction de récompenser le mérite des personnes. Elles ont pour fonction d'assurer la fourniture de certains biens sociaux. Certes, pour fournir de tels biens, il est nécessaire d'attirer des personnes compétentes pour occuper certaines positions, par exemple en leur offrant des rémunérations attractives. Il faut s'assurer que la société fonctionne de manière juste et efficace. Si certaines incitations, notamment financières, n'existent pas, il est possible qu'un nombre insuffisant de personnes se lancent dans des études longues et difficiles pour exercer des professions très exigeantes. Dans une telle situation, certains biens sociaux importants ne seraient pas produits et distribués convenablement (par exemple, les médecins ne seraient pas suffisamment qualifiés ou seraient en nombre insuffisant, et la santé de toutes et tous s'en trouverait dégradée). Mais cet argument n'a rien à voir avec le mérite[7]. Pour toutes ces raisons, la conception morale ou sociale du mérite ne constitue pas une interprétation satisfaisante de l'idéal méritocratique.

Selon une autre compréhension de la référence au mérite, celui-ci dénote simplement la possession du type de qualités et de compétences requis pour l'occupation de certaines positions. Un enseignant ou une cheffe d'entreprise méritent les biens associés à leur position, notamment leur rémunération, parce qu'ils possèdent les compétences requises pour occuper cette position, compétences éventuellement attestées par des titres spécifiques comme des diplômes, et parce qu'ils agissent conformément à ce qui est attendu d'eux. À l'inverse, une personne qui occuperait une position parce qu'elle est liée personnellement à une personne de pouvoir ou parce qu'elle posséderait des qualités non pertinentes du point de vue de la position, ne mériterait pas les biens associés à sa position.

Cette compréhension du mérite n'est pas exposée aux mêmes objections que la première. Elle est parfaitement compatible avec le maintien de désaccords substantiels concernant la nature du mérite moral et son attribution aux personnes. Je peux parfaitement juger que cette cheffe d'entreprise est dépourvue de certaines vertus morales importantes et qu'elle n'est pas méritante en un sens substantiel. Toutefois, pour autant qu'elle manifeste les qualités requises pour l'exercice de sa fonction et qu'elle a obtenu ce poste conformément à une procédure équitable, je dois reconnaître qu'elle mérite les avantages qui y sont associés. Cette compréhension du mérite n'est pas substantielle.

Cependant, elle échoue à donner une consistance à l'idéal méritocratique. En particulier, elle est incompatible avec l'indépendance de la seconde clause de cet idéal. Cette clause stipule que les différences de distribution des biens sociaux doivent être opérées sur la base du seul mérite manifesté par les personnes. Elle suppose donc que le mérite puisse fonctionner comme un critère *indépendant*. C'est à cette condition qu'il peut imposer des contraintes réelles de distribution. Mais ce n'est justement pas le cas ici. Le mérite ne dénote que la possession des compétences requises pour l'exercice d'une fonction donnée. C'est la fonction qui fixe la signification du mérite et non une conception morale

7. Pour une intéressante critique de ce point, voir Cohen [2010].

ou sociale indépendante. Pour être chirurgien, il faut posséder telles compétences. Si ce chirurgien les possède et qu'il agit comme on l'attend d'un chirurgien, alors il mérite d'occuper cette position. Mais cela ne dit rien de leur valeur morale ou sociale. Le mérite ne constitue pas ici un critère indépendant des institutions et ne peut donc pas fonctionner comme critère de distribution.

En fait, la référence au mérite ne fait ici qu'expliciter une partie du contenu de la première clause, qui exige le respect de l'égalité des chances d'accès aux biens sociaux distribués. Cette égalité des chances est respectée pour autant que seules des qualités et des compétences pertinentes sont retenues pour distribuer tel ou tel bien. Finalement, selon cette seconde compréhension du mérite, ce qui devait être la seconde clause de l'idéal méritocratique (le mérite comme critère substantiel et indépendant de distribution) apparaît comme une simple explicitation de ce que signifie « procédure équitable ». Une procédure de distribution équitable est une procédure dans laquelle seuls les éléments pertinents du point de vue du bien distribué sont pris en compte. C'est notamment le cas des compétences requises pour occuper une position. Si un bien est distribué sur cette base, alors la personne qui en bénéficie le mérite. C'est une contrainte de justice importante, mais qui n'a rien de proprement méritocratique.

Cette seconde compréhension du mérite peut être dite *dépendante des institutions*. Les personnes possédant les qualités et les compétences requises pour occuper une position et agissant conformément à ce qui est attendu d'elles d'après cette position, méritent les biens qui y sont associés. Mais ce sont les finalités et le fonctionnement de ces institutions qui déterminent ces qualités et compétences. Celles-ci n'ont pas nécessairement de valeur intrinsèque. De plus, là encore, cette conception ne permet de justifier aucune distribution spécifique des biens. Si Jeanne est chirurgienne et qu'elle possède les qualités et les compétences requises pour exercer cette procession, alors elle mérite les biens qui y sont associés. Mais nous ne sommes pas plus avancés pour déterminer quels biens précisément (par exemple quel niveau de rémunération) doivent y être associés. Ceux-ci doivent être justifiés sur d'autres bases. Les arguments qu'il faudra mobiliser ne pourront pas se référer à une conception indépendante du mérite. Ils devront par exemple se référer aux effets positifs d'une rémunération élevée (donc d'inégalités de revenus entre les personnes) sur les personnes les plus défavorisées (si le personnel médical est bien rémunéré, les personnes les plus compétentes seront attirées par ce type de profession, ce qui améliorera la santé de tout le monde et notamment des plus défavorisés) ou à d'autres principes de la même sorte.

Il n'entre pas dans mon projet de proposer une discussion plus poussée de l'idéal méritocratique global. Je m'en tiendrai à quelques remarques. Il me semble qu'une partie de l'attrait qu'exerce cet idéal tient à l'équivoque du concept de mérite que j'ai signalée. Lorsque celui-ci est mobilisé en un sens moral ou social, il peut être mis au service de revendications diverses concernant les rémunérations et plus largement le niveau des inégalités sociales. Il permet de prendre position pour défendre que telle personne ou telle profession est trop rémunérée ou ne l'est pas assez eu égard au mérite qu'elle manifeste ou au type de compétences requis pour occuper cette position. Une part de la suspicion que cet idéal suscite tient aussi à cette équivoque. Cet idéal peut aisément être transformé en *idéologie* justifiant les inégalités sociales au nom du mérite supposé des classes dominantes (d'autant que la clause d'égalité des chances n'est pas satisfaite dans les faits). Cette interprétation morale peut d'ailleurs avoir des effets très négatifs sur les sentiments et l'estime de soi des personnes, et sur la solidarité sociale. Celles et ceux qui occupent les positions sociales les moins valorisées sont conduits à se considérer comme dénués de valeur, tandis que celles et ceux qui occupent les meilleures positions sont conduits à se considérer comme seuls responsables de leur succès et donc comme dépourvus d'obligation vis-à-vis des personnes ayant moins bien réussi qu'elles [Sandel, 2021; Savidan, 2010; Young, 1969].

Il est important de distinguer ces deux façons de comprendre la référence au mérite. Devant l'impossibilité de fournir une interprétation consistante de l'idéal méritocratique sur la base de la compréhension *morale* ou *sociale* du mérite, il pourrait être tentant d'en conclure que le mérite n'existe pas du tout, qu'il est une fiction idéologique servant la reproduction sociale, dont il vaudrait mieux se passer tout à fait[8]. Mais je crois qu'il faut résister à cette conclusion. D'abord, il semble presque impossible de

8. De manière originale, Dubet [2004] défend une conception fictionnaliste du mérite, notamment scolaire, selon laquelle le mérite est une « fiction nécessaire ». Je ne la discuterai pas précisément. Je me contente d'indiquer qu'elle me paraît exposée à l'objection selon laquelle il n'y a aucune raison d'adhérer à une telle fiction en sachant que c'en est une. Dubet reconnaît que les personnes sont en général très attachées au mérite. Mais il

se passer complètement de toute référence au mérite. Nous avons besoin de pouvoir dire qu'une personne qui touche moins qu'une autre pour le même travail *mérite* d'être rémunérée autant que la première. Ensuite, une élimination totale de toute référence au mérite heurterait profondément nos intuitions morales et serait donc stratégiquement contreproductive. Enfin, la conception institutionnelle du mérite nous fournit une théorie consistante du mérite. Ce n'est pas parce que le mérite ne peut pas constituer un critère substantiel et indépendant pour distribuer les biens sociaux qu'il n'a aucune existence.

Toutefois, la conception institutionnelle, qui résiste à cette critique, n'est pas capable de rendre les services que l'idéal méritocratique global attend d'elle : elle ne peut pas justifier un quelconque niveau d'inégalité sociale ni servir de principe de distribution. Ce qui subsiste n'a plus grand-chose à voir avec notre compréhension intuitive de l'idéal méritocratique : il s'agit simplement de dire que les personnes méritent les biens associés à l'occupation de certaines positions sociales *si* elles possèdent les qualités et les compétences requises pour l'occupation de cette position, *si* elles agissent conformément à ce qui est attendu d'elles dans cette position et *si* la distribution de ces biens, c'est-à-dire la justice des institutions, peut être établie sur des bases indépendantes de toute référence au mérite. Autant dire que l'idéal méritocratique global est inconsistant et qu'une théorie de la justice proposant des principes de justice justifiés sur d'autres bases que le mérite est nécessaire[9].

Je propose de résumer les acquis de cette section dans le tableau récapitulatif suivant :

est difficile de ne pas comprendre alors cet attachement comme une forme d'illusion. Or il paraît moralement problématique de soutenir la nécessité que les personnes s'illusionnent.

9. Si cette conclusion est justifiée sur la base d'arguments rawlsiens et post-rawlsiens, elle recoupe les conclusions de philosophes défendant des conceptions de la justice très différentes. Hayek par exemple professe le même scepticisme concernant la possibilité que les principes de justice puissent être sensibles au mérite personnel [Hayek, 1995].

La conception morale ou sociale du mérite	La conception institutionnelle du mérite
Elle repose une conception *substantielle* du mérite. Le mérite fonctionne comme un critère *indépendant* sur la base duquel distribuer les biens sociaux. Cette conception garantit l'indépendance de la seconde clause de l'idéal méritocratique en donnant un sens précis à la référence au mérite. Elle se heurte à des objections importantes : a) Il paraît impossible de trouver un consensus social sur la nature et l'attribution du mérite. b) Il est impossible de justifier une distribution spécifique des biens sociaux sur cette base. c) Les institutions sociales n'ont pas pour finalité de récompenser le mérite moral. Ces objections réfutent la méritocratie comme idéal de justice global.	Elle repose sur une définition du mérite par les institutions. Une personne mérite un bien associé à une position si elle possède les qualités requises pour occuper la position et si elle agit conformément à ce qui est attendu d'elle d'après cette position. Cette conception ne garantit pas l'indépendance de la seconde clause de l'idéal méritocratique. La définition du mérite revient à chaque institution. Elle est compatible avec le maintien de désaccords substantiels sur la nature et l'attribution du mérite. Il est impossible de justifier une distribution spécifique des biens sociaux sur cette base. Les institutions sociales sont justes si elles sont équitables. Cette conception est consistante, mais ne permet pas de justifier la méritocratie.

Je me suis concentré sur la seconde clause. La première clause de l'idéal méritocratique des chances affirme que toutes les personnes doivent disposer de chances équitables d'accéder aux biens sociaux distribués. Celle-ci est beaucoup plus robuste et je la discuterai précisément dans les sections 4 et 5. Je passe donc à la question de l'idéal de méritocratie *scolaire*.

3. CRITIQUE DE LA MÉRITOCRATIE SCOLAIRE

En tant qu'idéal de justice valant pour le seul système scolaire, la méritocratie n'est pas soumise aux mêmes objections qu'en tant qu'idéal de justice global. Les principales difficultés de l'idéal global tiennent à l'équivoque du concept de mérite qu'il mobilise. Il ne peut se référer à un concept du mérite indépendant des institutions sociales. L'idéal scolaire ne rencontre pas cette difficulté, car il peut se référer à un concept *institutionnel* de mérite. Certes, il convient de distinguer deux sens articulés au mérite, un général et un spécifique, pour rendre compte de l'idéal de méritocratie scolaire. Mais le concept de mérite mobilisé par cet idéal n'est pas soumis à la même équivoque que l'idéal global.

L'idéal de méritocratie scolaire affirme que le mérite doit servir un principe de distribution des biens éducatifs. Il faut donc clarifier en quel sens on peut parler de mérite des élèves. En un sens *général*, les élèves méritent d'être traités d'une certaine manière, à savoir d'une manière favorable à la formation de l'autonomie[10]. Ce bien leur est dû en vertu de la position qu'ils occupent dans l'institution scolaire. Celle-ci prescrit certains traitements auxquels les élèves ont droit. Ces traitements peuvent être divers. Tous les élèves ont droit à une égale attention de la part des enseignantes et des enseignants, les élèves qui rencontrent des difficultés ont le droit de recevoir un soutien et un accompagnement adaptés leur permettant de surmonter ces difficultés, etc. Dire que les élèves ont le droit d'être traités ainsi signifie qu'ils ont des prétentions morales légitimes à l'être. Ces prétentions sont établies notamment sur base des règles de fonctionnement et de la finalité de l'institution. Le concept de mérite impliqué dans ces situations est strictement institutionnel en ce sens qu'il est dépendant de l'institution. C'est la finalité de l'institution scolaire qui fixe ce à quoi ont moralement droit les élèves.

Formulé ainsi, toutefois, ce concept institutionnel de mérite scolaire est trop général pour rendre les services que l'idéal de méritocratie scolaire en attend. L'idéal méritocratique requiert que le mérite fonctionne comme un critère de distribution des biens éducatifs. Il s'agit d'établir que certains élèves *méritent* d'accéder à certains biens éducatifs quand d'autres ne le méritent pas. C'est le mérite scolaire dont les élèves font preuve qui doit servir de critère de distribution.

Ici, on passe du sens général au sens *spécifique* du mérite. Il ne s'agit plus simplement de dire que l'institution scolaire est engagée à traiter les élèves de telle ou telle manière et donc que les élèves méritent d'être traités ainsi. Il s'agit de dire qu'elle est justifiée à les traiter d'une certaine manière *sur la base du mérite dont ils font preuve*. De ce point de vue, ce que les élèves font à l'école fait une différence concernant la manière dont ils doivent être traités. L'acceptabilité de l'idéal méritocratique dépend de la façon dont il arrive à expliquer pourquoi certaines choses que font les élèves doivent faire une différence du point de vue de la manière dont ils doivent être traités. Plus précisément, cet idéal doit expliquer pourquoi ces choses doivent faire une différence du point de vue de la distribution des biens éducatifs.

10. Dans ce paragraphe, je m'appuie à nouveau sur Scanlon [2022] qui n'aborde pas, toutefois, la question de la méritocratie scolaire en tant que telle.

Du point de vue de l'idéal méritocratique, ce qui doit faire la différence, c'est le mérite scolaire des élèves. Ce mérite est manifesté par la *performance* scolaire des élèves, c'est-à-dire par leur capacité à satisfaire les nombreuses exigences auxquelles l'institution scolaire les soumet. La formation de l'autonomie passe par l'adoption de certaines attitudes appropriées et l'acquisition de certaines connaissances et compétences. Toutefois, les élèves peuvent plus ou moins bien réussir, ou réussir plus ou moins rapidement, à adopter ces attitudes et acquérir ces connaissances et compétences. Pour permettre un apprentissage réussi, l'institution scolaire est donc justifiée à évaluer régulièrement les élèves. Il s'agit d'évaluer la manière dont se situe l'élève par rapport à des objectifs fixés par l'institution. Le mérite scolaire désigne alors la proximité de la performance de l'élève relativement à ces objectifs, les qualités scolaires qu'il manifeste.

Pour ce qui m'importe pour l'instant, il faut remarquer que cette conception du mérite scolaire n'est en aucun cas morale ou substantielle. Elle est strictement institutionnelle. C'est l'institution scolaire qui fixe les critères de la réussite scolaire et donc du mérite scolaire. C'est elle aussi, éventuellement, qui fixe le type de traitement qui doit être associé à tel ou tel degré de mérite. Cette fixation n'est évidemment pas arbitraire et doit être justifiée. En l'occurrence, c'est la formation de l'autonomie qui doit servir à cette justification. En tout cas, cette référence au mérite scolaire n'est pas exposée aux objections soulevées dans la section précédente.

De plus, il faut noter que, même du point de vue de l'idéal de méritocratie scolaire, les élèves les moins « méritants » scolairement n'en méritent pas moins certains traitements spécifiques de la part de l'institution scolaire (par exemple, en termes de soutien, d'accompagnement, d'orientation, etc.)[11]. Au sens général, tous les élèves méritent une attention égale de la part de l'institution scolaire. Au sens spécifique, cette institution peut être

11. Il peut y avoir quelque chose de surprenant à présenter les choses ainsi. On conçoit parfois l'idéal de méritocratie scolaire comme un idéal récompensant seulement les élèves les plus méritants. L'institution scolaire réserverait les biens les meilleurs à celles et ceux qui auraient fait preuve du plus grand mérite. Seulement, présenté ainsi, cet idéal est manifestement défectueux. On ne voit pas pourquoi il faudrait limiter l'accès aux biens éducatifs de meilleure qualité. Pour que cet idéal soit valable, il faut montrer que la distribution de biens éducatifs différents est effectivement ce que méritent *tous* les élèves. Autrement dit, il s'agit d'établir que les élèves qui n'ont pas accès aux biens éducatifs de meilleure qualité (par exemple en accédant plutôt à des enseignements technologiques et professionnalisants) méritent bien d'accéder aux biens éducatifs auxquels ils accèdent (par exemple, parce qu'ils tireront un meilleur profit de ces biens de moindre qualité).

justifiée à distribuer des biens différents en fonction du mérite scolaire manifesté par les élèves. Les différences de traitements impliquées par les différences de mérite scolaire ne sont pas corrélatives, du point de vue de l'idéal méritocratique, d'une inégalité d'attention.

Que l'on endosse ou non l'idéal méritocratique, ce sens spécifique de mérite scolaire paraît irréductible. Si nous l'éliminions, nous serions incapables de formuler des jugements qu'il paraît essentiel de pouvoir formuler. Il deviendrait par exemple impossible de justifier qu'une performance plus proche d'une certaine norme (le résultat correct de l'opération, la bonne problématisation du document, etc.) est *meilleure*, en un certain sens scolairement pertinent, qu'une autre qui en est plus éloignée. Cela rendrait la régulation de la relation pédagogique et son orientation vers des apprentissages réussis impossibles. Dire cela ne signifie pas que les élèves qui réussissent le mieux à l'école sont meilleurs d'un point de vue moral. Mais, du point de vue de l'institution scolaire, il y a bien un sens à dire que certaines performances, attitudes, qualités, etc., sont meilleures que d'autres. Ce sont celles que doivent viser les élèves. Cela ne signifie pas non plus qu'il faille s'aveugler sur les différences qui existent entre les élèves face à une même tâche. Il s'agit simplement de signaler, par exemple, que tel type de performance est attendu et que celles et ceux qui l'ont réalisé ont réussi relativement à la norme de la tâche. Un élève peut légitimement concevoir des attentes relativement à la manière dont il sera traité à l'école sur la base de ses attitudes et de ses performances. En cela, il *mérite* d'être traité en conformité avec les attentes qu'il a légitimement conçues en référence aux principes de fonctionnement de l'institution scolaire[12].

---

12. Dans le détail, on pourrait distinguer deux acceptions pertinentes de ce concept spécifique de mérite scolaire. La première se rapporte aux règles publiques de fonctionnement de l'institution. Un élève qui réussit son contrôle sans tricher est méritant du point de vue de la norme scolaire de réussite. La seconde est relative aux qualités que l'institution doit promouvoir et encourager. Un élève qui travaille énormément, mais rate son devoir, est plus méritant en un certain sens que celui qui le réussit en dilettante. Il ne s'ensuit pas qu'il serait justifié de récompenser le premier élève comme le second (ce serait saper la base d'attentes légitimes). Cela signifie en revanche que l'institution scolaire peut et doit être sensible à cette seconde acception du mérite (même s'il est très difficile de détecter ce mérite de manière fiable, indépendamment des performances, puisqu'il est essentiellement manifesté dans les performances réalisées). Une partie des critiques adressées à la méritocratie scolaire, lui reprochant son incapacité à être sensible à cette deuxième acception du mérite, repose, il me semble, sur une insuffisante clarification de ce point.

On pourrait toutefois être surpris de cet usage purement institutionnel du mérite. Si le mérite scolaire ne désigne que la proximité d'une performance par rapport à une norme de réussite et rien de plus, pourquoi ne pas parler simplement de réussite ? N'y a-t-il pas une équivoque à maintenir le terme ? Celui-ci semble indissociable de connotations morales. Cette réserve est partiellement justifiée. Il me semble cependant que le maintien de la référence au mérite peut être défendu sur la base du constat que la réussite scolaire est digne de louange, qu'elle doit être encouragée.

Ces considérations suffisent à établir que l'idéal de méritocratie scolaire n'est pas exposé à la même objection que l'idéal de méritocratie global. Il peut se référer à un concept purement institutionnel de mérite capable à la fois de rendre compte du droit des élèves à être traités d'une certaine manière et de fournir un critère praticable de distribution des biens éducatifs. On peut résumer ce point dans un tableau :

<table>
<tr><td colspan="2">La méritocratie scolaire repose sur une conception institutionnelle et non substantielle du mérite. Elle échappe aux objections adressées à l'idéal méritocratique global dans la section 2. C'est l'institution scolaire qui fixe le sens du mérite en vue d'une finalité justifiée, la formation de l'autonomie. La référence au mérite peut avoir un sens général et un sens spécifique. L'idéal de méritocratie scolaire soutient que le sens spécifique du mérite scolaire peut fournir un critère pertinent de distribution des biens éducatifs.</td></tr>
<tr><td>En un sens général, les élèves méritent certains traitements du fait de leur position dans l'institution scolaire. L'école vise la formation de l'autonomie et tous les élèves méritent d'être traités conformément à cette finalité.</td><td>En un sens spécifique, l'institution scolaire soumet les élèves à certaines exigences, notamment intellectuelles, qui peuvent être plus ou moins bien satisfaites par les élèves. Le mérite scolaire désigne le degré de satisfaction de ces exigences (souvent mesuré en termes de performances scolaires).</td></tr>
</table>

Il reste encore à voir si l'idéal de méritocratie scolaire est moralement acceptable, c'est-à-dire s'il y a de bonnes raisons de l'endosser et d'organiser l'école sur cette base. Je crois que ce n'est pas le cas. Pour expliquer pourquoi, il faut repartir du rôle que doit remplir l'école du point de vue de l'égalité des chances. Quelle que soit la manière dont on interprète cette idée, l'école y est fermement associée. Elle est une institution qui se donne pour mission de transmettre aux élèves les connaissances, les compétences et les attitudes sans lesquelles ils ne seraient pas pleinement capables d'agentivité autonome dans une société complexe. S'agissant de l'école, sa contribution à l'égalité des chances doit consister à contribuer à ce que toutes et tous acquièrent ces connaissances et ces compétences *suffisantes* afin d'éviter que certaines personnes se trouvent exclues de certaines options et de certains biens sociaux dignes d'être poursuivis[13].

La question qui se pose alors est celle de savoir comment doit être organisé le système scolaire afin d'atteindre cet objectif. Différentes organisations sont envisageables en fonction de l'interprétation donnée de ce que signifie des connaissances et des compétences suffisantes. Je défendrai une interprétation fortement égalitariste de cette clause dans les deux prochaines sections. Pour l'instant, je voudrais expliquer la manière dont l'idéal de méritocratie scolaire comprend cette clause de suffisance et indiquer les raisons de rejeter cette interprétation.

Cet idéal affirme que le système scolaire obligatoire est justifié à sélectionner et orienter les élèves sur la base de leur performance scolaire dès lors que celle-ci permet de détecter de manière fiable leurs *capacités*. Sur cette base, les élèves peuvent être légitimement orientés vers des études plus ou moins longues et dont la finalité est plus ou moins directement professionnelle. Un système scolaire méritocratique se divise donc typiquement en un tronc commun, d'une durée variable, correspondant à la scolarité initiale et en un ensemble de filières, voies, etc., entre lesquelles se répartissent les élèves lorsqu'ils atteignent certains paliers d'orientation[14].

Il convient de noter que, dans un système méritocratique, la différenciation des filières et voies est ambivalente. D'un côté, elle est indissociable du classement des élèves. Une fois atteint le palier d'orientation, les élèves sont orientés sur la base des capacités qu'ils ont manifestées. De ce point de vue, en principe, toutes les voies et filières sont sur le même plan et sont également libres de spécifier les capacités requises pour les intégrer. D'un autre côté, ces voies et filières ouvrent à des carrières sociales inégalement attractives (en termes de niveau de revenu espéré ou de stabilité

13. Cette proposition appelle une justification que je ne produirai que dans la section suivante. Pour l'instant, je me contente de l'admettre sur la base de l'argument négatif et intuitif selon lequel une école qui ne serait pas engagée à fournir des connaissances et compétences suffisantes, alors qu'elle le peut, serait clairement défectueuse. Par ailleurs, ce critère de suffisance pose des difficultés que j'aborderai dans la section 5.

14. Cette organisation est en fait hybride : la scolarité initiale commune doit, idéalement, permettre la détection des capacités des élèves, par exemple en laissant le temps aux inégalités de performance liées à la socialisation familiale de s'estomper. S'il était possible de détecter les capacités des élèves sur d'autres bases, par exemple grâce à des tests de QI précoces qui seraient à la fois fiables, prédictifs et scientifiquement robustes, il n'est pas évident qu'un système méritocratique aurait besoin d'un tronc commun. En tout cas, celui-ci devrait faire l'objet d'une justification spécifique.

professionnelle, par exemple), si bien qu'il est presque impossible de prévenir une hiérarchisation des voies et filières. Or, dès lors qu'une hiérarchie existe entre les voies et filières, l'orientation sur la base des capacités devient asymétrique. Les voies les plus attractives peuvent sélectionner les élèves ayant manifesté les capacités pertinentes. Elles font leur choix les premières, pour ainsi dire. Les voies et filières les moins attractives, en revanche, ne peuvent pas sélectionner du tout et n'ont souvent d'autre choix que de recruter les élèves qui n'ont pas été sélectionnés ailleurs, *même s'ils n'ont pas les capacités requises*[15]. Cette ambivalence se reflète dans l'ambiguïté de la notation, centrale dans tout système méritocratique, comme pratique d'évaluation scolaire : d'un côté, la différenciation des voies et filières semble requérir la détection d'une *diversité* de capacités qui trouveront à s'épanouir dans des parcours adaptés ; d'un autre côté, la notation est une pratique d'évaluation consistant à classer les performances scolaires le long d'une échelle *unidimensionnelle*[16].

Quoi qu'il en soit, l'idéal de méritocratie scolaire soutient donc que, passé un temps suffisant de scolarisation commune durant laquelle des biens éducatifs de qualité identique sont distribués, il est justifié de donner accès aux élèves à des biens éducatifs différents et inégaux en fonction des performances dont ils ont fait preuve durant ce premier temps de scolarisation. La logique est clairement méritocratique puisque la distribution des biens éducatifs se fait en fonction du seul mérite scolaire.

La meilleure manière de justifier cette distribution inégalitaire des biens éducatifs consiste à mobilier deux arguments liés. Le premier soutient qu'un temps de scolarisation commune suffisamment long permet de détecter de manière fiable des différences de capacité des élèves. Durant le tronc commun, les élèves *méritent* de recevoir des biens éducatifs de même qualité. Cette distribution de biens éducatifs d'égale qualité permet

15. Cette ambivalence explique pourquoi il est très difficile, comme on veut le faire souvent, de « revaloriser » une filière ou une voie spécifique, sans toucher au système méritocratique de sélection-orientation.

16. Cette considération ne constitue pas, en tant que telle, une objection à l'idéal méritocratique, même si je crois qu'elle réduit grandement sa plausibilité. Un système scolaire différenciant les voies et filières sans les hiérarchiser est peut-être concevable. Cela supposerait *a minima* une forte réduction des inégalités socio-économiques pour réduire le différentiel d'attractivité entre les débouchés typiques des voies et filières. J'indique plus bas comment cette considération peut justifier une objection à cet idéal, dès lors qu'une harmonie préétablie entre les places dans les différentes voies et filières et la distribution des capacités n'est pas donnée.

de détecter les capacités inégales des élèves et de laisser le temps aux inégalités liées aux différences de socialisation de s'estomper. Les élèves les plus doués profitent alors davantage de ces biens en se les appropriant mieux. Ils obtiennent de meilleurs résultats aux évaluations scolaires. Une fois ces capacités inégales détectées, l'orientation des élèves peut être justifiées. Elle se fonde sur l'inférence selon laquelle les élèves les plus faibles scolairement n'ont pas les capacités de profiter convenablement de biens éducatifs intellectuellement très exigeants. Or il n'y a pas de raison de distribuer des biens éducatifs coûteux à des élèves qui ne sont pas capables d'en tirer profit convenablement. Les orienter vers des filières courtes et professionnalisantes permet donc d'orienter les élèves vers des voies adaptées à leurs capacités. D'une part, cette orientation permet de réduire le coût de fonctionnement du système scolaire, puisqu'une absence d'orientation impliquerait probablement des investissements importants pour améliorer la réussite des élèves les plus faibles avec une rentabilité incertaine. D'autre part, le refus d'orienter soulèverait la crainte du « nivellement par le bas » : une manière de permettre aux élèves les plus faibles scolairement de poursuivre leur scolarité dans les mêmes parcours que les élèves les plus performants serait en effet d'abaisser le niveau d'exigence scolaire.

Le second argument, auquel le premier est lié, affirme qu'une société complexe et fortement différenciée requiert une forte différenciation des parcours scolaires. L'organisation scolaire doit être fonctionnellement ajustée à la structure sociale et garantir la meilleure allocation possible des places[17]. Pour cette raison, les élèves doivent être orientés vers les parcours les plus conformes aux capacités qu'ils ont manifestées lors de leur scolarisation initiale. Cette orientation est justifiée sur la base d'une certaine conception de l'autonomie ou, du moins, de l'insertion sociale et professionnelle. La capacité à accéder à un métier et à assumer des responsabilités professionnelles est impliquée dans l'agentivité autonome. Dès lors, la différenciation des parcours n'est pas justifiée seulement par l'incapacité de certains élèves à profiter d'enseignements exigeants. Elle l'est aussi, positivement, par une certaine interprétation de leur intérêt

17. L'idéal méritocratique postule la « congruence entre les aptitudes, talents, fonctions, revenus et position d'un individu » [Vitale, 2022].

légitime à l'autonomie. La différenciation des parcours scolaires prépare une agentivité autonome en contexte de société complexe et différenciée.

Les deux arguments doivent être mobilisés ensemble. Le premier affirme qu'on peut établir de manière fiable, une fois un certain palier atteint, la capacité des élèves à tirer profit des biens éducatifs distribués. Le second affirme que des parcours scolaires différenciés sont plus profitables à la formation de l'autonomie bien comprise de toutes et tous qu'un parcours indifférencié. Le premier sans le second courrait le risque d'instrumentaliser les élèves les plus faibles, c'est-à-dire de les mettre au service de fins qui ne sont pas les leurs, par exemple l'orientation vers des voies et des professions en fonction des besoins sociaux, indépendamment des vœux des élèves. Si les élèves sont orientés sur la base de leurs capacités sans tenir compte de leur intérêt légitime à accéder à des biens éducatifs de meilleure qualité, il y a des raisons de penser que certains de leurs intérêts fondamentaux sont violés. Ils ne peuvent se considérer comme des personnes dotées de fins légitimes. Ils ne peuvent se considérer que comme des moyens, des instruments au service d'un ajustement fonctionnel du système scolaire à la structure sociale. Une telle situation paraît incompatible avec l'engagement d'une société juste à procurer à chacune et chacun les bases sociales du respect de soi-même. Cet engagement implique que les personnes doivent être capables de se considérer à juste titre comme des centres de fins légitimes. Le second argument sans le premier manque d'un critère praticable pour orienter les élèves. À moins de postuler une harmonisation spontanée des vœux d'orientation et des places disponibles dans chaque filière ou voie, on doit disposer d'un critère d'orientation public et explicite. Or les capacités manifestées par les élèves constituent le seul critère possible. Pris ensemble, ces deux arguments permettent de présenter la méritocratie scolaire comme un idéal qui prend au sérieux l'autonomie de toutes et tous. Cet idéal interprète donc la clause de suffisance de la façon suivante : le tronc commun permet de détecter de manière fiable, une fois le palier d'orientation atteint, les capacités des élèves ; ensuite, les élèves doivent être orientés en fonction de leurs capacités dans des voies et filières différentes ; au terme de cette scolarisation différenciée, tous les élèves ont acquis des connaissances et des compétences suffisantes, quoique différentes et inégales, pour être capables d'autonomie, et sont en particulier à même de s'insérer socialement et professionnellement.

Ces deux arguments ne sont pas complètement probants[18]. Le premier argument affirme qu'il est possible de détecter de façon fiable, après un temps de scolarisation suffisant, les capacités des élèves telles que manifestées par leur mérite scolaire. Mais cette proposition néglige que le mérite est endogène à l'éducation. Il existe une corrélation forte entre durée du tronc commun et réduction de la reproduction des inégalités sociales par le système scolaire [Dubet, Duru-Bellat & Vérétout, 2015]. Cela signifie que les élèves ont d'autant plus de « mérite scolaire » qu'ils accèdent plus longtemps à des biens éducatifs de meilleure qualité. Le mérite, tel qu'attesté par exemple par de bons résultats à différents tests, doit permettre de détecter les capacités sous-jacentes des élèves. Mais, dans le même temps, ces capacités ne sont pas des faits naturels bruts que les tests révèlent. Elles dépendent de l'éducation reçue. Par conséquent, la justification capacitaire de l'idéal méritocratique est fragile : les différences de capacité manifestées par les évaluations scolaires peuvent aussi bien être la conséquence d'une plus grande difficulté à tirer profit des biens éducatifs distribués, par exemple pour des raisons de socialisation, qui pourrait être compensée grâce à un soutien approprié. La sociologie de l'éducation a établi qu'une part significative des inégalités scolaires étaient imputable à des inégalités d'apprentissage, liées par exemple à des malentendus socio-cognitifs, qui peuvent être expliquées sans référence à des capacités inégales sous-jacentes [Bautier & Rayou, 2013].

La thèse de l'endogénéité du mérite à l'éducation paraît entrer en tension avec une certaine version de la thèse des différences naturelles d'aptitude. Celle-ci affirme qu'il existe des différences naturelles, notamment biologiques, entre les personnes qui contribuent à déterminer le type de performance que les élèves peuvent idéalement espérer atteindre. En tout état de cause, ces deux thèses ne sont pas incompatibles. Il se peut très bien que de telles différences existent *et* que le mérite scolaire, c'est-à-dire la performance scolaire mesurée, soit endogène à l'éducation. C'est dire, simplement, que la performance dépend à la fois de facteurs environnementaux et de facteurs biologiques. Cette proposition est relativement inoffensive. Mais une version forte de la thèse des différences naturelles aboutit à une relativisation de la thèse d'endogénéité. Elle soutient qu'une

18. Je m'inspire ici partiellement de Shields, Newman & Satz [2023].

part importante de la variance interindividuelle des performances scolaires et intellectuelles est déterminée par des facteurs génétiques.

Or cette dernière thèse est fragile. Malgré des progrès incontestables dans la compréhension de la cognition humaine et de ses liens avec les apprentissages [Pasquinelli, 2014], il reste très difficile de défendre, comme c'est parfois le cas [Plomin, 2023], qu'il est possible d'identifier *précisément* la part des inégalités scolaires ou de quotient intellectuel (QI) observées qui est causée par des différences biologiques, notamment génétiques. L'argument principal des théories prétendant opérer une telle assignation se réfère à des études menées sur des jumeaux. Le coefficient de corrélation entre le niveau de QI des vrais jumeaux (génétiquement identiques) est plus élevé qu'entre les niveaux de QI de faux jumeaux (génétiquement différents). Dans la mesure où l'environnement est, par hypothèse, identiques pour les vrais et les faux jumeaux, on en infère que le niveau de QI dépend essentiellement de facteurs génériques et bien moindrement de l'environnement.

Toutefois, ces études reposent sur un modèle aux hypothèses très fortes et repose une conception simpliste des relations entre gènes et environnement [More & Shenk, 2017]. On ne peut pas simplement assigner telle part de la variance observée aux gènes et telle autre à l'environnement. En particulier, il sous-évalue l'interaction constante entre gènes et environnement. Par exemple, l'hypothèse selon laquelle l'environnement (en particulier, l'attitude des personnes avec qui les jumeaux interagissent) est identique pour les vrais comme pour les faux jumeaux paraît assez naïve d'un point de vue sociologique. De plus, il n'y a rien de surprenant à ce que deux vrais jumeaux réagissent de manière plus semblable à leur environnement que des faux jumeaux. En tout état de cause, il est impossible de séparer strictement facteurs génétiques et environnementaux. Les études allant dans le sens d'un déterminisme génétique fort sont considérées comme fragiles scientifiquement [Robette, Génin & Clerget-Darpoux, 2022 ; Reynaud, 2022]. De plus, cette version forte ignore souvent les résultats de la sociologie de l'éducation et de la psychologie des apprentissages. Elle peine à fournir des explications précises des processus impliqués dans les différences de performances constatées. Celles-ci sont simplement imputées à des différences génétiques. Plus largement, les champs disciplinaires d'où sont issues les études soutenant cette sorte de thèse peinent souvent à se stabiliser et à se normaliser [Panofsky, 2014].

Si l'on écarte la version forte de la thèse des différences naturelles d'aptitude, l'objection posée par la thèse d'endogénéité demeure. Il n'est pas du tout nécessaire de nier la part de facteurs biologiques dans les différences de performances observées pour admettre que le mérite scolaire est dépendant de facteurs environnementaux et, en particulier, de la longueur et de la qualité de la scolarité. Chaque année de scolarisation supplémentaire est associée à une augmentation du QI de 1 à 5 points, quel que soit le score précédent [Ritchie & Tucker-Drob, 2018]. Autrement dit, contrairement à ce qu'on soutient parfois, le rejet de l'idéal méritocratique n'est nullement engagé en faveur de la thèse controversée de la page blanche [Pinker, 2005] selon laquelle les êtres humains seraient intégralement façonnés par l'éducation et la culture. Il est engagé en faveur de la thèse nettement moins controversée selon laquelle il n'existe pas de différences naturelles d'aptitude telles qu'elles rendent certains élèves incapables de développer la sorte de rapport au savoir impliqué par le curriculum de l'autonomie.

Cette première objection en appelle une deuxième. Les chances d'être « méritant » à l'école sont très inégalement distribuées socialement. Les systèmes scolaires ont tendance à reproduire globalement les inégalités sociales d'entrée. Cela signifie que le mérite scolaire est une propriété qui s'hérite socialement. L'idéal méritocratique fait l'hypothèse que la scolarisation commune initiale (jointe à d'autres dispositifs comme des bourses) pourra suffire à garantir l'égalisation des chances, c'est-à-dire atténuer la part des inégalités de performance qui est due aux conditions économiques et sociales. Cette hypothèse est empiriquement fausse. Pour qu'elle soit vérifiée, il faudrait procéder à une très forte égalisation des conditions d'existence[19]. Quoi qu'il en soit, l'acceptabilité de l'idéal méritocratique dépend de la réalisation de la clause d'égalité des chances d'accéder aux biens distribués. Tant que cette clause n'est pas remplie, il est injuste d'orienter les élèves sur la base de leur mérite scolaire, puisque celui-ci reflète toujours en partie des caractéristiques moralement arbitraires comme l'origine sociale.

---

19. La question de savoir si une telle égalisation est normativement justifiable est sujette à controverse. Pour deux positions extrêmes, on pourra consulter Nozick [2016] et Cohen [2008]. Je tends à croire qu'une défense normative d'une forte égalisation des conditions d'existence peut et doit être fournie. Je ne suis pas convaincu cependant que l'égalisation qu'on pourrait justifier sur cette base soit suffisante pour éviter que le problème de l'héritabilité sociale du mérite.

On peut formuler cette objection dans le lexique de l'approche des capabilités. Étant donné la grande diversité des conditions d'existence des élèves, il est probable qu'ils ne soient pas également capables de tirer profit des biens éducatifs distribués par l'école. Ces biens sont des ressources. Mais il ne suffit pas de distribuer des ressources égales pour que les personnes en tirent un égal bénéfice. En effet, la valeur d'une ressource dépend de la capacité de la personne à la convertir en fonctionnements effectifs. Une personne atteinte d'un handicap moteur a le même droit formel de prendre le métro qui n'importe qui d'autre. Mais elle ne peut pas aussi bien convertir cette ressource (le droit d'accès à un service public de transport en commun) en fonctionnement effectif (prendre le métro). De même, certains élèves peuvent ne pas être également capables de convertir une ressource (les biens éducatifs distribués) en fonctionnement (l'appropriation et la mobilisation des connaissances et des compétences pertinentes). Pour la personne en situation de handicap moteur, la justice exige de lui assurer des capabilités de base suffisantes, par exemple en installant des ascenseurs ou en lui permettant d'avoir accès à un service de mobilité équivalent à un prix identique. De même, si les élèves ont bien le droit à une éducation exigeante et de qualité leur permettant, par exemple, d'être sensibilisés à diverses formes de savoir, la justice exige que soient mis en place des dispositifs de soutien et d'accompagnement leur permettant de jouir effectivement de cette capabilité, plutôt que de les orienter vers des voies et filières intellectuellement moins exigeantes[20].

Une troisième objection cible davantage le deuxième argument selon lequel la différenciation des parcours serait favorable à une éducation à l'autonomie bien comprise. Cet argument est essentiel pour éviter que les élèves n'en viennent à se concevoir comme instrumentalisés. Les deux premières objections le fragilisent puisqu'il ne peut s'appuyer, comme il en aurait besoin, sur la prémisse selon laquelle une orientation sur la base du mérite peut détecter de façon fiable les capacités des élèves. Il faut ajouter que la conception de l'autonomie dont il est solidaire paraît pour le moins

---

20. L'analogie entre les élèves en difficulté et les personnes en situation de handicap n'est évidemment pas parfaite. En particulier, il serait très inapproprié de concevoir les difficultés scolaires comme une sorte de handicap ou de déficit. L'analogie ne vise qu'à rendre visible que, dans un cas comme dans l'autre, il serait moralement inacceptable de négliger les intérêts fondamentaux des personnes. Pour une critique de la théorie du handicap socioculturel pour expliquer l'échec scolaire, on peut consulter les travaux de Charlot [1997] et Terrail [2002].

discutable. On sait en effet que les parcours scolaires courts et professionnalisants sont associés à des niveaux de rémunération plus faibles, à des emplois plus précaires et de moindres opportunités de mobilité sociale. De plus, l'orientation vers ces parcours est bien plus souvent subie que choisie, les personnes ayant souvent la conviction justifiée qu'une scolarité plus longue dans des parcours plus généralistes est plus rentable socialement [Palheta, 2012; Poullaouec, 2010]. À l'inverse, il y a de bonnes raisons de penser qu'une scolarité centrée sur le développement d'une « capacité générale à acquérir des connaissances et des compétences spécifiques », dont j'ai parlé dans le chapitre précédent, est nettement plus favorable à la formation d'une autonomie véritable qui ne se borne pas à la seule insertion professionnelle, même dans une société complexe et fortement différenciée.

Cette troisième objection en appelle une quatrième. L'idéal méritocratique est engagé à admettre une sorte d'harmonie préétablie entre la distribution des capacités et les besoins fonctionnels d'une société complexe et différenciée. Son acceptabilité dépend de son aptitude à montrer que les élèves sont orientés sur la base de leurs capacités. Mais le nombre de places dans les différentes voies est (grossièrement) déterminé par les besoins fonctionnels de la société (il faut former *n* comptables, infirmiers, etc.) et pas par la distribution effective des capacités dans la population. Cela signifie que, si la structure sociale était différente, tel élève qui est orienté dans telle voie sur la base de ses capacités serait orienté dans telle autre voie sur la base des mêmes capacités. Par conséquent, ce sont bien moins les capacités réelles des élèves qui déterminent l'orientation que les besoins fonctionnels de la société. Ici encore, cette caractéristique entraîne que les élèves peuvent se concevoir de façon justifiée comme instrumentalisés, ce qui est incompatible avec l'acquisition des bases sociales du respect de soi-même.

Enfin, il existe une dernière objection, plus générale, que l'on peut adresser à l'idéal de méritocratie scolaire. L'idéal méritocratique est solidaire d'une conception *compétitive* du système scolaire[21]. Au-delà du

---

21. Russell [2019] développe des critiques complémentaires dans « La place de la compétition en éducation ». Il conclut toutefois à la nécessité de séparer les enfants sur la base de leur intelligence afin de prévenir certains des vices de la compétition scolaire. Je ne souscris pas à cette thèse.

palier d'orientation, les biens éducatifs distribués sont différents et d'inégale qualité. En conséquence, dès le début de leur scolarisation, les élèves sont en concurrence pour l'accès aux biens éducatifs les plus rentables. Ce point est souvent présenté au moyen de l'analogie de la course[22]. Les résultats de la course sont justes si toutes les personnes qui concourent partent depuis la même ligne de départ et qu'aucune n'est soumise à des obstacles que les autres ne rencontrent pas. Admettons pour les besoins de l'argument que le système scolaire arrive à fonctionner conformément à cette analogie, c'est-à-dire que le tronc commun parvient à égaliser suffisamment les chances des élèves. Le résultat serait-il acceptable ? C'est-à-dire la distribution de prix inégaux en fonction du classement, ici de biens éducatifs, est-elle légitime ?

Je ne crois pas que ce soit le cas. Pour le voir, il faut montrer qu'un élément décisif reste implicite dans l'analogie de la course. Notre propension à accepter le résultat de la course dépend fortement du fait que nous considérons que les personnes y participent librement, qu'elles ont *consenti* à concourir et, de ce fait, accepté les paramètres, les règles et les prix constitutifs de la compétition. Mais c'est justement ce qui n'est pas le cas dans le cadre de la scolarité obligatoire. Les élèves n'ont pas consenti à la compétition scolaire puisqu'ils sont obligés d'y participer. Or les raisons d'accepter une compétition sont fortement affaiblies dès lors que les participantes et les participants sont obligés d'y participer[23].

Cette objection générale peut sembler trop forte. Elle semble s'appliquer à de très nombreux cas, au premier rang desquels la société prise dans son ensemble. Il est loin d'être évident que le consentement soit une

22. Cette analogie n'est pas parfaite lorsqu'elle est appliquée au domaine scolaire. Elle implique une ambivalence du tronc commun. D'une part, celui-ci doit servir à égaliser les positions des élèves et, d'autre part, il est d'ores et déjà un moment où les élèves sont en compétition en vue de la sélection et de l'orientation à venir. Cette ambivalence peut entraîner (et entraîne effectivement) un renforcement des inégalités, puisque les familles les mieux dotées socialement et économiquement sont incitées à investir pour que leurs enfants aient les meilleurs résultats scolaires le plus tôt possible (inscription dans l'enseignement privé, cours particuliers, activités extrascolaires rentables, etc.). C'est le problème de la « course aux armements » dont je parle dans la section 5.

23. Quelle que soit la raison du succès de films comme *Battle Royale* ou *Hunger Games*, et même en laissant de côté la question de la violence, notre jugement moral sur le statut de ces « jeux » est qu'ils sont tout simplement moralement inacceptables et cela largement parce que la participation y est contrainte. Le fait que les conséquences possibles de la participation soient désastreuses est une deuxième raison, indépendante, justifiant notre jugement.

des conditions qui rendent acceptable la concurrence. Toute économie de marché peut être décrite comme une organisation dans laquelle les personnes sont en concurrence pour l'obtention de biens rares (positions sociales, emplois, revenus, etc.). Mais à aucun moment, les personnes ne *consentent* à une telle concurrence sociale généralisée. La concurrence n'est qu'une conséquence de la rareté de biens disponibles[24]. S'il existe certainement des objections valables à l'économie de marché, il ne semble pas qu'une objection générale contre la concurrence non consentie soit probante. Les cas de concurrence consentie semblent plutôt l'exception que la règle.

En fait, il faut distinguer entre *concurrence* et *compétition*. La concurrence désigne une situation où plusieurs personnes désirent jouir d'un bien rival et exclusif. La compétition désigne l'organisation intentionnelle d'une situation de concurrence. Or s'il est effectivement douteux qu'une situation de concurrence puisse être dite moralement acceptable ou non (elle existe tout simplement), il en va autrement s'agissant d'une compétition. S'il s'agit d'une organisation intentionnelle d'une situation de concurrence, les paramètres sont susceptibles de réglages différents et une organisation non compétitive est peut-être même possible. Dans le cas d'une compétition, la question de l'acceptabilité morale, soit de la compétition elle-même, soit de ses paramètres, se pose donc[25].

La question qui se pose donc est celle de savoir si le système scolaire doit être décrit comme seulement concurrentiel ou plutôt comme compétitif. Si, quelle que soit l'organisation du système scolaire, les élèves sont nécessairement en concurrence pour l'acquisition de biens éducatifs rivaux et exclusifs, selon des paramètres sur lesquels il n'est pas ou peu possible d'agir, alors l'école est simplement concurrentielle[26]. Mais si les paramètres

---

24. D'autres systèmes d'allocation des ressources que le marché existent, mais il ne semble pas qu'ils puissent abolir la concurrence entre les personnes qui est la simple conséquence de la rareté des ressources.

25. Pour être plus précis, il faudrait dire que la concurrence pure et la compétition pure sont les deux extrémités d'un continuum. La plupart des cas concrets se situent plus ou moins près d'une de ces deux extrémités. Ainsi, une économie concurrentielle n'est pas une compétition au sens où il ne s'agit pas d'organiser intégralement la concurrence selon des règles explicites et précises. Pour autant, la concurrence n'est pas un fait naturel brut, mais est bien affectée et organisée par des règles publiques. La question de l'organisation de la concurrence économique est d'ailleurs centrale dans les théories économiques néolibérales [Audier, 2012].

26. C'est l'une des critiques qu'Illich formule contre l'école que j'ai présentée au chapitre I.

peuvent faire l'objet de réglages très différents, cela signifie qu'il doit plutôt être décrit comme un système compétitif. Plus exactement, s'il peut être organisé comme un système compétitif, il peut aussi, éventuellement, être organisé autrement. Les sections suivantes seront consacrées à établir qu'il est possible de concevoir un système scolaire obligatoire non compétitif. Pour l'instant, je me contente de l'argument conditionnel suivant : s'il est vrai que le degré de concurrence entre les élèves au sein du système scolaire peut être significativement affecté par des choix d'organisation, alors la question de l'acceptabilité morale de cette concurrence se pose légitimement dans le cadre de la scolarité obligatoire.

Il me semble que la seule façon de rendre moralement acceptable la compétition entre les élèves inhérente à l'idéal méritocratique scolaire serait d'établir que celle-ci fait significativement mieux, pour toutes et tous, que toute autre forme d'organisation scolaire envisageable qui serait moins ou pas compétitive. Cela signifierait que, du point de vue de la formation de l'autonomie, la concurrence entre les élèves produit de meilleurs résultats qu'une situation de moindre concurrence. Ce pourrait être le cas, par exemple, parce que la compétition pour l'accession aux meilleurs biens éducatifs produit une émulation chez toutes et tous qui permet de meilleurs apprentissages (plus profonds ou plus rapides, par exemple) que dans une situation non compétitive, c'est-à-dire dans une situation où les mêmes biens sont distribués à tous les élèves indépendamment de leur classement.

Je tends à penser que l'acceptabilité morale de la compétition scolaire dépend plus précisément du fait qu'elle fait mieux pour celles et ceux qui réussissent le moins durant leur scolarité qu'une organisation non compétitive. Si ce n'est pas le cas, celles et ceux qui tirent le moins de bénéfice d'une organisation méritocratique seraient justifiés à objecter qu'ils n'ont pas consenti à la compétition et qu'ils auraient été mieux lotis dans un système scolaire organisé sur d'autres bases[27]. Ils seraient

27. C'est là une version du principe rawlsien de différence : les inégalités ne sont justifiées qu'à la condition de contribuer à l'amélioration du sort de celles et ceux qui sont le plus défavorisés (dans les limites de certaines contraintes comme le respect des libertés de base et du principe de juste égalité des chances). On peut formuler une version moins forte et plus facilement défendable de ce principe selon laquelle les inégalités sont justifiables si elles profitent à toutes et tous [Scanlon, 2022]. L'idéal méritocratique est incompatible avec chacune de ces versions.

justifiés à ne pas jouer le jeu scolaire, si on peut dire. Plus généralement, une telle organisation serait exposée à des objections raisonnables de la part de certains élèves au moins.

La question de savoir si une organisation méritocratique fait moins bien pour celles et ceux qui y réussissent le moins que d'autres organisations envisageables est largement empirique. Toutefois, de nombreux travaux de sociologie de l'éducation étayent largement ce point [Duru-Bellat, 2019]. En particulier, la compétition scolaire (qui passe notamment par l'importance accordée aux pratiques d'évaluation censées certifier les capacités des élèves) cause un certain nombre d'effets pervers dont pâtissent prioritairement les élèves les plus fragiles scolairement. Par exemple, elle induit une comparaison sociale forcée dont on sait qu'elle a des effets négatifs sur la motivation et l'investissement cognitif des élèves qui réussissent le moins bien aux évaluations. La compétition scolaire peut entraîner le développement d'attitudes incompatibles avec la réalisation d'apprentissages profonds et stables, comme la résignation acquise et l'illusion d'incompétence [Merle, 2018]. Ces effets vont à l'encontre de l'engagement à garantir à toutes et tous les bases sociales du respect de soi. Il n'y a pas de raison de penser qu'ils pourraient être évités grâce à l'application de normes déontologiques accordant une attention particulière aux élèves en difficulté. Ce sont des effets structurels de tout système scolaire compétitif : cette sorte de système est nécessairement soumis à une tension entre formation de toutes et tous et sélection-orientation sur la base des capacités manifestées. L'horizon de la sélection produit mécaniquement des effets délétères sur la formation[28], effets dont souffrent plus particulièrement celles et ceux qui sont les perdants de la compétition scolaire.

Cette objection n'est pas encore complète. Pour qu'elle le soit, il faut montrer que d'autres organisations feraient mieux que l'idéal méritocratique pour toutes et tous et, en particulier, pour celles et ceux qui réussissent le moins à l'école. Ce sera l'objet des deux prochaines sections.

---

28. Autre exemple : la compétition scolaire crée une incitation forte à l'adoption de stratégies utilitaristes par les élèves. L'enjeu n'est pas de bien apprendre et de bien comprendre, mais de savoir produire le type de performance attendue lors de l'évaluation. Évidemment, la meilleure manière de s'en assurer est de bien apprendre et de bien comprendre. Mais cette stratégie est coûteuse et d'autres stratégies (comme le bachotage ou la triche) sont bien moins coûteuses et pas toujours significativement moins efficaces. Pourtant, ces stratégies ne sont clairement pas favorables à la stabilisation des apprentissages à long terme.

Il suit en tout cas de cette longue discussion que l'idéal de méritocratie scolaire n'est pas un bon candidat pour organiser un système scolaire juste. Ce n'est pas parce qu'il s'appuie sur un concept équivoque de mérite qu'il n'est pas satisfaisant. Au contraire, il y a un sens consistant à parler de mérite scolaire, même si ce sens est dépourvu de signification morale. Il n'est pas satisfaisant parce qu'il est soumis à plusieurs objections importantes qui établissent qu'une orientation sur la base du mérite au cours de la scolarité obligatoire n'est ni fiable, ni équitable, ni juste, ni acceptable. Cette argumentation est seulement négative et il reste encore à expliciter sur quelles bases un système scolaire juste peut être établi. C'est ce à quoi je m'emploierai dans la section suivante.

4. TROIS THÉORIES DE L'ÉGALITÉ SCOLAIRE

Après avoir expliqué pourquoi l'idéal de méritocratie scolaire n'était pas satisfaisant, la question se pose désormais de savoir quels sont les principes qui doivent gouverner l'école. J'ai suggéré, dans la section 2, qu'il est particulièrement important de se doter d'une théorie de l'égalité scolaire plausible. Je crois qu'une raison qui explique l'attachement (même critique) de certaines personnes à l'idéal de méritocratie scolaire tient au sentiment répandu qu'aucune théorie de l'égalité scolaire alternative plausible n'est disponible[29]. Je voudrais montrer que tel n'est pas le cas.

J'admettrai qu'un système scolaire juste est nécessairement engagé en faveur de l'égalité. Cette proposition était implicite dans les chapitres précédents. Elle s'y est notamment exprimée à travers l'affirmation selon laquelle l'école doit promouvoir l'autonomie *de toutes et tous*. Implicitement, j'interprétais cette proposition comme signifiant que l'école a un devoir d'égale attention à l'égard de tous les élèves. Je ne justifierai pas plus avant cette proposition qui me paraît intuitivement robuste. Toutefois, cette égalité d'attention n'est pas incompatible *a priori* avec l'existence de résultats scolaires fortement inégaux. La question est donc de savoir si de tels résultats inégaux posent un problème de justice scolaire. Si c'est

29. Pour une étude sociologique de l'adhésion critique à l'idéal méritocratique, voir Tenret [2011]

le cas, la question se pose de savoir pourquoi et comment s'opposer aux inégalités scolaires[30].

Un traitement complet de ce problème appellerait une discussion technique des différentes conceptions de l'égalité des chances scolaires que je ne peux pas mener ici[31]. Toutefois, il me semble possible de formuler des arguments suffisamment précis et probants en évitant ce genre de discussion. Pour cela, je partirai de la présentation que fait Crahay [2012] des trois grandes façons d'interpréter l'égalité scolaire : l'égalité des chances, l'égalité de traitement et l'égalité des acquis. Ces trois théories répondent différemment à la question « l'égalité de quoi ? » [Sen, 2012]. Cette présentation me semble éclairer un certain nombre de difficultés qu'implique la prise au sérieux de l'égalité scolaire. Suivant la conception de l'égalité scolaire que nous endossons, nous aurons une interprétation différente à la fois des inégalités scolaires et des problèmes de justice qu'elles posent.

Dans cette section, je présenterai chacune de ces trois théories. J'indiquerai aussi les raisons de préférer la théorie de l'égalité des acquis. Celle-ci se présente comme une variante scolaire des théories suffisantistes de la justice. Le suffisantisme affirme que la justice distributive consiste à donner à chacun et chacune des ressources suffisantes pour satisfaire ses besoins ou des intérêts fondamentaux (qu'il faut spécifier) et rien de plus. Un suffisantisme scolaire consiste à s'assurer que chacune et chacun acquière les connaissances et les compétences suffisantes à l'autonomie et rien de plus. Le suffisantisme conçoit le seuil de suffisance de manière absolue. Toutefois, il ne me semble pas qu'une théorie suffisantiste de l'égalité scolaire soit pleinement satisfaisante. Je consacrerai donc la section suivante à la compléter dans le sens d'une conception relationnelle de l'égalité scolaire.

Crahay appelle « égalité des chances » la première conception de l'égalité scolaire qu'il présente. Elle correspond *grosso modo* à l'idéal d'égalité méritocratique des chances dont j'ai parlé dans les sections 2 et 3. Je ne

---

30. Comme le remarque SCANLON [2022], lorsque l'on s'intéresse aux inégalités socio-économiques, il est souvent plus facile d'indiquer les raisons pour lesquelles nous devons nous opposer à l'inégalité que d'avancer des raisons proprement égalitaires. Je souscris à cette remarque. L'enjeu de cette section et de la suivante est justement de comprendre pourquoi les inégalités *scolaires* posent un problème et quelle théorie de l'égalité permet d'y répondre le mieux.

31. Pour une présentation synthétique de ces débats, voir SHIELDS, NEWMAN & SATZ [2023].

m'étendrai donc pas et me contenterai de relever un point sur lequel insiste Crahay et que je n'ai pas encore explicité complètement. Il affirme que l'idéal d'égalité méritocratique des chances admet une thèse empirique selon laquelle il existe des différences *naturelles* d'aptitude ou de capacité entre les élèves.

En réalité, les choses sont plus compliquées. Si beaucoup de celles et ceux qui défendent effectivement une forme d'égalité méritocratique des chances adhèrent à cette thèse, ce n'est aucunement une nécessité conceptuelle. Une fois neutralisée la part des inégalités scolaires liées à la socialisation et aux facteurs environnementaux, la part restante des différences de performance peut aussi bien s'expliquer par des facteurs moralement pertinents qui ne sont pas clairement liés à des différences naturelles comme le degré d'implication, l'effort, la curiosité, etc. Mais que cette part restante s'explique par des différences naturelles d'aptitude ou non, l'idéal méritocratique soutient que, ce qu'il convient d'égaliser, ce sont les chances que ce soient des facteurs qui dépendent des personnes qui déterminent les parcours scolaires et sociaux[32]. Ce qui est au cœur de cet idéal, c'est l'idée de responsabilité : une différence distributive est juste (ici en termes d'accès à des biens éducatifs) si elle est liée correctement à des différences dont les personnes sont responsables. Je reviendrai rapidement sur la question de la responsabilité dans la conclusion de cet essai.

Comme je l'ai expliqué dans la section précédente, le rejet de l'idéal méritocratique ne requiert pas de se prononcer sur la vérité de la thèse des différences naturelles d'aptitude. Il implique seulement la fausseté de la version forte de cette thèse. Comme le remarque Crahay, cette thèse (en fait, sa version forte) peut être soupçonnée d'être solidaire d'une « idéologie des dons » controversée. Cette idéologie consiste à naturaliser les inégalités scolaires et, ce faisant, à relativiser les problèmes de justice qu'elles posent.

Il importe de noter que le rejet de cette idéologie n'implique en aucun cas d'opposer une fin de non-recevoir aux études empiriques s'intéressant aux processus biologiques impliqués dans l'apprentissage. Cela n'implique

32. Je laisse de côté ici le débat soulevé, notamment par Rawls, sur la question de savoir si les inégalités causées par des différences naturelles d'aptitude peuvent être dite ou non dépendre de nous.

même pas de rejeter l'idée que des différences biologiques ou naturelles puissent être, en un certain sens, causalement impliquées dans les différences de performances scolaires observées. Rejeter cette idéologie implique une position beaucoup plus modeste consistant à rejeter la thèse selon laquelle l'essentiel des inégalités scolaires s'explique par des différences naturelles, si bien que les conditions environnementales comptent pour peu.

Dans la mesure où la version forte de la thèse des différences naturelles d'aptitude sert souvent de prémisse à la théorie méritocratique des chances, et puisque j'ai indiqué que cette théorie était de toute façon exposée à de nombreuses objections dans la section précédente, je considérerai que cette façon d'interpréter l'égalité scolaire doit être rejetée. L'égalité scolaire ne peut pas consister à garantir à chaque élève des chances égales de développer ses aptitudes naturelles.

Crahay identifie une deuxième théorie de l'égalité scolaire, l'égalité de traitement. Dans cette conception, l'attention est avant tout portée sur la qualité des enseignements dispensés aux élèves. Elle est particulièrement sensible au fait que les inégalités de résultats ne reflètent pas nécessairement des différences d'aptitudes naturelles. Plus encore, cette théorie, contrairement à l'idéal méritocratique, considère que des différences de performances ou d'aptitudes ne justifient pas un traitement différent des élèves, par exemple une orientation vers des voies et filières de valeur inégale. Selon cette théorie, les inégalités scolaires en tant que telles ne posent pas non plus de problème, tant qu'elles ne sont pas la conséquence d'inégalités de traitement. Cette théorie peut recommander, par exemple, de s'assurer d'un taux d'encadrement identique pour tous les élèves, de s'opposer à la possibilité que les riches puissent offrir à leurs enfants de meilleures conditions d'enseignement, d'œuvrer de façon que la mixité sociale soit assurée dans les établissements, et ainsi de suite. C'est loin d'être le cas aujourd'hui en France [Ben Ayed, 2015 ; Van Zanten, 2001]. Si ces recommandations étaient suivies, alors les inégalités scolaires devraient se réduire. Mais, en tant que telles, ces inégalités ne posent pas de problème. Tant que des résultats inégaux ne reflètent pas des différences de traitement, elles sont justes.

Cette théorie de l'égalité scolaire comme égalité de traitement est-elle satisfaisante ? Je ne le pense pas. Elle est conduite à ignorer les différences qui existent entre les élèves, notamment du point de vue de leur capacité à profiter des enseignements et donc à réaliser des apprentissages profonds. Cette objection est souvent présentée grâce à la formule frappante de Bourdieu [1966] selon laquelle l'école est « indifférente aux différences ». Ces différences de capacité à profiter des enseignements ne sont pas nécessairement, ni même généralement, liées à des différences naturelles. Elles peuvent être liées à des différences en termes de socialisation, de rapport au savoir, de maîtrise du code scolaire, etc. Toujours est-il que la théorie de l'égalité de traitement court le risque de ne pas beaucoup mieux prévenir l'effet Matthieu que la théorie de l'égalité méritocratique des chances. On parle d'effet Matthieu pour qualifier la tendance à donner plus à celles et ceux qui ont plus et moins à celles et ceux qui ont moins[33]. On pourrait croire qu'elle y parvient parce que, contrairement à l'idéal méritocratique, elle refuse toute différence de traitement pour quelque raison que ce soit. Cependant, l'absence de différenciation intentionnelle n'est pas incompatible avec et est même souvent corrélative d'une différenciation non intentionnelle. La même leçon est très différemment perçue et comprise par des élèves du fait des dispositions cognitives et pratiques différentes qu'ils ont développées dans et hors de l'école [Bautier, 2006 ; Bautier & Rayou, 2013]. L'absence de différenciation intentionnelle favorise en fait les élèves qui disposent des ressources leur permettant de s'approprier convenablement les biens scolaires distribués. Mais si l'égalité de traitement entraîne une différenciation non intentionnelle dont pâtissent les élèves les plus éloignés de l'école, cet idéal contribue en fait, à son insu, à la reproduction des inégalités sociales. Les familles les mieux dotées socialement et économiquement disposent des ressources nécessaires pour s'assurer que leurs enfants tirent un meilleur profit d'enseignements formellement identiques. À l'inverse, la sensibilité aux différences des élèves invite à s'écarter de l'idéal d'égalité de traitement. Du point de vue d'un engagement en faveur de l'autonomie, cette indifférence aux différences est inacceptable. Il est impossible de contribuer effectivement à la formation de l'autonomie de tous et toutes sans se rendre sensible aux obstacles et difficultés spécifiques que chacun et chacune

33. L'expression a été proposée par Merton [1968] dans le cadre de la sociologie des sciences, mais elle a été étendue à de nombreux autres domaines ensuite. Elle renvoie à l'Évangile selon Matthieu où l'on peut lire : « Car on donnera à celui qui a, et il sera dans l'abondance, mais à celui qui n'a pas on ôtera même ce qu'il a ».

rencontre. Plus largement, cet aveuglement volontaire aux différences n'est pas compatible avec l'engagement d'assurer à chacune et chacun les bases sociales du respect de soi-même. Cela justifie donc de passer à l'examen de la troisième théorie de l'égalité scolaire qu'identifie Crahay.

Il la qualifie d'égalité des acquis. Ce qui la distingue des deux précédentes, c'est d'abord qu'elle est la seule à considérer que l'inégalité des résultats scolaires, ou tout au moins une part de cette inégalité, pose, en tant que telle, un problème. Elle fixe comme un objectif de justice à atteindre la réalisation d'apprentissages égaux par toutes et tous. Toutefois, il ne s'agit pas de viser que tous les élèves réalisent les mêmes apprentissages exactement. Ce qui vise cette théorie, c'est l'égalité des acquis *fondamentaux*. Il n'est pas très grave que certains élèves apprennent plus de choses, progressent plus vite ou prennent de l'avance. Ce qui importe, c'est que toutes et tous sans exception acquièrent des connaissances et des compétences *fondamentales*[34]. Évidemment, les implications normatives de cet idéal dépendent fortement de la manière dont sont spécifiées ces connaissances et compétences.

Avant de traiter cette question, je voudrais souligner une des caractéristiques de l'idéal d'égalité des acquis. Si l'objectif est de faire en sorte que tous les élèves sans exception maîtrisent les connaissances et les compétences fondamentales, alors il faut identifier les difficultés et les obstacles spécifiques que rencontre chaque élève pour réaliser les apprentissages visés. Cet idéal doit donc assumer la thèse empirique selon laquelle des différences naturelles ne sont pas susceptibles, sauf exceptionnellement, de bloquer les apprentissages fondamentaux. Les obstacles qui gênent ou ralentissent les élèves sont avant tout *cognitifs* et peuvent être levés grâce à des approches pédagogiques et didactiques pertinentes. Je ne défendrai pas cette thèse positivement. J'ai déjà avancé dans raisons d'y souscrire. Je me contenterai de l'admettre en l'absence de données empiriques suffisantes justifiant de la rejeter. L'idéal méritocratique est orienté vers la détection des aptitudes ; l'idéal d'égalité de traitement vers la suppression des facteurs exogènes différenciant la qualité des enseignements dispensés ; l'idéal d'égalité des acquis vers la suppression des obstacles cognitifs endogènes bloquant la réalisation des apprentissages fondamentaux. En cela, cet idéal

34. D'un point de vue institutionnel, c'est le sens de la mise en place du Socle commun en France en 2005.

est engagé en faveur de la *pédagogie différenciée* [Kahn, 2010] : si les élèves sont inégalement aptes à profiter d'un bien éducatif distribué de façon indifférenciée, alors il faut que cette distribution soit différenciée afin que chacune et chacun puisse se l'approprier convenablement[35]. Bien évidemment, pour être acceptable, une pédagogie différenciée doit permettre les apprentissages de toutes et tous[36].

L'expression « égalité des acquis » peut donc être trompeuse. Elle est bien égalitariste en ce sens qu'elle accorde une attention égale aux intérêts légitimes de toutes et tous. Elle interprète ces intérêts comme le droit moral de chacune et chacun à accéder à un ensemble de connaissances et de compétences fondamentales du point de vue de l'autonomie. Pour autant, du point de vue des théories de la justice classiques, elle serait qualifiée de théorie *suffisantiste*, plutôt que de théorie égalitarienne au sens strict. Frankfurt [2017] avance que nous devrions nous soucier de la *suffisance* et non de l'*égalité*. L'égalité distributive[37] en tant que telle n'a pas de valeur morale spécifique. Ce qui importe véritablement d'un point de vue moral, c'est que chacune et chacun disposent de toutes les choses qui sont nécessaires pour pouvoir mener une vie décente. Dès lors que le seuil de suffisance est atteint, les inégalités n'importent plus

35. Il n'est pas indifférent de parler de distribution *différenciée* d'un même bien ou de distribution de biens *différents*. L'idéal méritocratique défend la seconde branche de l'alternative : les inégalités de capacité justifient que les élèves accèdent à des biens éducatifs différents. L'idéal d'égalité des acquis défend la première branche : les différents profils cognitifs des élèves justifient que le même bien éducatif soit transmis par des voies différentes.

36. Kahn distingue trois manières de concevoir la différenciation. Celle-ci peut être conçue comme reflétant des différences naturelles d'aptitude des élèves, comme devant compenser les inégalités liées à la socialisation initiale des élèves ou comme étant *a priori*, en partant du principe que tout enseignement efficace doit être différencié dans la mesure où il vise l'appropriation réflexive par les élèves, ce qui suppose une attention différenciée aux difficultés et stratégies spécifiques de chacun et chacune. Cette troisième version est clairement plus pertinente du point de vue de la justice scolaire. En particulier, elle ne fait pas de la différenciation une simple réponse aux difficultés scolaires perçues comme des écarts par rapport à une norme de l'apprentissage correct. Elle en fait une composante de toute entreprise d'enseignement juste et efficace. Elle pose toutefois des problèmes pratiques importants : il faut un taux d'encadrement suffisant pour permettre une réelle attention différenciée à chaque élève et une formation des enseignantes et des enseignants qui les rendent capables d'identifier convenablement les obstacles d'apprentissage spécifiques que rencontrent les élèves.

37. L'égalité distributive désigne l'égalité dans la distribution de certains biens (revenus, pouvoirs, opportunités, etc.). Sauf argument établissant le contraire, l'inégalité distributive est compatible avec l'égalité statutaire ou morale des personnes.

moralement[38]. Qu'importe qu'il y ait des personnes très riches du moment qu'il n'y a pas de personnes très pauvres, c'est-à-dire qui vivent dans des conditions indécentes ou qui sont privées de certains biens premiers. L'un des attraits de cette sorte de théorie, c'est qu'elle semble plus réaliste qu'une théorie engagée en faveur de l'égalité distributive comme telle. Cette dernière constitue un objectif extrêmement exigeant d'un point de vue moral et il n'est même pas sûr que l'on puisse concevoir précisément certaines de ses implications pratiques. En revanche, le suffisantisme est à la fois moins exigeant moralement et plus praticable. Il impose d'identifier un seuil de suffisance absolu pour toutes les ressources pertinentes et impose une obligation inconditionnelle d'assurer à chacune et chacun l'accession à un tel seuil. Au-delà de ce seuil, l'obligation morale cesse.

De plus, le suffisantisme n'est pas exposé à une objection à laquelle les théories égalitaristes sont exposées, celle du nivellement par le bas. Selon cette objection, une théorie engagée en faveur de l'égalité distributive doit défendre la réduction des inégalités en tant que telle, comme une fin moralement légitime. Mais une configuration dans laquelle la situation de certaines personnes, les riches, serait moins bonne, sans que la situation des autres personnes soit améliorée, serait plus égalitaire en ce sens. Il semble pourtant douteux que cette configuration soit meilleure moralement que la première. Une préférence pour la seconde configuration semblerait une simple expression d'envie qui n'a pas de valeur morale. Le suffisantisme se présente donc comme une manière plausible d'expliquer ce qui importe vraiment dans notre opposition aux inégalités [Scanlon, 2022] : c'est moins un engagement en faveur de l'égalité comme telle qu'un souci de garantir à toutes et tous des conditions de vie décentes.

Appliquée à la question de l'égalité scolaire, le suffisantisme signifie que ce qui importe d'un point de vue moral, ce n'est pas l'égalité des apprentissages comme telle. Une telle égalité paraît difficile à concevoir (comment faire en sorte que tous les élèves réalisent les mêmes apprentissages exactement ?) et moralement défectueuse parce qu'exposée à l'objection du nivellement par le bas (faudrait-il empêcher les élèves les plus performants de progresser afin de garantir l'égalité des apprentissages ?). Ce qui importe d'un point de vue moral, c'est que chacune et chacun réalisent

38. Il peut exister des raisons dérivées de se soucier des inégalités et de s'y opposer. Ces raisons ne sont pas liées aux inégalités en tant que telles, mais à leurs effets délétères éventuels.

tous les apprentissages qui sont nécessaires pour pouvoir mener une vie décente ou (puisque c'est la finalité que doit viser le système scolaire) autonome. Bien évidemment, toute la question est de savoir ce qu'il faut considérer comme suffisant ou fondamental [Terrail, 2014]. Les acquis du chapitre précédent justifient une interprétation ambitieuse de cette clause de suffisance.

Des trois théories de la justice scolaire présentées dans cette section, seule la théorie de l'égalité des acquis paraît moralement défendable. Les deux autres théories échouent à accorder véritablement à chaque élève une attention égale. La théorie de l'égalité des chances, parce qu'elle est orientée vers la détection des aptitudes des élèves, en particulier des plus capables d'entre eux, est conduite à négliger les intérêts légitimes des élèves les plus faibles. La théorie de l'égalité de traitement ne fait pas vraiment mieux. Même si elle garantit un traitement formellement égal à toutes et tous (ce qui exclut que les élèves puissent en venir, comme dans un système méritocratique, à se concevoir comme instrumentalisés), elle échoue à prendre au sérieux les obstacles spécifiques qui rendent les élèves inégalement aptes à profiter convenablement des biens éducatifs distribués. Cette indifférence aux différences peut être assimilée à une forme d'aveuglement volontaire moralement inacceptable qui conduit à négliger, là encore, les intérêts légitimes des élèves, surtout les plus faibles. Seule la théorie de l'égalité des acquis réussit à prendre au sérieux ces intérêts. Elle est engagée à tout mettre en œuvre afin que toutes et tous, sans exception, réalisent les apprentissages fondamentaux. Si ce seuil est fixé de façon suffisamment ambitieuse (comme le chapitre précédent y invite), alors on doit admettre que cette théorie de l'égalité scolaire réussit là où les deux précédentes échouent. Elle ne néglige pas les intérêts légitimes des élèves les plus faibles et, en cela, contribue à fournir, à chacune et chacun, les bases sociales du respect de soi-même.

Le tableau suivant, qui s'inspire de ceux proposés par Crahay [2012, p. 50-72], offre une présentation synthétique de ce qui distingue ces trois conceptions de l'égalité scolaire.

	On pose	On admet	On dénonce	On prône
Égalité des chances	L'existence de dons, de potentialités ou d'aptitudes *naturelles*. Celles-ci définissent le niveau (le seuil) que l'individu peut espérer atteindre.	Des résultats inégaux, à condition qu'ils soient proportionnels aux aptitudes de départ. L'existence de filières de *valeur* inégale. Une inégalité de traitement.	Le fait que le mérite ne soit pas le seul critère d'accès aux filières nobles. Les biais socioculturels affectant les tests d'orientation. Les imperfections des évaluations responsables du fait qu'à valeur égale, tel élève réussit et tel autre échoue.	Une détection objective ou scientifique des talents et des procédures scientifiques d'orientation. Une égalité d'accès aux filières longues, à aptitudes égales, pour les enfants de milieux favorisés et défavorisés. Une école sur mesure, c'est-à-dire un système d'options variées et des filières d'enseignement adaptées aux aptitudes des élèves. Une aide aux défavorisés doués (bourses, etc.).
Égalité de traitement	La capacité de tous à réaliser les apprentissages fondamentaux et donc à bénéficier d'un enseignement de base.	L'existence de dons, de potentialités ou d'aptitudes naturelles. Des résultats inégaux à condition que les élèves aient pu bénéficier de conditions d'apprentissage de qualité équivalente.	L'inégale qualité de l'enseignement, responsable d'acquis inégaux. Les écoles-sanctuaires et les écoles-ghettos, les classes de niveaux, les filières explicites et implicites qui engendrent une inégale qualité de l'enseignement.	L'École Unique ou l'enseignement *compréhensif* et, *notamment*, le tronc commun d'enseignement secondaire inférieur.
Égalité des acquis	Des potentialités d'apprentissage extensibles. Des caractéristiques individuelles (cognitives et affectives) modifiables. Des différences de rythme d'apprentissage.	Des différences de résultats au-delà des compétences essentielles.	L'idéologie des dons. Les discriminations négatives parmi lesquelles les classes de niveau, les filières, les écoles-sanctuaires et les écoles-ghettos ainsi que toutes les situations où l'inégale qualité d'enseignement amplifie les inégalités de départ.	L'égalité des acquis pour les compétences essentielles. La discrimination positive, la pédagogie de la maîtrise, l'évaluation formative, ainsi que tous les dispositifs de soutien qui visent à réduire les inégalités de départ.

La théorie de l'égalité des acquis est-elle complètement satisfaisante pour autant ? Je ne le crois pas. En particulier, comme toutes les théories suffisantistes, elle est tolérante aux inégalités au-delà du seuil. Plus largement, elle n'a rien à dire de l'amplitude des inégalités pour autant que le seuil de suffisance est atteint par toutes et tous. Cependant, concernant les inégalités scolaires, cette tolérance et cette abstention posent des problèmes liés à la dépendance de l'autonomie au contexte social. Elle néglige le fait que les biens éducatifs sont positionnels, c'est-à-dire que leur valeur dépend de leur distribution dans la population. Prendre au sérieux cette caractéristique requiert d'amender cette théorie dans le sens d'une conception relationnelle de l'égalité scolaire.

5. UNE THÉORIE RELATIONNELLE DE L'ÉGALITÉ SCOLAIRE

La théorie de l'égalité des acquis, dans sa formulation classique, est tolérante aux inégalités scolaires au-delà du seuil de suffisance. Cette caractéristique peut passer pour un avantage. Elle lui permet de répondre à l'objection du nivellement par le bas. Selon cette objection, un engagement en faveur de l'égalité des performances scolaires comme telle ne peut qu'aboutir à une sorte d'effet Robin des Bois. On parle d'effet Robin des Bois pour désigner la façon dont des personnes moins bien dotées améliorent leur situation relative au détriment de personnes mieux dotées. Dans le cas de l'école, cela correspondrait à une configuration dans laquelle l'égalisation des apprentissages serait opérée grâce au ralentissement des apprentissages des élèves les plus performants scolairement. La théorie de l'égalité des acquis peut répondre à cette objection qu'elle n'est nullement menacée par l'effet Robin des Bois, puisqu'elle est tolérante aux inégalités scolaires au-delà du seuil. Elle promet une amélioration du sort des élèves les moins performants sans léser les élèves les plus performants. Toutefois, les choses sont plus compliquées[39].

---

39. Une raison de cette complication que je ne développe pas ici tient à la plausibilité empirique de cette présentation. Un cas bien connu dans la littérature concerne l'effet de la composition des classes sur les apprentissages des élèves. Lorsque la classe est d'un niveau homogène, cela a tendance à favoriser les apprentissages des élèves les plus performants et à détériorer les apprentissages des élèves les moins performants. À l'inverse, des classes hétérogènes favorisent les apprentissages des élèves les moins performants mais ralentissent

La théorie de l'égalité des acquis tend à ne considérer la justice scolaire que de manière *non comparative*. Un système scolaire juste, de son point de vue, est engagé à fournir à chacun et chacune, pris individuellement, ce qui lui est dû, notamment en termes d'apprentissage. Mais ce qui est dû à un élève est indépendant de ce qui est dû aux autres. *Chaque* élève pris individuellement doit acquérir un ensemble de connaissances et de compétences fondamentales. Par conséquent, le système scolaire est engagé à faire en sorte que *tous* les élèves atteignent au moins le seuil de suffisance défini par cet ensemble de connaissances et de compétences. Selon cette perspective, il n'y a pas de sens à comparer les apprentissages ou les performances des élèves. Le seul point de référence pertinent est défini par le seuil. Le système scolaire est engagé à amener chaque élève à ce seuil au moins, *quels que soient les apprentissages réalisés par les autres élèves*. Une fois ce seuil atteint, l'élève a reçu ce qui lui est dû. En-deçà du seuil, il n'y a pas lieu de comparer les apprentissages des élèves parce que le seuil est fixé de manière absolue ; au-delà du seuil, les inégalités de performance ne posent pas de problème de justice scolaire parce que chacun et chacune a déjà obtenu ce qui lui est dû. La comparaison des performances des élèves n'a donc de sens, du point de vue de la justice scolaire, ni en-deçà ni au-delà du seuil.

Là encore, cette caractéristique peut passer, dans une certaine mesure, pour un avantage. Après tout, il n'y a pas de raison de faire dépendre les apprentissages que doit réaliser un élève de ceux que doivent réaliser d'autres élèves. De plus, j'ai indiqué que l'un des principaux défauts de la théorie méritocratique tient justement à la façon dont elle met nécessairement les élèves en compétition, produisant ainsi des effets de comparaison forcée incompatibles avec l'ambition de garantir à chacun et chacune les bases sociales du respect de soi-même. Une théorie qui parvient à éviter de tels effets de comparaison forcée ne peut que paraître meilleure à cet égard. Et elle l'est. Mais elle n'est pas complètement satisfaisante pour autant.

---

un peu les apprentissages des élèves les plus performants [BOUTCHENIK & MAILLARD, 2019]. Un engagement en faveur de l'amélioration des apprentissages des élèves les moins performants peut alors impliquer un ralentissement relatif des apprentissages des élèves les plus performants par rapport à d'autres configurations envisageables du système scolaire. Ce n'est pas forcément un problème du point de vue d'une théorie de la justice scolaire convenablement justifiée (il n'y a pas de raison d'endosser un élitisme exclusivement soucieux de la maximisation des performances des meilleurs élèves). Encore faut-il prendre au sérieux cette difficulté empirique.

Pour le comprendre, il faut rappeler les deux dimensions des biens éducatifs[40]. D'une part, les biens éducatifs ont une *valeur intrinsèque*. Ils consistent dans des connaissances et des compétences qui ont de la valeur en tant que telles. En reprenant le lexique introduit dans le chapitre précédent, ils consistent dans la puissance qu'ils procurent à la personne qui les maîtrise. Mais ce sont aussi des *biens positionnels*. Cela signifie que la valeur des connaissances et des compétences que je maîtrise dépend aussi de leur distribution dans l'espace social. Mes compétences en comptabilité tiennent une partie de leur valeur de ce que d'autres ne les maîtrisent pas. Si tout le monde possédait ces compétences, elles ne me permettraient pas de faire la différence pour obtenir un poste en entreprise par exemple. Leur valeur tient donc en partie à leur position relative par rapport aux autres biens distribués socialement. C'est manifeste dans le cas des diplômes dont une partie de la valeur tient aux compétences et connaissances qu'ils attestent, mais dont l'autre partie de la valeur tient à leur rareté, ce qui les expose à des variations de valeur en fonction, par exemple, de l'évolution de la part de la population qui atteint un niveau de diplôme donné [Duru-Bellat, 2006].

Le caractère positionnel des biens éducatifs correspond à leur valeur sociale. Dans le chapitre précédent, j'ai dit que la puissance de la connaissance tient à la fois à sa valeur expérientielle et à sa valeur sociale. Toutefois ces deux valeurs ne coïncident pas nécessairement. Il se peut qu'une maîtrise approfondie du sanskrit et de différentes langues rares ait une forte valeur expérientielle, par exemple parce qu'elle permet un accès direct à des textes extraordinaires qui ne sont pas traduits. Elle n'en a pas moins une faible valeur sociale. Une théorie de la justice scolaire qui négligerait complètement la question de la valeur sociale des connaissances serait défectueuse. Certes, la transmission de connaissances à forte valeur expérientielle est de nature à favoriser le développement d'une « capacité générale à acquérir des connaissances et des compétences spécifiques ». Mais il faut encore que la valeur sociale des connaissances transmises ne soit pas trop inégale, sans quoi certains élèves se trouveront exclus de certaines options et opportunités dignes d'être poursuivies.

40. Un des arguments centraux d'Illich, que j'ai examiné dans le chapitre I, affirme qu'il est impossible d'articuler convenablement ces deux dimensions dans le cadre d'un système scolaire. La théorie relationnelle de l'égalité scolaire ambitionne de répondre à ce défi.

Cela signifie qu'une théorie de la justice scolaire satisfaisante ne doit pas négliger les questions de comparaison entre élèves. S'agissant de la théorie de l'égalité des acquis, le problème se pose précisément à propos de sa tolérance aux inégalités scolaires au-delà du seuil. J'ai indiqué que cette caractéristique est essentielle pour répondre à l'objection de nivellement par le bas. Toutefois, elle risque de se révéler très coûteuse du point de vue de la justice scolaire. Si le système scolaire n'est engagé à fournir à toutes et tous qu'un ensemble de connaissances et de compétences fondamentales, même ambitieux, et rien de plus, et si les biens éducatifs sont des biens positionnels, alors la théorie de l'égalité des acquis ne peut que favoriser, malgré qu'elle en ait, une « course aux armements ». On parle de course aux armements pour désigner une situation dans laquelle une personne ou un groupe a intérêt à acquérir des avantages comparatifs uniquement parce que d'autres personnes ou groupes ont intérêt à le faire et que ne pas le faire détériorerait sa position relative. Chacun étant incité à acquérir des avantages comparatifs, une fuite en avant potentiellement infinie s'amorce, puisque les avantages que j'acquiers peuvent être rapidement rattrapés et dépassés par ceux qu'acquièrent les autres. Dans le cadre d'un système scolaire gouverné par un idéal d'égalité des acquis, les familles seront incitées à acquérir des avantages comparatifs afin que leurs enfants atteignent la position relative la plus élevée possible au-delà du seuil. Pour ce faire, elles pourront payer des cours supplémentaires, faire en sorte que leurs enfants fassent des stages à l'étranger ou encore les inscrire dans des établissements coûteux et prestigieux. Ces avantages comparatifs peuvent se révéler décisifs pour la scolarisation ultérieure, non obligatoire, dans l'enseignement supérieur et plus largement pour la réussite sociale. Les places y sont rares et il convient que chacun et chacune s'y présentent le mieux « armé » possible. Toutes ces stratégies sont coûteuses et, par conséquent, les familles n'ont pas des chances égales de pouvoir les mettre en œuvre. Paradoxalement donc, un système scolaire gouverné par la théorie suffisantiste de l'égalité des acquis aboutit à une situation dans laquelle il ne suffit pas d'avoir réalisé les apprentissages fondamentaux pour pouvoir réellement choisir son orientation dans l'enseignement supérieur et ne pas subir sa vie comme un destin. Le seuil de suffisance sera *toujours* fixé trop bas. La course aux armements annule au moins partiellement les bénéfices espérés de la théorie de l'égalité des acquis. Autrement dit, même si la théorie de l'égalité des acquis refuse à juste titre d'organiser le système scolaire *en vue de* mettre les élèves en compétition, elle échoue à empêcher qu'ils soient pourtant bel et bien *dans une situation* de concurrence.

Face à cette difficulté, il pourrait être tentant de répondre que si le seuil est fixé de manière suffisamment ambitieuse, une part des effets pervers induits par la course aux armements pourrait être évitée. L'argument serait que si le seuil est fixé de manière réellement ambitieuse, la course aux armements sera nécessairement coûteuse à mener tandis que l'utilité marginale des gains obtenus sera faible. Dans le cadre d'une société fortement égalitaire, cette réponse pourrait être plausible. Mais elle ne l'est pas dans une société caractérisée par des inégalités socio-économiques quelque peu marquées. Dans une telle société, les familles les mieux dotées pourront et auront toujours intérêt à se lancer dans une course aux armements. Quoi qu'il en soit, cette réponse se situe à un niveau empirique et laisse entier le problème conceptuel posé. Ce problème tient à ce que j'ai proposé d'appeler la dépendance de l'autonomie au contexte social. L'autonomie ne tient pas seulement à ce que les personnes savent faire. Elle tient aussi à la manière dont est organisée la société et, en particulier, à la manière dont les principales institutions sociales sont configurées. Il faut que celles-ci soient organisées de telle sorte qu'elles permettent effectivement l'exercice d'une agentivité autonome par toutes et tous.

Il va de soi que la question de savoir comment les institutions doivent être configurées dépasse largement le champ de la théorie de la justice scolaire. Pour autant, cette dernière ne peut pas totalement s'en désintéresser. Si la théorie de l'égalité des acquis est défectueuse, c'est parce qu'elle néglige cette question. Elle court le risque que certains élèves soient conduits, malgré des apprentissages ambitieux, à subir leur vie comme un destin, parce que, par exemple, d'autres élèves ont pu acquérir des avantages comparatifs tels que les premiers se voient exclus de certaines options sociales dignes d'être poursuivies. Tout cela nous conduit vers une théorie *relationnelle* de l'égalité scolaire.

La théorie relationnelle de l'égalité scolaire se distingue des trois autres théories de l'égalité scolaire en cela qu'elle considère que les inégalités scolaires comme telles peuvent poser un problème, y compris au-delà du seuil de suffisance. Si les biens éducatifs sont distribués de manière si inégalitaire que certaines personnes se trouvent exclues de certaines options dignes d'être poursuivies sans raison valable, alors il y a un problème de justice. Il y a un problème parce que, dans une société juste, chacun et chacune se voit reconnaitre un statut de personne libre et égale. Or ce statut n'est pas respecté lorsque quelqu'un est exclu de certaines options sans raison valable. Son agentivité est arbitrairement réduite.

Autrement dit, la faiblesse de la théorie de l'égalité des acquis tient à ce qu'il est impossible de fixer un seuil de suffisance de manière absolue ou non comparative. Parce que l'autonomie est dépendante du contexte social, le niveau de suffisance ne peut être fixé que de manière relationnelle, c'est-à-dire qu'il dépend nécessairement des options réellement disponibles pour *tous* les élèves au terme de la scolarité obligatoire. Une théorie relationnelle ne peut donc se contenter d'identifier un ensemble ambitieux de connaissances et de compétences qui sont fondamentales du point de vue de l'autonomie et pour l'acquisition desquelles l'école est indispensable. Elle doit aussi s'assurer que les options effectivement accessibles à tous les élèves au terme de la scolarité obligatoire soient réellement équivalentes. Si, malgré l'acquisition de connaissances et de compétences fondamentales, certains élèves sont exclus de certaines options, leur agentivité est arbitrairement réduite.

Il vaut la peine de dire un mot sur la théorie relationnelle de l'égalité en général pour clarifier ce point. Comme la théorie suffisantiste, elle n'est pas engagée en faveur d'une égalité distributive stricte. Elle est engagée en faveur de la préservation de l'égalité de statut de toutes et tous [Anderson, 1999]. L'égalité de statut est violée dès lors qu'une ou plusieurs personnes sont justifiées à éprouver des sentiments d'humiliation ou de perte d'estime de soi parce qu'elles sont traitées comme inférieures à d'autres personnes [Scanlon, 2022]. Le poids normatif de cette proposition dépend du caractère justifié de ces sentiments. Si j'ai de bonnes raisons de considérer que je suis traité de manière différente de vous, et comme si je vous étais inférieur, alors je suis fondé à considérer que l'égalité de statut entre nous n'est pas respectée. Si je ne dispose pas de telles raisons, alors je ne suis pas fondé à le considérer.

Formulée ainsi, la théorie de l'égalité relationnelle peut sembler proche de la théorie de l'égalité de traitement. Mais cette ressemblance est trompeuse. La théorie de l'égalité de traitement implique que les personnes doivent être traitées de la même manière exactement. La théorie relationnelle de l'égalité implique que les personnes doivent être traitées de manière à respecter une égalité statutaire entre elles. Cela n'exclut pas des différences de traitement si celles-ci sont compatibles avec le respect de l'égalité statutaire entre les personnes ou visent justement à garantir une telle égalité, égalité qui ne serait pas garantie sans la mise en œuvre d'un traitement différencié. De plus, la théorie de l'égalité de traitement est tolérante aux inégalités dès lors qu'elles ne sont pas la conséquence d'un traitement différent et biaisé. La théorie de l'égalité relationnelle en revanche ne tolère que les inégalités qui sont compatibles avec la préservation d'une égalité de statut. Elle impose des limites strictes aux inégalités tolérables. On peut considérer, par exemple, que si certaines personnes sont exclues sans raison valable de certaines options dignes d'être poursuivies, l'égalité de statut entre les personnes est violée, et cela même si ces personnes ne sont pas victimes de discrimination explicite ou de traitement inégalitaire. Il semble possible de résumer ces différences en disant qu'une théorie suffisantiste ne considère que les besoins des personnes prises indépendamment, quand une théorie relationnelle est attentive au fait que la préservation d'un statut égal entre les personnes dépend des relations qui existent entre elles. Le statut est relationnel.

Une autre manière de saisir la spécificité d'une théorie relationnelle de l'égalité consiste à souligner qu'elle est une théorie de la justice *prédistributive* plutôt que redistributive. Son ambition n'est pas de déterminer selon quel critère redistribuer les biens et les richesses afin de minimiser les inégalités sociales. Elle est d'identifier comment s'assurer que les relations entre les personnes soient configurées d'emblée de manière à respecter le principe d'égalité [Murphy & Nagel, 2002].

Une théorie de l'égalité relationnelle est donc mieux équipée qu'une théorie suffisantiste pour prendre au sérieux le caractère positionnel des biens éducatifs. Elle est capable de dire qu'il ne suffit pas de se demander quelles sont les connaissances et les compétences que les élèves doivent acquérir absolument et de manière non comparative pour être aptes à l'exercice de l'autonomie. Elle peut aussi rendre compte du fait que, les biens éducatifs étant positionnels, l'égalité scolaire implique qu'une égalité de statut soit garantie à tous les élèves tout au long de leur scolarité obligatoire.

Que signifie alors garantir une égalité de statut à tous les élèves ? Je considère qu'il y a égalité de statut entre les élèves quand aucun élève n'est exclu de l'accès à certains biens éducatifs pour des raisons arbitraires. Il convient d'adopter une interprétation forte de ce principe de non-exclusion. Ainsi, il pourrait sembler qu'une élève qui a été orientée vers une voie professionnelle n'a pas été *exclue* de la voie générale. Après tout, il lui était formellement permis d'y prétendre. Seuls ses résultats scolaires interdisaient que sa candidature soit retenue. Mais ce principe est plus ambitieux. La non-exclusion doit être comprise comme une possibilité *réelle* d'accès. Étant donné ses résultats scolaires et la compétition pour l'accès aux meilleurs parcours, il n'existait pas de possibilité réelle que cette élève poursuive effectivement ses études en voie générale. J'expliciterai quelques implications concrètes de cette théorie de l'égalité scolaire relationnelle dans la section suivante. Il vaut la peine cependant de noter, dès à présent, qu'elle exclut toute filiarisation de l'enseignement secondaire qui aboutirait à distribuer des biens éducatifs très différents et hiérarchisés aux élèves.

Le problème concerne aussi les options effectivement accessibles aux élèves au terme de leur scolarité obligatoire. Dans une situation où les places offertes dans l'enseignement supérieur sont rares et inégalement attractives (au sens où des opportunités inégales y sont associées), les élèves sont nécessairement dans une situation de concurrence pour y accéder. C'est la raison pour laquelle, même dans un système gouverné par la théorie de l'égalité des acquis, l'enclenchement d'une course aux armements paraît inévitable. Or, lorsqu'elle est enclenchée, certains élèves se trouvent exclus de certaines opportunités sans raison valable (parce que leurs parents ne peuvent pas s'acquitter du coût de la course aux armements). La théorie de l'égalité des acquis a donc de bonnes chances de faillir à garantir l'égalité de statut de tous les élèves. À l'inverse, une théorie relationnelle de l'égalité scolaire devrait s'assurer que les apprentissages réalisés dans le cadre de la scolarité obligatoire suffisent réellement, pour toutes et tous, à accéder à un ensemble d'options et d'opportunités équivalentes. Cela implique d'annuler ou de compenser les avantages espérés d'une course aux armements.

Un dernier point doit être clarifié. Une théorie de l'égalité scolaire relationnelle est-elle capable de répondre à l'objection du nivellement par le bas ? J'ai dit que la tolérance aux inégalités de performance au-delà du seuil de suffisance permettait à la théorie de l'égalité des acquis de répondre à cette objection. Mais la garantie de l'égalité de statut implique qu'aucun élève ne doit bénéficier d'options et d'opportunités significativement meilleures que les autres au terme de sa scolarité obligatoire. L'égalité de statut n'est-elle pas alors solidaire d'un engagement en faveur de l'égalité de tous les apprentissages sans exception (et non des seuls apprentissages fondamentaux) ? Or j'ai indiqué que cette voie était à la fois impraticable et moralement défectueuse.

Heureusement, la théorie relationnelle de l'égalité scolaire n'est pas engagée à soutenir une telle option. Elle n'est pas engagée à s'assurer que tous les élèves réalisent les mêmes apprentissages exactement. Elle est seulement engagée à égaliser les options et opportunités auxquelles les apprentissages fondamentaux donnent accès, quelles que soient les différences de performance entre les élèves (au-delà du seuil). S'il est possible de prévenir les effets de distorsion induits par les inégalités de performance au-delà du seuil, alors il est possible de préserver l'égalité de statut de tous les élèves sans être engagé à égaliser les performances elles-mêmes. Dans une telle configuration, l'incitation à enclencher une course aux armements serait aussi fortement diminuée puisque les avantages que les familles pourraient en espérer seraient fortement réduits. J'espère établir dans la prochaine section qu'il s'agit là d'une authentique possibilité.

Une personne avançant l'objection du nivellement par le bas pourrait toutefois répondre que la théorie relationnelle de l'égalité scolaire est exposée au risque d'une baisse moyenne du niveau. Si l'enclenchement d'une course aux armements est effectivement prévenu et si, plus largement, les élèves ne peuvent espérer des avantages comparatifs de leur implication scolaire (puisque les options et opportunités accessibles au terme de leur scolarité obligatoire sont, par hypothèse, équivalentes), les élèves seront moins incités à s'impliquer dans les apprentissages scolaires. Par conséquent, on assisterait à une baisse du niveau non seulement des élèves les plus performants, mais même du niveau moyen.

Une réponse à cette variante de l'objection du nivellement par le bas peut s'établir à deux niveaux, empirique et normatif. Au niveau empirique, il convient de remarquer que cette objection repose sur des hypothèses psychologiques controversées. En particulier, il est loin d'être établi que l'émulation produite par la concurrence pour accéder à des récompenses ou bénéfices (la motivation extrinsèque) soit très efficace du point de vue de la qualité des apprentissages. C'est plutôt la motivation intrinsèque, liée à l'intérêt pris à la tâche elle-même, qui favorise les apprentissages profonds [Viau, 2009]. Au niveau normatif, il convient de remarquer que la validité normative du critère du niveau moyen ne va pas de soi. Sans entrer dans les détails, j'admets la critique que Rawls [2009] adresse à l'utilitarisme qui utilise la moyenne comme un critère normatif. La moyenne échoue à prendre au sérieux les intérêts et perspectives des personnes prises individuellement. D'un point de vue scolaire, on ne voit pas pourquoi il faudrait préférer un système marqué par de fortes inégalités scolaires à un autre système dont le niveau moyen est inférieur, mais qui serait caractérisé par des inégalités scolaires de moindre amplitude. J'ai tendance à penser que le critère du niveau moyen ne peut intervenir qu'à partir du moment où il est assuré que le système assure effectivement la formation de l'autonomie de toutes et tous[41]. Je considère donc que la théorie relationnelle de l'égalité scolaire est capable de répondre à l'objection du nivellement par le bas.

Dans cette section, j'ai indiqué des raisons de considérer insuffisante la théorie de l'égalité des acquis. Elle n'est pas capable de prendre assez au sérieux le caractère positionnel des biens éducatifs. Faute d'y parvenir, elle échoue à prévenir l'enclenchement d'une course aux armements entre les familles qui risque d'annuler tous les bénéfices égalitaires espérés d'une approche suffisantiste. Je ne crois pas pour autant qu'il convienne de la rejeter complètement. Il me semble au contraire essentiel de fixer un seuil de suffisance ambitieux définissant un ensemble de connaissances et de compétences que tous les élèves doivent acquérir. Toutefois, j'ai avancé que cette théorie doit être amendée dans un sens relationnel. Une théorie de la justice scolaire satisfaisante doit préserver l'égalité de statut des élèves tout au long de leur scolarité obligatoire. Pour cela, elle doit être sensible à la façon dont le caractère positionnel des biens éducatifs risque de conduire à exclure, pour des raisons arbitraires, certains élèves d'options et d'opportunités dignes d'être poursuivies. Un système scolaire juste prévient ces effets d'exclusion. La question se pose de savoir à quoi pourrait ressembler un système scolaire gouverné par ces principes. Je donne quelques pistes dans la section suivante.

6. À QUOI POURRAIT RESSEMBLER UN SYSTÈME SCOLAIRE JUSTE?

Dans les sections 4 et 5, j'ai défendu que la théorie de l'égalité des acquis amendée dans un sens relationnel constitue la meilleure conception de l'égalité scolaire. Celle-ci est à même de prendre au sérieux à la fois les torts non comparatifs, liés à des apprentissages insuffisants, et les torts comparatifs, liés à l'exclusion de certaines options et opportunités dignes d'être poursuivies,

41. Selon la terminologie rawlsienne, je dirais que la formation de l'autonomie bénéficie d'une priorité lexicale sur le niveau scolaire moyen.

que les élèves peuvent subir. Toutefois, il faut encore montrer que cette théorie peut fournir des recommandations claires et praticables concernant la manière dont le système scolaire doit être gouverné. Je consacrerai cette section à indiquer quelques implications pratiques qui peuvent être tirées de la théorie relationnelle de l'égalité scolaire. Je ne produirai pas une justification complète de ces propositions. Cela demanderait un livre entier. Mes propositions doivent être prises comme des suggestions visant avant tout à établir la plausibilité de la théorie relationnelle de l'égalité scolaire. Je suis redevable, pour nombre de ces suggestions, aux travaux du Groupe de recherche sur la démocratisation scolaire[42] (GRDS), et notamment à *L'école commune* [2011]. Je me permets d'y renvoyer la lectrice ou le lecteur qui serait curieux de plus amples développements.

La question de l'évaluation des élèves. Il est essentiel, du point de vue de la justice scolaire, que tous les élèves réalisent des apprentissages fondamentaux. Par conséquent, il importe que les enseignantes et les enseignants aient les moyens d'évaluer convenablement les apprentissages des élèves. Il faut aussi que les évaluations permettent effectivement à ces derniers de progresser dans leurs apprentissages. Toutefois, dans une école juste, l'évaluation scolaire ne doit pas contribuer à classer les élèves en fonction de leurs performances. Cette sorte de classement n'a pas d'intérêt pédagogique. L'évaluation des performances des élèves n'a d'intérêt pédagogique que dans la mesure où elle permet d'identifier la façon dont chaque élève se situe par rapport à un objectif d'apprentissage donné. Idéalement, elle doit permettre aussi d'identifier les difficultés et obstacles spécifiques que rencontre chaque élève dans son processus d'apprentissage, afin d'y remédier de façon ajustée. Cela signifie que l'évaluation scolaire juste est fondamentalement *non comparative*. Elle ne doit pas consister à comparer les performances scolaires des élèves. Le seul standard de référence pertinent est fixé par l'objectif d'apprentissage visé.

Ces considérations plaident pour que, dans une école juste, l'évaluation scolaire normale ne consiste pas à *noter* les élèves[43]. Le dispositif de la

42. Beaucoup des analyses du GRDS m'ont grandement influencé. Je ne suis pas certain, pour autant, que ses membres souscriraient à tous les arguments que je développe dans cet essai.
43. La notation pose aussi de nombreux problèmes empiriques que je ne développe ici. Sa pratique est exposée à de nombreux biais. Il est bien établi, par exemple, que l'ordre de correction des copies, les informations dont dispose le correcteur ou la correctrice sur l'élève évalué, l'identité du correcteur ou de la correctrice, ou la composition du paquet de

notation est indissociable d'une situation de compétition) entre les élèves. En France, il se diffuse par l'intermédiaire des grands concours d'accès aux corps techniques de l'État (on considère que son origine remonte aux collèges jésuites qui essaiment à partir du XVIe siècle). C'est un dispositif dans lequel le standard de référence pertinent n'est pas fixé par l'objectif d'apprentissage visé, mais par la meilleure performance réelle ou possible. Les notes mesurent l'écart par rapport à cette performance. Ce faisant, elles permettent d'établir un classement des performances des élèves. Mais la norme implicite est alors celle de l'excellence et non de l'apprentissage correct. Si la meilleure performance possible dépasse de beaucoup les attentes impliquées par l'objectif d'apprentissage évalué, alors un élève qui atteint ces attentes exactement doit s'attendre à ne pas obtenir la meilleure note. Il a pourtant acquis et réalisé très exactement ce qu'on était en droit d'attendre de lui. Ce faisant, la notation semble indissociable d'un engagement en faveur de l'élitisme qui n'est pas compatible avec la théorie de l'égalité scolaire relationnelle[44]. Plus fondamentalement, la notation implique mécaniquement de produire des effets de comparaison forcée dont j'ai indiqué plus haut pourquoi ils étaient incompatibles avec le souci de garantir à chacune et chacun les bases sociales du respect de soi-même.

Est-il possible d'évaluer les élèves en évitant les effets pervers de la notation ? Il faudrait pour cela que les pratiques d'évaluation puissent être non comparatives. C'est ce que vise, par exemple, l'évaluation par compétences. Tout travail scolaire suppose la mobilisation de certaines connaissances, de certaines procédures, de certaines stratégies, etc. On parle (dans un sens relativement indéterminé) de compétences. La « réussite » dépend de la mise en œuvre appropriée de ces compétences. Une évaluation par compétences vise à permettre à l'élève d'identifier les compétences pertinentes pour la réalisation d'une tâche donnée et de se les approprier. Elle n'aboutit pas nécessairement à l'attribution d'une note. Elle aboutit en

copies, affectent significativement la note attribuée. Je ne m'arrête pas sur ces difficultés qui concernent en fait toute pratique d'évaluation scolaire (bien qu'elles soient particulièrement préoccupantes pour les pratiques d'évaluation qui visent prioritairement la production d'un classement objectif). Pour plus de développement, on pourra consulter les travaux de Merle [2007, 2018].

44. Les systèmes de notation reconnaissent souvent deux standards hétérogènes, un standard de suffisance (correspondant, pour une note sur 20, à 10) et un standard d'excellence (correspondant à 20). C'est dire que c'est l'excellence et non la suffisance qui doit guider les pratiques d'évaluation et, plus largement, l'orientation pédagogique.

revanche à la formulation d'une appréciation la plus spécifique possible des facteurs expliquant la réussite ou l'échec relatif de l'élève et sur les perspectives d'amélioration. La réalisation d'une même tâche suppose souvent la mobilisation de différentes compétences. Deux élèves ayant chacun 9 à une évaluation ont la même note. Pourtant, cette note identique peut très bien être corrélative de compétences maîtrisées très différentes (l'un rencontre des difficultés structurelles lors de la mise en œuvre de certaines opérations arithmétiques, quand l'autre en rencontre au moment d'identifier et résoudre des problèmes, par exemple). L'évaluation par compétences permet donc d'attirer l'attention des élèves sur ce qui importe vraiment, les compétences qu'il convient de développer, et non sur ce qui n'importe pas, sa position relative par rapport aux autres élèves. Elle est sensible aux difficultés d'apprentissage diverses que rencontrent les élèves et non à la hiérarchie des performances selon une échelle unidimensionnelle.

Au-delà de l'exemple de l'évaluation par compétences, il importe de prendre conscience du fait que l'évaluation scolaire peut remplir des fonctions très différentes dans la pratique des enseignantes et des enseignants. Elle peut servir à faire expliciter les représentations des élèves, détecter leurs difficultés spécifiques, les procédures mises en œuvre pour résoudre un problème, etc. L'importance accordée à la seule pratique de la notation reflète une conception restrictive de l'évaluation centrée prioritairement sur la *certification* d'un niveau ou d'une performance. En fait, en un certain sens, l'évaluation est coextensive à l'acte d'enseigner. Il n'est pas possible d'enseigner sans se préoccuper de la manière dont l'élève s'approprie effectivement les connaissances et les compétences transmises. Mais il n'y a aucune raison que cette préoccupation doive nécessairement prendre la forme d'une note indiquant la position relative de l'élève par rapport aux autres[45]. En tout état de cause, des évaluations certificatives n'ont leur place que dès lors qu'il importe particulièrement d'attester le niveau de performance des élèves relativement à un standard attendu, par exemple, lors d'un examen. Mais cette sorte d'évaluation, aujourd'hui majoritaire dans les pratiques quotidiennes de nombre d'enseignantes et d'enseignants (surtout dans le secondaire), n'a qu'un faible intérêt dès lors

45. La question n'est évidemment pas celle de la note *chiffrée*. Les mêmes effets pervers ne se produiraient pas moins si l'évaluation était faite au moyen de lettres, de couleurs ou même d'une échelle d'appréciations. La question porte sur l'*orientation* de la pratique évaluative. Vise-t-elle le classement des élèves ou le processus d'apprentissage de l'élève ?

qu'il s'agit de favoriser les apprentissages des élèves. On le voit, une école juste serait caractérisée par une culture de l'évaluation significativement différente de celle qui prévaut aujourd'hui. En somme, il importe que les pratiques d'évaluation scolaire soient en cohérence avec l'ambition de permettre des apprentissages fondamentaux à toutes et tous, et avec le refus de la mise en compétition des élèves.

La question de la liberté de choix des enseignements. Un système scolaire juste n'exclurait pas certains élèves de certaines options et opportunités dignes d'être poursuivies pour des raisons arbitraires. Si cet engagement est pris au sérieux, il implique le refus de toute filiarisation de l'enseignement obligatoire. Par filiarisation, il faut entendre l'organisation de la scolarité en plusieurs parcours parallèles et hiérarchisés ouvrant à des opportunités différentes et inégales. L'enseignement secondaire français, après le collège, se structure autour de trois parcours principaux, d'inégale valeur : l'enseignement général, technologique et professionnel. J'ai déjà avancé les principaux arguments contre la filiarisation dans ce chapitre et le précédent. Je voudrais simplement rappeler ici qu'un système scolaire filiarisé est nécessairement compétitif. Dans la mesure où les différents parcours ouvrent à des opportunités différentes auxquels des avantages sociaux différents sont associés, il est inévitable qu'une hiérarchie s'établisse entre eux. Dans une telle configuration, les élèves se trouvent nécessairement en compétition pour accéder aux meilleurs parcours. Celles et ceux qui en sont exclus sont alors souvent orientés contre leur gré et peuvent en venir à développer des sentiments d'injustice et de rancœur contre l'école [Duru-Bellat & Meuret, 2009]. En France, avec la généralisation du baccalauréat (accentuée par la création du baccalauréat technologique, puis professionnel), on assiste à une « démocratisation ségrégative » [Merle, 2017] : en même temps que l'accès au baccalauréat se généralise, la hiérarchie entre les parcours se renforce, de même que la corrélation entre orientation scolaire et origine sociale des élèves.

Toutefois, il peut sembler y avoir une tension entre le rejet de toute filiarisation et l'importance de reconnaitre aux élèves une liberté de choix curriculaire que j'ai défendue dans le chapitre précédent. Cette tension n'est qu'apparente. En effet, la connaissance puissante dépend moins des contenus enseignés en tant que tels que de la manière dont les élèves sont sensibilisés à une diversité de formes de savoir. Par conséquent, il n'y a pas de raison de priver les élèves d'une liberté de choix entre différents enseignements pour autant que la contrainte de diversité des formes de savoir abordées est respectée. Dans un système scolaire organisé ainsi, tous les élèves ne suivraient pas les mêmes enseignements exactement. Mais il n'y aurait pas de parcours parallèles et hiérarchisés[46]. Ce n'est pas parce que tous les élèves ne suivent pas les mêmes enseignements que la filiarisation pose des problèmes. Elle en pose parce que certains élèves sont exclus des enseignements donnant accès à la fois à la connaissance puissante et à certaines options et opportunités dignes d'être poursuivies. Si la diversification des enseignements suivis n'implique pas nécessairement une filiarisation, c'est parce qu'elle peut être conçue comme n'aboutissant pas à une forme de spécialisation. La spécialisation doit être reportée après le terme de la scolarité obligatoire.

La question des inégalités de rythme d'apprentissage. J'ai plusieurs fois insisté, dans ce chapitre, sur l'importance de prendre les inégalités scolaires au sérieux. En rejetant la version forte de la thèse des différences naturelles d'aptitude, j'ai soutenu que tous les élèves sont capables de réaliser les apprentissages fondamentaux impliqués dans le curriculum de l'autonomie. Mais cette proposition peut sembler quelque peu optimiste. Même en admettant cette possibilité, il se peut que, du fait de différences naturelles ou de conditions de socialisation différentes, les élèves connaissent des rythmes d'apprentissage très différents. La filiarisation du système scolaire permet de répondre à cette difficulté. Mais le rejet de la filiarisation suppose de fournir une réponse de substitution satisfaisante.

Cette réponse dépend de plusieurs points. D'abord, il convient de rappeler que l'école n'est pas un isolat social. Elle ne saurait fonctionner de manière parfaitement juste dans une société marquée par des inégalités profondes. Il n'y a rien de très surprenant à ce que, dans une société inégalitaire, dans laquelle il existe d'importantes différences de socialisation et de condition d'existence, les élèves connaissent des rythmes d'apprentissage différents. Mais ce n'est pas une objection contre la théorie relationnelle de l'égalité scolaire. C'est une objection à l'injustice sociale. Dans une société plus égalitaire, il y a lieu de croire que ces différences de

46. Ces considérations posent évidemment des problèmes pratiques liés à la taille des établissements, aux contraintes d'emploi du temps, etc. Il se peut que ces problèmes soient tels qu'ils réduisent la marge de liberté de choix qu'on peut reconnaître effectivement aux élèves. Il se peut aussi qu'ils ne soient pas insurmontables. Ces problèmes ne me concernent pas directement.

rythme d'apprentissage, sans être annulées, seraient atténuées. L'école ne peut pas à elle seule sauver la démocratie [Dubet & Duru-Bellat, 2020].

Ensuite, comme je l'ai indiqué dans le chapitre précédent, dans un système scolaire juste, les programmes scolaires et, plus largement, le curriculum seraient profondément différents. Ces programmes sont aujourd'hui très chargés : il s'agit de transmettre beaucoup de connaissances en peu de temps. Dans cette configuration, seuls les élèves les plus à l'aise scolairement arrivent à réaliser des apprentissages appropriés au rythme imposé par ce curriculum. Les autres élèves réalisent des apprentissages plus superficiels, voire décrochent complètement. Les inégalités scolaires étant cumulatives, les retards pris à moment donné se répercutent sur toute la scolarité à venir et accroissent les inégalités scolaires. Cette configuration est étroitement dépendante d'une valorisation de la performance scolaire. Elle est solidaire d'un biais élitiste auquel ne souscrirait pas un système scolaire juste. Ce sont en effet les performances des meilleurs élèves qui fixent implicitement la norme de référence des programmes actuels. Le curriculum de l'autonomie qui a cours dans un système scolaire juste est organisé sur d'autres bases. Il n'accorde pas de valeur à la performance scolaire en tant que telle, mais à l'accès approprié à une diversité de formes de savoir pertinentes. Selon cette logique, s'il est possible d'aborder moins d'items, on s'assure que tous les élèves réalisent des apprentissages convenables. Elle accorde la priorité aux têtes bien faites sur les têtes bien pleines. L'existence de rythmes d'apprentissage différents est donc moins menaçante dès lors que l'urgence imposée par des programmes chargés et marqués par un biais élitiste n'existe pas[47].

De plus, un système scolaire juste accorderait une grande importance à la formation, initiale et continue, des enseignantes et des enseignants afin qu'ils maîtrisent des méthodes d'enseignement efficace. De telles méthodes sont par exemple susceptibles de grandement diminuer les inégalités d'apprentissage de la lecture. Jérôme Deauvieau [2013] a notamment montré qu'il existe un effet-manuel considérable pour expliquer l'entrée dans la

47. Quand certains élèves ont déjà acquis certaines connaissances alors que d'autres sont encore en cours d'apprentissage, ils peuvent par exemple approfondir leurs connaissances en travaillant en autonomie ou faire du tutorat pour accompagner les élèves moins avancés (on peut noter que le tutorat est loin d'être assimilable à une forme de charité pédagogique : les élèves tuteurs progressent autant que les élèves tutorés, parce qu'expliquer et accompagner permet d'approfondir et de clarifier son savoir en le didactisant).

lecture. Un manuel accordant une place très importante à l'apprentissage du code et mobilisant un lexique riche permet un apprentissage plus rapide et efficace de la lecture, notamment chez les élèves issus des milieux les plus défavorisés, que d'autres manuels accordant moins d'importance au code et à la richesse lexicale. L'usage d'une méthode d'enseignement de la lecture efficace est susceptible de compenser au moins partiellement les différences liées au niveau social d'origine.

Enfin, un système scolaire juste serait engagé à fournir à tous les élèves qui en ont besoin un programme d'accompagnement approprié pour leur permettre de corriger au plus tôt les difficultés d'apprentissage qu'ils rencontrent. Cet accompagnement ne consisterait pas à simplement faire redoubler les élèves. Bien qu'il existe souvent un fort attachement des enseignantes et des enseignants, et des familles, à cette institution, le redoublement est généralement inefficace sur le plan des apprentissages, injuste socialement, coûteux économiquement et ruineux psychologiquement. Revoir à l'identique une leçon qu'on n'a pas comprise ne nous permet pas de mieux la comprendre. De plus, le redoublement a des effets stigmatisants qui contribuent à dégrader l'estime de soi des élèves et à diminuer leur motivation [Merle, 2019]. Une réponse juste aux difficultés scolaires dépend bien plutôt de l'adoption d'une pédagogie différenciée et de la mise en place d'un accompagnement et d'un soutien individualisé précoce. Dans les deux cas, il s'agit d'identifier les difficultés pour y remédier rapidement. De tels programmes seraient décisifs durant les premières années de scolarisation afin de prévenir le « décrochage cognitif » de certains élèves, préalable à leur décrochage scolaire [Bonnery, 2004]. Cela suppose aussi de renforcer les échanges entres les familles et l'école.

Il y a tout lieu de croire que si ces conditions étaient réunies, les différences de rythme d'apprentissage ne seraient pas de nature à compromettre le fonctionnement d'un système scolaire juste.

Sur l'articulation entre enseignement secondaire et enseignement supérieur. Dans cet essai, je me suis concentré exclusivement sur l'enseignement obligatoire. Pour simplifier, j'ai considéré que la fin de l'obligation scolaire coïncidait avec le terme de la scolarité secondaire[48]. Ce choix se justifie,

48. Aujourd'hui, la scolarité obligatoire ne va que jusqu'à 16 ans, tandis que la scolarité secondaire (selon un parcours normal) court jusqu'à 18 ans en général. Je suis favorable à l'extension de l'obligation d'instruction (et non seulement de formation, comme c'est le

car je tends à considérer que les problèmes de justice scolaire se posent très différemment dès lors que l'on ne se situe pas dans le cadre d'un enseignement obligatoire. Par exemple, l'argument que j'ai avancé dans la section 3 contre la compétition scolaire dépend de la prémisse selon laquelle l'acceptabilité d'une compétition est grandement fragilisée dès lors que la participation à celle-ci est contrainte. Cette prémisse n'est pas vérifiée dans le cas d'un enseignement qui n'est pas obligatoire. De plus, si l'enseignement primaire et secondaire peut et doit échapper à la spécialisation, il me semble aller de soi que l'enseignement supérieur tend naturellement à la spécialisation. Or, dès lors que la spécialisation est légitime, le critère du mérite pour distribuer les biens rares (par exemple, les places dans telle ou telle formation) semble parfaitement valide. C'est donc dans un souci de cohérence que je me suis concentré sur le seul enseignement obligatoire.

Toutefois, je ne crois pas qu'une théorie de la justice scolaire portant sur l'enseignement obligatoire puisse rester totalement silencieuse sur la question de l'enseignement supérieur. Elle a certaines implications le concernant qui sont loin d'être triviales. La plus importante, que j'ai indiquée dans la section précédente, consiste en ce qu'une scolarité normale et réussie dans l'enseignement obligatoire devrait ouvrir à tous les élèves des options et opportunités équivalentes s'agissant de l'accès à l'enseignement supérieur. Cela signifie que pouvoir attester d'une scolarité obligatoire complète et réussie devrait suffire pour pouvoir s'inscrire dans la formation de son choix, sans qu'une sélection s'opère à ce seuil. Par hypothèse, tout élève ayant réalisé une scolarité obligatoire complète et réussie doit être jugé apte à suivre une formation supérieure quelconque. La scolarité secondaire pourrait être sanctionnée par le passage d'un examen de fin d'études commun à toutes et tous, par exemple un baccalauréat général et technologique[49]. Cet examen n'ouvrirait pas à des résultats notés ou à des mentions. Cela ne signifie pas que la sélection n'a pas sa place dans l'enseignement supérieur. Je crois au contraire qu'elle y est légitime. Mais

---

cas aujourd'hui) jusqu'à 18 ans. Toutefois, je ne produirai pas d'argument spécifique pour le défendre, car cela serait trop éloigné du cœur de cet essai.

49. J'ai indiqué dans le chapitre précédant les difficultés pratiques d'organiser cette sorte d'examen national dès lors qu'une grande autonomie est accordée aux enseignantes et aux enseignants pour déterminer le contenu précis des enseignements. Ici encore, il s'agit d'un problème empirique qui ne me concerne pas directement. On peut concevoir qu'un diplôme attestant l'acquisition des compétences et connaissances fondamentales puisse être distribué sur d'autres bases qu'un examen impliquant des épreuves nationales communes.

elle ne doit pas s'opérer à l'entrée (sans quoi les élèves seraient en compétition durant leur scolarité obligatoire), mais durant la scolarité supérieure. C'est à cette condition que la course aux armements peut réellement être relativisée durant la scolarité obligatoire[50].

Si cette idée est prise au sérieux, elle a des implications radicales concernant l'organisation de l'enseignement supérieur. Celui-ci est aujourd'hui très segmenté et sélectif. La sélection tend de plus en plus à se jouer en amont du passage du baccalauréat, notamment par le biais des options choisies et des notes obtenues par les élèves [Hugrée & Poullaouec, 2022]. Si la sélection est supprimée à l'entrée de l'enseignement supérieur, pour n'intervenir qu'après, cela implique une réorganisation substantielle de l'enseignement supérieur. Celui-ci devrait être significativement moins segmenté. On pourrait imaginer que seules quelques institutions soient habilitées à fournir les diplômes correspondant au premier cycle universitaire. Celles-ci, plutôt que d'être en concurrence, seraient différenciées sur des bases fonctionnelles. Plutôt qu'une spécialisation immédiate, le premier cycle universitaire permettrait une spécialisation progressive des étudiantes et des étudiants[51]. Cette spécialisation ne pourrait être que progressive, car on ne peut pas postuler une harmonisation naturelle des choix d'orientation des élèves et des besoins de spécialisation de formation. Il n'en demeure pas moins que, pour que cette orientation soit faite en connaissance de cause, il conviendrait que les élèves aient l'occasion, avant le terme de leur scolarité secondaire, d'anticiper ce choix en prenant connaissance à la fois du type de formations offertes et des débouchés qui y sont associés. On pourrait alors imaginer que la dernière année de l'enseignement secondaire soit conçue comme une année d'orientation, essentiellement ordonnée à la construction par chaque élève de son projet

50. Elle ne peut être que relativisée et non bloquée, parce qu'il reste très probable que les formations proposées dans le cadre de l'enseignement supérieur ouvriront à des places différemment attractives, si bien qu'il sera malgré tout dans l'intérêt des familles d'investir en amont pour anticiper la sélection qui s'opérera durant la scolarité supérieure. Toutefois, il y a des raisons de penser que l'essentiel des inégalités scolaires se jouant lors des premières années de scolarisation, un système scolaire qui retarde la course aux armements durant la scolarité obligatoire diminue mécaniquement l'utilité marginale des gains qu'on peut espérer de celle-ci.

51. À titre d'exemple, la concurrence qui existe aujourd'hui entre classes préparatoires et cursus universitaires ou entre universités et grands établissements disparaîtrait. L'université serait seule habilitée à proposer des formations de premier cycle plus ou moins généralistes, dont la spécialisation serait progressive.

d'orientation ou d'insertion professionnelle. On pourrait objecter que, selon un tel modèle, certaines formations peineraient certainement à recruter quand d'autres seraient surchargées, ce qui serait suboptimal. Cela étant, on pourra répondre que si ces formations peinent durablement à recruter, c'est sans doute que les opportunités et avantages associés à ces formations ne sont pas suffisants pour attirer des candidates et des candidats. Ce serait une raison, par exemple, d'élever le niveau de rémunération associé à certaines professions qui ne pourraient plus compter sur une orientation par défaut des étudiantes et des étudiants[52]. Ces pistes n'ont pas vocation à constituer des recommandations précises. Elles visent seulement à suggérer l'ampleur des changements impliqués par un engagement en faveur d'une école de l'autonomie.

Sur la place de l'enseignement privé. Il existe plusieurs arguments puissants en faveur de l'enseignement privé. Le monopole scolaire étatique accorderait trop de pouvoir à l'État qui serait, par exemple, en situation de faire du système scolaire un appareil idéologique. De plus, il est courant de reconnaître aux familles un droit moral de décider du type d'éducation que doivent recevoir les enfants. C'est particulièrement important du point de vue de l'éducation religieuse. Enfin, il se pourrait que des établissements scolaires privés soient plus susceptibles de s'engager dans des initiatives pédagogiques innovantes légitimes que des établissements publics soumis à un contrôle administratif plus strict et uniforme (l'exemple le plus connu en France est le cas de Célestin Freinet, forcé d'ouvrir une école privée pour poursuivre ses expérimentations pédagogiques mal accueillies par l'école publique).

Pour autant, l'existence de deux réseaux de scolarisation parallèles, l'un public, l'autre privé, pose de nombreux problèmes importants en termes de justice sociale et scolaire. Elle ouvre la possibilité, pour les familles les mieux dotées, de mettre en œuvre des stratégies d'évitement et d'entre-soi

52. Cet argument s'inspire d'un argument classique en faveur d'un revenu universel inconditionnel de base d'un montant élevé. Si toutes les personnes touchent un revenu de manière inconditionnel, alors le pouvoir de négociation de celles et ceux qui sont souvent forcés d'accepter des conditions de travail pénibles et précaires pour une faible rémunération s'en trouve renforcé (ils ont le pouvoir de repousser certaines offres iniques). C'est donc un moyen d'augmenter les rémunérations et les conditions de travail des professions les plus socialement disqualifiées.

social qui sont nuisibles à la mixité sociale des établissements[53]. Cette situation instaure ou contribue au maintien d'une concurrence entre les établissements et les élèves. De plus, l'engagement de garantir à toutes et tous les bases sociales du respect de soi-même paraît difficile à soutenir dès lors que certains élèves sont justifiés à considérer qu'ils bénéficient de conditions d'enseignement de moindre qualité, parce que leur famille est pauvre et, plus encore, que leur fréquentation est intentionnellement évitée par certaines familles[54]. Cette situation de quasi-séparatisme des riches est bien connue en France et est à l'origine d'inégalités scolaires importantes [Ben Ayed, 2015].

Un système scolaire juste devrait trouver un arbitrage entre ces différentes préoccupations qui ne sacrifie aucun des intérêts fondamentaux des personnes. Je crois que les arguments que j'ai développés dans cet essai fournissent des pistes pour arrêter cet arbitrage. Un système scolaire public organisé conformément à ces arguments affaiblirait tellement les arguments en faveur de l'enseignement privé qu'il serait justifié de le supprimer tout à fait.

Les arguments avancés dans le chapitre précédent en faveur de la liberté pédagogique et de l'autonomie des enseignantes et des enseignants, s'agissant de la détermination des enseignements proposés, suffisent à établir qu'il n'y a pas de raison de considérer que l'enseignement public est nécessairement hostile à l'innovation pédagogique. Toutefois, l'argument pour le privé insiste aussi sur le droit légitime des familles à inscrire leur

53. Dans tout ce passage, je pars du principe que la mixité sociale des établissements est désirable. Je n'ai pas justifié cette thèse de manière directe dans ce chapitre. Il n'est pas difficile, toutefois, de percevoir les raisons qui la soutiennent. Dans la mesure où des classes hétérogènes sont meilleures pour les apprentissages des élèves les moins performants que des classes homogènes et dans la mesure où il existe une corrélation robuste entre origine sociale et performance scolaire, la mixité sociale est favorable aux élèves les moins performants (sans être excessivement coûteuse aux élèves les plus performants). On pourrait ajouter des arguments relatifs aux bénéfices épistémiques et moraux qu'on peut attendre de l'expérience par toutes et tous de la diversité des perspectives. J'y souscris volontiers, mais ces arguments sont plus controversés s'agissant de leur fondement empirique.

54. Il serait possible d'objecter que le rejet de la mixité sociale n'entre pas dans le contenu intentionnel de ces stratégies. Il ne s'agit que d'offrir de meilleures perspectives aux enfants. La diminution de la mixité sociale des établissements n'est alors qu'un effet collatéral, peut-être inévitable, mais non intentionnel. Outre que cette excuse est sujette à caution, il est peu probable qu'elle soit acceptable du point de vue des élèves scolarisés dans l'enseignement public, qui se voient ainsi privés des bases sociales du respect d'eux-mêmes. Si l'enseignement privé offre effectivement de meilleures perspectives que l'enseignement public, il n'y a pas de raison que celles-ci soient réservées aux familles les plus riches.

enfant dans l'établissement de leur choix. Pour être acceptable, ce choix doit être contraint par des raisons morales pertinentes. Par exemple, le choix d'une pratique pédagogique spécifique peut être une raison valable quand la préférence pour l'entre-soi social ne saurait l'être. Il est facile, cependant, d'instrumentaliser de telles raisons, le choix de telle pratique pédagogique devenant le moyen d'atteindre l'entre-soi social[55]. La question est de savoir s'il serait possible, dans un système scolaire public, de reconnaître une telle liberté de choix aux familles tout en prévenant ces risques d'instrumentalisation. Une solution serait, par exemple, que les élèves soient affectés par défaut à des établissements sur la base de critères géographiques, mais aussi sociologiques. Un élève pourrait être affecté dans un établissement un peu plus éloigné de son domicile qu'un autre afin d'assurer une meilleure mixité sociale dans les deux établissements. Les parents pourraient ensuite formuler des vœux pour obtenir une affectation dérogatoire, mais ces vœux devraient être dûment motivés en se référant à des raisons valables. De plus, l'acceptation des candidatures « hors secteur » devrait être contrainte par le respect d'un indice de mixité sociale. La dotation financière des établissements pourrait dépendre en partie du respect de cet indice.

Ces considérations suffisent, je crois, à répondre à la plupart arguments en faveur de l'enseignement privé. Deux doutes pourraient subsister. Le premier concerne la place de la religion. L'un des arguments principaux pour l'enseignement privé affirme qu'il est particulièrement important que les familles puissent décider du type d'éducation, notamment religieuse, que reçoivent leurs enfants. Or un système d'enseignement public neutre ne peut évidemment pas prendre en charge l'éducation religieuse. Toutefois, on ne voit pas clairement pourquoi il ne pourrait pas être transmis en dehors de l'école[56]. L'argument d'indispensabilité

---

55. Il est probable que la psychologie réelle des personnes soit plus compliquée que cela. Par exemple, il est plausible que les familles de certains milieux sociaux développent une préférence sincère pour certaines pratiques pédagogiques (par exemple, la pédagogie Montessori), qui sont alors recherchées pour elles-mêmes. Le fait que la satisfaction de ces préférences permette d'atteindre aussi l'entre-soi social est un avantage supplémentaire qui peut ne pas être visé pour lui-même. Faut-il parler de raisonnement motivé ? De mauvaise foi ? De préférence de classe ? Ce problème psychologique est intéressant, mais ne me concerne pas directement.

56. Il faudrait plutôt dire « hors du temps scolaire ». Je ne vois aucune difficulté, par exemple, à ce que des locaux scolaires puissent être mis gratuitement à disposition d'associations religieuses afin d'assurer l'éducation religieuse des enfants des familles volontaires en

avancé dans la section 2 du chapitre précédent invalide les prétentions de l'enseignement religieux à être inscrit au curriculum. Il vaut aussi pour cette justification de l'enseignement privé.

Le second doute porte sur l'aptitude d'un système d'enseignement public à réellement faire place à l'innovation pédagogique. Certes, il peut accorder une grande liberté aux enseignantes et aux enseignants, mais dans la mesure où il impose que ceux-ci attestent d'une formation spécifique, éventuellement sanctionnée par des concours, et qu'ils soient soumis à un contrôle administratif et, éventuellement, pédagogique, il risque d'être peu favorable aux innovations radicales. Quoi qu'on pense de sa sincérité pour défendre l'enseignement privé (par ailleurs largement soumis à un contrôle administratif et pédagogique public en France), cet argument n'est pas absurde. Toutefois il est douteux qu'il suffise à une défense de l'enseignement privé. On pourrait très bien reconnaître à tous les citoyens et citoyennes le droit à l'expérimentation pédagogique. Des facilités économiques seraient accordées pour initier un projet scolaire innovant, ainsi qu'un accompagnement pédagogique par des spécialistes, par exemple le corps d'inspection. Après quelques temps, le projet serait évalué. S'il se révélait pertinent et viable, il pourrait être intégré au service d'enseignement public. Sa spécificité organisationnelle et pédagogique serait maintenue, mais il serait soumis aux mêmes règles de recrutement des élèves que les autres établissements publics. Certes, il n'y aurait pas d'incitation financière à se lancer dans de tels projets. Mais il va de soi que toute mon argumentation plaide en faveur d'une démarchandisation de l'enseignement obligatoire. Une solution viable à la compétition délétère

---

dehors du temps scolaire. La question de la neutralité de l'État est une question difficile. Sans pouvoir développer complètement ici, je tiens à souligner que je souscris à l'essentiel de la stratégie de « désagrégation » de la religion défendue par LABORDE [2023]. Selon cette approche, il convient de distinguer différentes dimensions normatives de la religion dont la protection appelle différents principes de justice. Si la conception publique française de la laïcité est historiquement séparatiste – bien que des évolutions récentes, plus recognitives, soient incontestables [PORTIER, 2016] –, une défense bien comprise de la neutralité libérale n'implique pas de soutenir une séparation stricte entre État et religion. Pour ce qui concerne l'école privée, il importe de s'assurer que l'égalité relationnelle entre les élèves soit garantie, ce qui requiert de ne pas favoriser le développement de stratégies d'évitement et d'entre-soi social. La neutralité libérale n'implique pas en revanche d'établir une cloison étanche avec la religion. Le droit des familles à donner un enseignement religieux à leurs enfants est un droit important. Ce droit doit être équilibré avec les droits des enfants à se voir garantir les conditions sociales du respect de soi.

et injuste entre enseignement public et enseignement privé suppose, d'une part, de prévenir toute possibilité de mise en œuvre de stratégies d'évitement ou de cooptation sociale et, d'autre part, de garantir un droit d'initiative éducative et d'innovation pédagogique au sein de l'enseignement public. L'importance de ce droit est aujourd'hui le meilleur argument pour défendre l'enseignement privé.

Sur la formation tout au long de la vie. Tout au long de cet essai, j'ai insisté sur l'importance que revêt l'école du point de vue de la formation de l'autonomie. J'ai dit qu'il importe particulièrement que les personnes soient capables de ne pas subir leur vie comme un destin. Cela suppose qu'elles soient toujours capables de faire des choix véritables. Pratiquement, cela signifie que chacun et chacune devrait disposer, tout au long de la vie, de ressources suffisantes pour pouvoir envisager raisonnablement une reconversion professionnelle, un changement de mode de vie, etc. Il serait déraisonnable que l'État s'engage à garantir la réussite de ces choix ou même à les rendre faciles. Mais il doit s'engager à les rendre possibles et accessibles. S'il ne le fait pas, alors certaines personnes se voient privées de capabilités fondamentales et, plus largement, l'égalité relationnelle entre toutes et tous n'est pas respectée (certains et certaines se trouvant par exemple en situation d'exclusion ou de domination). Cette thèse est forte et je l'admets ici sans l'avoir dûment justifiée [Scanlon, 2022]. J'en dirai quelques mots dans la conclusion de cet essai. Ses implications débordent de beaucoup la seule justice scolaire. Je voudrais indiquer l'une d'entre elles qui concerne la question de l'éducation et de la formation.

Il est courant, dans les discussions qui portent sur la justice sociale, de parler de la mobilité sociale inter- ou intragénérationnelle[57]. Si la mobilité sociale est faible, cela signifie que les inégalités sociales tendent à se reproduire et, par conséquent, qu'elles fonctionnent comme un « destin ». Pour autant, il n'est pas évident qu'il faille accorder de la valeur à la mobilité sociale en tant que telle [Savidan, 2010]. Une société parfaitement mobile ressemblerait à celle décrite dans la nouvelle de Borges [2018], *La loterie à*

57. La mobilité intergénérationnelle désigne la relation entre le statut socio-économique des parents et celui de leur enfant arrivé à l'âge adulte. La mobilité intragénérationnelle désigne les changements d'emploi ou de statut en cours de carrière. On distingue couramment entre une mobilité verticale, indiquant une élévation ou une baisse de statut socio-économique, et une mobilité horizontale, indiquant des changements d'emplois ou de professions de statut socio-économique équivalent.

Babylone, où les différents biens sociaux sont intégralement redistribués de façon aléatoire à échéance régulière. Or une telle société paraît tout sauf attractive. Les personnes ne peuvent pas s'y identifier à leur statut et la précarité est telle qu'elles n'ont aucune incitation à développer des projets de vie. Ce qui a de la valeur, à nos yeux, c'est moins la mobilité sociale comme telle que le fait que les personnes ne soient pas *assignées* irrémédiablement à un statut ou à une position spécifique. Une personne qui décide d'exercer la même profession que son père ou sa mère parce qu'elle y trouve du sens, même si ce métier se situe au bas de la hiérarchie professionnelle et même si elle aurait eu la possibilité de « faire mieux » ne pose aucun problème du point de vue de la justice sociale. Ce qui importe, en revanche, c'est qu'elle dispose de la possibilité réelle de faire autre chose[58].

Pour garantir une telle possibilité réelle, il importe qu'existe un système de formation tout au long de la vie accessible à toutes et tous. Ce système devrait permettre à toute personne le souhaitant de se former gratuitement dans le domaine de son choix. Cela supposerait aussi une diminution du temps de travail hebdomadaire qui laisse réellement aux personnes la possibilité de se former[59]. Il existe de nombreuses manières de concevoir un tel système et il n'entre pas dans mon intention de les exposer ici. Il me semble néanmoins qu'il n'y a pas de raison d'attendre d'un tel système qu'il soit exclusivement ou prioritairement orienté vers la formation professionnelle. S'il est juste que l'autonomie ne dépende pas exclusivement de compétences et connaissances professionnelles, mais également de la maîtrise de connaissances puissantes, alors ce système de formation tout au long de la vie pourrait offrir une diversité de formations dont la visée peut être assez éloignée de la formation professionnelle immédiate. De plus, dans la mesure où ces formations se situent après le terme de la scolarité et sans nécessaire visée diplômante, on peut concevoir la manière d'organiser ce système selon une grande libéralité. À cet égard, la suggestion d'Illich [1980] de mettre en place des réseaux de savoir, de manière décentralisée et autonome, dans le cadre desquels chacune et

58. Si cette clause n'est pas satisfaite, alors, même si ce choix la satisfait, on pourra soupçonner qu'il s'agisse là de préférences adaptatives qui posent des problèmes du point de vue de la justice sociale [Nussbaum, 2008].
59. Pour une défense libérale du droit au temps libre, voir Rose [2017].

chacun pourrait proposer ses compétences, me semble devoir être prise au sérieux. Il va de soi qu'un tel dispositif supposerait là encore un bouleversement significatif de l'organisation sociale.

CONCLUSION

Dans ce chapitre, j'ai soutenu qu'un système scolaire juste devrait être gouverné par une théorie relationnelle de l'égalité scolaire. Pour ce faire, j'ai d'abord écarté l'idéal de justice scolaire dominant, la théorie de l'égalité méritocratique des chances. J'ai montré que, même si elle peut s'appuyer sur une conception consistante (institutionnelle et non morale ou sociale) du mérite, elle ne constitue pas un idéal acceptable. Elle échoue à garantir à chacune et chacun des bases sociales du respect de soi-même. J'ai aussi discuté les théories de l'égalité de traitement et de l'égalité des acquis. Bien que cette dernière se montre la plus prometteuse pour jeter les bases d'un système scolaire juste, elle reste insuffisante parce qu'elle échoue à prendre au sérieux le caractère positionnel des biens éducatifs. En tolérant les inégalités scolaires au-delà du socle des connaissances et des compétences fondamentales, elle échoue à empêcher la mise en concurrence des élèves et ses effets ruineux. Toutefois, ces défauts peuvent être évités dès lors qu'on l'amende dans un sens relationnel. Selon cette théorie relationnelle, l'égalité de statut entre les élèves doit être préservée durant l'ensemble de la scolarité obligatoire. Cela ne suppose pas de supprimer les différences de rythme d'apprentissage (ce serait impossible et moralement inadmissible). Cela suppose en revanche de les rendre inoffensives du point de vue du statut des élèves. Elles ne doivent pas ouvrir à des options et des opportunités d'inégale valeur. Enfin j'ai essayé de clarifier certaines implications pratiques concernant l'organisation d'un système scolaire juste gouverné selon ce principe. En particulier, j'ai insisté sur le fait que ce système serait non compétitif et rejetterait toute filiarisation.

CONCLUSION

1. FAUT-IL DONC EN FINIR AVEC L'ÉCOLE?

Sans grande surprise, j'ai apporté une réponse négative à cette question. J'ai soutenu, de façon classique, que l'école est une institution nécessaire pour toute société complexe qui prend au sérieux la valeur d'autonomie. La prendre au sérieux, toutefois, impose des contraintes normatives importantes que j'ai tâché d'expliciter dans cet essai. À cet égard, force est de constater qu'il y a loin de l'école telle qu'elle existe aujourd'hui à la satisfaction de ces contraintes. La route vers une école juste est encore longue.

Avant de dire quelques mots à propos de questions que cet essai suscite ou laisse ouvertes, je voudrais récapituler rapidement l'argument que j'y ai développé.

J'ai d'abord rejeté, dans le premier chapitre, la perspective d'une société déscolarisée défendue par Illich. La critique qu'adresse Illich à l'école est vive et doit être prise au sérieux, parce qu'elle est formulée du point de vue d'une valeur que le libéralisme prétend justement promouvoir, à savoir la liberté personnelle ou l'autonomie. Illich insiste en particulier sur le caractère contre-productif de l'institution scolaire. En imposant l'obligation scolaire, en élaborant des programmes déconnectés des intérêts des élèves et en distribuant des diplômes dont la valeur est essentiellement marchande, le système scolaire, loin de contribuer à former l'autonomie des élèves, les place et les maintient dans une situation de dépendance. Illich met ainsi en évidence que la relation entre scolarisation et formation de l'autonomie est loin d'être évidente. Cette critique, cependant, échoue à prendre au sérieux les conditions requises pour la formation de l'autonomie dans des sociétés complexes. Elle ne permet pas véritablement d'expliquer comment, dans une société déscolarisée, les personnes pourraient ne pas en venir à subir leur vie comme un destin. J'ai retenu de cette critique l'importance de proposer une justification positive de l'école à même de répondre à ces objections puissantes.

Pour ce faire, j'ai commencé, dans le deuxième chapitre, par aborder la question de l'autorité éducative et scolaire. Il fallait retenir de la critique d'Illich que, tout bien considéré, il ne va pas de soi d'obliger les enfants à aller à l'école. La scolarisation implique des contraintes spécifiques et, en particulier, la soumission des enfants à l'autorité d'adultes. Or toute relation d'autorité doit être justifiée. J'ai donc défendu dans ce chapitre une conception instrumentaliste de l'autorité scolaire. L'autorité scolaire et son corrélat, la scolarisation obligatoire, ne sont moralement acceptables qu'à la condition de contribuer effectivement à la formation de l'autonomie de l'enfant. Cette conception impose des limites strictes à la validité de cette relation d'autorité. En particulier, l'agentivité dépendante des enfants doit y être reconnue et prise au sérieux.

Ce chapitre laissait en suspens la question des implications pratiques concrètes, dans la configuration de la relation pédagogique, de cette conception de l'autorité scolaire. C'est celles-ci que j'ai entrepris de clarifier dans le troisième chapitre. J'ai insisté notamment sur l'importance de considérer les enfants comme des agents à part entière, ce qui implique des limites strictes concernant les directives que les enseignantes et les enseignants sont en droit de leur imposer. Celles-ci doivent viser la formation de leur autonomie. À cet égard, j'ai insisté sur l'importance de ménager des contextes d'agentivité contrôlée, c'est-à-dire des situations dans lesquelles les enfants peuvent agir effectivement, mais dans le cadre de paramètres qui ont été prévus et ajustés en vue d'objectifs pédagogiques pertinents. Ainsi, l'exercice de l'autorité scolaire est compatible avec la reconnaissance du statut d'agent des élèves.

La critique qu'Illich adresse à la scolarité obligatoire porte aussi sur la contradiction qu'il y a à vouloir susciter le désir d'apprendre par l'imposition de programmes obligatoires. Plus largement, elle pose la question de la nature d'un curriculum de l'autonomie. C'est cette question que j'ai explorée dans le quatrième chapitre. La formation de l'autonomie ne dépend pas seulement de la manière dont est exercée la relation pédagogique. Elle dépend aussi de ce que les élèves apprennent effectivement à l'école. J'ai endossé l'idéal d'éducation libéral et j'ai insisté sur l'importance de prendre au sérieux la connaissance puissante. J'ai défendu l'importance que les élèves soient introduits à une diversité de formes de savoir.

Je me suis ainsi opposé à toute conception de l'école comme devant être prioritairement orientée vers l'insertion sociale et professionnelle. Dans la mesure où l'autonomie doit être comprise comme la capacité à ne pas subir sa vie comme un destin, l'école est engagée à fournir aux élèves des connaissances et des compétences qui leur permettent effectivement de faire des choix véritables et, par conséquent, de ne pas être voués à exercer définitivement telle ou telle profession.

Enfin, la dernière critique à laquelle il fallait répondre était celle selon laquelle l'école est, de toute façon, incapable de réaliser l'égalité entre les élèves. Illich soutient que l'école ne peut que produire de l'exclusion et de l'échec scolaire, puis social. Répondre à cette critique suppose de montrer comment le système scolaire peut garantir une égalité statutaire entre tous les élèves. C'était l'objet du dernier chapitre. J'y ai défendu une conception relationnelle de l'égalité scolaire selon laquelle il importe que tous les élèves, sans exception, accomplissent une scolarité obligatoire au terme de laquelle ils ont acquis un ensemble de compétences et de connaissances fondamentales. Il importe aussi qu'ils accèdent à des options et opportunités dignes d'être poursuivies équivalentes. Une école gouvernée par cette conception de l'égalité scolaire serait radicalement non compétitive. Tous les élèves, pour autant qu'ils ont réalisé les apprentissages fondamentaux prescrits par le curriculum de l'autonomie, auraient accès à des options et des opportunités équivalentes. La possibilité, pour eux, de faire des choix véritables serait garantie. Ils seraient aptes à l'exercice de l'autonomie.

Je considère qu'un système scolaire qui serait gouverné par ces principes serait juste.

2. À QUOI BON UNE THÉORIE IDÉALE DE LA JUSTICE SCOLAIRE?

J'imagine qu'au terme de cet essai, deux sources de malaise peuvent subsister. La première tient à ce que certaines implications des arguments que j'ai développés peuvent paraître *irréalistes*. Elles le sont certainement si on les interprète comme des recommandations pratiques qu'il s'agirait de mettre en œuvre plus ou moins rapidement. Toutefois, le but d'une théorie normative n'est pas de formuler des mesures pour un programme politique clé en main. Il est de clarifier et de justifier nos croyances normatives.

La relation entre celles-ci et des recommandations pratiques directement applicables est complexe et sujette à controverse [Valentini, 2012][1].

Le problème du réalisme porte sur la question de savoir quelle sorte de *faits* doit contraindre les principes de justice. Selon certaines approches [Estlund, 2020], la validité des principes normatifs ne dépend pas de faits psychologiques ou sociaux contingents. Les principes de justice indiquent non ce que nous devons *faire*, mais ce que nous devons *penser* [Cohen, 2008]. Le fait que leur réalisation dans le monde réel s'avère très improbable ne constitue pas une objection à l'encontre de ces principes. À l'inverse, selon d'autres approches [Sen, 2009], il importe que les principes de justice soient sensibles à une grande diversité de faits pertinents, pour guider effectivement nos pratiques. Plus la validité des principes dépend de leur sensibilité à une grande diversité de faits, moins la théorie de la justice que l'on peut formuler sur cette base est « idéale ». Selon ces approches, une bonne théorie de la justice doit nous permettre de nous orienter pratiquement ici et maintenant. Rien ne sert de bâtir des cités idéales.

La théorie de la justice scolaire que j'ai esquissée dans cet essai se situe à mi-chemin de ces deux positions. D'un côté, mes arguments sont bien sensibles à un certain nombre de faits empiriques qui me paraissent devoir contraindre les principes de justice scolaire. J'ai admis, par exemple, que ces principes doivent valoir dans une société complexe, caractérisée par une forte différenciation sociale. Dans une telle société, il existe inévitablement des positions sociales inégalement attractives. Ce fait pose un problème particulier à une théorie de la justice scolaire qui prend au sérieux l'idée qu'aucun élève ne devrait subir sa vie (et sa scolarité) comme un destin. Personne, donc, ne devrait se voir assigner contre son gré à certains parcours scolaires menant à des positions sociales disqualifiées. J'ai aussi admis certains faits sociologiques et psychologiques concernant, par exemple, la motivation scolaire, les processus d'apprentissage ou la valeur des diplômes sur le marché de l'emploi. Une théorie qui négligerait ces faits seraient excessivement déconnectée.

D'un autre côté, il y a d'autres faits que je n'ai pas intégrés. Par exemple, je n'ai pas considéré l'organisation actuelle de l'institution scolaire comme donnée. Si j'y ai fait souvent référence, c'était afin d'indiquer ce qui sépare le système scolaire actuel de mes conclusions. De même, je n'ai pas intégré

1. Je remercie Sylvain Theulle de m'avoir fait connaître cette référence.

de contraintes financières. Si je suis convaincu qu'un système scolaire gouverné par les principes que je défends serait soutenable, je ne propose pas d'argument en ce sens. Enfin, certaines des hypothèses empiriques que je défends relativement au désir d'apprendre des élèves pourraient paraître exagérément optimistes. Ainsi, j'ai soutenu que dans un système scolaire juste, tous les élèves seraient motivés et aptes à poursuivre des études intellectuellement exigeantes jusqu'à 18 ans au moins. Ces hypothèses sont largement contrefactuelles. Je considère néanmoins que les phénomènes d'échec scolaire et de manque de motivation des élèves, si répandus à l'école aujourd'hui, s'expliquent largement par l'injustice de l'institution scolaire elle-même (et de la société dans son ensemble).

L'irréalisme que j'ai assumé dans cet essai ne consiste donc pas bâtir des châteaux en Espagne. Il s'agissait plutôt de se donner les moyens d'élucider et de justifier des contraintes normatives raisonnables qui ne sont pas sous l'étroite dépendance du fait établi. La théorie de la justice scolaire que j'ai esquissée dans cet essai est une théorie *idéale*. Comme nous l'avons vu, selon la présentation qu'en fait Rawls, une théorie idéale de la justice implique deux idéalisations. Elle postule, d'une part, que toutes les personnes obéissent parfaitement aux principes de justice et, d'autre part, que des circonstances favorables sont réunies. Ces idéalisations sont justifiées dans la mesure où elles permettent de formuler des principes de justice qui sont susceptibles de guider nos évaluations et nos actions dans le monde réel, non idéal. Toute théorie idéale, tributaire de ces deux idéalisations, doit ensuite être complétée par une théorie non-idéale. Celle-ci abandonne ces deux idéalisations afin de clarifier et justifier les règles qui devraient être mises en place, dans notre monde non idéal, afin de lutter contre les injustices réelles qui y ont cours. Ce faisant, on pourrait dire que la théorie idéale sert de boussole et la théorie non-idéale de carte. Munis de ces deux théories, nous pouvons savoir dans quelle direction se trouve notre destination et quel chemin il faut suivre pour l'atteindre.

Cet essai a proposé une théorie idéale dans un sens proche de celui proposé par Rawls. J'ai postulé effectivement que, dans un système scolaire juste, les personnes (notamment les élèves, les enseignantes et les enseignants) se conformeraient généralement à ce que prescrivent les contraintes que j'ai identifiées. J'ai aussi, et surtout, postulé que des conditions favorables étaient réunies. La justice scolaire n'est que locale. Le système scolaire n'est qu'un sous-ensemble d'institutions dans une société englobante. Comme l'école n'est pas un isolat social, le degré de justice de la société dans son ensemble affecte nécessairement le fonctionnement du système scolaire et sa capacité à poursuivre avec succès la finalité qui est la sienne. La principale condition favorable que j'ai postulée est donc que la société soit raisonnablement juste[2]. Comme Rawls, je crois que ces idéalisations sont justifiées dans la mesure où elles facilitent la clarification de nos intuitions morales, leur évaluation et l'explicitation de leurs implications normatives. Comme Rawls aussi, je crois qu'une théorie idéale peut nous permettre de construire des règles pratiques justifiées dans un monde non idéal, même si elle ne nous fournit pas directement de telles règles.

Toutefois, l'approche par la théorie idéale est soumise à des objections sérieuses. Deux me semblent particulièrement menaçantes pour le projet que j'ai esquissé dans cet essai[3]. Je n'y répondrai pas en détail, car elles engagent des débats méthodologiques importants. Je me contenterai d'indiquer les raisons qui me poussent à croire qu'elles ne sont pas dirimantes pour l'argument que j'ai développé ici.

La première pourrait être appelée *l'objection de l'impuissance*. Selon cette objection, une théorie de la justice reposant sur des idéalisations qui sont, en toute rigueur, fausses, court le risque d'être très certainement impuissante à guider effectivement nos pratiques [Appiah, 2017]. Ne ferions-nous pas mieux d'élaborer nos principes de justice sur la base de prémisses vraies ou au moins plausibles et, surtout, que les personnes réelles endossent effectivement ? À quoi pourrait servir de raisonner à partir d'idéalisations auxquelles personne ne croit ? En particulier, la société n'est pas raisonnablement juste. Les inégalités sociales et économiques sont importantes, tous les groupes de population ne jouissent pas d'un accès égal aux institutions, etc. Dans cette situation non idéale, il y a tout lieu de penser qu'une théorie idéale de la justice scolaire sera incapable de motiver et d'orienter les acteurs et les actrices engagés à réformer effectivement une institution injuste. Ceux-ci endosseront plutôt des prémisses plausibles portant sur la situation réelle du système éducatif. Mieux vaudrait donc abandonner ce genre d'idéalisation et privilégier une théorie critique non-idéale de l'institution scolaire, afin d'évaluer les revendications situées des personnes

2. Je ne me suis pas engagé précisément concernant les caractéristiques d'une telle société. Il suit toutefois de mon propos qu'elle serait bien plus égalitaire que la nôtre.
3. Je m'inspire ici de la discussion que propose Magali Bessone [2019] des théories idéales et non-idéales. Je ne suis toutefois pas ses conclusions.

impliquées. Plutôt que de construire des châteaux en Espagne, une théorie de la justice scolaire devrait se demander comment transformer, ici et maintenant, une école injuste.

Je crois que cette objection est justifiée, mais dans une certaine mesure seulement. Effectivement, mon argumentation est relativement impuissante à fournir immédiatement des orientations et des perspectives pratiques. Plus largement, il y a bien une distance entre le type d'argumentation que je développe et les revendications concrètes de celles et ceux qui sont engagés en faveur d'une réforme de l'institution scolaire, que ce soit dans des associations, des syndicats ou, moins formellement, qui sont des acteurs et des actrices au quotidien du système scolaire. Et je suis loin de considérer qu'une théorie critique de l'école soit une impasse. Au contraire, je pense même qu'elle est un complément nécessaire d'une théorie idéale. Je crois en revanche qu'une théorie critique ne peut pas complètement se passer d'une théorie idéale de la justice. En l'occurrence, s'agissant de l'école, il importe de savoir à quoi ressemblerait une école idéalement juste. Certes, cette école n'existera peut-être jamais. Certes, les problèmes auxquels est confrontée l'institution scolaire aujourd'hui sont peut-être éloignés de ce que décrit une telle théorie idéale. Mais je ne crois pas tout à fait possible d'évaluer certaines revendications des acteurs et des actrices impliqués sans se référer au moins implicitement à un modèle idéal. De plus, comme je l'ai dit en introduction, nous ne manquons pas aujourd'hui de discours critiques sur l'école. Mais nous manquons de perspectives claires sur ce à quoi pourrait ressembler une école vraiment juste. Cela me conduit à penser que l'objection de l'impuissance n'est pas dirimante. Elle ne fait qu'indiquer que cet essai appellerait à être complété par une théorie critique plus sensible aux revendications situées. Ce à quoi je souscris parfaitement.

La seconde objection pourrait être appelée *l'objection de l'inutilité*. Selon cette objection, une théorie idéale de la justice est de toute façon inutile pour apprécier la pertinence d'une proposition en vue de réduire l'injustice [Sen, 2009]. Une démarche comparative est suffisante pour cela. En fait, les authentiques questions de justice ne se posent pas du tout en termes d'idéal. Elles supposent plutôt de réagir de manière adéquate aux injustices présentes et manifestes. Pour cela, il n'est pas nécessaire de mesurer l'écart entre le monde réel et un monde idéalement juste. Il suffit de comparer ce monde réel à ce à quoi il ressemblerait si nous mettions en œuvre telle ou telle mesure. Si une mesure peut améliorer le sort de celles et ceux qui souffrent le plus d'injustice, alors elle est juste (moyennant quelques contraintes supplémentaires que l'on peut négliger ici). En d'autres termes, une théorie de la justice devrait se préoccuper de décrire finement les injustices réelles afin d'y proposer des réponses locales ajustées et non de construire des modèles idéaux.

Là encore, je crois l'objection juste dans une certaine mesure seulement. Elle est clairement pertinente dès lors que nous avons affaire à des violations massives de la justice, comme l'esclavage colonial ou l'exclusion systématique de certains pans de population de l'accès à des ressources fondamentales et de la participation aux institutions publiques. De telles violations ne peuvent être niées sans mauvaise foi ou inconséquence. En revanche, s'agissant de certaines institutions sociales, comme l'école, les raisons pour lesquelles elles posent des problèmes de justice sont moins claires et plus sujettes à controverse.

Si de nombreuses personnes s'accordent pour dire que le système scolaire est injuste, il est loin d'être évident que les principes normatifs implicites dans ces jugements soient toujours clairs ou défendables. Plus encore, dans certains des débats les plus virulents, ce qui est en question, c'est la qualification même de tel ou tel phénomène comme constitutif d'une injustice. Dans de telles circonstances, je crois qu'une théorie idéale peut être justifiée afin de clarifier les questions de justice impliquées. Il n'est pas toujours facile de savoir si telle ou telle mesure améliorerait véritablement la situation quand on laisse dans l'ombre la question de savoir à quoi ressemblerait une situation idéale. Que penser par exemple des propositions d'abaisser le palier d'orientation à la fin de la sixième ? De nombreux élèves décrochent scolairement dès l'entrée au collège. Leur maintien dans un tronc commun généraliste peut paraître à la fois coûteux et injuste. Peut-être profiteraient-ils mieux d'une orientation précoce vers des voies professionnalisantes ? Pour répondre adéquatement à cette proposition et montrer qu'elle est injuste, il faut montrer à quel point elle est incompatible avec un engagement bien compris en faveur de l'autonomie. Il faut aussi clarifier ce que signifie l'autonomie et la manière dont l'école peut contribuer à la former. Il faut donc une théorie idéale[4].

4. À l'opposé, Micheal WALZER [1990, 2013] défend explicitement qu'une approche idéale est à la fois impuissante et inutile, et qu'une approche normative devrait être centrée prioritairement sur la critique sociale, sans référence à des idéaux normatifs qui ne sont pas représentés dans le sens commun social.

Cette approche ne fournit pas de programme de réforme directement applicable. Si l'on peut en tirer des implications pratiques relativement précises, elle ne nous dit pas comment tendre du monde non idéal qui est le nôtre vers ce système idéalement juste. En somme, j'ai expliqué à quoi ressemblerait une école *souhaitable* et *viable*. Je n'ai pas indiqué comment elle serait *faisable*. J'ai montré en quoi elle serait souhaitable en explicitant et en justifiant les principes normatifs qui doivent gouverner une école juste. J'ai expliqué en quoi elle serait viable en montrant que ces principes peuvent justifier certains agencements institutionnels et fonder certaines obligations dont la mise en œuvre continue est compatible avec nos meilleures connaissances actuelles (sociologiques, économiques, psychologiques, etc.). Je n'ai pas indiqué comment elle serait faisable, parce que je n'ai pas développé de considérations stratégiques portant sur la manière de réaliser ces institutions dans notre monde.

En tout état de cause, ce rapprochement vers l'idéal ne dépend pas seulement de la réforme du système scolaire. Il serait naïf de croire que l'école peut être juste et remplir les fonctions qu'on lui assigne dans une société franchement injuste. Cependant, il serait coupable de soutenir que la justice scolaire ne dépend que de la justice de la société dans son ensemble. Il ne suffirait pas que les inégalités socio-économiques soient grandement diminuées, par exemple, pour que l'école devienne, de ce simple fait, juste.

La seconde source de malaise possible tient à un choix terminologique et conceptuel que je n'ai pas encore explicité et justifié. Je n'ai presque pas parlé, dans cet essai, d'*émancipation*. Ce choix peut surprendre dans la mesure où il existe une solide tradition qui lie étroitement éducation et émancipation [bell hooks, 2019 ; Kintzler, 1984]. Il existe plusieurs manières de comprendre l'idéal d'émancipation et ses liens avec l'école. Sans entrer dans ces débats, il me semble que le concept dénote toujours une lutte active et située contre toutes les dominations qui réduisent, aliènent ou suppriment la liberté des personnes (domination intellectuelle, religieuse, de classe, de race, de sexe, de sexualité, etc.). Par conséquent, on ne peut pas parler d'émancipation sans développer un discours structuré et informé sur ces dominations et sur la manière de lutter efficacement contre elles. Si je considère effectivement qu'on ne peut légitimement parler de liberté qu'à la condition que celle-ci soit à l'abri de toute domination, mon propos est resté relativement discret sur la question de la manière dont les différentes formes de domination sociale se répercutent à l'école et peuvent structurer ou affecter la relation pédagogique ou le curriculum, par exemple. Je n'en ai pas dit assez sur ces formes de domination et sur la manière de lutter contre elles pour être justifié à mobiliser le concept d'émancipation. Cette prudence ne signifie toutefois pas que je ne suis pas sensible à cette question. Au contraire, il me semble extrêmement important de la prendre au sérieux à l'école. J'ai d'ailleurs soutenu l'importance d'intégrer les perspectives des personnes et des groupes dominés à l'école.

Une seconde raison m'a poussé à éviter le lexique de l'émancipation. Il me semble que l'idéal d'émancipation est une conception morale et politique *englobante*. Cela n'aurait pas de sens de se demander quelles sont les conditions de l'émancipation à l'école seulement. L'idéal d'émancipation porte sur la société tout entière. Quelle que soit la façon d'en comprendre le détail, cet idéal doit décrire les perspectives d'une société démocratique et participative. Il se peut que l'école doive jouer un rôle tout à fait décisif dans ce projet d'émancipation sociale. Mais la question de l'émancipation à l'école doit se poser du point de vue plus général de l'émancipation de la société tout entière. Mes ambitions dans cet essai étaient plus modestes. Il me semble possible de parler de justice scolaire sans avoir à s'engager trop avant concernant une conception morale et politique à la fois englobante et substantielle. Certes, j'ai indiqué que l'importance que j'accorde à la valeur d'autonomie doit être comprise comme un engagement en faveur d'une certaine conception du bien. Mais il s'agit d'une conception du bien étroite et fine. En particulier, la valeur de l'autonomie tient à ce que c'est une finalité *ouverte* qui autorise une grande diversité de conceptions substantielles du bien acceptables. L'idéal d'émancipation est certainement l'une d'entre elles (et certainement l'une de celles pour lesquelles j'ai le plus d'inclination personnelle). Mais, d'un point de vue libéral, elle n'est pas la seule qui soit acceptable.

3. L'AUTONOMIE DU POINT DE VUE DE LA JUSTICE SCOLAIRE ET SOCIALE

Il y a un autre point sur lequel quelques précisions sont nécessaires. Il s'agit de la théorie de l'autonomie qui sert de prémisse à la plupart de mes arguments. J'ai donné de nombreuses indications s'agissant de la manière dont il faut la comprendre. Cette théorie de l'autonomie est exigeante. Elle implique en particulier que toutes les personnes devraient être capables de faire des choix véritables, qu'elles ne devraient pas subir leur vie comme un destin. Je ne me lancerai pas ici dans une justification systématique de cette théorie. Je voudrais toutefois en dire quelques mots pour lever des doutes qu'elle est susceptible d'avoir suscités.

Telle que je la comprends, l'autonomie doit être conçue comme la capacité réelle d'un agent à faire des choix véritables sur la base de raisons personnelles. Cette capacité ne dépend pas seulement de ses capabilités internes, par exemple de ses connaissances, compétences, vertus, traits de caractère, etc. Elle dépend tout autant de la manière dont la société est configurée de façon à permettre à chacune et chacun de faire de tels choix véritables. Ce n'est que si la société est configurée ainsi que l'autonomie peut être conçue comme une capacité *réelle*.

L'autonomie n'est pas qu'une capacité réelle à faire des choix. Elle est une capacité à faire des choix *véritables*. Un choix véritable se fait entre des options qui sont réellement significatives aux yeux de l'agent. Des choix véritables sont des choix qui engagent plus ou moins profondément la manière dont la personne se conçoit elle-même et dont elle conduit son existence. Une personne n'est capable d'autonomie en ce sens que pour autant qu'elle a réellement accès à des options et des opportunités qui lui permettent de peser significativement sur la manière dont elle conduit sa vie[5].

Enfin, l'autonomie implique que ces choix puissent être faits sur la base de raisons personnelles, c'est-à-dire au terme d'une délibération menée en première personne justifiant d'assumer telle ou telle option.

La plupart de nos décisions ne correspondent pas à ce modèle exigeant. Les choix véritables sont rares et les raisons sur la base desquelles nous agissons ne sont pas toutes également personnelles en ce sens. Et c'est

---

5. Pour reprendre la terminologie proposée par Charles Taylor [2018], l'autonomie suppose que l'agent soit capable de juger selon des évaluations fortes. Des évaluations fortes portent sur des biens supérieurs ou hyperbiens. Ils commandent nos évaluations de nos désirs et préférences. Ils nous permettent de juger de ce qui compte *vraiment*. L'autonomie, telle que je la comprends, dénote la capacité à former des évaluations fortes et à gouverner sa vie sur cette base. Cela suppose qu'une diversité véritable d'hyperbiens soit représentée dans l'espace social, que les agents aient acquis les compétences et les connaissances leur permettant de former de telles évaluations de manière informée et qu'ils puissent disposer des moyens de gouverner leur vie sur cette base.

très bien. La théorie de l'autonomie que j'admets est seulement négative. Elle n'exige pas que toutes et tous agissent systématiquement ou le plus souvent de manière autonome. Elle exige seulement qu'ils en soient capables. Lorsque ce n'est pas le cas, ils subissent leur vie comme un destin, car ils n'ont pas la possibilité de faire des choix véritables susceptibles d'affecter fondamentalement leur manière de vivre. C'est un tort particulièrement important.

Cette théorie de l'autonomie appelle plusieurs remarques. D'abord, telle que je la conçois, elle est un bien moral que les institutions publiques sont engagées à promouvoir. Cela signifierait par exemple que toutes les personnes touchent un revenu inconditionnel de base d'un niveau substantiel. Un tel revenu est à même d'augmenter leur pouvoir de négociation pour éviter d'être contraint d'accepter des emplois dégradants, précaires ou mal rémunérés. Plus largement, un engagement public envers l'autonomie implique de soutenir l'existence d'un secteur public démarchandisé substantiel. Il impliquerait d'assurer à chacune et chacun l'accès effectif à un logement individuel décent, l'existence d'un service de santé accessible à tous et à toutes et de qualité, et ainsi de suite. Comme je l'ai rappelé dans l'introduction, il n'y a aucune implication entre un engagement en faveur du libéralisme politique et la défense d'une limitation du secteur public ou une défense du marché[6]. Si le libéralisme se caractérise par la prise au sérieux de la liberté individuelle et si cette théorie de l'autonomie offre une description plausible de la manière dont elle doit être comprise, alors on voit que le libéralisme justifie des politiques sociales très réformistes.

Cette théorie de l'autonomie risque de soulever une inquiétude légitime. En insistant, comme je le fais, sur l'importance que toutes les personnes soient capables à tout moment de faire des choix véritables, il semble que cette théorie court le risque de relativiser le poids qu'il convient de reconnaître à la responsabilité individuelle. Elle soutient effectivement qu'il existe une obligation morale d'assurer aux personnes la possibilité de faire des choix véritables, même quand elles sont responsables de la mauvaise situation dans laquelle elles se trouvent. N'est-ce pas alors prendre le risque

6. Je serais même tenté de soutenir que le libéralisme politique classique est à même de fournir certains des arguments les plus puissants en faveur du socialisme [Van Parijs, 1995 ; Wright, 2020]. Toutefois je n'ai pas argumenté en ce sens et mes conclusions sont indépendantes de cet engagement.

que les personnes en viennent à ne pas accorder l'attention qu'il convient à leurs décisions ? En sachant que les conséquences de ces décisions ne sont pas irrémédiables, que les institutions sont de toute façon engagées à leur fournir les moyens de faire des choix véritables ultérieurs, elles en viendraient à agir de manière imprudente et irresponsable. Plus fondamentalement, elles seraient incapables de développer le type de relation appropriée qu'un agent doit entretenir avec ses actions : elles se désintéresseraient de ces actions et de leurs conséquences, ne s'identifieraient pas à elles. *In fine*, cette capacité à être autonome ressemblerait à s'y méprendre à une situation où toutes et tous seraient réduits à une sorte d'irresponsabilité infantile qui est moralement déficiente.

Pour répondre à cette inquiétude, plusieurs remarques s'imposent. D'abord, dans la mesure où l'autonomie est un bien moral particulièrement important, en être privé constitue un tort significatif pour les personnes. Toute privation (ou refus de procurer les moyens d'être autonome) doit donc faire l'objet d'une justification particulièrement forte. En particulier, cette privation paraît démesurée relativement à la plupart des choix imprudents ou malavisés qu'une personne peut être amenée à faire.

De plus, il faut bien voir que les institutions sont engagées à garantir à chacune et chacun la possibilité réelle de faire des choix véritables. Elles ne sont pas engagées à rendre ces choix faciles, ni à garantir le succès des projets de vie. En tout état de cause, tout choix véritable, dans la mesure où il conduit la personne à réviser fondamentalement sa manière de se concevoir et de mener sa vie, est coûteux. Il n'y a pas de raison de penser qu'un tel engagement public doive aboutir à fragiliser la relation d'identification que les personnes doivent entretenir avec leurs actions et leurs conséquences.

Enfin, il convient de souligner que la notion de responsabilité est complexe. L'insistance sur le fait qu'un agent responsable doit pouvoir être blâmé pour les conséquences de certaines de ses actions et doit les assumer, pour juste qu'elle est, ne saisit pas la complexité de l'attachement légitime que nous avons à l'idée de responsabilité. En particulier, il nous semble tout aussi important que les personnes disposent de certaines capacités et compétences pour qu'elles puissent être tenues pour responsables. Il nous paraît aussi important qu'elles soient placées dans des situations qui leur permettent effectivement d'exercer leur agentivité. Cette théorie de l'autonomie est sensible à ces conditions complexes qui sous-tendent notre attachement à l'idée de responsabilité individuelle. Par conséquent, loin de relativiser l'attention qu'il convient d'accorder à cette idée, cette théorie de l'autonomie est mieux à même de rendre compte des raisons qui justifient cette attention.

En tout cas, c'est dans ce cadre que s'inscrit la théorie de la justice scolaire que j'ai défendue dans cet essai. L'institution scolaire doit être comprise comme une institution nécessaire et justifiée au sein d'une société engagée en faveur de la promotion de l'autonomie ainsi comprise. Elle est en particulier engagée à transmettre aux élèves les attitudes, les connaissances et les compétences sans lesquelles ils ne seront pas capables de faire des choix véritables sur la base de raisons personnelles. Elle doit aussi être gouvernée de façon qu'elle ne contraigne pas certains élèves à subir leur vie comme un destin. Elle doit enfin, et surtout, permettre aux élèves de développer leur sens de la justice et les amener à se concevoir comme des personnes libres et égales, dont les projets de vie et les perspectives sont dignes de considération. Elle ne peut le faire seule. Les autres institutions doivent, chacune selon sa finalité, y contribuer. Mais il importe de bien comprendre comment l'école peut et doit remplir ce rôle.

BIBLIOGRAPHIE

ALTHUSSER L., 1976. « Idéologie et appareils idéologiques d'État. (Notes pour une recherche) », *in Positions*, Paris, Éditions sociales.

ANDERSON E., 1999. « What is the Point of Equality », *Ethics* 109, 2, p. 287-337.

APPIAH K., 2017. *As If*, Cambridge (Mass.), Harvard University Press.

APPLE M., 2018. *Ideology and Curriculum*, New York, Routledge.

ARENDT H., 1992. *La crise de la culture*, trad. P. Lévy, Paris, Gallimard.

— 2002. *Les origines du totalitarisme*, trad. J.-L. Bourget *et al.*, Paris, Gallimard.

ARIÈS P., 2014. *L'enfant et la vie familiale sous l'Ancien régime*, Paris, Seuil.

ARNESON R., 2015. « Equality of Opportunity », *in* E. N. ZALTA (éd.), *The Stanford Encyclopedia of Philosophy*, <https://plato.stanford.edu/archives/sum2015/entries/equal-opportunity/>.

ASTOLFI J.-P., 2008. *La saveur des savoirs*, Issy-les-Moulineaux, ESF.

AU W., 2011. *Critical Curriculum Studies*, New York, Routledge.

AUDIER S., 2012. *Néo-libéralisme(s)*, Paris, Grasset.

AUDIGIER F., 2012. « Les *Éducation à*... Quelles significations et enjeux théoriques et pratiques ? Esquisse d'une analyse », *Recherches en didactiques* 13, 1, p. 25-38.

BALL S., 2013. *Foucault, Power and Education*, New York, Routledge.

BAPTISTE I. & S. BROOKFIELD, 1997. « Your So-Called Democracy is Hypocritical Because You Can Always Fail Us: Learning and Living Democratic Contradictions in Graduate Adult Education », *in* P. ARMSTRONG (éd.), *Crossing Borders, Breaking Boundaries*, Londres, University of London, p. 37-43.

BARRÈRE A., 2002. « Pourquoi les enseignants ne travaillent-ils pas en équipe ? », *Sociologie du travail* 44, 4, p. 481-497.

BARUK S., 2019. *Dictionnaire de mathématiques élémentaires*, Paris, Seuil.

BAUTIER E. (dir.), 2006. *Apprendre à l'école, apprendre l'école*, Lyon, Chronique sociale.

BAUTIER E. & P. RAYOU, 2013. *Les inégalités d'apprentissage*, Paris, PUF.

BECKER G. S., 1964. *Human Capital*, New York, Columbia University Press.

BELL HOOKS, 2019. *Apprendre à transgresser*, trad. M. Portron, Paris, Syllepse.

BEN AYED C., 2015. *La mixité sociale à l'école*, Paris, Armand Colin.

— 2023. *L'école discrimine-t-elle ?*, Vulaines-sur-Seine, Le Croquant.

Bentham J., 2011. *Introductions aux principes de morale et de législation*, trad. E. de Champs, Paris, Vrin.

Berbaum J., 2005. *Apprentissage et formation*, Paris, PUF.

Bernard P.-Y., 2013. *Le décrochage scolaire*, Paris, PUF.

Bernstein B., 1986. *Langage et classes sociales*, Paris, Minuit, trad. J.-C. Chamboredon.

— 2007. *Pédagogie, contrôle symbolique et identité*, trad. G. Ramognino Le Déroff et P. Vitale, Laval (Can.), Presses de l'université de Laval.

Bessone M., 2019. *Faire justice de l'irréparable*, Paris, Vrin.

Bloom H., 1994. *The Western Canon*, New York, Harcourt Brace.

Boghossian P., 2009. *La peur de savoir*, trad. O. Deroy, Marseille, Agone.

Boillot H. & M. Le Du, 1993. *La pédagogie du vide*, Paris, PUF.

Bonnardel Y., 2020. *La domination adulte*, Breux-Jouy, Le Hêtre Myriadis.

Bonnery S., 2004. « Décrochage cognitif et décrochage scolaire », *in* D. Glasman et F. Œuvrard (dir.), *La déscolarisation*, Paris, La Dispute, p. 135-147.

— 2007. *Comprendre l'échec scolaire*, Paris, La Dispute.

Borges J. L., 2018. *Fictions*, trad. R. Caillois, N. Ibarra et P. Verdoye, Paris, Gallimard.

Boudon R., 2011. *L'inégalité des chances*, Paris, Fayard.

Bourdieu E., 1998. *Savoir faire*, Paris, Seuil.

Bourdieu P., 1966. « L'école conservatrice. Les inégalités devant l'école et devant la culture », *Revue française de sociologie*, 7, 3, p. 325-343.

— 1979. « Les trois états du capital culturel », *Actes de la recherche en sciences sociales*, 30, pp. 3-6.

Bourdieu P. & J.-C. Passeron, 1987. *La reproduction*, Paris, Minuit.

Bourdieu P. & J.-C. Passeron, 1990. *Les héritiers*, Paris, Minuit.

Boutchenik B. & S. Maillard, 2019. « Elèves hétérogènes, pairs hétérogènes. Quels effets sur les résultats au baccalauréat ? », *Éducation & formations* 100, MENESR-DEPP, p. 53-72.

Brookfield S., 2017. *Becoming a Critically Reflective Teacher*, San Francisco, Jossey-Bass.

Brousseau G., 1987. *Fondements et méthodes de la didactique des mathématiques*, Bordeaux, IREM.

— 1998. *Théorie des situations didactique*, Grenoble, La pensée sauvage.

Brousseau G. & N. Brousseau, 1987. *Rationnels et décimaux dans la scolarité obligatoire*, Bordeaux, IREM.

Bruner J. S., 2010. *Le développement de l'enfant, savoir faire, savoir dire*, trad. M. Deleau, Paris, PUF.

Buss S. & A. Westlund, 2018. « Personal Autonomy », E. N. Zalta (éd.), *The Stanford Encyclopedia of Philosophy*, <https://plato.stanford.edu/archives/spr2018/entries/personal-autonomy/>.

Caplan B., 2018. *The Case Against Education*, Princeton, Princeton University Press.

Charlot B., 1976. *La mystification pédagogique*, Paris, Payot.

— 1997. *Du rapport au savoir*, Paris, Anthropos.

— 2020. *Éducation ou barbarie*, Paris, Economica.

Chervel A., 1977. *Et il fallut apprendre à écrire à tous les petits Français*, Paris, Payot.

— 1998. *La culture scolaire*, Paris, Belin.

— 2006. *Histoire de l'enseignement du français du XVIIe au XXe siècle*, Paris, Retz.

Chevallard Y., 1986. « Les programmes et la transposition didactique. Illusions, contraintes et possibles », *Bulletin de l'APMEP* 352, p. 32-50.

— 1991. *La transposition didactique*, Grenoble, La pensée sauvage.

Chirouter E. & N. Prince (dir.), 2019. *La philosophie (avec les enfants) et la littérature (de jeunesse)*, Paris, Raison publique.

Christiano T., 2020. « Authority », in E. N. Zalta (éd.), *The Stanford Encyclopedia of Philosophy*, <https://plato.stanford.edu/archives/sum2020/entries/authority/>.

Cohen G. A., 2008. *Rescuing Justice and Equality*, Cambridge (Mass.), Harvard University Press.

— 2010. *Si tu es pour l'égalité, pourquoi es-tu si riche ?*, trad. F. Tarrit, Paris, Hermann.

Connac S., 2017. *La coopération entre élèves*, Futuroscope, Canopé.

Cospérec S. & J. Delaye, 2023. *Faire vivre l'enseignement moral et civique*, Paris, ESF.

Cousinet R., 2011. *Une méthode de travail libre par groupes*, Paris, Fabert.

Crahay M., 2012. *L'école peut-elle être juste et efficace ?*, Bruxelles, De Boeck.

Crawford M. B., 2010. *Éloge du carburateur*, trad. M. Saint-Upéry, Paris, La Découverte.

Deauvieau J. (dir.), 2013. « Lecture au CP : un effet-manuel considérable », <https://www.sciences-sociales.ens.fr/IMG/pdf/rapport_enque_te_lecture_deauvieau.pdf>.

Déloye Y., 1994. *École et citoyenneté*, Paris, Presses de la Fondation nationale des sciences politiques.

Del Rey A., 2013. *À l'école des compétences*, Paris, La Découverte.

Delphy C., 1995. « L'état d'exception : la dérogation au droit commun comme fondement de la sphère privée », *Nouvelles questions féministes* 16, 4, p. 73-114.

Denizot N., 2021. *La culture scolaire : perspectives didactiques*, Bordeaux, PUB.

Dewey J., 2010. *Le public et ses problèmes*, trad. J. Zask, Paris, Gallimard.

— 2012. *Expérience et nature*, trad. J. Zask, Paris, Gallimard.
— 2018. *Démocratie et éducation*, trad. G. Deledalle, Malakoff, Armand Colin.
Donaldson S. & W. Kymlicka, 2016. *Zoopolis*, trad. P. Madelin, Paris, Alma éditeur.
Dubet F., 1996. *Les lycéens*, Paris, Seuil.
— 2004. *Qu'est-ce qu'une école juste ?*, Paris, Seuil.
— 2010. *Les places et les chances*, Paris, Seuil.
Dubet F. & M. Duru-Bellat, 2020. *L'école peut-elle sauver la démocratie ?*, Paris, Seuil.
Dubet F., M. Duru-Bellat & A. Vérétout, 2015. *Les sociétés et leur école*, Paris, Seuil.
Dubet F. & P. Merle (dir.), 2016. *Réformer le collège*, Paris, PUF.
Durkheim E., 2012. *L'éducation morale*, Paris, PUF.
— 2013. *Les règles de la méthode sociologique*, Paris, PUF.
— 2014. *L'évolution pédagogique en France*, Paris, PUF.
— 2018. *De la division du travail social*, Paris, PUF.
Duru-Bellat M., 2004. *L'école des filles*, Paris, L'Harmatan.
— 2006. *L'inflation scolaire*, Paris, Seuil.
— 2017. *La tyrannie du genre*, Paris, Presses de Sciences Po.
— 2019. *Le mérite contre la justice*, Paris, Presses de Sciences Po.
Duru-Bellat M. & D. Meuret, 2009. *Les sentiments de justice à et sur l'école*, Bruxelles, De Boeck.
Duru-Bellat M. & A. Van Zanten, 2012. *Sociologie de l'école*, Paris, Armand Colin.
Engel P., 2019. *Les vices du savoir*, Marseille, Agone.
Escudier A. & J. Pélabay (dir.), 2016. *Le perfectionnisme libéral*, Paris, Hermann.
Estlund D., 2020. *Utopophobia*, Princeton, Princeton University Press.
Fabre M., 1999. *Situations-problèmes et savoir scolaire*, Paris, PUF.
Felouzis G., B. Fouquet-Chauprade et S. Charmillot, 2015. « Les descendants d'immigrés à l'école en France : entre discontinuité culturelle et discrimination systémique », *Revue française de pédagogie*, 191, 2, p. 11-27.
— 2019. « Pourquoi les inégalités scolaires augmentent-elles en France ? Constats, réflexions et analyses », *in* I. Danic *et al.* (dir.), *Les espaces de construction des inégalités éducatives*, Rennes, PUR, p. 129-146.
Forquin J.-C., 1989. *École et culture*, Bruxelles, De Boeck.
— 2008. *Sociologie du curriculum*, Rennes, PUR.
Foucault M., 1992. *Surveiller et punir*, Paris, Gallimard.
Frankfurt H., 2017. *De l'inégalité*, trad. P. Hersant, Genève, Markus Haller.
Freinet C., 1969. *Pour l'école du peuple*, Paris, Maspero.
Freire P., 2021. *La pédagogie des opprimés*, trad. M. Kerhoas et E. Dupau, Marseille, Agone.

— 2006. *Pédagogie de l'autonomie*, trad. J.-C. Régier, Ramonville-Saint-Agne, Erès.

Fricker M., 2007. *Epistemic Injustice*, Oxford, Oxford University Press [trad. française à paraître, Paris, Éliott].

Friedman M., 2018. *Capitalisme et liberté*, trad. A. M. Charno, Paris, Alisio.

Galston W., 1991. *Liberal Purposes*, Cambridge (Mass.), Cambridge University Press.

Gauthier C., Bissonnette S. & Richard M., 2013. *Enseignement explicite et réussite des élèves*, Bruxelles, De Boeck.

Geach P., 2022. *Les vertus*, trad. R. Pouivet, Paris, Vrin.

Gilligan C., 2019. *Une voix différente*, trad. A. Kwiatek, Paris, Flammarion.

Giroux H., 2005. *Border Crossings*, New York, Routledge.

Goigoux R., 2011. « Une pédagogie éclectique au service des élèves qui ont le plus besoin de l'école », *La nouvelle revue de l'adaptation et de la scolarisation*, p. 21-30.

Goody J., 1979. *La raison graphique*, trad. J. Bazin et A. Bensa, Paris, Minuit.

— 2007. *Pouvoirs et savoirs de l'écrit*, trad. C. Maniez, Paris, La Dispute.

Grangeat M., 2010. « Les régulations métacognitives dans l'activité enseignante : rôle et modes de développement », *Revue des sciences de l'éducation* 36, 1, p. 233-253.

Grard M.-A., 2022. *L'égale dignité des invisibles*, Paris, Le bord de l'eau.

GRDS, 2011. *L'école commune*, Paris, La Dispute.

Green R. L. & R. F. Morgan, 1969. « The Effects of Resumed Schooling on the Measured Intelligence of Prince Edward County's Black Children », *The Journal of Negro Education* 38, 2, p. 147-155.

Guiraud M. & P. Meirieu, 1997. *L'école ou la guerre civile*, Paris, Plon.

Gutmann A., 1999. *Democratic Education*, Princeton, Princeton University Press.

— 2003. « The Authority and Responsability to Educate », *in* C. Randall (ed.), *A Companion to the Philosophy of Education*, Oxford, Blackwell, p. 397-411.

Hacking I., 2002. *Historical Ontology*, Cambridge (Mass.), Harvard University Press.

Hattie J. et G. Yates, 2020. *L'apprentissage visible*, trad. M. Martin, Paris, L'instant présent.

Hayek F., 1995. *Droit, législation, liberté*, trad. R. Audoin, Paris, PUF.

Hegel G. W. F., 1990. *Textes pédagogiques*, trad. B. Bourgeois, Paris, Vrin.

Hirst P., 1974. *Knowledge and the Curriculum*, Londres, Routledge.

— (dir.), 1983. *Educational Theory and its Fondation Disciplines*, Londres, Routledge.

Houssaye J. (dir.), 2007. *Quinze pédagogues*, Paris, Bordas.

— (dir.), 2013. *Pédagogues contemporains*, Paris, Fabert.

— 2014. *La pédagogie traditionnelle*, Paris, Fabert.

— 2015. *Le triangle pédagogique*, Issy-les-Moulineaux, ESF.

HUGRÉE C. & T. POULLAOUEC, 2022. *L'université qui vient*, Paris, Raisons d'agir.

HULAK F., 2023. *L'histoire libérale de la modernité*, Paris, PUF.

IHL O., 2007. *Le Mérite et la République*, Paris, Gallimard.

ILLICH I., 1973. *La convivialité*, trad. L. Giard et V. Bardet, Paris, Seuil.

— 1980. *Une société sans école*, trad. G. Durand, Paris, Seuil.

— 1981. *Némésis médicale*, trad. I. Illich et J.-P. Dupuy, Paris, Seuil.

JOSHUA S., 1998. « Des "savoirs" et de leur étude : vers un cadre de réflexion pour l'approche didactique », *L'année de la recherche en sciences de l'éducation*, p. 79-97.

KAHN S., 2010. *La pédagogie différenciée*, Bruxelles, De Boeck.

KAMBOUCHNER D., 2000. *Une école contre l'autre*, Paris, PUF.

KAREN R., 1998. *Becoming Attached*, Oxford, Oxford University Press.

KELLY T., 1986. « Discussing Controversial Issues: Four Perspectives on the Teacher's Role », *Theory & Research in Social Education* 14, 2, p. 113-38.

KILPATRICK W. H., 2023. *La méthode des projets*, trad. C. Santerre-Baillargeon, Laval (Can.), PUL.

KINTZLER C., 1984. *Condorcet*, Paris, Le Sycomore.

KOHLBERG L. et R. MAYER, 1972. « Development as Aim of Education », *Harvard Educational Review* 42, p. 449-496.

KOHLBERG L., C. LEVINE & A. HEWER, 1983. *Moral Stages*, New York, Krager.

KRICK G., J. REICHSTADT & J.-P. TERRAIL, 2007. *Apprendre à lire*, Paris, Gallimard.

LABORDE C., 2010. *Français, encore un effort pour être républicains !*, Paris, Seuil.

— 2023. *Philosophie libérale de la religion*, trad. P. Savidan, Paris, Hermann.

LACOSTE Y., 2012. *La géographie, ça sert, d'abord, à faire la guerre*, Paris, La Découverte.

LAHIRE B., 1993. *La raison des plus faibles*, Lille, PUL.

— 2023. *Les structures fondamentales des sociétés humaines*, Paris, La Découverte.

LAMBERT D. & M. YOUNG, 2014. *Knowledge and the Future School*, Londres, Bloomsbury.

LAPARRA M. & C. MARGOLINAS, 2016. *Les premiers apprentissages scolaires à la loupe*, Louvain-la-Neuve, De Boeck.

LAPASSADE G., 1993. *Guerre et paix dans la classe*, Paris, Armand Colin.

LATTES J.-M., P. LEMISTRE & P. ROUSSEL (dir.), 2007. *Individualisation des salaires et rémunération des compétences*, Paris, Economica.

LAVAL C. & F. VERGNE, 2021. *L'éducation démocratique*, Paris, La Découverte.

— F. VERGNE, P. CLÉMENT & G. DREUX, 2012. *La nouvelle école capitaliste*, Paris, La Découverte.

LAZARI-RADEK (de) K. & P. SINGER, 2022. *Le plus grand bonheur possible*, trad. M. Mulcey, Paris, Éliott.

LEGARDEZ A. & L. SIMONNEAUX, 2006. *L'école à l'épreuve de l'actualité*, Issy-les-Moulineaux, EDF.

LEMAIRE S., 2008. *Les désirs et les raisons*, Paris, Vrin.

LONGINO H., 2001. *The Fate of Knowledge*, Princeton, Princeton University Press.

MACKENZIE C. & N. STOLJAR, 2000. *Relational Autonomy*, Oxford, Oxford University Press.

MACINTYRE A., 2012. *Après la vertu*, trad. L. Bury, Paris, PUF.

MARGALIT A., 2007. *La société décente*, trad. F. Billard, Paris, Flammarion.

MCPECK J., 1990. *Teaching Critical Thinking*, Londres, Routledge.

MEIRIEU P., 2007. *La pédagogie entre le dire et le faire*, Issy-les-Moulinaux, ESF.

— 2015. *Apprendre oui, mais comment*, Paris, ESF.

— 2016. *L'école, mode d'emploi*, Paris, ESF.

MERLE P., 2007. *Les notes, secrets de fabrication*, Paris, PUF.

— 2012a. *La ségrégation scolaire*, Paris, La Découverte.

— 2012b. *L'élève humilié*, Paris, PUF.

— 2017. *La démocratisation scolaire*, Paris, La Découverte.

— 2018. *Les pratiques d'évaluation scolaire*, Paris, PUF.

— 2019. *Polémiques et fake news scolaires*, Lormont, Le Bord de l'eau.

MERTON R. K., 1968. « The Matthew Effect in Science: The Reward and Communication Systems of Science are Considered », *Science* 159, 3810, p. 56-63.

MILNER J.-C., 2009. *De l'école*, Lagrasse, Verdier.

MOLLER OKIN S., 2008. *Justice, genre et famille*, trad. L. Thiaw-Po-Une, Paris, Flammarion.

MORE D. & D. SHENK, 2017. « The Heritability Fallacy », *Wiley Interdiscip Rev Cogn Sci.* 8, 1-2.

MOZZICONACCI V., 2022. *Qu'est-ce qu'une éducation féministe ?*, Paris, Éditions de la Sorbonne.

MULLER J. & M. YOUNG, 2013. « On the Powers of Powerful Knowledge », *Review of Education* 1, 3, p. 229-250.

MURPHY L. & T. NAGEL, 2002. *The Myth of Ownership*, New York, Oxford University Press.

NEILL A. S., 1970. *Libres enfants de Summerhill*, Paris, Maspero.

NETTER J., 2018. *Culture et inégalités à l'école*, Rennes, PUR.

NOZICK R., 2016. *Anarchie, État et utopie*, trad. E. d'Auzac de Lamartine, Paris, PUF.

NUCCI L. & E. TURIEL, 2009. « Capturing the Complexity of Moral Development and Education », *Mind, Brain and Education* 3, 3, p. 151-159.
NUSSBAUM M., 2015. *L'art d'être juste*, trad. S. Chavel, Paris, Climats.
— 2012. *Capabilités*, trad. S. Chavel, Paris, Climats.
— 2010. *La connaissance de l'amour*, trad. S. Chavel, Paris, Cerf.
— 2008. *Femmes et développement humain*, trad. C. Chaplain, Paris, Éditions des Femmes.
OGIEN R., 2014. *La guerre aux pauvres commence à l'école*, Paris, Librairie générale française.
OURY F. & A. VASQUEZ, 1967. *Vers une pédagogie institutionnelle*, Paris, Maspero.
PALHETA H., 2012. *La domination scolaire*, Paris, PUF.
PANOFSKY A., 2014. *Misbehaving Science*, Chicago, The University of Chicago Press.
PASQUALI P., 2021. *Héritocratie*, Paris, La Découverte.
PASQUINELLI E., 2014. *Du labo à l'école*, Paris, Le Pommier.
PETERS R. S., 1973. *The Philosophy of Education*, Oxford, Oxford University Press.
PETTIT P., 2001. *A Theory of Freedom*, Oxford, Oxford University Press.
— 2004. *Républicanisme*, trad. P. Savidan et J.-F. Spitz, Paris, Gallimard.
PERRENOUD P., 2000. *Construire des compétences à l'école*, Paris, ESF.
— 2018. *Métier d'élève et sens du travail scolaire*, Paris, ESF.
PEYRONIE H., 2014. « La scolarité obligatoire », *in* J. BEILLEROT et N. MOSCONI (dir.), *Traité des sciences pratiques de l'éducation*, Paris, Dunod.
PIAGET J., 1975. *L'équilibration des structures cognitives*, Paris, PUF.
PINKER S., 2005. *Comprendre la nature humaine*, trad. M.-F. Desjeux, Paris, Odile Jacob.
PLOMIN R., 2023. *L'architecte invisible*, trad. L. Strauch-Bonart, Paris, Perrin.
PORTIER P., 2016. *L'État et les religions en France*, Rennes, PUR.
POUIVET R., 2020. *L'éthique intellectuelle*, Paris, Vrin.
POULLAOUEC T., 2010. *Le diplôme, arme des faibles*, Paris, La Dispute.
PRAIRAT E., 2013. *La morale du professeur*, Paris, PUF.
PROST A., 1970. *Histoire de l'enseignement en France 1800-1967*, Paris, Armand Colin.
QUERRIEN A., 2005. *L'école mutuelle*, Paris, Les empêcheurs de tourner en rond.
RANCIÈRE J., 2004. *Le maître ignorant*, Paris, 10-18.
RAWLS J., 2001. *Libéralisme politique*, trad. C. Audard, Paris, PUF.
— 2008. *La justice comme équité*, trad. B. Guillarme, Paris, La Découverte.
— 2009. *Théorie de la justice*, trad. C. Audard, Paris, Seuil.
RAZ J., 1986. *The Morality of Freedom*, Oxford, Clarendon Press.
REBOUL O., 2010. *Qu'est-ce qu'apprendre ?*, Paris, PUF.

Reich R., 2009. « Educational Authority and the Interests of Children », *in* H. Siegel (éd.), *The Oxford Handbook of Philosophy of Education*, Oxford, Oxford University Press, p. 469-485.

Renaut A., 2006. *La fin de l'autorité*, Paris, Flammarion.

Reynaud V., 2022. *Y a-t-il des tueurs-nés ?*, Paris, Éliott.

Ricordeau G., 2019. *Pour elles toutes*, Montréal, Lux éditeur.

Ritchie S. J. & E. M. Tucker-Drob, 2018. « How Much Does Education Improve Intelligence? A Meta-Analysis », *Psychological Science*, 29, 8, p. 1358-1369.

Robette N., E. Génin & F. Clerget-Darpoux, 2022. « Heritability: What's the point? What it is not for? A Human Genetics Perspective ». *Genetica*, 150, p. 199-208.

Rorty R., 2017. *La philosophie et le miroir de la nature*, trad. T. Marchaisse, Paris, Seuil.

Rose J. L., 2017. *Free Time*, Princeton, Princeton University Press.

Rouiller Y. & J. Howden, 2010. *La pédagogie coopérative*, Montréal, Chenelière Education.

Ruphy S., 2013. *Pluralismes scientifiques*, Paris, Hermann.

Russell B., 2019. *Écrits sur l'éducation*, trad. N. Baillargeon *et al.*, Montréal, Écosociété.

Ryle G., 2005. *La notion d'esprit*, trad. S. Stern-Gillet, Paris, Payot & Rivages.

Sánchez Aroca M., 1999. « Voices Inside Schools – La Verneda-Sant Martí: A School Where People Dare to Dream », Harvard, *Educational Review* 69, 3, 1999, p. 320-357.

Sandel M., 2021. *La tyrannie du mérite*, trad. A. von Busekist, Paris, Albin Michel.

Savidan P., 2010. *Repenser l'égalité des chances*, Paris, Hachette.

— 2015. *Voulons-nous vraiment l'égalité ?*, Paris, Albin Michel.

Scanlon T., 1998. *What We Owe to Each Other*, Cambridge (Mass.), Harvard University Press.

— 2022. *Pourquoi s'opposer à l'inégalité*, trad. V. Mardellat, Marseille, Agone.

Seguy J.-Y. (dir.), 2018. *Variations autour de la « forme scolaire »*, Nancy, PUN.

Sen A., 2009. *L'idée de justice*, trad. P. Chemla et E. Laurent, Paris, Flammarion.

— 2012. *Repenser l'inégalité*, trad. P. Chemla, Paris, Seuil.

Shields L., A. Newman & D. Satz, 2023. « Equality of Educational Opportunity », *The Stanford Encyclopedia of Philosophy*, E. N. Zalta et U. Nodelman (éd.), <https://plato.stanford.edu/archives/spr2023/entries/equal-ed-opportunity/>.

Shils E., 1981. *Tradition*, Chicago, The University of Chicago Press.

Simondon G., 2012. *Du mode d'existence des objets techniques*, Paris, Aubier.

Sintomer Y., 1994. « Pouvoir et autorité chez Hannah Arendt », *L'homme et la société* 113, p. 117-131.

SKORUPSKI J., 2010. *The Domain of Reasons*, Oxford, Oxford University Press.

SNOW N., 2010. *Virtue as Social Intelligence*, New York, Routledge.

SPITZ J.-F., 2022. *La République ? Quelles valeurs ?*, Paris, Gallimard.

TAYLOR C., 2018. *Les sources du moi*, trad. C. Mélançon, Paris, Points.

TENRET E., 2011. *L'école et la méritocratie*, Paris, PUF.

TERRAIL J.-P., 2002. *De l'inégalité scolaire*, Paris, La Dispute.

— 2014. « D'un socle à l'autre », GRDS, <https://www.democratisation-scolaire.fr/spip.php?article198>.

— 2016. *Pour une école de l'exigence intellectuelle*, Paris, La Dispute.

— 2020. « La tolérance à l'ignorance dans l'institution scolaire », GRDS, <https://www.democratisation-scolaire.fr/spip.php?article317>.

— 2023. « Quel devenir démocratique pour l'enseignement professionnel ? », GRDS, <http://www.democratisation-scolaire.fr/spip.php?article353>.

TESTANIÈRE J., 1967. « Chahut traditionnel et chahut anomique dans l'enseignement du second degré », *Revue française de sociologie* 8, p. 17-33.

TOBIAS S. & T. DUFFY (dir.), 2009. *Constructivist Instruction*, New York, Routledge.

TURIEL E., 1983. *The Development of Social Knowledge*, Cambridge (R.-U.), Cambridge University Press.

VALENTINI L., 2012. « Ideal vs. Non-Ideal Theory: A Conceptual Map », *Philosophy Compass* 7, 9, p. 654-664.

VAN PARIJS P., 1991. *Qu'est-ce qu'une société juste ?*, Paris, Seuil.

— 1995. *Real Freedom for All*, Oxford, Clarendon Press.

VAN PARIJS P. & Y. VANDERBORGHT, 2019. *Le revenu de base inconditionnel*, trad. M.-A. Authier, Paris, La Découverte.

VAN ZANTEN A., 2001. *L'école de la périphérie*, Paris, PUF.

VIAU R., 2009. *La motivation en contexte scolaire*, Bruxelles, De Boeck.

VINCENT G., 1980. *L'école primaire française*, Lyon, PUL.

— (éd.), 1994. *L'éducation prisonnière de la forme scolaire ?*, Lyon, PUL.

— 2008. « La socialisation démocratique contre la forme scolaire », *Éducation et francophonie* 36, p. 47-62.

VITALE P., 2022. *L'école et les savoirs scolaires*, Rennes, PUR.

WALZER M., 1990. *Critique et sens commun*, trad. J. Roman, Paris, La Découverte.

— 2013. *Sphères de justice*, trad. P. Engel, Paris, Seuil.

WAGNON S., 2019. *De Montessori à l'éducation positive*, Bruxelles, Mardaga.

WEBER M., 2013. *La domination*, trad. I. Kalinowski, Paris, La Découverte.

— 1971. *Économie et société*, trad. sous la direction de J. Chavy et d'E. Dampierre, Paris, Plon.

Whitty G. & M. Young (dir.), 1976. *Explorations in the Politics of School Knowledge*, Driffield, Nafferton Books.

Wright E. O., 2020. *Utopies réelles*, trad. V. Farnea et J. A. Paschanski, Paris, La Découverte.

Wolf S., 2023. *Le sens dans la vie*, trad. S. Dunand, Paris, Éliott.

Young M., 2007. *Bringing Knowledge Back In*, Londres, Routledge.

— 1969. *La méritocratie*, trad. M. Luciani, Paris, S.É.D.É.I.S.

REMERCIEMENTS

Pour finir, je souhaiterais remercier toutes les personnes sans qui cet essai n'aurait pas vu le jour. Il s'agit d'abord de Stéphane Dunand sans l'amicale insistance de qui je ne me serais tout simplement pas lancé dans ce travail. Il s'agit aussi, plus largement, de toute l'équipe des éditions Éliott, en particulier de Mathieu Mulcey, qui a accepté d'accueillir et de publier cet essai.

Ma sensibilité aux questions de justice scolaire a été grandement aiguisée à l'occasion de mon engagement dans deux projets qui me tiennent à cœur. D'une part, j'ai adhéré à l'Association pour la création d'instituts de recherche sur l'enseignement de la philosophie (ACIREPh), que j'ai même l'honneur de présider aujourd'hui. Cette association est historiquement engagée en faveur de la démocratisation de l'enseignement de la philosophie. Je dois à cette association ma compréhension des problèmes de justice curriculaire. D'autre part, j'ai eu la chance d'être recruté en 2020 comme formateur des enseignantes et des enseignants du premier degré (pour l'école primaire) à l'Institut national supérieur du professorat et de l'éducation (Inspé) de l'académie de Créteil. Dans ces deux cadres, j'ai eu l'occasion d'échanger de nombreuses fois avec des collègues de différentes disciplines et de différents niveaux, ainsi qu'avec des candidates et des candidats au professorat. Je suis extrêmement reconnaissant à toutes ces personnes à qui cet essai doit beaucoup. Je tiens aussi et surtout à signaler tout ce que je dois à ma compagne, Elise Jacquier, professeure des écoles, dont l'implication et la passion obligent autant qu'elles inspirent.

Je voudrais aussi remercier tout particulièrement Emma Carenini, Thomas Crespo, Antoine Dang Van, Stéphane Dunand, Thomas Jesuha, Victor Lefebvre, Mathieu Mulcey, Sébastien Réhault et Pauline Souman, qui ont relu tout ou partie de ce texte et dont les précieuses remarques ont contribué à en améliorer la qualité. Il va de soi que je demeure seul responsable des erreurs et des obscurités qui subsistent.

L'écriture de cet essai ne s'étant pas faite sans de nombreux échanges, plus ou moins informels, avec de nombreuses personnes que je ne peux pas toutes citer, je voudrais leur signifier ici ma reconnaissance. Rien n'est plus trompeur que la représentation du penseur héroïque et solitaire brillamment incarnée par la statue de Rodin. Mes arguments doivent ce qu'ils ont de meilleur à toutes celles et ceux avec qui j'ai eu l'occasion d'échanger.

Enfin, il me reste à remercier mon neveu, Idriss, qui a bien voulu, avec l'accord de Charlotte, sa mère, que la photographie de sa première rentrée scolaire serve de couverture à cet essai.

« La part des choses »

Jason Stanley	*Les ressorts du fascisme*
Timothy Williamson	*J'ai raison, tu as tort!*
Quassim Cassam	*Les théories du complot*
Alfred R. Mele	*Le libre arbitre à l'épreuve de la science*
Reece Jones	*La violence des frontières*
Carlos Pereda	*Apprentissages de l'exil*
Robin Le Poidevin	*Ne pas croire*
Valentine Reynaud	*Y a-t-il des tueurs-nés?*
Sebastian Dieguez	*Croiver*
Katarzyna De Lazari-Radek & Peter Singer	*Le plus grand bonheur possible*
Wolf Susan	*Le sens dans la vie*
Kristina Grob & Nathan Nobis	*Penser l'avortement*
L. A. Paul	*Ces expériences qui nous transforment*
John L. Schellenberg	*Un nouveau défi pour la croyance en Dieu*
François Jaquet	*Le pire des maux*
Guillaume Durieux	*Faut-il en finir avec l'école?*

À paraître

Jon Elster	*Karl Marx*
David Edmonds	*Le tramway qui tue*
Stephen Mumford	*La métaphysique*

DIFFUSION : HUMENSIS
170 bis, boulevard du Montparnasse
CS 20012
75680 Paris Cedex 14
01 55 42 84 00
www.humensis.com

DISTRIBUTION : UD – UNION-DISTRIBUTION
87, quai Panhard et Levassor
75647 Paris Cedex 13
01 41 80 20 20
www.ud-net.com
commandesclients@union-distribution.fr

DISTRIBUTION-DIFFUSION SUISSE : SERVIDIS
Chemin des Chalets 7
1279 Chavannes-De-Bogis
Switzerland
+41 (22) 960 95 25
www.servidis.ch
commande@servidis.ch

DISTRIBUTION-DIFFUSION CANADA : PROLOGUE
1650, Lionel-Bertrand
Boisbriand (Québec) J7H 1N7
Canada
(450) 434-0306
www.prologue.ca

sepec numérique

Impression & brochage - France
Numéro d'impression : N28572240245 - Achevé d'imprimer : mars 2024

IMPRIM'VERT®

PEFC 10-31-3532 / Certifié PEFC / Ce produit est issu de forêts gérées durablement et de sources contrôlées. / pefc-france.org